MEHR ERFOLG IM GARTEN

Der gesunde Biogarten

Konzeption und Text: Bodo M. Tegethoff

Redaktion: Sigrid Blank
Grafik: Frohmut Jammers
Produktion: Klaus Stecher

Entwicklung Sachbuchprogramme:
Redaktionsdirektor: Ludwig R. Harms
Leitender Redakteur: Georg Kessler
Leitung Bildredaktion: Werner Kustermann

Materialwirtschaft:
Direktor Materialwirtschaft: Joachim Forster
Leitung Produktion Sachbücher und Illustrierte Serien: Joachim Spillner

Teile des Bandes basieren auf dem Serienwerk SUCCESSFUL GARDENING,

Printed in Germany

ISBN 3 87070 519 1

MEHR ERFOLG IM GARTEN

Der gesunde Biogarten

Verlag Das Beste Stuttgart · Zürich · Wien

INHALT

NATURGEMÄSSES GÄRTNERN

Nahezu täglich werden wir mit Nachrichten über unsere schadstoffbelastete Umwelt konfrontiert, und oft genug nehmen wir sie nur mit einem Achselzucken zur Kenntnis. Erst wenn wir unmittelbar betroffen sind, wenn Leib und Wohl Gefahren ausgesetzt sind wie etwa bei schlechter Trinkwasser- oder Lebensmittelqualität, merken wir auf. Gerade im Hinblick auf unsere Nahrung hat sich in den letzten Jahren ein tiefgreifender Bewußtseinswandel vollzogen, denn Rückstände von Pflanzenschutzmitteln in der Nahrung sind immer unerwünscht, auch wenn sie kein unmittelbares Gesundheitsrisiko für den Menschen darstellen.

Naturgemäßes Gärtnerns bedeutet, mit der Natur zu arbeiten und nicht gegen sie. Dieses biologisch und ökologisch verträgliche Gärtnern verzichtet nicht nur auf den Einsatz von Düngemitteln auf synthetischer Basis und den Griff zur chemischen Keule, sondern geht ganz bewußt ein Bündnis mit den Kräften der Natur ein. Grundprinzip des Gärtnerns mit der Natur ist, die Pflanzenauswahl so weit wie möglich den natürlichen Standortverhältnissen anzupassen und Bedingungen zu schaffen, unter denen die Pflanzen „natürlich" gesund bleiben. Wer diesen Rat beherzigt, wird kaum in die Lage kommen, einen „Giftkrieg" gegen die Natur führen zu müssen.

Trotz aller Naturbelassenheit ist der Garten dabei selbstverständlich auch ein Ort der Erholung und Entspannung. Neben der Gartenarbeit, die übrigens zu den gesündesten Körperertüchtigungen zählt, sollen Spiel, Spaß und Erholung nicht zu kurz kommen. Bei der Gartenplanung sind deshalb nicht nur die Bedürfnisse der Pflanzen zu beachten, sondern auch die individuellen Vorlieben der ganzen Familie – sei es nun in bezug auf den Platz für eine Schaukel, den Spielrasen, einen kleinen Teich oder einen Grillplatz.

Üppiges Pflanzenwachstum ist der schönste Lohn eines Gärtners.

Die Gartenplanung

Manchmal zählen Papier und Bleistift zu den wichtigsten Hilfsmitteln eines Gärtners. Denn detaillierte Aufzeichnungen über den eigenen Garten ersparen ihm so manche herbe Enttäuschung.

Ganz gleich, ob ein Garten auf die naturnahe Bewirtschaftung umgestellt oder ein Grundstück erst erworben werden soll, ohne Planung im Kreis der Familie geht es nicht. Und auch für die jährliche Anbauplanung sind schriftliche Aufzeichnungen sehr nützlich.

In den meisten Fällen ist ein Garten am Haus schon vorhanden. Größe und Lage stehen fest. Im wesentlichen ist die Planung daher auf eine innere Umgestaltung nach naturnahen Prinzipien beschränkt.

Mehr Gestaltungsfreiheiten hat man beim Neukauf eines Grundstücks. Extreme Hanglagen oder Mulden, in denen sich Kaltluft sammelt, sind keine bevorzugten Standorte für einen Nutzgarten. Auch staunasse Flächen oder hoch anstehendes Grundwasser schränkt die spätere Nutzung erheblich ein.

Ansprüche an den Garten

Wenn ein ansprechendes Grundstück gefunden ist, muß überlegt werden, ob seine Größe mit der beabsichtigten Nutzung übereinstimmt. Liebhaber großer Bäume sind mit einer „handtuchgroßen" Fläche schlecht bedient, ein ausgewachsener Walnußbaum benötigt mindestens 100 m² Standfläche. Zudem ist der Garten nicht nur zum Arbeiten da, auch für Freizeit und Spiel sollte genügend Platz einkalkuliert werden. Der typische Siedlergarten, in dem Nutzpflanzen, Rasen und Rabatten ausreichend Platz haben, sollte ca. 600 m² groß sein, nach oben gibt es kaum Grenzen.

Auf die Lage kommt es an

Bei der Planung dürfen der Kompostplatz und natürlich die verschiedenen Beete oder ein Geräteschuppen nicht vergessen werden. Bei der Anordnung der einzelnen Flächen müssen Sie deren Funktionen bedenken: das Küchenkräuterbeet sollte von der Küche auf kurzen Wegen erreichbar sein, der Spielplatz vom Haus aus eingesehen werden können, und gerade bei großen oder schmalen Gärten ist die Kompostmiete im entferntesten Eck fehlplaziert. Hingegen hängen Nistkästen besser etwas abseits.

Wege im Garten

Gleichermaßen zweckmäßig und naturnah lassen sich Wege gestal-

▼ *Eine reiche Ernte bringt der naturnahe Gemüsegarten hervor. Doch dem Säen und Pflanzen geht die Planung voraus. Hierbei werden Lage und Größe der Beete sowie die Gemüsearten festgelegt.*

ten. Hauptwege sollten so beschaffen sein, daß sie auch nach einem Dauerregen mit einer beladenen Schubkarre befahren werden können. Hierfür bieten sich die verschiedenen Natursteinpflaster an. Besonders ästhetisch wirken solche Wege, wenn sie nicht mit dem Lineal gezogen sind. Nebenwege dürfen schmaler und „einfacher" sein. Oft reichen Trittplatten völlig aus. Sie sollten aber leicht geneigt sein, damit Regenwasser gut abläuft.

Die Wege zwischen Gemüsebeeten müssen eher funktionalen Ansprüchen genügen. Praktisch sind selbstgezimmerte Lattenkonstruktionen, die leicht wieder entfernt werden können. Die Beete selbst sollten etwa 1 m breit sein, so lassen sich alle Arbeiten ohne große Verrenkungen verrichten.

▲ *Es muß nicht immer ein Holzzaun sein, der den Garten begrenzt, auch eine Hecke erfüllt diesen Zweck. Zudem bietet sie so manchem Getier Nahrung und Unterschlupf.*

◀ *Sie müssen kein Landschaftsgärtner sein, um Gartenwege praktisch und harmonisch gestalten zu können.*

Der richtige Zaun

Auch die Umfriedung des Gartens kann durchaus zweckmäßig, umweltgerecht und zugleich ansprechend sein. Ein Staketenzaun aus unbehandeltem Holz ist recht langlebig, wenn dieses keinen Bodenkontakt hat. In abgeschrägte obere Zaunenden dringt das Regenwasser kaum ein. Nur die Zaunpfähle selber benötigen eine Kesseldruckimprägnierung. Hecken dienen als lebende Zäune. Sie sind zwar arbeitsaufwendiger als „tote" Konstruktionen, aber bei entsprechender Gestaltung auch wertvoller für die Umwelt. Größere Gärten können mit Hecken aus standortgerecht zusammengestellten Wildgehölzen umgeben werden. Aber auch schnittverträgliche Hecken z. B. aus Buchsbaum *(Buxus sempervirens)* oder Feldahorn *(Acer campestre)* sind möglich. In Hecken finden nistende Singvögel und viele nützliche Insekten einen durch Menschenhand geschaffenen Lebensraum. Zudem lockert der Heckenschnitt den häufig zu feuchten Kompost auf. Im naturnahen Garten wird natürlich darauf geachtet, daß nistende Vögel möglichst störungsfrei brüten können, weshalb Hecken erst ab August oder im Winter gestutzt werden.

Die Gartenakte

Für den gesamten Garten empfiehlt sich in der Planungsphase eine Skizze, aus der die Größe und Lage der Gemüsebeete, Rabatten und Obst- und Rasenflächen hervorgehen. Hier werden auch Bäume, Sträucher und Rosen mit Art- und Sortennamen eingetragen. Außerdem sollte jedes Jahr ein Gartenkalender zumindest für den im Wechsel kultivierten Teil des Gartens geführt werden. Dort notiert man Arten und Sorten der Gemüsepflanzen, Sä- sowie Pflanztermine, den Witterungsverlauf und alle Besonderheiten. So schlägt man der Vergeßlichkeit ein Schnippchen und kann die richtige Fruchtfolge, die auch bei der Mischkultur eine Rolle spielt, einhalten.

Ökologische Grundlagen

Das Wissen darüber, wie die Natur funktioniert, ist die Voraussetzung für die praktische Arbeit im Garten. Aber auch ein wenig Geduld gehört zu den Tugenden des Gärtners.

Grundlage für alles Leben auf der Erde ist die Photosyntheseleistung der Pflanzen. In ihren grünen Blättern erzeugen die Pflanzen mit Hilfe des Sonnenlichtes aus Wasser, dem Kohlendioxid der Luft und Mineralstoffen zunächst Zucker und Stärke, hieraus wiederum andere Verbindungen wie Fette, Kohlenhydrate, Eiweiß und Vitamine, auf die alle anderen Lebewesen zwingend angewiesen sind. Daneben entstehen als Stoffwechselprodukte der Pflanzen Farbstoffe, Harze, Duftstoffe, arzneilich nutzbare Substanzen sowie viele andere, zum Teil noch nicht erforschte Verbindungen. Als „Abfallprodukt" der Photosynthese wird von den Blättern Sauerstoff ausgeschieden, der von allen Organismen zur Atmung benötigt wird.

In der Natur liefert der Boden die schon genannten Mineralstoffe aus der Gesteinsverwitterung und der Kreislaufführung. Denn in natürlichen Ökosystemen stehen die Rohstoffe immer wieder für den Stoffkreislauf zur Verfügung. Werden größere Mengen an Mineralien, wie im Garten üblich, durch Ernten entzogen, müssen sie ersetzt werden. Neben den Hauptelementen Stickstoff, Phosphor, Schwefel, Kalium, Calcium und Magnesium benötigen Pflanzen auch Eisen, Mangan, Zink, Kupfer, Bor, Chlor und Molybdän für ein gesundes Wachstum. Diese Elemente werden aber nur in kleinsten Mengen, Spuren also, gebraucht, weswegen sie auch Spurenelemente oder Mikronährstoffe genannt werden.

Pflanzenteile oder deren Inhaltsstoffe dienen Bakterien, Pilzen und allen Tieren als Nahrung. Die Pflanzenfresser werden von kleinen räuberischen Tierarten gefressen, diese wiederum von großen Räubern. Kot und Tierleichen wie auch abgestorbene Pflanzen werden von Bodenorganismen in Arbeitsteilung zerkleinert, zersetzt und in Mineralstoffe zurückverwandelt, die den Pflanzen anschließend wieder als „Dünger" zur Verfügung stehen. Die Sonne als ewiger Energiespender treibt über die pflanzliche Photosynthese einen ständigen Kreislaufprozeß an. Der Stickstoff, den die Pflanzenwurzeln als Nitrat aufnehmen, wird in Pflanzeneiweiß umgewandelt. Das von einer Raupe gefressene Blatt wird zu tierischem Ei-

▼ *Der Hauptzweck eines Naturgartens liegt darin, gesunde Produkte zu ernten. Mit der Natur arbeiten heißt wichtige ökologische Prinzipien verstehen und sich an ihnen orientieren.*

weiß, stirbt der Vogel, wandeln Bodenorganismen die Vogelleiche wieder in Nitrat um, und der Stickstoffkreislauf beginnt von vorn. Solche Stoffkreisläufe finden für alle anderen chemischen Elemente in ähnlicher Weise statt.

Die Ökologie, so wird die Lehre vom Haushalt der Natur und den Beziehungen der unterschiedlichen Tier- und Pflanzenarten untereinander bezeichnet, kennt die Begriffe „Schädling" oder „Nützling" nicht. Alle Teile des Nahrungsnetzes sind für das Gesamtsystem gleich wichtig. Erst der Mensch hat Tiere und Pflanzen in die Schubladen „Schädling" und „Nützling" beziehungsweise „Kraut" und „Unkraut" sortiert, oft in Unkenntnis der ökologischen Zusammenhänge.

Von der Natur lernen statt mit Gift spritzen

Nun wird auch der geduldigste Naturgärtner nicht auf Gemüse und Obst verzichten und zum Blattlauszüchter werden wollen. Er kann aber, mit ökologischem Wissen ausgestattet, die natürlichen Parasiten und Räuber der Blattläuse fördern oder durch Anlage von Gemüsebeeten in Mischkultur Insekten, die von Gemüsepflanzen leben, fernhalten. Es gibt eine Reihe ungiftiger Methoden, die Ernte zu erhalten, ohne die empfindlichen Wechselbeziehungen innerhalb des Nahrungsnetzes wesentlich zu verändern oder gar zu stören. Hierzu zählt etwa das Abdecken der Beete mit Gemüsefliegennetzen.

Der Einsatz von Insektenspritzmitteln hingegen stellt einen erheblichen Eingriff in das ökologische Gleichgewicht dar. Er ist um so stärker, desto weniger selektiv ein Insektizid wirkt. Im Nahrungsnetz kommt es, bildlich gesprochen, zu „Laufmaschen". Wenn neben dem Zielorganismus, dem Schädling, auch andere Insektenarten abgetötet werden, wie es bei den meisten chemischen Mitteln, aber auch bei einigen „biologischen" Präparaten der Fall ist, so kann sich der eigentliche Zweck der Schädlingsbekämpfung sogar ins Gegenteil umkehren. Wenig empfehlenswert sind Präparate auf der Grundlage von Pyrethrum, weil sie alle Insekten gleichermaßen abtöten. Auch Nikotin sollte nicht verwendet werden, zumal es auch für den Menschen recht giftig ist.

NAHRUNGSNETZ

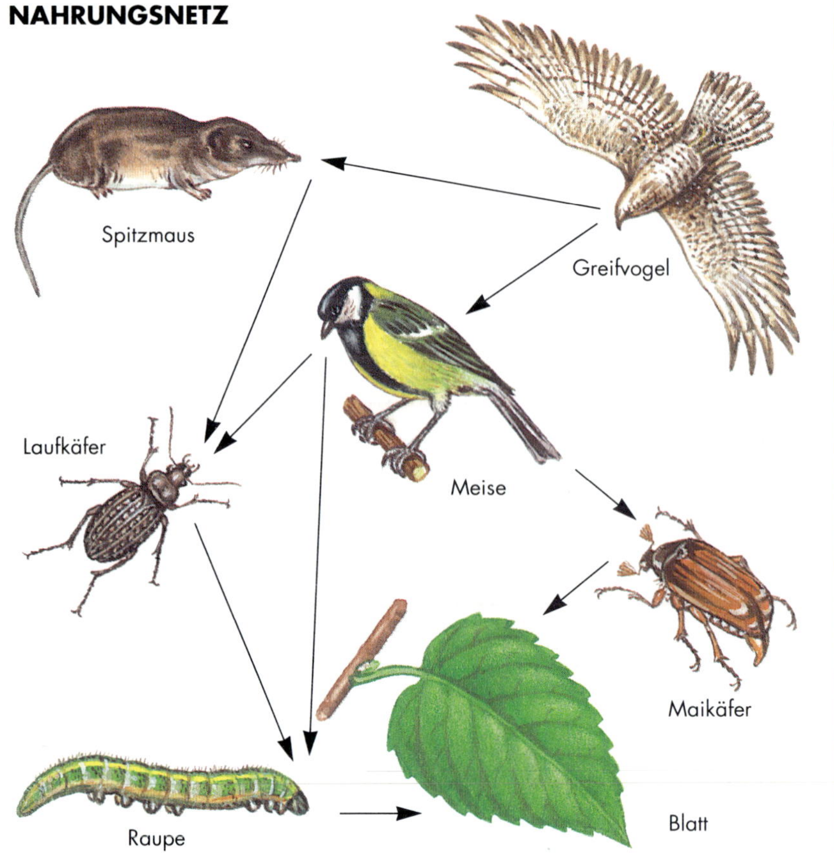

▲ *Pflanzenfressende Insekten dienen räuberischen Formen als Nahrung. Diese werden wiederum von größeren Räubern gefressen. Die gegenseitigen, stabilen Abhängigkeiten im Nahrungsnetz machen das ökologische Gleichgewicht aus. Die vollständige Vernichtung eines Gliedes im Nahrungsnetz stört das Gleichgewicht empfindlich.*

PHOTOSYNTHESE

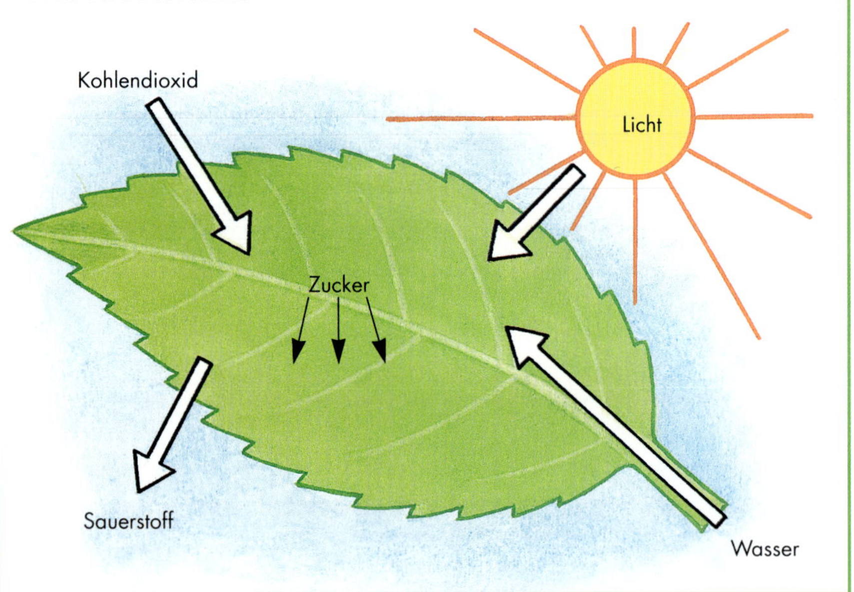

▲ *Grüne Pflanzen sind die einzigen Lebewesen, die Sonnenenergie in chemische Energie umwandeln und auf diese Weise speichern können. In Chloroplasten, Einschlüssen der Zellen, die Chlorophyll enthalten, läuft die Photosynthese ab, ein Prozeß, bei dem aus Kohlendioxid und Wasser Sauerstoff und Zucker entstehen. Zucker ist der Ausgangsstoff für alle von Pflanzen gebildeten Eiweiße, Fette, Vitamine und anderen Substanzen.*

NÄHRSTOFFBEDARF UND PH-BEREICH DER GEMÜSEARTEN	
Gemüsearten	**Nährstoffansprüche und optimaler pH-Bereich**
starkzehrend	
Blumenkohl	Hoher Stickstoff-, Phosphat- und Kaliumbedarf; pH 6,5–7,5
Grünkohl	Geringere Nährstoffansprüche als andere Kohlarten; pH 5,5–7,5
Gurken	Geringer Stickstoff-, mittlerer bis hoher Phosphat- und Kaliumbedarf; pH 6,0–7,5
Kartoffeln	Hoher Nährstoffbedarf; pH 5,0–7,5
Kohlrabi	Durchschnittlicher bis hoher Nährstoffbedarf; pH 6,0–7,5
Porree	Nährstoffversorgung sollte gut sein; pH 6,0–7,5
Rosenkohl	Nährstoffansprüche dem des Wirsings vergleichbar. Überdüngung führt zu zur Ernte ungeeigneten Röschen; pH 6,0–7,5
Sellerie	Hoher Phosphat- und Kaliumbedarf; Stickstoffüberdüngung kann zu Geschmacksbeeinträchtigungen führen; pH 6,5–7,5
Tomaten	Nährstoffanspruch dem der Gurke vergleichbar; pH 5,0–7,5
Wirsing	Hoher Nährstoffverbrauch; pH 6,0–7,5
mittelzehrend	
Möhren	Durchschnittlicher Nährstoffbedarf; pH 6,5–7,5
Radieschen	Sehr geringe Nährstoffansprüche; pH 5,5–7,0
Rettich	Mittlerer bis geringer Nährstoffbedarf; pH 5,5–7,0
Rote Rüben	Nährstoffansprüche ähnlich wie beim Rettich; pH 6,5–7,8
Spinat	Geringer Nährstoffbedarf; pH 6,5–7,7
Zwiebeln	Mittlerer Kalium-, geringer Stickstoff- und Phosphatbedarf; pH 6,5–7,7
schwachzehrend	
Buschbohnen	Stickstoffbindend; geringe Nährstoffansprüche; pH 6,0–7,2
Kopfsalat	Sehr geringer Nährstoffbedarf; pH 5,5–7,5
Markerbsen	Stickstoffbindend mit geringem Nährstoffbedarf; pH 6,0–7,5
Stangenbohnen	Geringer bis mittlerer Nährstoffbedarf; pH 5,5–7,5

Überlebenskünstler Blattlaus

Warum einmal spritzen häufig immer spritzen heißt, läßt sich gut am Beispiel der Blattläuse erläutern. Sie sind besonders wehrlose Tiere, die durch eine Reihe von räuberischen Insekten und Parasiten sowie ungünstige Witterungsbedingungen dezimiert werden. Überleben können sie daher nur, indem sie wahre Vermehrungswunder vollbringen, um diese Verluste schnell auszugleichen. Viele Blattlausarten gebären durch Jungfernzeugung lebende Larven, die nach kurzer Zeit ebenfalls weitere Larven erzeugen. Blattlausräuber wie Marienkäfer oder Florfliegen pflanzen sich dagegen wesentlich langsamer fort. Nach der Begattung legen sie Eier, die zunächst eine Zeit reifen müssen, bevor die Larven schlüpfen. Wenn nun alle Insektenarten gleichzeitig vernichtet werden, erholen sich die Blattläuse von dem Giftangriff auf Grund ihrer Reproduktionsstrategie sehr viel schneller, auch wenn es nur wenige überlebende Individuen gibt. Da der Bestand der nützlichen räuberischen Arten bedeutend langsamer zunimmt, können sie sich nun nahezu unbehelligt vermehren. Die erste Giftspritze zieht daher die zweite fast zwangsläufig nach sich.

Nebenwirkungen unerwünscht

Pflanzenschutzmittel, die unselektiv wirken, können auch andere Störungen im Nahrungsnetz verursachen. Durch die ständige Dezimierung der Hauptschädlingsarten können andere Insekten, die ohne chemische Bekämpfung niemals eine Rolle spielen würden, gefördert werden, sofern sie weniger empfindlich auf ein Mittel reagieren oder sich schneller von der Behandlung erholen. Dann muß ein zweites Spritzmittel eingesetzt werden. Da viele Insektizide sowie Fungizide (Pilzbekämpfungsmittel) auch andere Organismengruppen – z.B. Regenwürmer – schädigen, können sich weitere unerwünschte Wirkungen auf das Nahrungsnetz zeigen. Wenn Regenwürmer in ihrer Vermehrung gehemmt werden, nimmt nicht nur die Bodenfruchtbarkeit ab, sondern auch eine bedeutende Krankheit des Apfels, der Schorf *(Venturia inaequalis)*, kann sich besser ausbreiten. Da weniger Regenwürmer auch weniger Fallaub in ihre Röhren ziehen können, bleiben mehr Blätter auf dem Boden liegen, dadurch entstehen im Frühjahr günstigere Infektionsbedingungen für den Pilz. Solche indirekten Wirkungen gehen von fast allen chemischen Pflanzenschutzmitteln aus. Im naturnahen Garten werden daher unspezifisch wirkende Substanzen nicht verwendet. Doch hat der naturnah wirtschaftende Gärtner einige, nach heutigen Erkenntnissen für Ökosysteme unbedenkliche Mittel zur Hand, von denen er manche sogar selbst herstellen kann. Vor der Anwendung eines Schädlingsbekämpfungsmittels sollte die schädlingsfeindliche Gestaltung des Gartens jedoch immer Vorrang haben.

Nützlinge wollen fressen

Bei vielen Insektenordnungen ähnelt die aus dem Ei schlüpfende Larve – die bei Fliegen auch Made, bei Schmetterlingen Raupe genannt wird – den Imagines, den Vollinsekten, überhaupt nicht. Diese Verschiedenartigkeit macht sich auch im Futterspektrum bemerkbar. Bei den Florfliegen und Schwebfliegen lebt nur die Larve räuberisch von Blattläusen. Die Vollinsekten fressen Pollen oder saugen Nektar. Um diese Insekten im Garten zu fördern, muß folglich Futter für beide Stadien zur Verfügung stehen: Blattläuse für die Larven und Blüten mit reichlich Pollen und Nektar für die Vollinsekten.

Schmetterlinge zählen zwar nicht zu den Nützlingen, doch erfreut sich eine Vielzahl von Menschen an ihrem Anblick. Dies ist Grund genug, den anmutigen Tieren auch im eigenen Garten einen geeigneten Lebensraum zu schaffen. Außerdem dienen die Falter und ihre Raupen anderen Tieren als Nahrung. Auch Schmetterlinge haben in den

▲ *Manche Ziergehölze bieten zwar üppige Blütenpracht, scheiden aber wegen steriler Blüten ohne Nektar und harter Blätter als Insektennahrung aus. Für die Nützlingsförderung sind viele exotische Sträucher und überzüchtete Zierpflanzen völlig ungeeignet.*

einzelnen Entwicklungsstadien unterschiedliche Ansprüche an ihre Nahrung. Die Falter besuchen bevorzugt Blüten, und die Raupen tun sich an Blättern oft ganz anderer Pflanzen gütlich.

Exoten im Naturgarten?
Mit wenigen Ausnahmen erfüllen einheimische Pflanzenarten eine Funktion im Nahrungsnetz erheblich besser als Arten aus anderen Erdteilen. Diese sogenannten Exoten kommen auf dem Speiseplan der meisten Insekten nicht vor. Nichteinheimische Gewächse haben zwar für den gewöhnlichen Garten auch einige Vorteile. So sind sie meist klein- oder langsamwüchsig und gehören zum Standardsortiment jedes Gartencenters. Über ihren optischen Wert sollte jeder selbst urteilen. Gerade Koniferen wirken in den Augen vieler Gartenfreunde kalt und langweilig, weil sie zu allen Jahreszeiten gleich aussehen, dies gilt aber auch für Kirschlorbeer *(Prunus laurocerasus)*, Aukube *(Aucuba japonica)* und andere exotische Laubgehölze. Nachteilig sind bei nichteinheimischen Gewächsen die Gefahr der Florenverfälschung und – wie bereits erwähnt – die schlechte Stellung im Nahrungsnetz. Unter Florenverfälschung versteht man das Eindringen und Ausbreiten von fremden Pflanzenarten in die natürlichen Lebensräume einheimischer Arten. Oft sind Exoten sehr konkurrenzstark, dann können sie einheimische Arten sogar verdrängen. Allen Tieren, die nur von den verdrängten Arten leben, wird damit automatisch die Nahrungsgrundlage genommen.

Aber nicht alles, was nicht mindestens seit der letzten Eiszeit in Mitteleuropa wächst, ist so negativ zu bewerten – Ausnahmen bestätigen die Regel. So wird der nichteinheimische Sommerflieder *(Buddleija davidii)* zu Recht Schmetterlingsstrauch genannt. Im Sommer sitzen Admiral, Kleiner Fuchs, Weißlingsarten und andere Tagfalter dicht an dicht auf den violetten Blüten.

Schöne Blüten ohne Wert
In bezug auf die Förderung von nektar- und pollenfressenden Nützlingen sollte man Pflanzen mit gefüllten Blüten bei Ziersträuchern, Stauden und Einjährigen meiden. Ihnen wurden aus rein ästhetischen Gründen zusätzliche farbige Blütenblätter angezüchtet. Doch sind dabei die für Insekten wertvollen Bestandteile einer Blüte, Blütenstaub und Nektar, weggefallen.

Das simple, von vielen als Unkraut bezeichnete Gänseblümchen *(Bellis perennis)* hat beispielsweise trotz seiner kleinen Blüten für viele Insekten Futter in Form von Pollen anzubieten. Die größere Zuchtform hat hingegen sterile Blüten ohne ökologischen Wert. Auch viele gezüchtete Formen des Schneeballs (*Viburnum*) lassen Insekten trotz ihrer Blütenpracht verhungern.

Der Naturgarten – nur ein Traum?

Auch der naturgemäße Garten hat mit einem von Menschenhand unberührten Fleckchen Natur wenig gemein. Doch der Biogärtner nimmt sich zumindest die Natur zum Vorbild.

Vieles, was wir gemeinhin für natürlich halten, ist erst durch menschliches Gestalten entstanden. Die heutigen mitteleuropäischen Wälder sind angepflanzt, echte Urwälder gibt es, abgesehen von wenigen Ausnahmen, nicht mehr. Die offenen, saftiggrünen Wiesenlandschaften, in denen friedlich Kühe grasen, waren einst von Urwäldern bedeckt.

Als natürliche Vegetation in Mitteleuropa herrscht der gemischte Laubwald in verschiedenen Artenzusammensetzungen vor. Je nach Standort sind die Hauptbaumarten Eiche, Hainbuche, Esche und Rotbuche charakteristisch. Erst in den Mittelgebirgslagen kommt auch die Rotfichte natürlich vor. Nur die größeren Flußtäler, Hochmoore, Meeresküsten sowie Hochgebirgslagen sind, bis auf die angepflanzten Bäume, waldfrei.

Selbst die romantischen Heidelandschaften verdanken ihre Existenz dem über Jahrhunderte währenden Raubbau der bäuerlichen Landwirtschaft. Dort hatte man zur Verbesserung der Böden rund um die Gehöfte und als Einstreu für das Vieh ständig die obersten Bodenschichten in Form von Plaggen abgestochen und entfernt, bis die ohnehin nährstoffarmen, sandigen Böden gänzlich verarmten und nur noch die ziemlich anspruchslosen Heidekrautarten wuchsen.

In Mitteleuropa sind folglich fast alle Landschaften durch die gestaltende Hand des Menschen geprägt, weswegen man sie auch Kulturlandschaften nennt. Vielfach ist der

▼ *Ein Zaun weist nicht nur auf geschütztes Eigentum hin. Vielmehr lassen sich durch die Materialwahl Akzente setzen. Im naturnahen Garten sollte besonders großer Wert auf eine natürliche Gartengestaltung gelegt werden.*

Artenreichtum an Pflanzen und Tieren durch die verschiedenen Landnutzungsformen gestiegen. Solange es keine schweren Maschinen, Pestizide (Schädlingsbekämpfungsmittel) und synthetische Stickstoffdünger gab, hielten sich die Eingriffe des Menschen auch in Grenzen. Ein Artensterben setzte erst in diesem Jahrhundert ein.

Wenn schon ganze Landschaften „menschengemacht" sind, gilt dies für Gärten um so mehr. Schließlich ist der gestaltende Einfluß dort um ein Vielfaches höher. Gärten sind in ihrem Fortbestand immer von Eingriffen abhängig und allein durch diese gekennzeichnet.

Ein an den Berghängen Asiens beheimatetes Ziergehölz kann nur in einem Garten auf eine Staude aus der nordamerikanischen Prärie treffen oder auf die ursprünglich aus Südamerika stammende Kartoffel. Säen und Pflanzen sind „unnatürliche", aber typische Vorgänge im Gartenalltag. Umgraben, Ernten, Düngen und Wässern kommen ebenfalls nur im Garten in dieser Intensität vor. Und selbst im naturnahen Garten ist dies nicht gänzlich anders, nur sind die Eingriffe hier besser an die Natur angepaßt. Auch hier ist der Gärtner die gestaltende Kraft. Nicht umsonst sollte daher von „naturnah" gesprochen werden, denn einen natürlichen Garten kann es nicht geben.

Garten heißt gestalten

Im naturnahen Garten herrschen Pflanzenformen vor, die auch in der Natur zu finden sind. Am einfachsten ist dieses Prinzip im Zier- oder Freizeitgarten einzusetzen. Weiche Linien und sanfte Übergänge bestimmen die Optik. Streng geometrische waagerechte oder senkrechte Linien, Kreise und Rechtecke fehlen hingegen. Exakt abgestochene Rasenkanten, mit dem Zirkel gezogene Rabatten und figürlich gestutzte Ligustersträucher bleiben den Prunkgärten des Rokoko und des Barock vorbehalten.

Der Garten, der der Natur am nächsten kommt, ist der standortangepaßte Ziergarten. Hier sind die menschlichen Eingriffe am geringsten, denn die Natur wird lediglich kopiert. Obst- und Gemüsegärten sind eindeutig naturferner, ganz gleich, auf welche Art und Weise gedüngt und gespritzt wird. Daher sollte jede Fläche, die nicht zum Lebensmittelanbau benötigt wird, diesen Eingriff durch eine „gezähmte Wildnis" ausgleichen.

Einheimische Gehölze oder höhere Stauden, die aus niedrigeren Pflanzungen herausragen, schaffen räumliche Strukturen. Wichtig ist, Arten auszuwählen, die mit dem Standort gut zurechtkommen. Auf die Faktoren Temperatur, Licht, Bodenfeuchte und Bodenreaktion (pH-Wert) sollte geachtet werden.

Mustergültig wäre eine Zusammenstellung von Pflanzen, die in dieser Nachbarschaft auch in der Natur vorkommen. Der Rote Hartriegel *(Cornus sanguinea)* ist z. B. mit den Gehölzen Schlehe *(Prunus spinosa)*, Weißdorn *(Crataegus laevigata)*, Hasel *(Corylus avellana)*, Waldrebe *(Clematis vitalba)* sowie Pfaffenhütchen *(Euonymus europaea)* vergesellschaftet. Wildstauden kommen als gelungene Unterpflanzung in Betracht.

Weiche, fließende Formen sind im Ziergarten am richtigen Platz, im Nutzgarten werden die Gemüsebeete zweckmäßigerweise rechteckig angelegt. Aber auch hier kann durch Randbepflanzung mit Wildgewächsen die geometrische Strenge optisch aufgelockert werden.

Der Naturgarten und seine Grenzen

Trotz aller positiven Wirkungen, die eine sanfte Gestaltung und Bewirtschaftung mit sich bringt, sind die Grenzen des naturnahen Gartens sehr eng gesteckt, was den Umweltschutz betrifft. Er kann kein Naturschutzgebiet und erst recht keinen Nationalpark ersetzen. Selbst die am meisten gefährdeten Tagfalterarten lassen sich nicht im Garten ansiedeln. Sie sind Arten der Hochmoore oder Kalkmagerrasen, und in solchen Regionen wird es Gärten nicht geben können. Auch ist es kaum möglich, geschlossene Stoffkreisläufe in Gärten zu realisieren. Pflanzen, Ernten und Düngen bleiben „unnatürliche" Eingriffe.

Andererseits ist der Garten für die meisten Menschen die einzige Möglichkeit, ein Stückchen Erde zu bewirtschaften, und die Methode des naturnahen Gärtnerns ist allemal die umweltverträglichste. Wenn sich mehrere Nachbarn zusammenschließen, ist die positive Wirkung auf die Umwelt schon größer als in der Summe der Einzelflächen. Zäune – die oft Igel und andere Nützlinge aussperren – können dann wegfallen oder durch Wildhecken und Gehölzpflanzungen ersetzt werden.

◀ *Scheinbar nutzlose Grashorste wie diese Rasenschmiele* (Deschampsia cespitosa) *dienen der Nützlingsförderung. Der Siebenpunkt-Marienkäfer benutzt sie als Überwinterungsquartier. Vor allem nach der langen Winterruhe ist sein Hunger unersättlich, deshalb macht er sich im Frühjahr auf Blattlausjagd, wobei er große Mengen dieser Tiere vertilgt.*

Zusammenhänge verstehen

Der kluge Gärtner paßt seinen Garten den unveränderlichen Gegebenheiten der Natur an und nimmt nur dort Einfluß, wo er nicht gegen sie arbeiten muß.

Viele Umweltfaktoren, die auf einen Garten einwirken, sind unveränderbar. Andere liegen voll und ganz in der Hand des Gärtners. Durch geschickte Anpassung an die Vorgaben der Natur und überlegtes Handeln kann der Gärtner jedoch das Beste daraus machen.

Das Klima

Einer dieser gegebenen Faktoren ist das Klima. Es entscheidet darüber, welche Pflanzen auf Dauer an einem Standort gesundes Wachstum zeigen und gute Erträge bringen.

Alle Pflanzenarten und -sorten benötigen eine Mindestanzahl von Vegetationstagen. Bei Einjährigen, z. B. Gemüsepflanzen, ist die Vegetationsdauer gleichbedeutend mit der Zeit von der Aussaat bis zur Ernte. Bei Obstgehölzen ist dies die Zeit zwischen Blüte und Pflückreife. Um dennoch in den verschiedenen Regionen gärtnern zu können, wurden Sorten mit kürzeren und längeren Vegetationsansprüchen gezüchtet. Frühe Obstsorten haben eine kürzere Vegetationszeit als späte. In den deutschen Hauptanbaugebieten für Tafeläpfel liegt der Beginn der Blüte Anfang Mai. Dort, wo die Bäume erst später zu blühen beginnen, wird der Anbau problematisch. Frühe Sorten eignen sich wegen der kürzeren Vegetationszeit für rauhere Lagen noch am ehesten. Während in Weinbaugebieten auch Aprikosen und Pfirsiche gedeihen, ist in Mittelgebirgslagen der ungeschützte Anbau von Tomaten riskant. Allerdings besteht im Garten die Möglichkeit, wärmeliebende Obstgehölze an einer Südwand zu ziehen oder Gemüse unter Vliesen und Folien zu kultivieren. Natürlich weicht das dort herr-

▼ Südwände bieten auch in rauhen Lagen noch ausreichend Wärme und Windschutz für den Anbau empfindlicher Obstarten wie der Birne. Darüber hinaus ist ein Obstspalier ein besonders reizvoller Blickfang.

BEGINN DER APFELBLÜTE IN DEUTSCHLAND

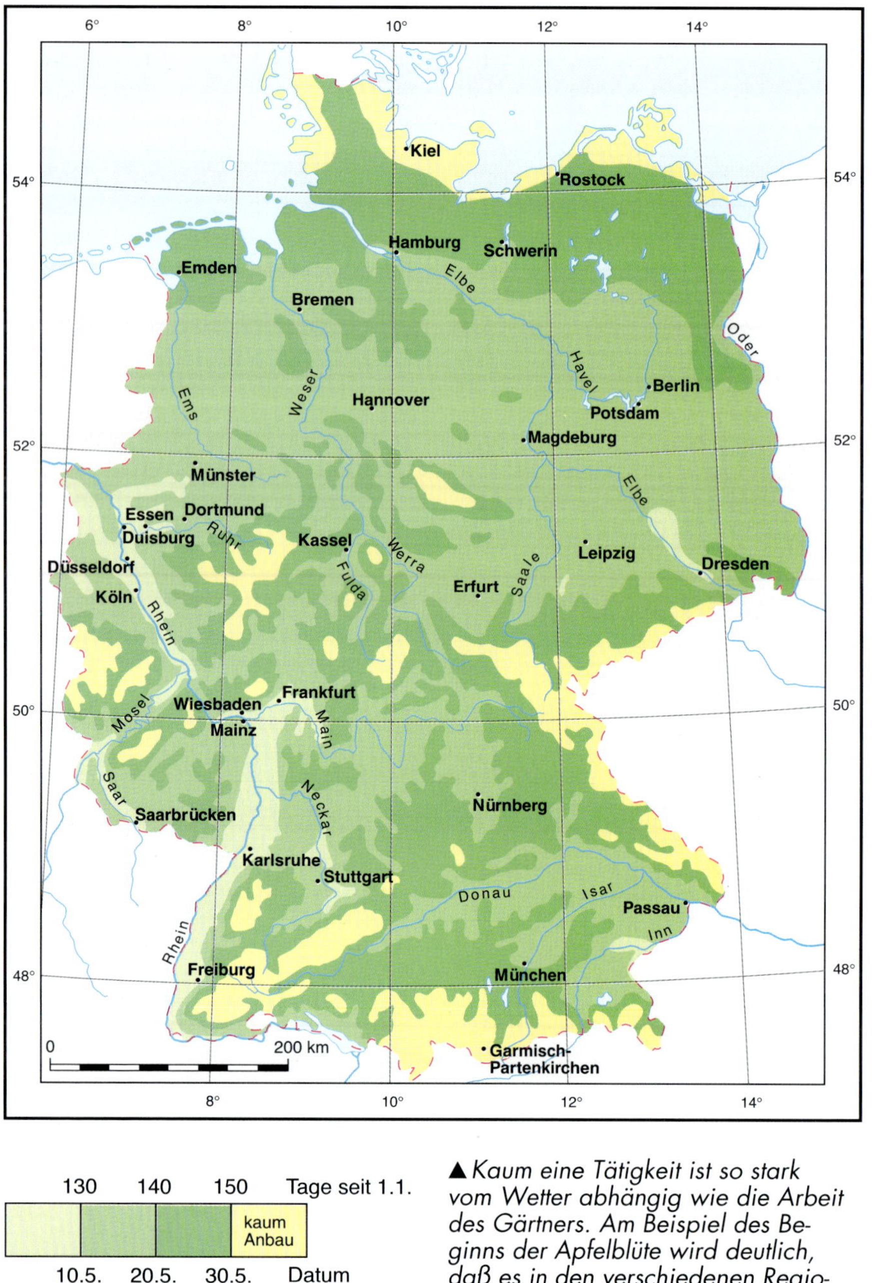

▲ *Kaum eine Tätigkeit ist so stark vom Wetter abhängig wie die Arbeit des Gärtners. Am Beispiel des Beginns der Apfelblüte wird deutlich, daß es in den verschiedenen Regionen Deutschlands große klimatische Unterschiede gibt.*

schende Mikroklima von den offiziellen Klimadaten ab und vergrößert die Palette der Arten und Sorten, die angebaut werden können.

Für den Aussaattermin im Frühjahr ist die Temperatur des Bodens maßgeblich. Ein Bodenthermometer leistet hier wertvolle Dienste, denn in zu kalte Erde gesäte Pflanzen verkümmern und sind dann besonders anfällig für bestimmte Krankheiten.

Der Boden

Ebenso wie das Klima ist der Boden ein wichtiger, kaum veränderbarer Faktor. Mit flachgründigen oder steinigen Böden muß man sich ebenso arrangieren wie mit „kalten" Ton- oder trockenen Sandböden. Was aber ist überhaupt Boden? Aus der obersten Gesteinsschicht entwickelte sich im Lauf von Jahrtausenden unter Einwirkung von Frost, Wasser und Wärme, Oxidationsprozessen und dem „Angriff" von Mikroorganismen eine belebte Verwitterungsschicht. Das Ausgangsgestein ist vor allem für die chemischen Eigenschaften dieser Schicht verantwortlich. So entstanden auf saurem Sandstein arme und auf basischem Urgestein reiche, fruchtbare Böden.

Der Fachmann unterscheidet drei Bodenarten. Die Bodenart wird anhand des Korngrößenspektrums ermittelt. Sandböden sind locker, sie erwärmen sich im Frühjahr schnell, leiden aber auch leicht unter Trockenheit, da sie das Niederschlagswasser nicht festhalten können. Ihr Nährstoffgehalt ist gering, auch zusätzliche Düngergaben werden schnell ausgeschwemmt. Tonige Böden haben entgegengesetzte Eigenschaften. Bevorzugte Standorte für Gärten sind Lehmböden, deren Eigenschaften eine Mischform aus den vorgenannten Böden darstellen und nicht deren extremen Charakter haben. Lehmböden können genügend Nährstoffe enthalten und speichern, auch ihr Wasserhaltevermögen ist meist ausreichend, zudem sind sie leichter zu bearbeiten als Tonböden.

Das Bodenleben

Böden sind keineswegs nur tote Materie oder gar „Dreck". Humus, die bei allen Gärtnern begehrte graubraune Substanz, wird nur durch Bodenorganismen erzeugt. Am bekanntesten dürfte der Regenwurm sein. Seine Kotkrümel sind ein besonders wertvoller Dünger. Sie enthalten im Vergleich zum umgebenden Boden rund sechsmal mehr löslichen Stickstoff, viermal mehr lösliches Phosphat und elfmal mehr Kalium, dazu auch größere Mengen an Magnesium und Spurennährstoffen.

Durch die Grabeleistung schafft der Regenwurm aber auch Gänge im Boden, durch die Sauerstoff in tiefere Schichten gelangt, Regenwasser abläuft und sich die Pflanzenwurzeln schnell und energiesparend im Boden ausbreiten können. Andere Bodenorganismen sind kleiner, aber nicht weniger wichtig. Erst ihr arbeitsteiliges Zusammenspiel – die Mehrzahl der Arten sind auf bestimmte Leistungen spezialisiert – macht den gesunden, fruchtbaren Boden aus.

Im Naturgarten übernimmt der Boden eine weitaus wichtigere Aufgabe als in der konventionellen Landwirtschaft. Der Gesamtorganismus Boden, also Minerale, Luft, Wasser, organische Substanz und Bodenlebewesen, ist mehr als ein Substrat, in dem sich Pflanzen mit ihren Wurzeln verankern. Das Bodenleben leistet im Gegenteil einen wichtigen Beitrag zum vorbeugenden, sanften Pflanzenschutz. Krankheiten, die im Boden vorkommen, werden von nützlichen Organismen eingedämmt, und Pflanzennährstoffe, insbesondere Stickstoff, werden von den Mikroorganismen erzeugt, gespeichert und in pflanzenverfügbarer Form nach Bedarf abgegeben. Schadstoffe werden im Boden entgiftet, Wuchsstoffe stimulieren das Gedeihen der Pflanzen. Mit Kompost und anderen sanften Düngemitteln wird der Boden gedüngt, nicht die Pflanze direkt. Alle Eingriffe des naturnah wirtschaftenden Gärtners berücksichtigen daher das sensible Bodenleben. Auch aus diesem Grund sind viele Pflanzenschutzmittel abzulehnen, denn sie können die Bodenlebewesen schwer beeinträchtigen.

Bodenanalysen

Oft werden Bodenanalysen empfohlen, die dem Gärtner Aussagen über Bodenart und Bodenreaktion (pH-Wert) geben und Düngerempfehlungen auf dieser Grundlage aussprechen. Ein einfacher, ungefähr 40 DM teurer Test ist wenig aussagekräftig. Die Bodenart läßt sich zumindest grob auch selbst ermitteln: Die Aggregate der Sandböden, also ihre einzelnen Bestandteile, halten selbst in feuchtem Zustand kaum zusammen; dem leichtesten Druck ausgesetzt, zerkrümeln sie. Ton läßt sich dagegen wie Knetgummi formen und im feuchten Zustand zu mehr oder minder dünnen „Würmern“ ausrollen. Lehm liegt in seiner Beschaffenheit zwischen den beiden anderen Böden. Viele Institute geben Düngungsempfehlungen, die auf den Erfahrungen des konventionellen Gartenbaus basieren. Aus diesem Grund sollte vor dem Analyseauftrag erfragt werden, auf welcher Grundlage die Empfehlung ausgesprochen wird.

Aussagekräftiger sind umfangreichere Analysen, mit deren Hilfe auch die wichtigen, in vielen Gartenböden nicht ausreichend vorhandenen Spurennährstoffe erfaßt werden. Wachstumsprobleme oder mangelnde Haltbarkeit von Lagergemüse und Obst kann auf solch einen Mangelzustand hinweisen.

Kalken

Durch den sauren Regen wird aus den Böden ständig Calcium gelöst, der Boden-pH-Wert sinkt und damit die Verfügbarkeit wichtiger Nährstoffe für die Pflanze. Es ist daher angemessen, Calcium durch die geeigneten Düngemittel von außen zuzuführen. Neben den sehr alkalischen Verbindungen Branntkalk,

STRÄUCHER UND BÄUME ALS WINDSCHUTZ

In Mulden und Tallagen kann kalte Hangluft die Freude am Garten mindern. Eine entsprechend dichte und hohe Hecke aus einheimischen und standortgerechten Gehölzen schützt vor dem Kaltluftstrom und dient gleichzeitig vielen Nützlingen als Nistplatz.

Calciumoxid (CaO) und gelöschter Kalk ($Ca(OH)_2$), die den pH-Wert je nach Aufwandmenge erheblich verschieben, gibt es das deutlich weniger aggressive Calciumkarbonat ($CaCO_3$), ein Düngekalk. Im naturnahen Garten können zudem Algenkalke, das magnesiumhaltige Dolomitmehl und Urgesteinsmehl eingesetzt werden. Alle drei Präparate haben den Vorteil, dem Boden gleichzeitig Mikronährstoffe zuzuführen und die Bodenreaktion nur gering zu beeinflussen. Trickreich ist das Kalken des Komposts, eine für den Boden noch sanftere Methode. Zuviel Kalk mindert den Humusgehalt und führt zum „Festlegen“ von Eisen, Mangan und Zink. Das bedeutet, diese wichtigen Pflanzennährstoffe sind zwar noch im Boden vorhanden, können aber von den Pflanzenwurzeln nicht aufgenommen werden. Zudem bekommt eine starke pH-Wert-Verschiebung dem Bodenleben nicht.

Ohne Wasser kein Leben

Echten Wassermangel gibt es in unseren Breiten nur sehr selten. In manchen Regionen fehlt aber gerade in der Hauptvegetationszeit der Regen. Dann wird aus Bequemlichkeit meist zum Gartenschlauch gegriffen. Hierbei wird nicht nur kostbares Trinkwasser vergeudet, das kalte Leitungswasser schadet auch vielen Pflanzen mehr, als es nützt. Bei starker Besonnung wirken die Wassertropfen auf den Blättern wie kleine Brenngläser und schädigen die Blätter. Deshalb sollten Blüten und Blätter beim Gießen nicht benetzt werden. Tomaten und Rosen sind besonders sensibel. Ein häufiger, aber nicht ausreichender Guß verhindert, daß die Pflanzen tiefreichende Wurzeln entwickeln. So bleiben sie abhängig vom Gartenschlauch. Gerade im naturnahen Garten will daher auch das richtige Gießen gelernt sein. Am besten wässert man mit einer Gießkanne, die bei frisch gesetzten Pflanzen mit einem Brausekopf versehen wird. Die beste Zeit ist von Sonnenaufgang bis ungefähr 10 Uhr oder am Spätnachmittag, bei hochsommerlichem Wetter nicht vor 18 Uhr. Nur im Frühjahr, wenn die Sonne mild scheint, ist die wärmste Tageszeit die beste Gießzeit.

Für kleine Beete reichen oft schon ein paar Tonnen, in denen man das Regenwasser auffängt. Eine Abdeckung aus Gaze hält Laub und Mücken fern und hindert Vögel am Ertrinken. Regentonnenwasser ist je nach Behälterstandort zum Gießen genügend angewärmt. Bei größerem Wasserbedarf empfiehlt sich der Bau einer Zisterne aus Kanalringen oder die Anschaffung eines Erdtanks aus Kunststoff. Derart gesammeltes Naß ist jedoch ebenso kühl wie Leitungswasser.

Bodenbearbeitung

Mit Hacke oder Harke werden die obersten Schichten des Bodens schonend gelockert und nach Regenfällen entkrustet, um den Gas-

HECKE ALS WINDSCHUTZ UND NÜTZLINGSQUARTIER			
NAME/HÖHE	LICHT/BODEN	NÜTZLINGS-QUARTIER	BLÜTEN/FRÜCHTE
Berberitze *(Berberis vulgaris)*, 1–2 m	Sonne bis Halbschatten. Leichte bis schwere, kalkhaltige Böden; feuchter bis nasser Standort	Bienenweide, Vogelschutzgehölz	Gelbe Blüten; rote oder blaue, Vitamin-C-haltige Beeren. Eßbar
Brombeere, Gemeine *(Rubus fruticosus)*, um 5 m	Sonne bis Halbschatten. Leichte bis schwere, kalkfreie Böden; feuchter Standort	Bienenweide, Vogelschutzgehölz	Weiße bis rosafarbene Blüten; schwarzviolette, wohlschmeckende Früchte
Eberesche/Vogelbeere *(Sorbus aucuparia)*, 5–10 m	Sonne bis Halbschatten. Leichte bis schwere, tiefgründige und nährstoffreiche Böden	Bienenweide Vogelschutzgehölz	Weiße Blütendolden; orangefarbene, Vitamin-C-haltige Früchte. Roh schwach giftig
Eibe, Gemeine *(Taxus baccata)*, 1–2 m	Sonne bis Schatten. Leichte bis schwere, tiefgründige und frische Böden	Vogelschutzgehölz	Unscheinbare Blüten; rote Scheinbeeren mit dunklen, sehr giftigen Samen
Feldahorn *(Acer campestre)*, 5–15 m	Sonne bis Halbschatten. Mittlere bis schwere, kalkhaltige Böden; feuchter bis nasser Standort	Bienenweide	Gelbe Blüten in Doldenrispen
Felsenbirne *(Amelanchier ovalis)*, um 2 m	Sonne. Leichte bis mittlere, nährstoffreiche Böden; trockener Standort	Vogelschutzgehölz	Weiße Blüten; schwarze, wohlschmeckende Früchte
Hartriegel, Roter *(Cornus sanguinea)*, 1–5 m	Sonne bis Halbschatten. Leichte bis schwere, kalkhaltige Böden; feuchter Standort	Bienenweide	Weiße Blüten; schwarze, bittere Früchte. Ungenießbar
Heckenkirsche, Rote *(Lonicera xylosteum)*, 1–2 m	Sonne bis Halbschatten. Leichte bis schwere, kalkhaltige und nährstoffreiche Böden; feuchter bis nasser Standort	Bienenweide	Gelblichweiße Blüten; hellrote Beeren. Giftig
Holunder, Schwarzer *(Sambucus nigra)*, 2–7 m	Halbschatten. Leichte bis schwere, durchlässige und stickstoffreiche Böden; feuchter bis nasser Standort	Bienenweide	Weiße bis gelbliche Blüten; schwarze, saftreiche Früchte (Fliederbeeren)
Hundsrose *(Rosa canina)*, um 3 m	Sonne bis Halbschatten. Mittelschwere, kalkhaltige Böden; trockener Standort	Bienenweide, Vogelschutzgehölz	Rosafarbene Blüten; scharlachrote, verwertbare Früchte (Hagebutten)
Johannisbeere, Schwarze *(Ribes nigrum)*, 1–2 m	Sonne bis Halbschatten. Mittelschwere, nährstoffreiche Böden; feuchter bis nasser Standort	Bienenweide	Blüten in Trauben; schwarze, wohlschmeckende Beerenfrüchte
Korbweide *(Salix viminalis)*, 2–5 m	Sonne bis Halbschatten. Keine besonderen Bodenansprüche; feuchter bis nasser Standort	Bienenweide	Graue oder grüne Kätzchen
Kornelkirsche *(Cornus mas)*, 2–6 m	Halbschatten. Leichte bis mittlere, kalkhaltige und nicht verdichtete Böden; feuchter bis nasser Standort	Bienenweide	Gelbe Blüten; kirschrote, verwertbare Steinfrüchte
Kreuzdorn *(Rhamnus catharticus)*, um 2 m	Sonne bis Halbschatten. Kalkhaltige Böden; trockener bis nasser Standort	Vogelschutzgehölz	Unscheinbare Blüten; schwarze, bittere Beeren. Heilkundliche Nutzung
Liguster *(Ligustrum vulgare)*, 2–5 m	Halbschatten. Leichte bis schwere, kalkhaltige Böden; trockener bis nasser Standort	Bienenweide	Kleine, weiße Blüten; schwarzglänzende Beeren. Giftig
Pfaffenhütchen *(Euonymus europaea)*, 2–5 m	Sonne bis Halbschatten. Leichte bis schwere, kalkhaltige und nährstoffreiche Böden; feuchter bis nasser Standort	Vogelschutzgehölz	Unauffällige, gelbgrüne Blüten; schöne, orangefarbene Früchte. Giftig
Schlehe *(Prunus spinosa)*, um 3 m	Sonne. Leichte bis schwere, kalkhaltige und nährstoffreiche Böden; trockener Standort	Bienenweide, Vogelschutzgehölz	Weiße Blüten; schwarzblaue, verwertbare Früchte
Schneeball, Wolliger *(Viburnum lantana)*, 2–3 m	Halbschatten. Leichte bis schwere, kalkhaltige und durchlässige Böden; feuchter bis nasser Standort	Bienenweide, Vogelschutzgehölz	Kleine, weiße Blüten; schwarzglänzende Früchte (Schwindelbeeren). Giftig
Weißdorn *(Crataegus laevigata)*, 2–7 m	Sonne bis Halbschatten. Leichte bis schwere, kalkhaltige Böden; trockener bis feuchter Standort	Bienenweide, Vogelschutzgehölz	Duftende, weiße Blüten; rote Früchte. Artabhängig eßbar oder ungenießbar

austausch zu fördern. Die Hacke dringt tiefer in den Boden ein; mit ihr kann man die Verdunstung von Wasser eindämmen, indem die bis zur Erdoberfläche führenden Poren, aus denen Bodenfeuchtigkeit verdunstet, vom Wassernachschub abgeschnitten werden. Kompost sowie andere Düngemittel lassen sich mit der Hacke oder einem Kultivator gut einarbeiten.

Die Bodenlockerung hat in der naturnahen Bewirtschaftung immer den Vorzug. Wenden mit dem Spaten oder der Grabgabel sollte dagegen Seltenheitswert besitzen. Beim Umgraben werden die Bodenschichten aus ihrer ehemaligen Lage gebracht. Lichtempfindliche und an einen geringen Sauerstoffgehalt angepaßte Lebewesen der tieferen Schichten sterben ab, wenn sie nach oben befördert werden. Als Ersatz für das Umgraben wird der Boden mit dem Sauzahn im Herbst tief gelockert. Kompost und abgelagerter Mist werden nicht tief eingearbeitet, weil sonst Fäulnis eintritt, gegen die gerade die nützlichen Bodenorganismen sehr empfindlich sind.

Nützliches Getier

Nützlinge lassen sich nicht im Garten festhalten. Wenn ihnen die Lebensbedingungen zusagen, bleiben sie oder wandern sogar von außen ein. Bei weniger guten Bedingungen verschwinden sie aber ebenso rasch wieder. Daher ist es unsinnig, Nützlinge wie Raubmilben oder Marienkäfer zu kaufen und im Garten freizulassen.

Ebenso nutzlos und zudem nach dem Naturschutzgesetz verboten ist es, Erdkröten oder Igel einzufangen und im Garten auszusetzen. Durch eine entsprechende Gartengestaltung und ein ausreichendes Futterangebot kann man versuchen, diesen Tieren ein guter Gastgeber zu sein.

Auf eine gute Nachbarschaft

Zu Beginn der Biogartenbewegung waren ökologisch handelnde Freizeitgärtner vielfach Skepsis oder gar Anfeindungen ausgesetzt. Doch die sanfte Gartenbewirtschaftung hat sich heute mehr und mehr durchgesetzt. Ein Gespräch über den Zaun, ein Austausch über die Gartengestaltung sind hilfreich und ersparen späteren Ärger. Teure und selten gebrauchte Gartengeräte können gemeinsam angeschafft und genutzt werden.

Pflanzenauswahl und Anbau

Völlig frei stehen dem Gartenfreund die Auswahl der Pflanzenarten und -sorten sowie ihre Zusammenstel-

BODENQUERSCHNITT

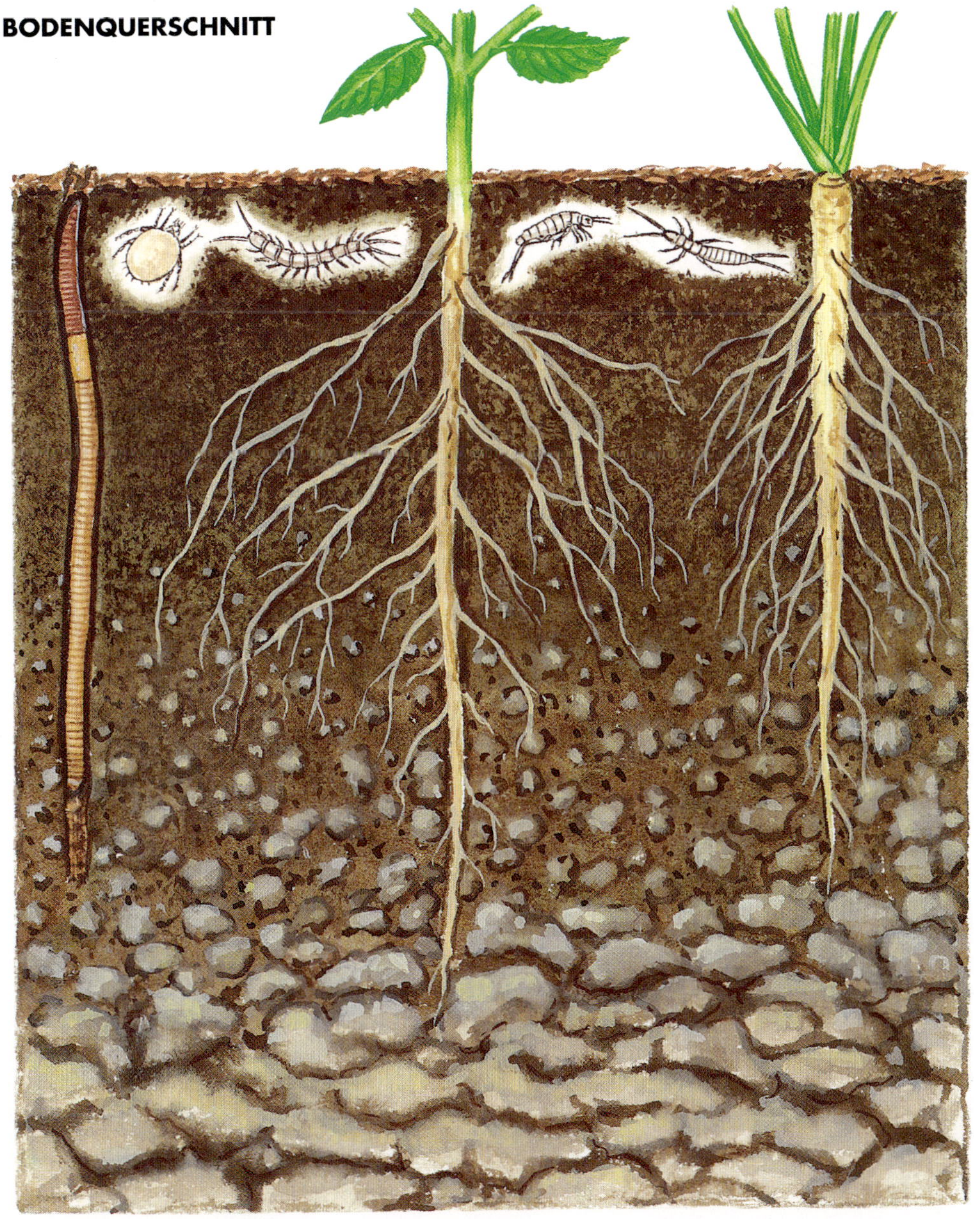

Blätter und andere Pflanzenteile fallen auf den Boden, werden langsam zersetzt und führen dadurch dem Boden organische Stoffe zu.

Pilze und Algen machen die im Boden enthaltenen Nährstoffe für die Pflanze verfügbar.

Bakterien zersetzen Pflanzen- und Tiermaterial und binden zudem den Stickstoff der Luft an den Boden.

Regenwürmer durchziehen mit ihren Gängen mehrere Bodenschichten und schaffen pflanzliche Überreste in die oberen Erdgänge. Darüber hinaus ist Regenwurmkot ein wertvoller Dünger.

Im Boden gelöste Nährstoffe werden durch die Pflanzenwurzeln aufgenommen.

Die Mineralschicht dient als Wasserreservoir.

▲ *Fadenwürmer (Nematoden) sind als Bakterienfresser oder Räuber wichtige Bestandteile des Bodenorganismus. Wenige Arten schädigen aber auch Kulturpflanzen.*

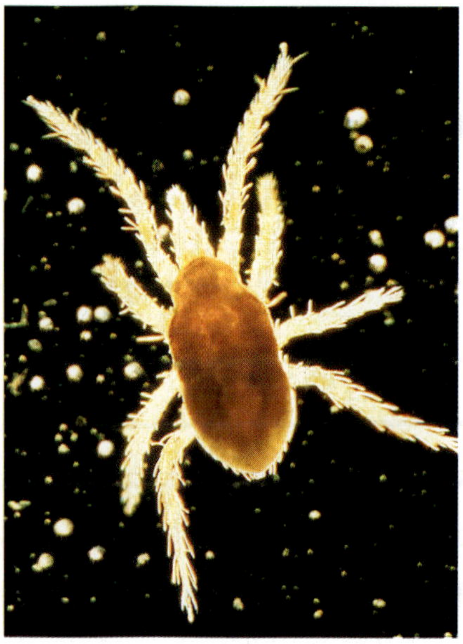

▲ *Die flinken Bodenmilben leben in den oberen Bodenschichten und ernähren sich von Bakterien, Algen, Pilzen und Bodeninsekten. Ihr Kot ist ein wertvoller Dünger.*

▲ *Die Nahrung der Springschwänze besteht aus pflanzlichem Material, das sie in düngende Substanzen umwandeln. Etwa 100 000 Springschwänze leben auf 1 m^2 Ackerboden.*

lung. Decken sich aber die Ansprüche der Pflanzen nicht mit den Standortverhältnissen im jeweiligen Garten, so kränkeln die Gewächse und ziehen damit Pflanzenkrankheiten sowie Schädlinge an. Außerdem liefern schwächliche Gewächse geringere Erträge von oft schlechter Qualität, und Ziergehölze strahlen weniger Reiz aus. Neben Boden und Klima müssen noch weitere Bedingungen bedacht werden, denen der Garten unterworfen ist, wie schattiger, halbschattiger oder sonniger Standort.

Sanfter Pflanzenschutz

Für den vorbeugenden Pflanzenschutz ist die Wahl krankheitsresistenter oder -toleranter Sorten bei Obst und Gemüse von großer Bedeutung. Da Jahr für Jahr neue Sorten auf den Markt kommen, sollte sich der Gartenfreund ständig auf dem laufenden halten. Eine gute Baumschule, der Samenfachhandel oder die Landwirtschaftskammern können hier beraten.

Durch geschickte Wahl des Saat- bzw. Pflanztermins bei Gemüse lassen sich viele Schädlinge „ausbremsen". So ist der Befall durch die Maden der Möhrenfliege in klimatisch günstigen Lagen durch frühe Saat stark reduzierbar. Folien, Vliese oder feine Netze, unter denen das Gemüse von der Pflanzung bis zur Ernte wachsen kann, sind ebenfalls eine gute Abwehrmethode gegen Insektenbefall.

Pflanzennahrung bilanzieren

Ohne Düngung läuft auch im naturnahen Garten auf Dauer nichts. Zumindest die Menge an Pflanzennährstoffen, die der Gärtner durch die Ernte von Nutzpflanzen entfernt und über das Kompostieren nicht mehr zurückführen kann, muß ersetzt werden. Hinzu kommen der mit dem Regenwasser in größere Tiefen verlagerte Anteil und die Mengen, die durch chemische sowie biologische Prozesse gebunden werden. Im organischen Gartenbau werden natürliche Düngestoffe bevorzugt. Dazu zählen sowohl Nährstoffe organischen Ursprungs wie Hornspäne, Knochenmehl oder Algenprodukte und andere Pflanzenextrakte als auch Urgesteinsmehle oder Rohphosphat; hinzu kommen Gründüngungspflanzen. Trotz ihrer Verschiedenheit haben die genannten Präparate eines gemeinsam. Sie sind langsam wirkende Dünger, die zuerst durch Bodenlebewesen ab- bzw. umgebaut werden müssen, damit Pflanzenwurzeln sie aufnehmen können. Daher nennt man sie auch Bodendünger. Ihr Vorteil besteht darin, daß gerade der leicht „flüchtige" Stickstoff zunächst wenig löslich ist. Erst die Bodenmikroben erzeugen aus ihm in Abhängigkeit von der Bodentemperatur Nitrat. Da auch das Pflanzenwachstum wärmeabhängig ist, erhalten die Pflanzen bei jedem Wetter immer so viel Nitrat, wie sie gerade benötigen.

Eine wohldosierte Stickstoffdüngung beugt allzu triebigem Wachstum vor, bei dem sehr weiches Pflanzengewebe entsteht, das Pilzen nur wenig Widerstand leistet. Möglicherweise geben mit Stickstoff überfütterte Pflanzen auch spezifische oder besonders intensive Duftstoffe ab, die Blattläuse und andere Insekten anziehen. Überflüssiger Nitrat-Stickstoff wird im Boden nicht gut festgehalten, er gelangt daher in das Grundwasser oder in Bäche und Seen.

Dies ist bei Verwendung von Kompost nicht anders! Da 1 kg reifer Kompost ungefähr 5 g Stickstoff enthält, muß dieser bei einer Nährstoffbilanz, nach der man nur so viel düngt, wie durch die Ernte entzogen wird, berücksichtigt werden. Bei den anderen Hauptnährstoffen, Phosphor und Kalium, kann man zwar kaum schädliche Wirkungen durch Überdüngung auslösen, aber warum sollte der teure und aufwendig erzeugte Dünger verschwendet werden?

Ohnehin sind die meisten Gartenböden gut bis sehr gut mit Phosphor versorgt. Daher bieten einige Düngerhersteller heute phosphorarme Volldünger an. Arm sind viele Gartenböden allerdings an Spurennährstoffen. Ein Grund mehr, durch Kompost, Mist und Algenmehle diesem Mißstand abzuhelfen, anstatt die in dieser Beziehung „armen" synthetischen Dünger zu verwenden.

PFLANZENSCHUTZ IM BIOGARTEN

Ein fruchtbarer, lebendiger Boden ist entscheidend für das Wachstum der Gartenpflanzen. Er versorgt diese nicht nur mit Nährstoffen, sondern verleiht auch ihren Wurzeln Halt und dient als Wasserspeicher. Sachgemäß durchgeführt, können sich Bodenbearbeitung, Düngung und Kalkung als vorbeugende Pflanzenschutzmaßnahmen auswirken, wobei insbesondere dem Mulchen eine große Bedeutung zukommt.

Der kluge Gärtner weiß die Kräfte der Natur zu nutzen und sät rechtzeitig geeignete Gründüngungspflanzen aus, die den brachliegenden Boden ohne weiteren Arbeitsaufwand düngen und lockern. In der Mischkultur, die übrigens keine neue Erfindung ist, sondern auf dem Erfahrungsschatz vieler Gärtnergenerationen aufbaut, halten sich die Pflanzen gegenseitig Schädlinge und Pilzerkrankungen vom Leib. Naturgemäßer Pflanzenschutz ist daher viel mehr als das Ansetzen von Kräuterbrühen. Manche Pflanzenkrankheiten, die vom Boden aus angreifen, sind nur durch weite Fruchtfolgen in den Griff zu bekommen. Auch hier spielt die schon angesprochene Bodenpflege eine wichtige Rolle bei der Befallsvorbeugung.

Andere für sich arbeiten zu lassen, ist auch das Prinzip, das der Nützlingsförderung zugrunde liegt. Marienkäfer und viele andere, weniger bekannte Insekten sind die natürlichen Helfer des Gärtners. Durch die Anpflanzung geeigneter Kräuter und weitere nützlingsfördernde Maßnahmen können diese Tierchen im Garten heimisch werden, sich vermehren und Schadorganismen kurzhalten.

Die natürlichen Waffen der Pflanzen setzt der Gärtner in Form von Brühen, Tees und Jauchen ein, wenn Blattläuse oder Schadpilze trotz aller Vorbeugemaßnahmen auftreten und die Ernte bedrohen.

In einem naturnahen Garten schützen sich die Pflanzen gegenseitig vor Schädlingen und Krankheiten.

Bodenpflege

Ein fruchtbarer Boden muß gepflegt und mit Nährstoffen und organischem Material versehen werden. Erst dann sind die dort lebenden Organismen in der Lage, fruchtbaren Humus zu bilden und schädlichen Pilzen Paroli zu bieten.

Das Bodenleben
In einer Handvoll Gartenerde befinden sich mehr Organismen, als Menschen auf unserem Planeten leben. Bakterien, Einzeller, Pilze, Algen, Insekten, Milben und Würmer bringen zusammen pro Quadratmeter Boden zwischen 200 g und 2 kg auf die Waage. Zahlenmäßig sind die Bakterien die größte Gruppe, gefolgt von Strahlenpilzen und Echten Pilzen. Diese mit dem bloßen Auge nicht sichtbaren Organismen leisten durch ihre Abbau- und Zersetzungstätigkeit einen wertvollen Beitrag zur Bodenentgiftung von organischen Schadstoffen.

Viele Mikroorganismen scheiden Schleimstoffe aus und sorgen so für krümelige Böden. Diese sind für Pflanzen besser durchwurzelbar, zudem verschlämmen sie nach Regenfällen auch deutlich weniger.

Krankheiten, die im Boden vorkommen, haben in biologisch aktiven Böden weniger Ausbreitungschancen, da sie von anderen Organismen in Schach gehalten werden. Durch eine organische Düngung ändert sich die Artenzusammensetzung der Mikroorganismen. Pilze, die als Gegenspieler der Schaderreger eine Rolle spielen, werden gefördert. Sie scheiden entweder Stoffe aus, die die Aktivität der „bösen“ Pilze hemmen, oder töten sie sogar ab. Vertreter der Pilzgattung *Trichoderma* sind hierbei so effektiv, daß einige Arten gezüchtet und zur biologischen Entseuchung des Bodens eingesetzt werden. Kompost und Mist fördern darüber hinaus die Keimung der Schadpilze. Sofern die Pilze, die sich dann aus den Sporen bilden, keine geeigneten Wirtspflanzen vorfinden, gehen sie zugrunde. Ein Befall mit der sonst schlecht bekämpfbaren Kohlhernie konnte in Versuchen mit Stallmist um 90 % reduziert werden. Im naturnahen Garten sollten die „Polizeipilze“, Raubmilben und Regenwürmer durch eine entsprechende Düngung und das Weglassen aggressiver Kalke und Spritzmittel gefördert werden.

Der Regenwurm und seine nahen Verwandten
Während sich die Ab- und Aufbauleistung der mikroskopisch kleinen, wenig beweglichen Bodenorganis-

▼ Gründüngungspflanzen lockern den Boden und führen diesem durch ihre Wurzelmasse mitunter große Mengen an organischen Resten zu, aus denen Bodenorganismen Humus aufbauen.

▲ *Der Tauwurm (Lumbricus terrestris) ist einer von 39 Regenwurmarten, die in Deutschland vorkommen. Er lebt bevorzugt in Wiesenböden.*

men auf einen recht kleinen Aktionsradius beschränkt, durchwandern Regenwürmer die Bodenschichten in horizontaler und vertikaler Richtung. Sie sind auch noch 1 m unterhalb der Oberfläche anzutreffen und schaffen mit ihren Gängen ein regelrechtes Dränagesystem, in dem Regenwasser versickert und wichtiger Sauerstoff für das Wurzelwachstum herangeführt wird. Regenwürmer sind die einzigen Bodenlebewesen, die für eine Durchmischung der Bodenschichten sorgen. Sie ziehen Blätter und andere pflanzliche Reste in den Boden hinein und setzen ihre Kothäufchen, die auch Material aus tieferen Schichten enthalten, an der Bodenoberfläche ab. Damit wirken sie auch der vom Niederschlagswasser verursachten Nährstoffauswaschung entgegen. Jährlich erzeugen die Würmer 4,5 kg/m^2 Boden des fruchtbaren Wurmkotes. Die Wurmgänge dienen den Pflanzenwurzeln als Kanäle. Da sich in den Gängen der Kot der Regenwürmer ablagert, finden die Wurzeln dort einen hervorragenden Dünger vor.

Insgesamt gibt es ungefähr 3000 Regenwurmarten, davon kommen 39 in Deutschland vor. *Den* Regenwurm gibt es also nicht. Vielmehr sind die verschiedenen Arten an bestimmte Lebensräume angepaßt. Neben Wiesen- und Ackerspezialisten gibt es beispielsweise den berühmten Kompostwurm *(Eisenia foetida)*, den Erzeuger des Wurmkompostes. Auf den Kauf von Kompostwürmern kann man also getrost verzichten, da er sich bei Verhältnissen, die ihm zusagen, rasch vermehrt.

Bodenfruchtbarkeit

Zu den Faktoren, die die Bodenfruchtbarkeit bestimmen, zählen nicht nur ein ausgewogener Nährstoffgehalt und das Vermögen, Wasser zu speichern, sondern auch Menge und Zusammensetzung der Bodenfauna (Tiere) und -flora (Bakterien, Strahlenpilze, Algen). Nur aktive, tätige Böden erzeugen organische Substanzen wie Wuchsstoffe und natürliche Antibiotika, die zur Gesunderhaltung der Kulturpflanzen beitragen.

Die Zersetzungskräfte der Mikroorganismen werden benötigt, um hochmolekulare Verbindungen wie Fallaub, Kompost oder Hornspäne in niedermolekulare umzuwandeln, denn nur diese können von den Pflanzenwurzeln als Nährstoffe aufgenommen werden.

Die Mikroorganismen bauen zudem den Humus auf. Unterschieden wird in Nährhumus, der als Pflanzendünger dient, wenn er abgebaut ist, und in Dauerhumus. Der Dauerhumus speichert u. a. Pflanzennährstoffe und lagert sie in seinen hochmolekularen Strukturen an; der Dauerhumus selbst kann nicht abgebaut werden. Zudem reichern sich im Dauerhumus Schadstoffe an, somit hat er eine entgiftende Wirkung.

Mulchen

Die im Boden lebenden großen und kleinen Helfer des Gärtners funktionieren am besten bei recht gleichbleibenden Verhältnissen. Bodenfeuchte, Sauerstoffgehalt der Bodenluft, Temperatur und pH-Wert sind hierbei die Hauptfaktoren. Aus diesem Grund ist auch das Umgraben nicht förderlich, denn es ändert die Verhältnisse grundlegend. Auch die Witterung trägt dazu bei, daß von den optimalen Arbeitsbedingungen der Organismen abgewichen wird. Mulchen ist darauf die

▶ *Eine Bedeckung mit geeigneten Mulchmaterialien, wie etwa Rindenmulch, hält den Boden feucht und beugt unerwünschtem Bewuchs vor.*

Antwort des naturnahen Gärtners. Durch alle Mulchmaterialien werden Temperaturschwankungen in den oberen Bodenschichten deutlich verringert, die Zerschlagung der Bodenkrümel durch Regentropfen und die Verdunstung von Niederschlägen gemildert.

Mulchmaterialien
Sehr praktisch sind dunkle Mulchfolien mit Schlitzen. Mulchpapier als Rollenware oder Mulchplatten aus Pappe besitzen den Vorteil, mit der Zeit zu verrotten. Strohmulch oder Rindenmulch hat die beste Isolierwirkung; Stroh eignet sich besonders gut zum Trockenhalten der Erdbeeren. Rindenmulch wirkt herbizid. Auch mit Rasenschnitt und Kompost läßt sich gut mulchen. Das Material wird langsam zersetzt, so daß zudem ein Düngeeffekt eintritt. Rasenschnitt sollte nicht zu dick aufgebracht werden, um Fäulnis zu verhindern. Auch Steinplatten oder Holzbretter, die zwischen den Beeten liegen und als Wege dienen, können eine ähnliche Funktion wie Mulch erfüllen. Zudem sitzen an deren Unterseite häufig Nacktschnecken im Tagesversteck, die sich so leicht fangen lassen.

Gründüngung
Verbesserung der Bodenstruktur, Düngewirkung und Schutz vor unerwünschtem Bewuchs machen die segensreiche Wirkung der Gründüngung aus. Blatt- und Stengelrückstände der Pflanzen düngen die Bodenoberfläche, Wurzelreste liefern Nährstoffe und organische Substanz als Futter für das Bodenleben. Mehrjährige Pflanzenarten wie die meisten Gräser, Weißklee *(Trifolium repens)* und Topinambur *(Helianthus tuberosus)* müssen mit recht großem Arbeitsaufwand zerkleinert und umgegraben werden. Einjährige Pflanzen gehen im Winter dagegen ein und machen das Beet frei für die Folgekultur.

Neu in Kultur genommene Böden oder angelieferter Mutterboden ist oft direkt für den sofortigen Nutzpflanzenanbau geeignet. Hier empfiehlt sich eine Gründüngung. Mit ihrer Wurzelmasse hinterläßt sie Nahrung für das Bodenleben. Auch verdichtete Böden sind ein klassischer Fall für eine Begrünung. Im bereits angelegten und bearbeiteten Garten kann eine Gründüngung nach dem Räumen der letzten Kulturen im Herbst Nährstoffe konservieren, die sonst mit den Niederschlägen nutzlos ausgewaschen würden. Es sollte daher kein Beet brachliegen.

Unter den vielen Pflanzen, die sich für eine Gründüngung eignen, sind echte Spezialisten. Führt eine „normale“ Gründüngung dem Boden letztendlich nur die Nährstoffe zu, so haben die Vertreter der Familie Schmetterlingsblütler *(Fabaceae,*

GRÜNDÜNGUNG

Leguminosenarten (Hülsenfrüchtler), wie verschiedene Kleesorten, Lupinen und Wicken, leben im Wurzelbereich mit Knöllchenbakterien zusammen, die Stickstoff aus der Luft binden und dem Boden zuführen können. Auch Nicht-Leguminosen sind wertvoll für den Erhalt der Bodenfruchtbarkeit. Tiefwurzelnde Pflanzen bringen Nährstoffe aus tieferen Bereichen an die Oberfläche. Zudem lockern die Wurzeln den Boden. Bevor die Pflanzen Blüten und Samen gebildet haben, werden sie geschnitten und untergegraben, um dem Boden organisches Material und Nährstoffe zuzuführen. Winterkulturen auf Brachland tragen dazu bei, daß die Nährstoffe nicht ausgewaschen werden.

ART	AUSSAAT	MERKMALE
Buchweizen *(Fagopyrum esculentum)*	Frühjahr bis Frühsommer	Grünfutterpflanze und Bienenweide; nicht stickstoffbindend; weit verzweigtes, tief reichendes Wurzelsystem. Bevorzugt sandige Böden; Wuchshöhe 15–16 cm. Im Spätsommer einarbeiten
Inkarnatklee *(Trifolium incarnatum)*	Frühjahr oder Spätsommer	Stark stickstoffbindend. Unterdrückt Wildkräuterwuchs. Untergraben, wenn neu gepflanzt werden soll. Höhe 20–40 cm. Winterhart
Gelber Steinklee *(Melilotus officinalis)*	Frühjahr oder Sommermitte	Heil- und Futterpflanze; stickstoffbindend. Beim Trocknen entsteht der typische Waldmeistergeruch. Höhe 30–100 cm
Gelbe Lupine *(Lupinus luteus)*	April bis Mai, Anfang August	Futterpflanze; bindet Stickstoff und unterdrückt Wildkräuter. Liebt saure, sandige Böden. Höhe 30–80 cm; Wurzeltiefe 150–200 cm
Phazelia *(Phacelia tanacetifolia)*	April bis Anfang September	Gute Bienenweide; nicht stickstoffbindend; sehr gute Wildkräuterunterdrückung. Auf sandigen Böden; geringe Wurzeltiefe; schnell wachsend. Höhe 40–90 cm
Topinambur *(Helianthus tuberosus)*	Februar und März	Nutzpflanze (Erdbirne); breitet sich auf schwach sauren Böden leicht aus. Höhe um 3 m; eßbare Knollen, die nußartig schmecken und von Oktober bis Februar geerntet werden können

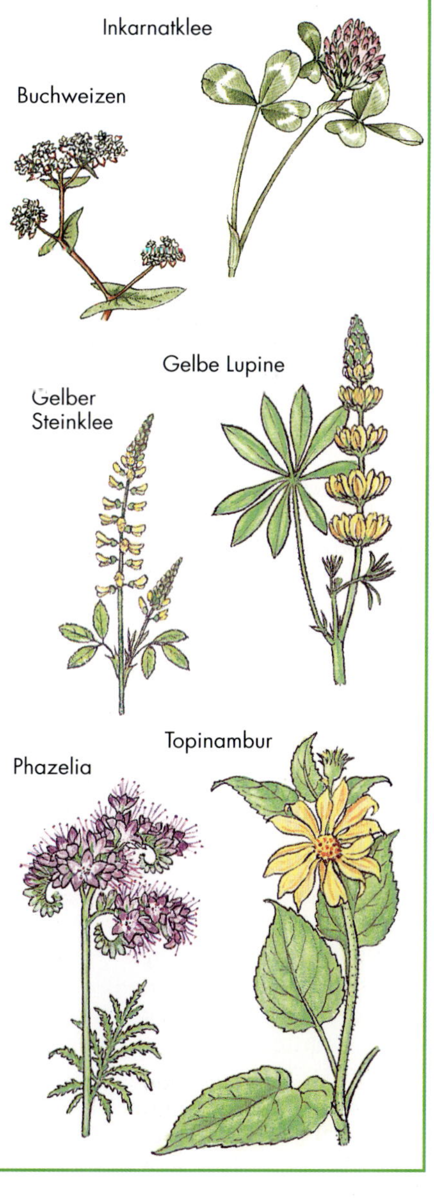

WURZELKNÖLLCHEN DER GELBEN LUPINE

Leguminosen wie Klee oder Lupine können mit Hilfe von Bakterien gasförmigen Stickstoff aus der Luft in pflanzenverfügbare Stickstofformen umwandeln. Die Symbiose von Pflanze und Mikroorganismen kommt letztendlich dem Boden zugute, wenn diese Stickstoffsammler als Gründüngungspflanzen ausgesät werden. Neben der reinen Düngewirkung lockern Lupinen auch besonders gut den Boden, denn ihre kräftigen Pfahlwurzeln dringen tief ins Erdreich ein. Die Umwandlung des Luftstickstoffs in Dünger erfolgt in Knöllchenbakterien durch ein eisen- und molybdänhaltiges Enzym. Diese Spurennährstoffe müssen also im Boden vorhanden und leicht von den Pflanzenwurzeln aufnehmbar sein. Urgesteinsmehl oder Algenextrakte sind hierfür eine gute Quelle. Böden, die längere Zeit keine Leguminosen getragen haben, sollten mit dem entsprechenden Rhizobienstamm geimpft werden.

syn. *Papilionaceae*) mehr zu bieten. In ihren Wurzeln leben sogenannte symbiontische Knöllchenbakterien der Gattung *Rhizobium*. Diese Mikroorganismen können im Gegensatz zu den Pflanzen Stickstoff aus der Luft binden. Im Boden lebende Knöllchenbakterien dringen in die Leguminosenwurzeln ein und scheiden Stoffe aus, welche die Wurzeln zur Bildung von Wurzelknöllchen anregen. In diesen vermehren sich Bakterien; sie bilden dort aus Luftstickstoff und Pflanzeninhaltsstoffen organische Stickstoffverbindungen, die dem Gewächs zugute kommen. Nach dem Absterben der Wurzelknöllchen ist in der Stickstoffbilanz des Bodens ein Gewinn zu verzeichnen.

Schmetterlingsblütler wie Felderbse *(Pisum sativum)*, Winterwicke *(Vicia villosa)*, Klee (*Trifolium*-Arten), Lupinen (*Lupinus*-Arten), Luzerne *(Medicago sativa)* und Steinklee *(Melilotus officinalis)* führen dem Boden also wirklich Nährstoffe zu. Der nach Waldmeister duftende Steinklee *(Melilotus officinalis)* bricht mit seinen über 2 m tiefen Wurzeln auch Bodenverdichtungen auf und ist eine hervorragende Bienenweide. Lupinen bilden ebenfalls kräftige Pfahlwurzeln, mobilisieren in größeren Bodentiefen vorhandene Nährstoffe und transportieren diese nach oben.

Raps *(Brassica napus)*, Senf *(Sinapis alba)*, Rübsen *(Brassica rapa)* sowie andere Kreuzblütler *(Cruciferae)* sind besonders schnellwüchsige Gründüngungspflanzen, die reichlich Blattmasse erzeugen. Sie dienen allerdings auch dem Kohlhernieerreger als Wirt und fördern schädliche Fadenwürmer. Auf mit Kreuzblütlern eingesäten Flächen dürfen daher die nächsten Jahre keine Nutzpflanzen derselben Familie, also Kohlarten, Rettich, Radies und Steckrübe, angebaut werden. Das Prinzip der Fruchtfolge sollte generell bei allen Gründüngungspflanzen eingehalten werden.

Mit einer Gründüngungspflanze, die in keiner Verwandtschaftsbeziehung zu den Kulturpflanzen steht, liegt man daher immer richtig. Dies ist etwa bei der Phazelia *(Phacelia tanacetifolia)* der Fall. Sie gehört zu den nicht-einheimischen Wasserblattgewächsen *(Hydrophyllaceae)*. Ihr schnelles Wachstum im Anfangsstadium führt zu rascher Beschattung. Reste der bei −8 °C absterbenden Pflanze verrotten leicht. Außerdem bieten die blauvioletten Blüten Bienen und natürlich auch anderen Insekten, die als Vertilger von Blattläusen gern gesehen sind, reichliche Nektarnahrung.

Buchweizen *(Fagopyrum esculentum)* ist eine der Knöterichfamilie *(Polygonaceae)* entstammende, anspruchslose Kulturpflanze und mit Ausnahme des Rhabarbers mit keiner anderen Kulturpflanze verwandt. Sein schneller und üppiger Wuchs führt bald zur Bodenbedeckung. Schon bei leichten Frösten stirbt der Buchweizen ab.

Auf sandigen Böden haben sich als Gründüngung die beiden Leguminosenarten Seradella *(Ornithopus sativus)* und die bis zu 80 cm hohe, saure Bodenreaktion schätzende Gelbe Lupine *(Lupinus luteus)* bewährt. Lehmige Böden sind generell gut geeignete Standorte für die gesamte Palette der Gründüngungsarten. Auf Tonböden wächst von den Schmetterlingsblütlern besonders der Alexandrinerklee *(Trifolium alexandrinum)* sehr gut; daneben gedeihen auch Raps, Senf und andere Kreuzblütler.

Andere organische Dünger

Stickstoff ist unumgänglich für die Eiweißsynthese der Pflanzen. Aus Eiweißverbindungen sind nicht nur die Pflanzenzellen aufgebaut, sondern auch Enzyme, ohne die ein Stoffwechsel nicht möglich wäre. Stickstoff (N) ist insbesondere für den Wuchsstoffhaushalt wichtig, er ist gewissermaßen der Jungbrunnen der Pflanzen.

Besonders stickstoffreiche organische Dünger sind Hornspäne und Hornmehl, Blutmehl, Rizinusschrot und Brennesseljauche. Auch der Kaffeesatz enthält Nährstoffe, die für Pflanzen leicht verfügbar sind. Mit 2 % besitzt er recht viel Stickstoff. Noch mehr haben Federn mit 8 %. Sie werden allerdings von den Bodenorganismen nur langsam in Nitrat-Stickstoff abgebaut.

Phosphor (P) ist das „Blüheelement“. Fruchtgemüse und Blütenpflanzen haben daher einen besonders hohen Phosphorbedarf. Er ist durch Knochenmehl und Geflügelmist bzw. Guano zu decken. Als Mineraldünger organischen Ursprungs kommt auch Asche von unbehandeltem Holz in Frage, ebenfalls Rohphosphat, das jedoch nur sehr langsam wirkt.

Rohphosphat eignet sich allerdings nur für mikrobiell besonders aktive, mit reichlich organischen Substanzen versorgte Böden.

Der Wasserhaushalt der Pflanzen und die Festigkeit der Zellwände werden maßgeblich durch das Element Kalium (K) bestimmt. Eine gute Kaliumversorgung ist daher besonders auf trockenen Böden anzustreben. Auch hier ist Holzasche als „organischer“ Dünger zu nennen. Der Mist von Ziegen, Schafen und Kaninchen enthält ebenfalls recht viel Kalium. Es spricht auch nichts dagegen, konventionelle Kaliumdünger zu verwenden, denn sie stammen ebenfalls aus der Natur. Das in Salzlagerstätten, die bei der Austrocknung von Meeren entstanden sind, abgebaute Kalimagnesia hat einen Gehalt von 30 % Kalium und 10 % Magnesium (Mg).

Alle hier genannten organischen Dünger enthalten als natürliche Produkte vergleichsweise weniger Stickstoff, Phosphor oder Kalium als synthetische Mineraldünger; Stickstoff und Phosphor werden nur über die Umbauarbeit der Bodenorganismen in Pflanzennährstoffe verwandelt.

Den Wert der organischen Dünger macht jedoch nicht allein der Stickstoff-Phosphor-Kalium-Gehalt aus. Über den Umweg Bodenorganismen fördern sie Bodenfruchtbarkeit, Krümelstabilität und Gasaustausch. Hierzu sind „künstliche" Dünger in sehr viel geringerem Maß in der Lage. Außerdem enthalten organische Substanzen zwangsläufig nützliche „Verunreinigungen", etwa Spurennährstoffe, hormonartige Wirkstoffe und im Fall von Mist sogar pilzhemmende Substanzen. In der Tat ist es Wissenschaftlern gelungen, mit einem Auszug aus Mistkompost manche Schadpilze zu bekämpfen.

Wertvoller tierischer Dünger

Wer nette Nachbarn, Freunde oder Verwandte als „Urlaubsvertretung" einsetzen kann, sollte die Haltung von Kleinvieh erwägen. Es bereitet nicht nur Jung und Alt viel Vergnügen, sondern liefert darüber hinaus auch wertvollen Dünger. Kaninchen genießen als stille Vertreter der Kleinviehgruppe die besondere Sympathie der Nachbarn.

Mist kann aber auch von Bauern gekauft werden, die ihre Viehwirtschaft noch nicht auf Gülle (Flüssigmist) umgestellt haben, oder bei Reitställen.

Um dem Mist seine „Schärfe" zu nehmen, sollte er vor dem Düngen erkaltet, d. h. gut verrottet sein. Frischer Mist wird von vielen Pflanzen nicht gut vertragen und kann deren Krankheitsanfälligkeit erhöhen. Geschickt und ausgewogen düngt, wer Mist, handelsübliche organische Dünger und Bodenverbesserungsmittel, etwa Urgesteinsmehl, Kräuterextrakte oder Betonit, kompostiert.

Moor in Tüten

Ebenfalls organischen Ursprungs ist Torf. Vor einigen Jahren noch wurde das braune, absolut nährstoffarme Moorprodukt gar als „Düngetorf" verkauft. Torf gehört keinesfalls in den naturnahen Garten, denn im Vergleich zu seiner eher mäßigen Wirkung – Lockerung des Bodens und bessere Wasserhaltung – trägt er zur Bodenversauerung bei. Hochmoore sind zudem besonders schützenswerte Lebensräume, die durch den Torfabbau unwiederbringlich zerstört werden. Damit einher geht das Aussterben vieler Lebewesen, denn die dort lebenden Tier- und Pflanzenarten sind an die im Moor herrschenden extremen Lebensbedingungen gut angepaßt. Ohne diese Umweltfaktoren überleben sie nicht.

Die letzten deutschen Moore sind heute zwar zum größten Teil unter Schutz gestellt, aber der Torfabbau und damit auch seine negativen Folgen gehen im Ausland weiter. Im

NÄHRSTOFFGEHALT VON ORGANISCHEN DÜNGEMITTELN (in Prozent)

DÜNGEMITTEL	ORGANISCHE SUBSTANZ	STICKSTOFF	PHOSPHOR	KALIUM	CALCIUM	MAGNESIUM
Algenmehl	85	2,8	0,2	2,3	–	in Spuren
Blut-Fisch-Knochenmehl	70	3,5	8	0,5	–	–
Blutmehl	80	12–14	1,0	0,7	0,8	0,2
Fischmehl	60	6–10	5–12	1–2	–	–
Holzasche	5	–	3–9	3–8	30	5
Hornmehl/Hornspäne	80	12–14	5	–	6	–
Hühnerdung	25	1,5	1,5	1	3	1–3
Kaffeesatz	90	2	0,4	0,5	–	in Spuren
Kaninchenmist	25	0,5	0,5	1	0,6	in Spuren
Knochenmehl, Entleimtes	50	2–5	30	–	–	–
Kompost	70	0,5	0,3	0,4	0–3	in Spuren
Laub	85	0,9	0,2	0,3	1,4	0,3
Peruguano	50	6	12	2	–	1
Pferdemist	25	0,6	0,3	0,5	0,2	0,14
Rindermist	20	0,3	0,2	0,4–0,5	0,3–0,5	0,1
Rizinusschrot	80	6	2	1,5	in Spuren	in Spuren
Schafmist	30	0,8	0,3	0,8	0,3	0
Schweinemist	18	0,4–0,5	0,7	0,5–0,6	0,4	0,2
Taubendung	30	1,8	1,8	1	1,6	0,6

BRENNESSELJAUCHE

1 Aus frischen oder getrockneten Brennesseln läßt sich leicht eine Jauche bereiten, die als flüssiger, schnell wirksamer Stickstoffdünger eingesetzt wird. Zerkleinern Sie hierzu die Pflanzen auf etwa 15 cm Länge. Handschuhe schützen vor Verbrennungen.

2 Füllen Sie eine geeignete Tonne zu zwei Dritteln mit Wasser. 1 kg Frischmasse pro 10 l Flüssigkeit ist das richtige Mischungsverhältnis. Die Jauche sollte täglich umgerührt werden. Nach ungefähr 2 Wochen klingt die Fermentation ab, und die Jauche klärt sich.

3 Die Jauche wird nun durch ein Sieb gegossen und dann im Verhältnis von 1:10 mit Wasser verdünnt und mit der Gießkanne im Wurzelbereich der Pflanzen verteilt. Brennesseljauche ist nicht nur ein guter Dünger, sondern wirkt auch als Pflanzenstärkungsmittel.

naturnahen Garten ist daher auch kein Platz für Ziergehölze wie Eriken und Rhododendren, die den Naturstoff Torf wegen seiner versauernden Wirkung als Bodenbestandteil benötigen.

Flüssigdünger aus dem Faß

Die meisten organischen Stickstoffdünger sind langsam fließende Stickstoffquellen, da sie erst von Mikroorganismen umgesetzt werden müssen. In Phasen stürmischen Pflanzenwachstums kommt die Nährstoffnachlieferung nicht immer mit. Glücklicherweise hat der Gärtner aber auch für diese Fälle eine Lösung parat: schnell wirkende Flüssigdünger aus Pflanzen, die verjaucht werden. Vor allem Gurken, Kohlarten, Lauch, Tomaten und Zucchini sind für solche nahrhaften Güsse dankbar. Besonders stickstoffreich ist eine Jauche aus Brennesseln. Die Gemüsepflanzen sollten möglichst nicht direkt damit gegossen werden, und Gemüse, das roh gegessen wird und nur schlecht abgewaschen werden kann wie Kopf- und Pflücksalat, sollte gar nicht gejaucht werden.

Besonders kaliumreiche Jauchen lassen sich aus Beinwell *(Symphytum officinalis)* bzw. aus dem nahe verwandten Comfrey *(S. peregrinum)* herstellen. Auch Wurmfarn *(Dryopteris filix-mas)* enthält viel Kalium und Stickstoff, daneben aber auch giftige Inhaltsstoffe. Der Umgang bedarf daher besonderer Sorgfalt. Beinwell, Brennessel und mit etwas Geschick auch der Wurmfarn lassen sich im Garten ansiedeln. Die freie Natur sollte für Pflanzenjauchen nämlich nicht geplündert werden. Rezepte und weitere Ratschläge sind im Unterkapitel *Tees, Brühen, Jauchen* zu finden.

Kompost

Besonders naturnah handeln Gärtner, die organische Abfälle recyceln. Ein Kompostplatz ist ein wahrer Jungbrunnen, denn in ihm verwandeln sich Blätter, Küchenabfälle, Rasenschnitt, Zweige und was sonst noch biologisch abbaubar ist, in wertvollen Humus, der nicht nur ein ausgezeichneter Dünger im engeren Sinn ist, sondern auch andere gute Auswirkungen auf den Organismus Boden und die in ihm wurzelnden Pflanzen hat.

Kompostieren stellt aber nicht nur eine ökologische, sondern auch eine besonders wirtschaftliche Lösung dar, denn in den meisten Gemeinden werden Eigenkompostierer durch geringere Müllabfuhrgebühren belohnt.

Was darf rein? Kompostrohstoffe

Nun sind die richtige Zusammenstellung – der Begriff „Kompost“ ist aus dem Lateinischen abgeleitet und bedeutet soviel wie „Zusammengesetztes“ – ebenso wie gutes Kochen fast schon eine Kunst und gerade für Anfänger nicht immer einfach. Um mit einem Vorurteil gleich vorweg aufzuräumen: Kompost stinkt nicht! Und ist er richtig aufgesetzt, zieht er auch kein „Ungeziefer“ an.

Kompostierbar sind alle Stoffe, die im Garten ohnehin wachsen, auch Holz. Ferner Gemüse- und Obstabfälle von gekauften Produkten. Auch gespritzte Zitrus- und Bananenschalen in üblichen Mengen. Weitere natürlich-organische Stoffe wie Haare, Sägemehl (nur von unbehandeltem Holz), Papier, wenn es nicht bunt bedruckt ist, Asche aus dem Kamin von unbehandeltem Holz, Küchenabfälle sowie Essensreste, Heimtierstreu und dergleichen mehr.

Nicht in den Kompost gehören der Inhalt von Staubsaugerbeuteln, Asche aus Kohleöfen, Lösemittel und andere Haushaltschemikalien.

Kompostierbar, aber aus pflanzenhygienischen Gesichtspunkten abzulehnen sind blühende sowie fruchtende Wildkräuter, Baum- und Strauchschnitt von erkrankten Gehölzen und Gemüsepflanzen, die Krankheitssymptome zeigen.

Grundlagen der Kompostierung

Neben dem Wissen um die geeigneten Rohstoffe ist ein wenig angewandte Biochemie vonnöten, wenn der Kompost gelingen soll. Beim Kompostieren werden hochmolekulare (pflanzliche) Stoffe unter Anwesenheit von Luftsauerstoff in niedermolekulare Verbindungen abgebaut. Dabei entstehen Wärme, Wasser, lösliche Salze und Kohlendioxid. Für die Hauptabbauleistung sind Bakterien verantwortlich, daneben Strahlenpilze und Echte Pilze. Ein Teil der toten organischen Substanz endet als Nähr- und Dauerhumus. Ein anderer Teil wird als Bakterien- und Pilzmasse „lebendig“, denn die Organismen vermehren sich während der Kompostbildung. Im fertigen Kompost ist die biologische Aktivität dann wieder geringer.

Leicht abbaubar sind Zucker, Stärke, Eiweiß und Fette, mittlere

Abbauraten weist die in allen Pflanzen enthaltene Zellulose auf, und schwer bis nicht abbaubar sind Lignin, ein Holzbestandteil, sowie Wachse. Einfluß auf die Abbaubarkeit hat auch die Größe der in den Kompost eingebrachten Partikel, denn der Angriff der Mikroorganismen findet nur an der Oberfläche statt. Es kommt daher darauf an, für richtige Mischung, Zerkleinerung und ausreichende Durchlüftung einer Kompostmiete zu sorgen, denn Sauerstoffmangel bedeutet Fäulnisprozesse mit der Entwicklung unangenehmer Gerüche. Wasser ist zwar für die Bakterien lebensnotwendig, es darf aber die feinen Räume zwischen den Kompostbestandteilen nicht völlig ausfüllen, sonst verhindert es den Luftzutritt.

Dichte Lagen von frischem Rasenschnitt faulen daher, nachdem sich die grüne Masse zuvor hoch erwärmt hat, denn Gras enthält viel leicht abbaubare Zucker- und Eiweißverbindungen. Kleine Äste und Zweige bleiben dagegen fast unverändert, denn ihr Hauptanteil macht Holz mit dem nur schwer zersetzbaren Lignin aus.

Ideal für größere Gärten: die Miete
Ein Komposthaufen wird zweckmäßigerweise möglichst abwechslungsreich und luftig aufgeschichtet. Praktisch ist die Anlage einer trapezförmigen Miete, die an der Basis ungefähr 1,5 m breit ist und nach Erreichen einer Höhe von 1 m noch eine Breite von 80 cm aufweist. Zum gewachsenen Boden hin muß die Miete offen sein, um überschüssiges Wasser abzuleiten. Oben kann mittig eine leichte Mulde angelegt werden, so daß in heißen Sommern auch eine zusätzliche Befeuchtung mit der Gießkanne möglich ist. Feingeschnittene Zweige als Unterlage und im Kern der Miete sorgen für ausreichend Luft. Neben der Miete sind einfache, lose verlegte Gehwegplatten praktisch. Sie verhindern unerwünschten Pflanzenbewuchs und ermöglichen das Erreichen auch nach ausgiebigen Regenfällen. Nachdem die Miete am Kopfende ihre Endhöhe erreicht hat, wird der Kompost in Längsrichtung weiter aufgeschichtet. Beim Aufschichten sollten immer wieder dünne Lagen Erde eingebaut werden. Auch das wichtige Strukturmaterial – zerkleinerte oder geschredderte Zweige oder Stroh – hält man auf Vorrat. Es wird dann in kleinen Portionen eingestreut, während auf handelsübliche Zusatzstoffe wie Kompoststarter oder Kompostwürmer verzichtet werden kann. Wenn die Miete aufgefüllt ist, wird parallel zur ersten eine zweite begonnen.

Halbschatten ist die richtige Lage für die Miete, Kürbisfanatiker wählen auch die pralle Sonne und legen ein paar Samen neben die Miete. Die üppig wachsenden Pflanzen werden dann so geleitet, daß ihre Blätter den Komposthaufen beschatten, während die Wurzeln sich an dem günstigen Nährstoffangebot erfreuen.

Nach 4–6 Monaten, wobei die kalte Winterzeit nicht mitgerechnet ist, wird die Miete mit einer Kompost- oder Grabgabel nach dem Prinzip „außen nach innen“ und „oben nach unten“ umgesetzt. Ein weiteres halbes Jahr später ist der Kompost fertig. Er wird durch ein entsprechendes Sieb geworfen, die groben Bestandteile dienen zum Impfen des neuen Ansatzes.

VERSCHIEDENE KOMPOSTERTYPEN

◀ Thermokomposter sind geschlossene Behälter, die eine Wärmeisolation besitzen. Hierdurch wird der Kompostierungsprozeß beschleunigt. Leider ist bei manchen Fabrikaten die Entnahme umständlich.

▼ Leicht zu befüllen und zu entleeren sind unaufwendige Lattenkonstruktionen. Sie eignen sich für mittelgroße Gärten und lassen sich auch selber bauen.

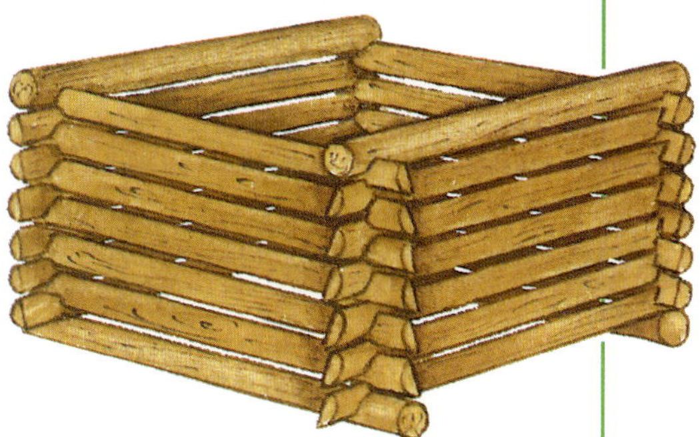

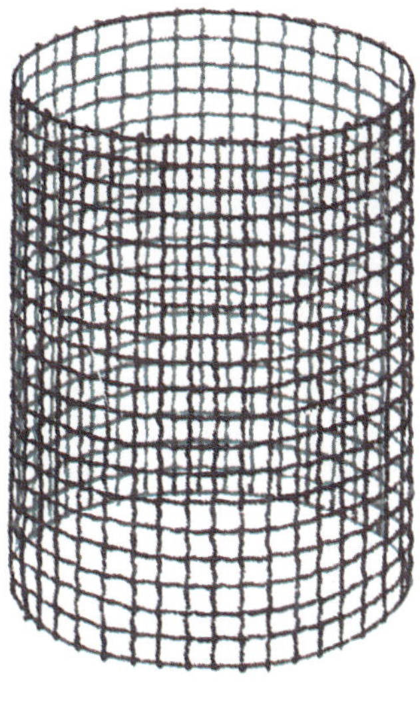

◀ Steife Stahldrahtgeflechte gibt es im Eisenwarenhandel als Meterware. Besonders langlebig sind kunststoffummantelte Produkte, aus denen mit wenigen Handgriffen zylindrische Kompostbehälter gefertigt werden können.

Abgesehen von den Thermokompostern, die die Verrottungswärme zurückhalten, haben Kompostbehälter keinen wesentlichen Einfluß auf den Zersetzungsprozeß. Ihr ästhetischer Gewinn ist jedoch unbestritten, denn ein frei aufgeschichteter Komposthaufen kann in einem kleinen Garten sehr störend wirken. Zudem benötigen trapezförmig geschichtete Komposthaufen, die Mieten, viel Platz. Speziell konstruierte Behälter, die eine Kompostentnahme von unten her gestatten, ohne daß dabei die oberen, frischen Schichten gestört werden, eignen sich vorzugsweise für Gärten, in denen nur kleine Mengen von Kompost benötigt werden. Aus Ziegeln, Kunststoffplatten, Maschendraht oder Brettern können Sie ohne weiteres selbst einen Behälter bauen.

DER KOMPOST UND SEINE VERSCHIEDENEN SCHICHTEN

Bei der Befüllung von Kompostbehältern wie auch beim Aufbau einer Miete sollten Sie auf ausreichende Luftzufuhr achten. Am einfachsten ist es, immer nur dünne Schichten ein und derselben Bioabfallart einzubringen. Die Bodenschicht besteht am besten aus zerkleinerten Zweigen. Dann folgen abwechselnd Lagen aus feuchtem, zur Fäulnis neigendem Material wie Küchenabfälle oder Rasenschnitt und grobere, strukturreiche Abfälle, also Stroh, Reisig oder angetrocknetes Mähgut von der Wildkräuterwiese. Im Herbst wird der Kompost auch mit Laub „gefüttert". Streuen Sie immer etwas Erde oder reifen Kompost zwischen diese Schichten. Kleinviehmist oder Kalk ist eine weitere Zutat für gelungenen Kompost. Nichts verloren auf dem Kompost haben Asche aus Kohleöfen, Lösemittel, der Inhalt von Staubsaugerbeuteln, stark bedrucktes buntes Papier und alle Arten von Haushaltschemikalien.

Komposter für den kleinen Garten
Einen regelrechten Kompostplatz braucht der kleine Garten nicht. Hier bieten sich vielmehr Lattenkonstruktionen an, die mit geringem handwerklichen Geschick selber zusammengebaut werden können. Es gibt sie aber auch für einen geringen Preis in Baumärkten zu kaufen. Eine chemische Behandlung des Holzes ist unnötig. Etwas haltbarer sind steife Drahtgeflechte aus verzinktem oder kunststoffbeschichtetem Stahl.

Hilfsmittel meist überflüssig
Das Angebot an Kompoststartern, Kompostwürmern, Schnellkompostern usw. hat in den letzten Jahren kräftig zugenommen, und man ist fast geneigt, Großmutters Komposthaufen für nicht mehr zeitgemäß zu halten. Untersuchungen von bis zu 400 DM teuren Kompostern haben aber ergeben, daß ein einfaches, selbst gebautes Lattengestell keineswegs schlechteren Kompost hervorbringt und dabei noch leichter zu befüllen ist. Selbst sogenannte Thermokomposter, in denen die Kompostierung wegen der Wärmedämmung schneller und sicherer ablaufen soll, sind in der Praxis keinen Deut besser. Nur einen Vorteil haben die teuren Tonnen: Essensreste lassen sich kompostieren, ohne daß Katzen, Ratten usw. angezogen werden.

EINE KOMPOSTMIETE UMSETZEN

1 Um reifen, gut pflanzenverträglichen Kompost zu gewinnen, sollten Sie den Inhalt von Behältern oder Kompostmieten einmal umsetzen. Dies geschieht je nach Lage und Witterung nach 4–6 Monaten. Die Ziffern verdeutlichen die Lage der einzelnen Schichten vor dem Umsetzen.

2 Das Umsetzen folgt dem „Gegenteilprinzip": Was oben lag, wird nach unten gebracht, Außenschichten wandern nach innen und so fort. Anhand der Ziffernfolge läßt sich die Umsetzung des Kompostes nachvollziehen. Nach einigen weiteren Monaten ist der Kompost dann verwendbar.

Der Kompostdoktor: Was tun, wenn . . .

. . . der Kompost stinkt?
Luftmangel während der mikrobiellen Umbauprozesse führt zu Fäulnisprozessen, die sich durch einen schlechten Geruch bemerkbar machen. Abhilfe kann man beispielsweise durch Stroh, geschnittene Zweige oder ähnliches als strukturgebende Kompostbestandteile schaffen. Küchenabfälle und Grasschnitt nur in dünnen Schichten einbringen.

. . . der Rottevorgang nicht anläuft?
Dem Kompost ausreichend feuchtes, gut abbaubares Material, wie Kaffeesatz, Kartoffelschalen usw., zufügen.

. . . die Miete austrocknet?
Häufiger gießen.

. . . Ratten und Katzen angelockt werden?
Essensreste in unteren Kompostschichten „vergraben" oder in die Mülltonne geben.

Fruchtfolge und Mischkultur

Durch entsprechenden Anbau lassen sich Bodenmüdigkeit und oberirdischer Schädlingsbefall von Obstgehölzen und Gemüsepflanzen verhindern.

Das sorgfältige Führen eines Gartenkalenders oder ein besonders gutes, über mindestens 5 Jahre reichendes Gedächtnis ist eine wichtige Voraussetzung, um der Bodenmüdigkeit vorbeugen zu können. Denn es kommt auf eine Anbauplanung an, die für alle Gemüsebeete die Abfolge von geeigneten Kulturpflanzenarten gewährleistet.

Warum wird der Boden müde?
Was aber ist überhaupt der Grund für die selbst mit chemischen Mitteln kaum zu bekämpfende Bodenmüdigkeit? Verschiedene Ursachen spielen hierfür eine Rolle. Bodenlebende Schadpilze reichern sich in einem wirtspflanzenspezifischen Artenspektrum um so stärker an, je länger bzw. häufiger die gleiche Gemüseart auf derselben Stelle angebaut wird. Dies gilt auch für schädliche Nematoden, auch Fadenwürmer oder Älchen genannt. Denn beide Organismengruppen werden durch die Wurzelausscheidungen ihrer Wirtspflanzen angelockt und finden durch die geeignete Nahrung optimale Vermehrungsbedingungen vor. Selbst wenn die gleiche Nutzpflanzenart nur alle 2–3 Jahre am selben Standort wächst, treten schon Schäden auf; denn Pilze und Nematoden können relativ kurze wirtsfreie Phasen problemlos überstehen und sofort „zuschlagen", sobald ihre Wirtspflanze wieder erscheint. Eine weitere Ursache für die Entstehung der Bodenmüdigkeit wird in wachstumshemmenden Stoffen gesehen, die von den Pflanzen selbst in den Boden abgegeben werden und die Wachstumsbedingungen für die eigene Art verschlechtern.

Besonders gefährdete Kulturen
In bezug auf Pilze und Fadenwürmer sind insbesondere Kartoffel, Erdbeere, alle Leguminosen und Kreuzblütler durch Schadorganismen, die im Boden leben, gefährdet und damit auch von einer weiten Fruchtfolge abhängig, wenn man gesunde und reiche Ernte einbringen will. Die Pilze *Phytophthora fragariae* und *P. cactorum* können die Erdbeere schädigen, Erbsen und Bohnen sind durch einen Erregerkomplex, an dem die Pilzgattungen *Ascochyta*, *Fusarium* und *Mycosphaerella* beteiligt sind, gefähr-

▼ Gemüseanbau nach den Regeln der Mischkultur bringt für den Hausgarten nur Vorteile mit sich. Bei richtiger Zusammenstellung halten sich die Pflanzen gegenseitig gesund und unterdrücken unerwünschte Wildkräuter.

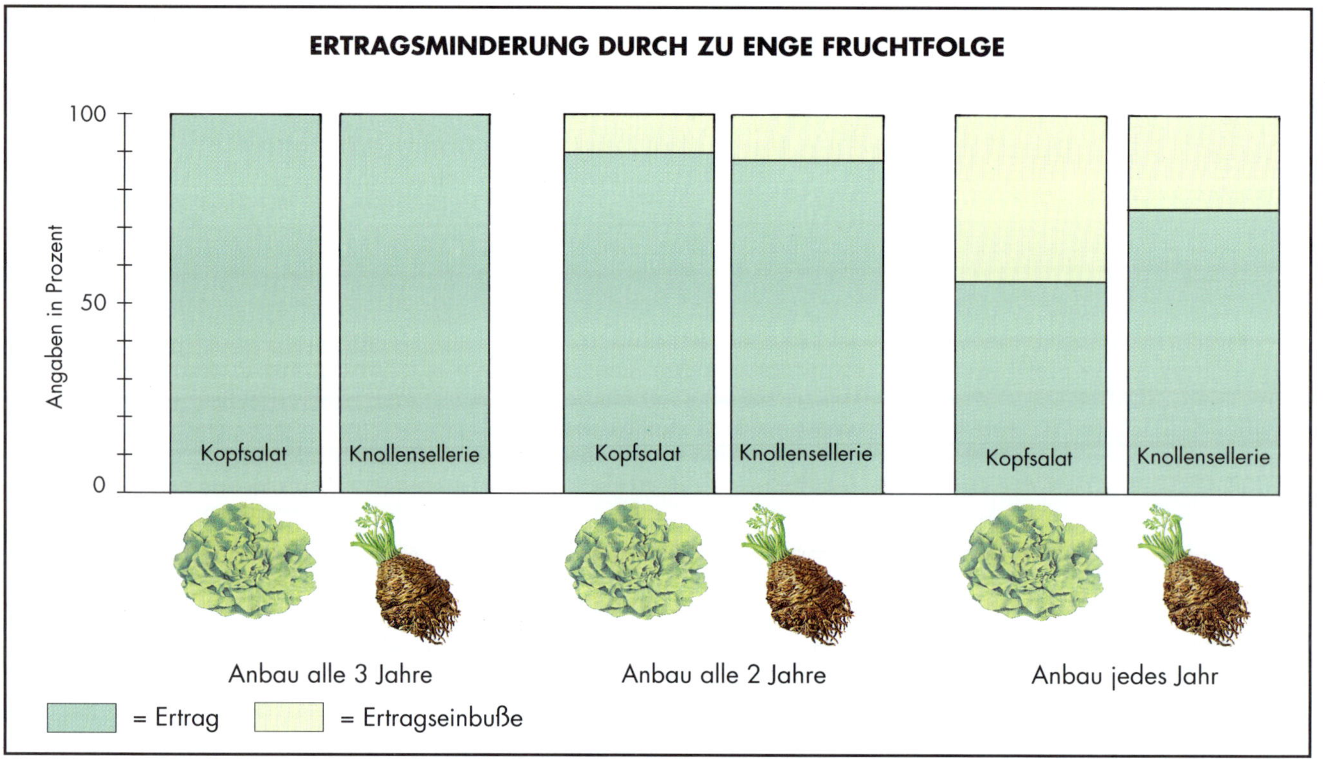

det. Kartoffeln leiden unter den Pilzen *Rhizoctonia solanum*, dem Erreger der Wurzeltöterkrankheit, und unter einer durch *Verticillium al-boatrum* hervorgerufenen pilzlichen Ringfäule, die auch als Welkekrankheit der Kartoffel bekannt ist. Unter den Fadenwürmern werden durch enge Fruchtfolge hauptsächlich die wurzelbewohnenden, zystenbildenden Arten gefördert. Der Nematode *Heterodera rostochiensis* führt dabei zu Ertragsminderungen bei Kartoffeln, sein naher Verwandter *H. schachtii* schädigt Gemüsepflanzen aus den Familien der Kreuzblütler (Kohlarten) und Gänsefußgewächse, etwa Mangold, Spinat und rote Bete.

Das Prinzip von Fruchtwechsel und Fruchtfolge

Ein Wechsel der angepflanzten Gemüsearten im Zeitablauf und eine geeignete Fruchtfolge lassen solche Probleme kaum aufkommen. Vor allem konkurrenzschwache Bodenpilze lassen sich auf niedrigem Niveau halten. Zusätzlich ist eine ausreichende Düngung mit organischem Material empfehlenswert, denn hierdurch verschiebt sich das Artenspektrum der Bodenlebewesen in Richtung der neutralen und „guten" Arten, die den Schadorganismen Paroli bieten können.

Unter dieser als Antagonismus bekannten Bodenhygienewirkung werden gewöhnlich drei verschiedene Mechanismen zusammengefaßt: erstens die als Antibiose bezeichnete Hemmung eines Organismus durch Stoffwechselprodukte eines anderen. Zum zweiten der Parasitismus, also der Befall eines Schadpilzes durch einen anderen Pilz. Eine sehr bekannte Pilzgattung, deren Vertreter andere, an Kulturpflanzen schädlich werdende Pilze und deren Überdauerungsstrukturen erfolgreich parasitiert, ist die Gattung *Trichoderma*. Drittens Konkurrenzmechanismen, die auftreten, wenn verschiedene Organismen um beschränkt vorhandene Requisiten, etwa um Nährstoffe, konkurrieren.

Zweck der Fruchtfolge ist es, den Entwicklungskreislauf der bodenbürtigen Schadorganismen zu unterbrechen, indem die einzelnen Fruchtfolgeglieder, also die Kulturpflanzenarten, so hintereinandergeschaltet werden, daß sowohl für die Vermehrung als auch für die Überdauerung der Schadorganismen möglichst schlechte Bedingungen bestehen.

Besonders empfindliche Gemüsearten und Gewächse derselben Pflanzenfamilie sollten in der Regel nur alle 6 Jahre an derselben Stelle angepflanzt werden. Fruchtwechselbedürftig sind Möhren, Frühkartoffeln, Petersilie, Gurken und Erbsen. Auch die Kreuzblütlerfamilie mit den verschiedenen Kohlarten verträgt sich nicht mit verwandten Arten, besonders auf dichten, schweren Böden, wo die Kohlhernie häufig vorkommt. Völlig ungeeignet wäre daher eine Fruchtfolge Rettich, Grünkohl, Kohlrabi. Selbstverständlich muß die Frage nach der Pflanzenfamilie auch bei Gründüngungspflanzen gestellt werden. Als Schmetterlingsblütler bereiten beispielsweise Lupine oder Klee vor Markerbsen Probleme. Raps und Senf scheiden beim Kohlanbau aus. Da auch Wildkräuter innerhalb derselben Familie Bodenschädlinge und -krankheiten fördern, ist eine schärfere Wildkrautkontrolle zumindest dann sinnvoll, wenn bereits Bodenmüdigkeit besteht.

Eine Modellfruchtfolge

Eine denkbare Fruchtfolge könnte so aussehen: 1. Jahr Kohl; 2. Jahr Möhren; 3. Jahr Zucchini oder Gurken; 4. Jahr Blatt- oder Zwiebelgemüse; 5. Jahr Kartoffeln oder Tomaten; 6. Jahr Erbsen.

Als vergleichsweise tolerant in der Fruchtfolge gelten Porree, Sellerie, Rosenkohl, Buschbohne sowie Tomate. Sie dürfen ausnahmsweise auch im 2. Jahr auf demselben Beet nachgebaut werden.

Die Fruchtfolge und ihre Stärken

Sehr erfolgversprechend ist eine optimal gestaltete Fruchtfolge bei ortsunbeweglichen, wettbewerbsschwachen Schaderregerarten.

Mit einer aus geeigneten Gliedern bestehenden Fruchtfolge lassen sich vor allem bei Verwendung organischer Düngemittel viele bodenbürtige Erreger wenn nicht ausschalten, so doch auf niedrigem Niveau halten. Chemische Mittel müssen dann nicht eingesetzt werden. Es gibt nur einige wenige wirklich wirksame chemische Präparate, und diese sind hochgiftig und ziehen den gesamten Organismus Boden in Mitleidenschaft. Außerdem tritt der „Sterileffekt" ein: Ein Boden, dessen Lebewesen mittels Sterilisierung komplett abgetötet wurden, wird einige Zeit danach mit wenigen Organismenarten in großer Zahl neu besiedelt. Pflanzenschädlinge und -krankheiten können sich nun konkurrenzlos vermehren. Das Ziel einer chemischen Bekämpfungsschlacht wurde nur kurzfristig erreicht, und die nächste Giftattacke läßt nicht lange auf sich warten, der Teufelskreis beginnt.

Gartenwerkzeuge, die Bodenkontakt hatten, sollten zudem stets saubergehalten werden, um die ungewollte Verbreitung von Schadorganismen zu verhindern, denn bodenlebende Pilze und Nematoden sind schon mit geringen Erdresten an Spaten und Kultivator auf gesunde Flächen übertragbar.

PFLANZEN HELFEN PFLANZEN: WER PASST ZU WEM?

Vielleicht haben Sie sich auch schon einmal die Frage gestellt, warum eigentlich Knoblauch zwischen Erdbeeren gepflanzt wird? Welche Krankheiten oder Schädlinge von den einzelnen Pflanzen auf umweltschonende Art und Weise gehemmt oder vergrämt werden, zeigt die folgende Übersicht.

KRANKHEIT	PFLANZLICHE HELFER
Bakterielle Fäule (Möhren)	Rote Bete
Blattflecken (Erdbeeren)	Knoblauch
Blattflecken (Sellerie)	Tomaten, Porree
Grauschimmelfäule	Knoblauch
Gurkenmehltau	Basilikum
Johannisbeersäulenrost	Wermut (Mulch)
Kohlhernie	Zwiebeln, Porree
Kräuselkrankheit (Pfirsich)	Kapuzinerkresse, Knoblauch
Kraut- und Knollenfäule (Kartoffeln)	Bohnen, Sellerie
Mehltau, Echter	Knoblauch, Zwiebeln, Schnittlauch
Mehltau, Falscher (Salat)	Kerbel
Schrotschußkrankheit (Kirsche)	Knoblauch, Zwiebeln
Steinobst-Monilia	Meerrettich

SCHÄDLING	PFLANZLICHE HELFER
Ameisen	Kerbel, Majoran, Lavendel, Tomaten
Blattläuse	Dill, Lavendel, Kerbel
Blutlaus	Kapuzinerkresse
Bohnenlaus, Schwarze	Bohnenkraut
Erbsenwickler	Möhren, Tomaten, Ringelblumen
Erdbeerblütenstecher	Farn (Mulch)
Kartoffelkäfer	Meerrettich
Kohlblattlaus, Mehlige	Buschbohnen
Kohlfliege	Tomaten, Farn (Mulch)
Kohlgallenrüßler	Rainfarn (Mulch)
Kohlweißlingsraupen	Beifuß, Dill, Rosmarin
Lauchmotte	Möhren, Sellerie, Dill, Petersilie
Möhrenfliege	Knoblauch, Zwiebeln, Rainfarn (Mulch)
Nematoden	Tagetes, Ringelblumen
Schnecken	Kresse, Kerbel, Kapuzinerkresse, Salbei
Zwiebelfliege	Möhren

Mischkultur – besser als Fruchtwechsel?

Die auch im Erwerbsgemüsebau praktizierte Fruchtfolge ist leicht mechanisierbar und betriebswirtschaftlich verträglich. Für den naturnahen Garten, in dem nach völlig anderen Maximen gewirtschaftet wird, bieten sich andere anbautechnische Maßnahmen an, welche die positiven Effekte des Fruchtfolgeprinzips weit übertreffen.

Während beim Fruchtwechsel pro Beet nur eine Art von Gemüse wächst, geerntet und nach einer Bodenbearbeitung die nächste Kultur gesät oder gepflanzt wird, sind die Beete bei der Mischkultur immer bewachsen; der Boden ist ständig beschattet. Ernten, Pflanzen und Wachsen finden auf einem Beet nicht nacheinander, sondern gleichzeitig und bei verschiedenen Pflanzenarten statt. Dadurch werden dem Boden auch die Nährstoffe weniger einseitig entzogen. Der Nachteil, die schlechte Mechanisierbarkeit des Anbaus, dürfte sich für die meisten Gärten in der Praxis nicht auswirken, denn Handarbeit steht ohnehin im Vordergrund.

Während sich die Fruchtfolge nur mindernd auf bodenbürtige Krankheiten und Schädlinge auswirkt, ist die Mischkultur in der Lage, auch Schäden durch oberirdische Organismen abzuwehren und sogar Ertragssteigerungen herbeizuführen.

Mischkultur und Zwischenkultur

Wenn man es genau nimmt, muß zwischen echter Mischkultur und Zwischenkultur unterschieden werden. Bei der Zwischenkultur werden mehrere Pflanzenarten gleichzeitig auf einem Beet, aber in getrennten Reihen gesät oder gepflanzt. Arten mit längerer Vegetationszeit setzt man am besten in die Mitte des Beetes. Langsam in die Breite wachsende Arten können neben sich Gemüse vertragen, die eine besonders kurze Kulturzeit benötigen und schon abgeerntet sind, bevor die Hauptkultur in die Breite geht. So ist der Boden immer optimal ausgenutzt und beschattet. Solche „Breit-Schlank-Paarungen" ergeben sich beispielsweise bei Kopfsalat und Porree; Tomate und Buschbohne; Erbse und Möhre.

Bei der echten Mischkultur werden die Gewächse innerhalb einer Pflanzreihe gemischt gesetzt. Die beiden, seltener auch drei, verschiedenen Pflanzenarten stehen also dichter beieinander als beim Zwischenanbau. Daher sind Pflege-

◀ *Viele Kräuter scheiden Substanzen aus, mit denen sie sich vor Krankheiten und Schädlingen schützen. Aber auch lästige Konkurrenz halten sie sich so „vom Leib", wie etwa die wachstumshemmende Wirkung von Estragon auf rote Bete zeigt.*

maßnahmen wie Hacken etwas schwerer durchführbar. Dies wird aber mehr als ausgeglichen, denn durch den intensiven Kontakt mit den geeigneten Partnern läßt sich optimaler Pflanzenschutz realisieren; denn die Pflanzen schützen sich nun gegenseitig vor den meisten Schädlingen und Krankheitserregern.

Mischkultur und wie sie wirkt
Pflanzen nehmen mit Wurzeln und Blättern nicht nur Wasser, Gase und Nährstoffe auf, sondern scheiden auf den gleichen Wegen auch Stoffwechselprodukte in den Boden oder die Umgebungsluft aus. Wenn viele dieser Substanzen in Monokulturen zur Anlockung von Schädlingen oder zur Keimung von Pilzsporen beitragen, verkehren sich diese Verhältnisse bei der Mischkultur ins Gegenteil. Insekten, die auf den Duft ihrer Wirtspflanze „geeicht" sind, werden orientierungslos. Die Möhrenfliege findet bei gemeinsamem Anbau von Möhren

MISCHKULTUR: AUF DEN RICHTIGEN NACHBARN KOMMT ES AN

GUTE PARTNER	GEMÜSE	SCHLECHTE PARTNER
Gurken, Kartoffeln, Kohlgewächse, Kohlrabi, Kopfsalat, Mangold, Radieschen, Rettich, Rhabarber, rote Bete, Sellerie, Tomaten	**Buschbohnen**	Erbsen, Fenchel, Knoblauch, Lauch, Zwiebeln
Fenchel, Gurken, Kartoffeln, Kohlgewächse, Kohlrabi, Kopfsalat, Möhren, Radieschen, Rettich, Zucchini	**Erbsen**	Bohnen, Knoblauch, Lauch, Tomaten, Zwiebeln
Bohnen, Erbsen, Fenchel, Knoblauch, Kohlgewächse, Kopfsalat, Lauch, Sellerie, rote Bete, Zwiebeln	**Gurken**	Kartoffeln, Radieschen, Rettich, Tomaten
Buschbohnen, Kohlrabi, Meerrettich, Spinat	**Kartoffeln**	Erbsen, Gurken, Kohlgewächse, rote Bete, Sellerie, Tomaten, Zucchini
Erdbeeren, Gurken, Möhren, Tomaten	**Knoblauch**	Bohnen, Erbsen, Kohl
Bohnen, Erbsen, Erdbeeren, Gurken, Kopfsalat, Lauch, Möhren, Radieschen, Rettich, Rhabarber, rote Bete, Sellerie, Spinat, Tomaten	**Kohlgewächse**	Kartoffeln, Knoblauch, Zwiebeln
Bohnen, Erbsen, Kartoffeln, Lauch, Radieschen, Rettich, rote Bete, Sellerie, Spargel, Spinat, Tomaten	**Kohlrabi**	Keine
Bohnen, Erbsen, Erdbeeren, Gurken, Kohlgewächse, Lauch, Rhabarber, Spargel, Radieschen, Rettich, Tomaten, Zwiebeln	**Kopfsalat**	Petersilie, Sellerie
Erdbeeren, Kohlgewächse, Kohlrabi, Kopfsalat, Möhren, Petersilie, Sellerie, Tomaten	**Lauch Porree**	Bohnen, Erbsen, rote Bete, Sellerie
Erbsen, Knoblauch, Lauch, Radieschen, Rettich, Tomaten, Zwiebeln	**Möhren**	Rote Bete
Bohnen, Erbsen, Erdbeeren, Kohlgewächse, Kohlrabi, Kopfsalat, Möhren, Petersilie, Spinat, Tomaten	**Radieschen Rettich**	Gurken
Fenchel, Knoblauch, Kohlrabi, Zwiebeln	**Rote Bete**	Kartoffeln, Lauch, Stangenbohnen, Tomaten
Karotten, Kohl, Radieschen, Rettich, Rhabarber, Stangenbohnen, Tomaten	**Spinat**	Keine
Gurken, Kohlgewächse, Kohlrabi, Kopfsalat, Radieschen, Rettich, Sellerie, Spinat	**Stangenbohnen**	Erbsen, Fenchel, Knoblauch, Lauch, Zwiebeln
Buschbohnen, Knoblauch, Kopfsalat, Lauch, Möhren, Radieschen, Rettich, Sellerie, Spinat	**Tomaten**	Erbsen, Fenchel, Gurken, Kartoffeln, Rotkohl
Erdbeeren, Gurken, Karotten, Möhren, rote Bete	**Zwiebeln**	Bohnen, Erbsen, Kartoffeln, Kohl

▲ *Gleichermaßen ansprechend und nützlich ist die Lavendelunterpflanzung bei Rosen. Neben dem Farbkontrast, der die kräftigen Rottöne der Rosen erst richtig zur Geltung bringt, hält der duftende Lavendel auch zuverlässig Blattläuse fern.*

mit Knoblauch nicht mehr zum Eiablageort. Es ist sogar möglich, daß neben der desorientierenden Knoblauchwirkung auch Abschreckungsmomente im Spiel sind. Für den Befall mit Schadpilzen werden ähnliche Wirkzusammenhänge angenommen. Denn die meist auf nur wenige Wirte spezialisierten Pilze benötigen für eine erfolgreiche Infektion ebenfalls chemische Reize, die von der Pflanze ausgelöst werden. Wenn diese Reize beispielsweise durch fremde Duftanteile eine andere Qualität haben, unterbleibt Sporenkeimung oder Besiedlung. Schwächeparasiten wie der Graufäuleerreger sowie Bakterien werden durch Knoblauch sogar abgetötet. Von der Studentenblume *(Tagetes)* kennt man die bodenentseuchende Wirkung gegen Nematoden. Tatsächlich scheiden die Wurzeln Substanzen aus, die für bestimmte Fadenwürmer giftig sind und manchen chemischen Nematiziden (Bekämpfungsmittel gegen Fadenwürmer) sehr ähneln. Die von Pflanzen gebildeten Wirksubstanzen sind in Analogie zu Insektiziden oder Herbiziden „Phytonzide“ (Gifte der Pflanzen) zu nennen.

Phytonzide können auf ihre Umgebung hemmend oder fördernd wirken. Die Kunst bei der Zusammenstellung geeigneter Mischkulturpartner besteht darin, Kombinationen zu finden, die sich gegenseitig vor Schädlingen und Krankheiten bewahren, aber nicht gleichzeitig wachstumshemmend wirken. Denn auch dies ist möglich. Manche Pflanzen können andere in ihrem Gedeihen so stark hemmen, daß sie ein kümmerliches Dasein fristen oder erst gar nicht keimen.

Wie halte ich fern? Und wie locke ich an?

Neben der im folgenden näher beschriebenen Wirkung geeigneter Pflanzenkombinationen gegen Insekten, Krankheitserreger oder Nematoden sind auch Kräuter bekannt, die die Vitalität sowie das Wachstum anderer Pflanzen fördern und somit indirekt gegen Schadorganismen wirken. Die Echte Kamille *(Matricaria chamomilla)* ist ein solches Kraut. Sie wirkt vor allem auf Kohlarten, Kartoffeln, Sellerie und Porree stärkend.

Die leicht flüchtigen Stoffwechselprodukte mancher Pflanzen werden auch außerhalb der Mischkultur genutzt. So lassen sich beispielsweise Fliegen von Sitzplätzen im Garten fernhalten, wenn ein Walnußbaum in der Nähe steht. Auch den intensiven Duft von Tomatenlaub mögen die Brummer anscheinend nicht. Ein Säckchen mit Lavendelsamen vergrämt Kleidermotten und verhindert so die Eiablage an Wollsachen. Wenn man in die Nähe von Buschbohnen Kapuzinerkresse *(Tropaeolum)* sät, werden sie nicht von der Schwarzen Bohnenlaus befallen, und der Kapuzinerkresse scheinen die Blattläuse nichts auszumachen. Man kann die Läuse jedoch auch auf der Kresse bekämpfen.

Für den Anbau reicht es aus, sich an die Mischkulturtabellen zu halten und geeignete Kombinationen auf den Beeten anzupflanzen.

Wenn der Erfolg ausbleibt

Die schützende Wirkung der genannten Nutzpflanzen und Kräuter ist von vielen Gärtnergenerationen in der Praxis erprobt worden. Wer ältere Gartenbücher mit Erscheinungsjahr 1920 und früher liest, wird mit gewisser Verwunderung feststellen, daß die Kapitel über Schädlinge und Pflanzenkrankheiten nicht den breiten Raum einnehmen wie heutzutage. Dies mag an den früher ausnahmslos angewendeten organischen Düngemitteln und deren Pflanzenschutzwirkung liegen, mit Sicherheit aber auch daran, daß Anbaumaßnahmen wie die Mischkultur so selbstverständlich waren, daß in der Literatur nicht gesondert darauf hingewiesen werden mußte.

▲ *Erdbeeren werden vor allem in regenreichen Jahren vom Graufäulepilz befallen. Recht zuverlässig verhindern läßt sich dies in der Regel durch Knoblauch als Partner in einer Mischkultur.*

▶ *Studentenblumen (Tagetes) sind ein guter Helfer beim Kampf gegen freilebende Wurzelnematoden. Älchen, die an ihren Wurzeln saugen, sterben ab.*

Falls die Mischkultur in Einzelfällen nicht den erwarteten Erfolg verspricht, sind mehrere Erklärungen möglich. In einem gerade erst auf naturnahe Bewirtschaftung umgestellten Garten braucht der Organismus Boden eine gewisse Zeit, um seine volle Leistungsfähigkeit zu erreichen.

So müssen Spritzmittelreste, die vielleicht im Boden enthalten sind, abgebaut werden, und das Artenspektrum der Bodenlebewesen ist noch dabei, sich zu verändern. Zudem beeinflußt der Boden die Menge und Intensität der von den Pflanzen ausgeschiedenen Stoffe, die den „Schutzschild" für andere Pflanzen erzeugen. Von einseitig ernährten, mit Stickstoff überreich versorgten Gewächsen ist bekannt, daß sie einen geänderten Stoffwechsel haben. Es besteht die Möglichkeit, daß unter diesen Bedingungen gerade die Phytonzide nicht in dem nötigen Umfang gebildet werden.

Mit wenigen Ausnahmen werden heute andere Gemüsesorten angebaut als noch vor 100 Jahren. Das Hauptziel der Züchter ist ausschließlich die Steigerung des Ertrages. Daß manche Pflanzen eine positive Wirkung auf andere Gewächse ausüben, ist in der Regel kein Auswahlkriterium. Auf diese Weise mögen die modernen Hochleistungssorten durch die Selektion bei der Züchtung die eine oder andere Schutzeigenschaft, die im Mischkulturanbau wichtig ist, verloren haben.

Weiterhin ist zu berücksichtigen, daß Pflanzen keine genormten Maschinen sind. Lichtmenge, Witterungsverlauf, Bodenfeuchte, Nährstoffgehalt des Bodens sowie andere Faktoren wirken sich nicht nur auf das Wachstum aus, sondern auch die Synthese der Phytonzide ist hiervon abhängig. Ihr Gehalt variiert daher unter Umständen so stark, daß die Schutzwirkung auf Nachbarpflanzen an einem Standort ausreicht, an einem anderen wiederum nicht.

Wenn bei der Zwischenkultur die gegenseitige Schutzwirkung der Pflanzenpartner nicht befriedigt, sollte in Erwägung gezogen werden, Mischkultur im engeren Sinn zu betreiben. Denn die Partnerarten stehen hier viel dichter zusammen, und dadurch steigt die wachstumsstimulierende Wirkung, aber auch die Luft- und Bodenkonzentration der Stoffe, die Krankheiten und Schädlinge abwehren. Beruht das Prinzip „Pflanzen helfen Pflanzen" auf Blattausscheidungen, so kann zu starker Wind der Grund dafür sein. Dann kann sich die notwendige „Duftwolke" nicht ausbilden. Windschutzmaßnahmen oder die Ausrichtung der Beetereihen gegen die Hauptwindrichtung im darauffolgenden Jahr kann hier Abhilfe schaffen.

Schädlingskontrolle

Von den vielen tausend Lebewesen, die Gartenpflanzen zum Fressen gern haben oder krank machen, können nur die wenigsten größere Schäden anrichten. In den meisten Fällen ist eine einfache und umweltgerechte Abwehr möglich.

Was sind Schädlinge?
Als Schädlinge bezeichnet man gemeinhin tierische Organismen, die durch Saugen oder Fraßwirkung Kulturpflanzen schädigen oder zerstören. Dies können winzige, nur unter dem Mikroskop sichtbare Nematoden sein, Milben, Insekten oder Säugetiere wie Kaninchen. Oft sind die indirekten Schäden größer. Blattläuse übertragen schädliche Pflanzenviren, durch Insekten- oder Vogelfraß verursachte Wunden ermöglichen es, daß ein Gewächs durch pilzliche und bakterielle Krankheitserreger infiziert wird. Letztlich sind Schädlinge nichts anderes als Nahrungskonkurrenten des Gärtners.

Andererseits sind viele „Schäden“ eher optischer Natur. Dies gilt besonders für den Ziergartenbereich. Ohrwürmer in Dahlien, Blattläuse an Rosen und Käferfraß an Schneeballblättern können fast immer toleriert werden.

Laus, Schnecke und Maus
Von den rund 800 einheimischen Blattlausarten, die sich saugend von Pflanzensäften ernähren, werden wenige auch im Garten zu Schädlingen. Da sie beim Saugvorgang Speichel in die Pflanze abgeben, injizieren sie Viruspartikel, die sie zuvor auf kranken Pflanzen aufgenommen haben. Hierdurch entstehen in der Regel die eigentlichen Schäden. Blattlauskontrolle ist also gleichbedeutend mit Viruskontrolle. Aber auch der reine Speichel führt zu Schäden durch Blattverkrüppelung. Die Biologie der Blattläuse ist sehr interessant. Die wichtigste Familie stellen die Röhrenläuse *(Aphididae)* dar. Die Fähigkeit der Blattläuse, sich auch auf ungeschlechtlichem Weg zu vermehren, ist für ihre schnelle Ausbreitung im Frühsommer verantwortlich. Manche Blattlausarten gebären sogar lebende Nachkommen.

Ameisen „melken“ die Pflanzensaftsauger, indem sie mit ihren Fühlern das Hinterende der Läuse betrillern. Die Blattläuse scheiden dann süßen Honigtau ab. Ameisen verhindern oft, daß Nützlinge unter den Läusen ausreichend aufräumen. In solchen Fällen ist es günstig, die Ameisen von der Versorgung abzuschneiden, indem Obstbäume mit Leimringen versehen werden. Viele Nützlinge haben Flügel und können diese Barriere überwinden. Honigtautropfen auf Blättern führen oft zur Ansiedlung von harmlosen Rußtaupilzen.

Tröstlich mag es sein, daß die überaus meisten Blattlausarten monophag leben, also nur eine einzige (Wild-)Pflanzenart besaugen. Gerade Ziersträucher, deren Triebe im Sommer oft schwarz oder grün vor Läusen sind, verkraften den „Blutverlust“ ohne weiteres. Toleranz hat in solchen Fällen nur Vorteile, denn wer die Tierchen gewähren läßt, gibt Nützlingen die Möglichkeit, sich an dem reich mit Läusen gedeckten Tisch gütlich zu tun.

◀ Unterpflanzungen mit Kapuzinerkresse (Tropaeolum-Arten) auf Baumscheiben ziehen Blattläuse von den Obstbäumen ab wie ein Magnet. Gleichzeitig beugen die hübschen Blumen einem Blutlausbefall vor. Der Plastikring hält Kaninchen fern.

SCHNECKENZAUN

1 Schneckenzäune aus Kunststoff oder Metall sind bei richtigem Aufbau unüberwindbare Hindernisse. So wird das Gemüse geschützt, ohne daß Gift gestreut werden muß.

2 Trotz Zaun finden Schnecken immer wieder Zugang zu Gemüsebeeten, wenn Blätter oder Grashalme natürliche Brücken bilden. Kontrollieren Sie daher Schneckenzäune regelmäßig.

Problemläuse
Wirklich schädlich ist die Schwarze Bohnenblattlaus *(Aphis fabae)* an Bohnen, dicken Bohnen, Gurken, roter Bete oder seltener an Obstbäumen. Weiter die Mehlige Kohlblattlaus *(Brevicoryne brassicae)* an vielen Kohlarten, die Grüne Pfirsichblattlaus *(Myzus persicae)* an Kohl, Kartoffeln, Gurken und Obstbäumen sowie die Mehlige Pflaumenlaus *(Hyalopterus pruni)*.

Zur Kontrolle des Blattlausbefalls eignen sich die im Unterkapitel *Tees, Brühen und Jauchen* genannten Pflanzenauszüge, des weiteren Paraffinölpräparate, die die Atmung der Tierchen behindern, oder Seifenlösungen. Oft ist ein starker Regenguß schon ausreichend oder der gezielte scharfe Strahl mit einer Zimmerpflanzenspritze. Gemüsebeete deckt man mit Vliesen oder Gemüsefliegennetzen ab.

Die Blutlaus *(Eriosoma lanigerum)* zählt zu den Blasenläusen *(Pemphigidae)*. Ihre Existenz ist an den wattigweißen Wachsabsonderungen zu erkennen. Blutlausspeichel führt bei Bäumen und Sträuchern zu Wucherungen der Rinde, dem Blutlauskrebs. Pinselung mit Kapuzinerkressetee hilft.

Schildläuse sind ebenfalls weitläufig mit den Blattläusen verwandt und kommen in Mitteleuropa meist nur an Zimmerpflanzen und im Gewächshaus vor. Im Freiland ist das Auftreten der San-José-Schildlaus *(Quadraspidiotus perniciosus)*, die zur Familie der Austernschildläuse *(Diaspididae)* gerechnet wird, auf wärmere Lagen beschränkt und mit der parasitischen Zehrwespe *Prospaltella perniciosi* biologisch bekämpfbar. Auch hier sind Paraffinölpräparate wirksam.

Schnecken
Silbrig glänzende Schleimspuren verraten unübersehbar ihre Anwesenheit. Sie selbst suchen tagsüber dunkle, feuchte Verstecke auf. Nur bei schwüler Witterung laufen sie uns über den Weg. Wer sich einmal näher mit dem Leben der Schnecken befaßt hat, wird sie außerhalb der Gemüsebeete sicherlich dulden, zumal Igel, Erdkröte und Laufkäfer von ihnen leben.

Von den 85 000 Schneckenarten lebt in unseren Gärten ein grobes Dutzend. Sie alle sind zwittrige Landlungenschnecken und haben zwei einstülpbare Fühlerpaare. Die hinteren sind die Augenfühler, mit den vorderen wird die Umgebung auf Eßbares abgetastet.

Im Hausgarten werden nur die gehäuselosen Nacktschnecken aus den beiden Familien Wegschnecken *(Arinidae)* und Egelschnecken *(Limacidae)* unangenehm. Sehr häufig kommt hierbei die Gemeine Wegschnecke *(Arion rufus)* vor, eine bis zu 15 cm lange Schnecke, die es in roter, brauner und schwarzer Färbung gibt und als Allesfresser gilt. Die mit ungefähr 7 cm Länge deutlich zierlichere Gartenwegschnecke *(A. hortensis)* ist weitaus weniger gefräßig.

Unter den Egelschnecken ist die Genetzte Ackerschnecke *(Deroceras reticulatum)* zu nennen. Die bräunlich, grau oder schmutziggelb gefärbte Schnecke wird höchstens 10 cm lang und ist ebenfalls recht gefräßig. Sie klettert sogar an den Futterpflanzen hoch.

Schneckenkontrolle
Schnecken besitzen eine dünne Haut und sind daher auf feuchte Schlupfwinkel angewiesen. Vorbeugende Schneckenkontrolle bedeutet daher Ritzen im Boden und Feuchte vermeiden. Häufiges Harken und sorgfältiges Verfüllen von Löchern z. B. nach der Möhrenernte sind wichtig. Bierschneckenfallen kann man nur in Verbindung mit Schneckenzäunen oder anderen Barrieren empfehlen. Da die Tiere einen sehr guten Geruchssinn haben, sollte man nur innerhalb einer durch einen Zaun begrenzten Fläche Bierschneckenfallen aufstellen. Sonst lockt man die Tiere aus der gesamten Nachbarschaft in den eigenen Garten.

Wühlmäuse
Gegen die Schermaus *(Arvicola terrestris)* und ihre kleinere Verwandte, die Feldmaus *(Microtus arvalis)*, sind regelrechte Kriege geführt worden. Die Literatur kennt mehrere Dutzend Kräuter, die zur Wühlmausvertreibung empfohlen werden, daneben werden Ultraschall-

BIERSCHNECKENFALLE

Biergeruch wirkt unwiderstehlich auf Schnecken. In einer einfach konstruierten Becherfalle mit einem Dach, das Regen abhält, können aber auch Nützlinge ertrinken. Ein Zweig, der mit der Gabel nach unten schräg in die Bierfalle gestellt wird, kann Laufkäfern das Leben retten.

BLATTLÄUSE ABSPRITZEN

Blattlauskolonien an einzelnen Trieben können Sie mit Wasser ohne weitere Zutaten bekämpfen. Mit dem scharfen Strahl einer Pumphebelspritze werden die störenden Blattläuse einfach von den Trieben „abgeschossen".

anlagen, Vibrationsgeräte und allerhand andere Erfindungen angeboten. Allein, die Schermaus läßt sich nicht beeindrucken. Von den Orten, an denen sie sich wohl fühlt, ist sie bislang nicht dauerhaft zu vertreiben gewesen. Die Schermaus ist die größte einheimische Wühlmaus. Ihre Kennzeichen sind die dicht an den Kopf gelegten Ohren und die bei Rattengröße vergleichsweise kleine Schnauze. Ihr Fell ist rauhhaarig und braun bis schwarz. Sie bevorzugt dichte Vegetation in Gewässernähe und ist eine gute Schwimmerin. Ihre Gänge legt sie dicht unter der Bodenoberfläche an, man sieht daher deren Aufwölbungen. Als reine Vegetarierin hält sich die Schermaus vor allem an Knollen, Wurzeln und Rinde schadlos. Nur auf den ersten Blick ist ihre Anwesenheit mit der des Maulwurfs *(Talpa europaea)* zu verwechseln. Dieser ist als Insekten- und Würmerfresser kein Schädling und außerdem durch das Gesetz geschützt. Seine Gänge sind im Schnitt flachoval, die Haufen stets „sauber", während die Wühlmaus Erde und Pflanzenteile zusammen aufwirft und hochoval geformte Gänge buddelt.

Maus raus

Im wesentlichen beschränkt sich die Kontrolle von Wühlmäusen darauf, die Tierchen von ihrer Lieblingsspeise abzuhalten. Blumenzwiebeln werden in einen stabilen Drahtkorb gepflanzt, Obstbäume ebenfalls. Abschreckende Duftwirkung besitzen einige Pflanzenarten, jedoch nur in ihrer unmittelbaren Nähe. Es werden Kaiserkrone *(Fritillaria imperialis)*, Kreuzblättrige Wolfsmilch *(Euphorbia latyris)* sowie Steinklee *(Melilotus officinalis)* empfohlen.

Die empfindliche Nase der Schermaus läßt sich auch durch andere starke Gerüche „beleidigen". In die Gänge werden dazu frische Holunder- oder Walnußblätter geschoben. Da die Maus menschliche Witterung scheut, können auch Haare, Teile von alten Schuhen und dergleichen eine Weile wirksam sein.

Bei der Wühlmausbekämpfung ist ein gemeinsames Handeln möglichst vieler Nachbarn wichtig, sonst zieht das Tierchen nur auf die Nachbargrundstücke um. Größere Schutzmaßnahmen sind in manchen Gegenden von Zeit zu Zeit unumgänglich. Das Aufstellen von Wühlmausfallen sollte am besten Fachleuten überlassen bleiben.

Was macht Pflanzen krank?

Mikroorganismen rufen Pflanzenkrankheiten hervor. Viren, Bakterien und Pilze sind die wichtigsten Erreger. Genaugenommen werden Viren nicht zu den Organismen gerechnet, da sie keinen eigenen Stoffwechsel haben. Sie können sich weder bewegen noch vermehren. Ersteres übernehmen sogenannte Vektoren, meist Insekten, die Pflanzensäfte saugen und so die Viren von einer Pflanze zur anderen übertragen. Die Virusvermehrung besorgen die befallenen Pflanzen selbst. Hierbei gelangt das Virus in den pflanzlichen Zellkern und wird dort anstelle der pflanzeneigenen Erbinformation vervielfacht.

Virosen äußern sich als Verfärbung, Wachstumshemmung, Deformation einzelner Pflanzenorgane und in Ertragsminderungen. Sie sind nicht bekämpfbar; dem Anbau resistenter Sorten und der Kontrolle der Vektoren kommt daher eine große Bedeutung zu. Die wichtigsten Virusüberträger sind in Mitteleuropa Blattläuse. Sie lassen sich von Gemüsepflanzen gut mit Vliesen und Netzen fernhalten.

Manche Viren können durch Werkzeuge übertragen werden, die beim Beschneiden mit infizierten Pflanzen in Berührung kamen. Daher sollten kränkliche Pflanzen immer zuletzt geschnitten werden.

Bakterielle Erkrankungen

Krankheitssymptome sind häufig Weichfäulen von Wurzel und Stengel, Blattflecken oder Welkeerscheinungen. Auf infizierten Pflanzenteilen ist bei schwüler Witterung oft ein schleimiger Bakterienbelag zu sehen. Der gefürchtete Feuerbrand *(Erwinia amylovora)* ist eine bakte-

▶ *Blattläuse wie die hier gezeigte Schwarze Bohnenblattlaus* (Aphis fabae) *zählen zu den größten Plagegeistern im Garten. Dabei ist der durch ihre Saugtätigkeit entstehende Schaden gerade bei Zierpflanzen oft nicht der Rede wert.*

TIERE ALS HELFER IM GARTEN	
MÖGLICHE PLAGEGEISTER	RÄUBER VON SCHÄDLINGEN
Älchen (Nematoden)	Kurzflügler, Raubmilben, Pilze, Raubnematoden
Blattläuse	Marienkäfer, Blattlausfliegen, Ohrwürmer, Blattlauslöwen, Florfliegen, Schwebfliegen, Webespinnen, Weichkäfer
Blutläuse	Marienkäfer
Borkenkäferlarven	Kamelhalsfliegen
Gallmilben	Raubmilben
Insekten (allgemein)	Fledermaus, Hautflügler,Laufkäferlarven, Florfliegen, Lurche und Kriechtiere, Raubmilben, Vögel, Spitzmäuse, Igel
Mäuse, Feldmäuse	Eulen, Taggreifvögel
Schildläuse	Marienkäfer
Schnecken	Laufkäfer, Lurche und Kriechtiere, Spitzmäuse, Igel
Spinnmilben	Blindwanzen, parasitisch lebende Hautflügler, Kurzflügler, Marienkäfer, Raubmilben
Würmer	Laufkäfer, Lurche und Kriechtiere, Vögel, Spitzmäuse, Igel, Maulwurf

rielle Krankheit des Kernobstes. Bakterien können wie Viren intaktes Pflanzengewebe nicht durchdringen. Andererseits ist eine Infektion über natürliche „Wunden“, etwa Spaltöffnungen der Blätter, möglich. Häufiger besiedeln Bakterien jedoch die Wirtspflanzen über Wunden, die durch Insekten- oder Vogelfraß entstanden sind. Auch Schnittmaßnahmen bei Gehölzen schaffen Angriffsflächen für Krankheitserreger. Im Handel erhältliche Wundverschlußmittel wie Baumwachs beugen dem vor. Durch Bakterien hervorgerufene Erkrankungen sind nicht bekämpfbar.

Pilze

Urformen der Pilze, die entwicklungsgeschichtlich von den Algen abstammen, zeigen manche Anpassung an das Leben im Wasser. Es gibt beispielsweise bewegliche Sporen. Pilze besitzen kein Blattgrün. Daher können sie keine Photosynthese betreiben und sind auf lebendes oder abgestorbenes organisches Material als Nährsubstrat angewiesen. Ungefähr 45 000 Arten sind als Erreger von Pflanzenkrankheiten bisher bekannt. Sie lassen sich ökologisch in drei strategische Gruppen einteilen: erstens Parasiten wie die Echten und Falschen Mehltaupilze, Rost- und Brandpilze; sie können ihren Entwicklungszyklus ausschließlich auf lebendem Wirtsgewebe vollenden und sind sehr eng an ihre jeweiligen Wirte angepaßt. Zweitens die harmlosen Saprophyten, die nur abgestorbenes Material besiedeln und aufschließen. Sie leben im Boden und sind an den für die Bodenfruchtbarkeit wichtigen Ab- und Aufbauprozessen beteiligt. Auch als Gegenspieler mancher Schadpilze spielen sie eine Rolle. Viele Insektizide, erst recht Fungizide stören diese Verhältnisse, meist mit negativen Auswirkungen für die Ökologie. In der dritten Gruppe sind die Perthophyten zu finden. Deren Vertreter befallen auch lebende Pflanzen. Um sie als Nährsubstrat zu nutzen, töten die Perthophyten das Wirtsgewebe jedoch erst ab. Sie werden auch als Schwächeparasiten bezeichnet, denn gesunde Pflanzen können ihren Angriff meist abwehren. Der Graufäuleerreger *(Botrytis cinerea)* etwa hat bei kräftigen, nicht mit Stickstoff überdüngten Pflanzen kaum eine Chance.

So vielfältig diese Pilze auch sind, wesentliche Eigenschaften sind ihnen gemeinsam: sie bevorzugen feuchte Lebensräume mit saurer bis neutraler Reaktion und dichte Pflanzenbestände oder Baumkronen, die nach Regen oder Tau länger feucht bleiben. Weite Pflanzabstände oder luftige Baumkronen beugen Befall vor.

Pilze können Pflanzengewebe aktiv durchdringen. Entweder auf rein mechanischem Weg oder chemisch durch Auflösung der Pflanzenoberfläche mittels geeigneter Enzyme. Auch natürliche Wunden werden als Eintrittspforte benutzt.

Die fadenförmigen Hyphen sind die Organe, mit denen Pilze sich aktiv im Boden, auf oder in Pflanzen ausbreiten. Durch Verzweigung dieser Pilzfäden entsteht das in der Regel watteförmige Myzel, in dem sich auch Sklerotien, eine harmlose Dauerform mancher Pilze, bilden können. Neben den Pilzen, die sich auf eine Pflanze spezialisiert haben, gibt es auch welche, die einen Haupt- und einen Zwischenwirt besitzen. Ein markantes Beispiel hier-

▶ *Die beiden Wühlmausarten Feldmaus* (Microtus arvalis) *und Schermaus* (Arvicola terrestris) *kommen zwar nicht in allen Gärten vor. Doch dort, wo es ihnen zusagt, können sie große Schäden anrichten.*

SORTENABHÄNGIGE ANFÄLLIGKEIT DER KARTOFFEL GEGEN KRANKHEITEN

	KRAUTFÄULE	BRAUNFÄULE	SCHORF
Sehr frühe Sorten			
Atica	■	□	◪
Hela	◪	◪	□
Revelino	◪	◪	□
Frühe Sorten			
Birgit	□	◪	□
Fortuna	□	□	■
Mittelfrühe Sorten			
Clivia	◪	■	□
Dunja	□	□	□
Grata	◪	◪	□
Hansa	◪	◪	◪
Mittelspäte Sorten			
Aula	□	□	□
Datura	□	□	■

□ = sehr geringe Anfälligkeit
◪ = mittelstarke Anfälligkeit
■ = sehr starke Anfälligkeit
} ohne Ergreifen von Bekämpfungsmaßnahmen

Krautfäule: von *Phytophthora infestans* befallene Blätter und Triebe

Braunfäule: von *Phytophthora infestans* befallene Knollen

Schorf: Schalenerkrankung durch den Strahlenpilz *Streptomyces scabies*

Kartoffelsorten zeichnen sich durch ein unterschiedliches Resistenzverhalten gegenüber Braun- und Krautfäule sowie Schorf aus. Vor diesen Krankheiten können Sie Kartoffeln bewahren, wenn Sie z. B. in schorfgefährdete, leichte Böden nur Sorten pflanzen, die wenig schorfanfällig sind.

für ist der Birnengitterrost *(Gymnosporangium sabinae)*. Im Winter siedelt er auf Wacholderarten und wechselt im Sommer auf benachbarte Birnbäume über. Wenn man darauf achtet, daß Birn- und Wacholderbäume nicht in unmittelbarer Nähe gepflanzt werden, ist der Birnengitterrost gut unter Kontrolle zu halten.

Tiere als Nahrungskonkurrenten
Mit weniger als 1 mm zählen die Nematoden, Fadenwürmer oder Älchen, zu den winzigsten Pflanzenschädlingen. Sie schädigen durch Saugen, denn ihr Speichel führt zum Absterben des Pflanzengewebes oder zu Wachstumsstörungen.

Weite Fruchtfolge ist eine der wirksamsten, giftfreien Kontrollmethoden bei Fadenwürmern. Wandernde Älchenarten kann man auch durch Pflanzung von Studentenblume *(Tagetes)* sowie Ringelblume *(Calendula)* erfolgreich kontrollieren. Als Bodengesundheitspflanze ist ferner die Ölrettichsorte 'Nemex' zu nennen.

Milben
Während die durchweg räuberisch lebenden Spinnen von jedem aufgeschlossenen Gärtner als nützliche Helfer im „Kampf“ gegen Schadinsekten willkommen geheißen werden, sind ihre nächsten Verwandten, die Milben, in zwei Lager geteilt. Neben Nützlingen wie der Raubmilbe *Phytoseiulus persimilis*, die mit gutem Erfolg im Gewächshaus eingesetzt wird, leben im Garten einige Milbenarten, die durchaus als schädlich zu betrachten sind. Hauptsächlich Bohnen leiden im Freiland unter der Gemeinen Spinnmilbe *(Tetranychus urticae)*. In heißen Sommern werden auch einige Obstbaumspinnmilben lästig, so die Arten *Panonychus ulmi* und *Bryobia rubrioculus*. Die Tierchen sind weniger als 1 mm groß und haben wie Spinnen acht Beine (Milbenlarven nur sechs). Die Schadwirkung geht auf das Anstechen und Aussaugen von Blättern zurück, die durch den aggressiven Speichel der Milben verkrüppeln oder abfallen. Im Freiland ist es durch Förderung von Nützlingen, vor allem von Raubmilben, möglich, die Spinnmilben ausreichend zu kontrollieren.

Die Gallmilben leben versteckt in Knospen. Sie haben wie die Johannisbeergallmilbe *(Cecidophyopsis ribis)* nur vier Beine. Eine Kontrolle ist möglich, wenn die befallenen Knospen, die daran zu erkennen sind, daß sie sich nicht oder nur teilweise öffnen, vernichtet werden.

Insekten
Das Riesenreich der sechsbeinigen Kerbtiere zählt weit mehr als 1 Mio. Arten. Das typische Insekt hat vier Flügel und ist in Kopf, Bruststück und Hinterleib geteilt. Es legt nach der Befruchtung Eier, aus denen Larven schlüpfen, die bis zur Geschlechtsreife mehrere Häutungen durchmachen. Fortpflanzen können sich mit Ausnahmen nur ausgewachsene Insekten, die auch als Imago (Mehrzahl Imagines) bezeichnet werden. Die Larven sehen den erwachsenen Insekten nicht ähnlich und ernähren sich auch völlig anders. Dies gilt beispielsweise für Schmetterlinge, Käfer, Fliegen und Mücken. Bei Blattläusen, Grashüpfern, Wanzen oder Schaben unterscheiden sich Larven und Imagines bis auf die Größe kaum voneinander. Larve und Imago haben die gleiche Nahrungsbasis.

Sortenwahl als vorbeugende Pflanzenschutzmaßnahme
Bio„logisch“ im reinsten Wortsinn sind kulturtechnische Handgriffe wie Fruchtfolge und Mischkultur, denn es werden geeignete Pflanzenarten so kombiniert, daß sie die Bodenhygiene verbessern und sich gegenseitig schützen. Nicht weniger wichtig ist die Sortenwahl. Die Pflanzenzüchtung hat hier Erstaunliches zu bieten. Gegen bestimmte Krankheiten resistente Sorten erübrigen jegliche weitere Pflanzenschutzmaßnahme.

Wegen der schier uferlosen Zahl an Sorten im Gemüsepflanzen- und Obstgehölzsortiment sei hier nur beispielhaft auf Salatsorten, die ge-

◀ *Der eng begrenzte Raum eines Gewächshauses eignet sich optimal für die biologische Schädlingskontrolle, beipielsweise läßt sich mit der Schlupfwespenart* Encarsia formosa *die Weiße Fliege auf einfache Art und Weise kontrollieren. Die Schlupfwespenlarven zerstören die Nachkommenschaft der Weißen Fliege.*

gen Falschen Mehltau *(Bremia lactucae)* sowie Buschbohnensorten, die gegen Bohnenrost *(Uromyces phaseoli)* resistent sind, hingewiesen. Auch Apfelsorten mit Resistenz gegen Schorf *(Venturia inaequalis)* und Mehltau *(Podosphaera leucotricha)* sind zu erwähnen. Andererseits bilden viele pilzliche Krankheitserreger und Nematoden sogenannte Rassen. Eine hohe Resistenz der Kulturpflanze bricht dann zusammen, wenn sie nur gegen eine oder wenige Rassen existiert, aber am Standort andere Rassen vorhanden sind. Die Anfälligkeit von Kartoffelsorten für eine Erkrankung an Kraut- und Knollenfäule *(Phytophthora infestans)* ist recht unterschiedlich.

Mechanische Methoden

Besonders sanft und gleichzeitig wirkungsvoll sind Netze, Maschendraht, Vliese und Zäune. Sie bilden eine undurchdringbare Barriere zwischen Schädling und „Futter". Maßnahmen gegen Blattläuse oder Gemüsefliegen können vollständig unterbleiben, wenn Gemüsefliegennetze oder -vliese direkt nach dem Säen oder Pflanzen über die Beete gebreitet werden. Widrige Witterungsumstände werden durch die Vliesabdeckung abgemildert.

Vogelschutznetze sind häufig die einzige Rettung vor Staren in den Kirschbäumen. Damit sich Igel in ihnen nicht verfangen, werden die Netze unter der Baumkrone gerafft und zusammengebunden. Kaninchen lassen sich durch das bekannte Sechseckdrahtgeflecht wirksam abhalten. Drahthosen um einzelne Obstbäume sind nützlingsfreundlicher, denn ein Drahtzaun um den gesamten Garten sperrt ausnahmslos auch Wiesel, Erdkröten, Igel und andere Helfer aus.

Mechanisch und damit wenig selektiv wirken auch Leimringe. Die flugunfähigen Weibchen der beiden Frostspannerarten, deren Raupen an Obstbäumen großen Schaden anrichten können, klettern zu Fuß den Baum hoch, auf dem sie „Hochzeit" feiern. Ein einfacher Leimring, Anfang Oktober um die gefährdeten Bäume – Süßkirschen werden von den Raupen bevorzugt – gelegt, läßt die Weibchen festkleben. Weil auch andere Insekten das gleiche Schicksal erleiden, muß der Leimring Mitte März wieder entfernt werden.

Biotechnische Kunstgriffe

Hierunter werden all diejenigen Maßnahmen zusammengefaßt, die

▶ *Mit ihrem langen Rüssel erreichen Schmetterlinge auch tiefliegende Nektarquellen. Der Kleine Kohlweißling* (Pieris rapae) *stärkt sich an Kleeblüten. Zwar fressen seine Larven an Kohlköpfen, doch bleibt der Schaden in der Regel gering.*

am Verhalten der zu kontrollierenden Art orientiert sind. Viele Insekten orten ihre Futterpflanzen optisch und fliegen nur bestimmte Farbtöne an. Bei Blattläusen, Kirschfruchtfliegen *(Rhagoletis cerasi)* und der Kohlmottenschildlaus *(Aleurodes proletella)* ist dies Gelb, Thripse bevorzugen Blau, während Sägewespen, etwa die Apfelsägewespe *(Hoplocampa testudinea)* sowie die Gelbe Pflaumensägewespe *(H. flava)*, auf Weiß fliegen. Tafeln, die mit diesen Farben kenntlich gemacht und beleimt werden, dienen als selektive Fallen. Im Erwerbsobstbau und unter Glas dienen die Farbtafeln zur Befallsprognose; anhand der Fänge wird die chemische Bekämpfung geplant. Im Garten kann eine größere Anzahl Gelbtafeln im Kirschbaum aber durchaus zur Kontrolle der Kirschfruchtfliege dienlich sein.

Kleinschmetterlinge finden begattungsbereite Weibchen selbst über weite Entfernungen, weil diese artspezifische, als Pheromone bezeichnete Duftstoffe abgeben. Sie orientieren sich an den Parfümstraßen in der Luft und fliegen zielgerichtet auf die Duftquellen zu. Kombiniert mit Leim oder Insektizid, entsteht aus dem Duftstoff eine Pheromonfalle. Diese gibt es z. B. zur Befallsprognose des Apfelwicklers *(Laspeyresia pomonella)* und des Pflaumenwicklers *(Grapholitha funebrana)*. Zur Bekämpfung sind die teuren Fallen weniger geeignet.

Am Duft geht auch die Nacktschnecke zugrunde, wenn es sich um eine Bierschneckenfalle handelt. Praktisch sind Becher mit einem Dach gegen Verdünnungseffekte durch Regen und Gießwasser. Während die Schnecken über weite Entfernungen angelockt werden und im Bier ertrinken, sollten andere Tiere, die ebenfalls in den flüssigen Köder geraten sind, eine Chance haben, sich wieder zu befreien. Ein Y-förmiges Zweiglein ist solch ein einfacher Käferretter. Die Gabelung verhindert, daß sich der Zweig beim Hinausklettern dreht.

Biologische Präparate

Durch Beobachtung von Schadinsekten hat man festgestellt, daß diese nicht nur den vielen räuberischen Lebewesen zum Opfer fallen, sondern auch durch zum Teil hoch pathogene, also tödliche Krankheiten dezimiert werden. Am bekanntesten dürfte das *Bacterium thuringiensis* sein. Es wurde bereits im Jahr 1911 entdeckt, seit einigen Jahren ist es unter der Bezeichnung „Dipel" oder „Raupenspritzmittel" im Handel und wird gegen einige Schmetterlingslarven erfolgreich eingesetzt.

Die Larven nehmen die Dauersporen, die ein Toxin enthalten, das ihre Darmwand zerstört, mit der Nahrung auf. Nach kurzer Zeit hören sie zu fressen auf. Je nach Art und Witterung sterben sie nach einigen Tagen ab. Der Stamm *israelensis* des *Bacterium thuringiensis* wirkt gegen Stechmücken und der Stamm *tenebrionis* gegen einige Blattkäferarten, also auch Larven des Kartoffelkäfers. Letzterer ist hochselektiv und aus diesem Grund sehr nützlingsschonend. Kleinere Kartoffelbeete können aber auch „biologisch" von Hand abgelesen werden.

▲ *Netze oder Vliese aus den verschiedenen Kunststoffen sind bei sorgsamem Umgang recht langlebig. Sie schützen die Beete vor allen aus der Luft „angreifenden" Organismen und bei dichtem Bodenkontakt sogar vor Schnecken. Außerdem mindern sie die Sonnenbrandgefahr.*

▶ *Die Kleine Kohlfliege* (Phorbia brassicae) *legt ihre Eier meist am Wurzelhals junger Kohlpflanzen ab. Beete, die vor der Hauptflugzeit der Insekten während der Kastanienblüte mit einem feinen Netz abgedeckt werden, bleiben giftfrei geschützt.*

Viren als Pflanzenschutzmittel

Granuloseviren, die selektiv wirksam gegen Larven des Apfelwicklers sind, können im Labor vermehrt werden.

Das auch als CpGV (*Cydia-pomonella*-Granulosevirus) bekannte Virus ist als „Granupom N" im Handel. Die Anwendung ist jedoch etwas umständlich, denn es werden nur die frischgeschlüpften Eiräupchen erfaßt, so daß von Mitte Juni bis Anfang September etwa einmal wöchentlich gespritzt werden muß.

Kernpolyederviren sind gegen die Raupen von Kohleule *(Mamestra brassicae)* und Saateule *(Agrotis segetum)* wirksam. Da die Raupen aber bevorzugt versteckt leben, ist die Bekämpfung schwierig.

▲ *Der Apfelwickler* (Laspeyresia pomonella) *zählt zu den weitverbreiteten Obstbaumschädlingen. Die Fraßgänge seiner Raupen reichen bis zum Fruchtgehäuse des Obstes. Mit Fanggürteln, die um die Baumstämme gebunden werden, läßt sich der Apfelwickler gut abwehren.*

▶ *Gegen gefräßige Stare und andere gefiederte „Mitesser" helfen Vogelschutznetze.*

Lebende Biologie

Unter Glas gibt es weitere gut wirksame biologische „Mittel" in Form von lebenden Organismen. Der teils recht schädliche Gefurchte Dickmaulrüßler *(Otiorrhynchus sulcatus)*, ein nachtaktiver Rüsselkäfer, dessen Larven unter der Erde Schaden durch Wurzelfraß anrichten, kann mit Nematoden, die durchaus auch als Nützlinge dienen können, kontrolliert werden. Die Gattungen *Heterorhabditis* sowie *Steinernema* besitzen sogenannte symbiontische Bakterien. Diese sind die eigentlichen Pathogene der Dickmaulrüßlerlarven. Die unproblematisch zu kultivierenden Nematoden werden in den Boden gebracht. Dort dringen sie in die Käferlarven ein und geben die tödlichen Bakterien ab. Die Käferlarven sterben innerhalb von 48 Stunden, während sich die Nematoden in der Leiche vermehren und später in den umgebenden Boden wandern, wo sie weitere Käferlarven befallen.

Gegen Trauermückenlarven (Familie *Sciaridae*) im Gewächshaus ist *Steinernema bibionis* aktiv. Die geeigneten Nematoden sind auf Schaumstoffflocken als Fertigpräparat „Parasitäre Nematoden" im Fachhandel erhältlich.

Weitere Organismen, die zur biologischen Kontrolle eingesetzt werden könnten, sind Florfliegen, Marienkäfer, Raubmilben sowie räuberische Gallmücken. Im Garten ausgesetzt, würden diese Tiere jedoch das Weite suchen oder bei widrigen Witterungsverhältnissen schnell zugrunde gehen. Ihr Einsatz ist daher dem kontrollierbaren Klima eines Gewächshauses vorbehalten. Im Garten ist die Nützlingsförderung die bessere Lösung.

◀ *Pheromonfallen verströmen den artspezifischen Sexuallockstoff einzelner Falterarten. Die hiervon angezogenen Männchen bleiben in der Falle kleben.*

Nützlingsförderung

Eine umweltgerechte Schädlingskontrolle setzt auf die Mithilfe der Natur. Durch das Anbringen von Nisthilfen und eine entsprechende Gartengestaltung lassen sich Nützlinge aller Größen und Arten anziehen.

Ein Viertel aller in einem Apfelbaum lebenden Tiere zählt zur Gruppe der Schädlinge. Ein weiteres Viertel sind Nützlinge, alle anderen kann man als neutrale oder indifferente Organismen bezeichnen. Bereits ein einziger Insektizideinsatz verschiebt dieses ausgeglichene Verhältnis zugunsten der Schädlinge. Daher bedeutet einmal spritzen immer spritzen. Im Hausgarten, dessen Produkte keinen Handelsklasseneinteilungen oder ästhetischen Ansprüchen genügen müssen, sondern eher gesund und frei von Schadstoffen sein sollen, muß daher nicht mit giftigen oder nützlingsgefährdenden Mitteln gearbeitet werden. Im Gegenteil: Ein nützlingsfreundlicher Garten spart so manche Stunde, die man sonst mit dem Spritzen von Akariziden – Mitteln gegen Milben – und Insektiziden verbringen müßte.

Nützlingsförderung – was bringt's?
Nützlingsförderung hat ganz allgemein das Ziel, die Artenvielfalt der im Garten lebenden Nützlinge und ihre Anzahl zu erhöhen. Da die verschiedenen Raubmilben, Spinnen, Insekten, Vögel und Säugetiere ganz unterschiedliche Ansprüche an ihren Lebensraum stellen, ist eine vielfältige und abwechslungsreiche Gartengestaltung wichtig, denn es sollten möglichst viele Nischen geschaffen werden. Wenn mehrere Gartennachbarn die gleiche Zielsetzung haben, ist der Gesamterfolg natürlich größer als in einem kleinen, umweltbewußt bewirtschafteten Garten, der als „Insel" in einem Meer von Giftspritzern liegt.

Neben einem zuträglichen Mikroklima sind ausreichendes Futterangebot, Nisthilfen und Unterschlupfmöglichkeiten bedeutende, nützlingsfördernde Faktoren.

Die richtige Futterbasis
Die beste Nisthilfe ist nicht viel wert, wenn die acht-, sechs- und vierbeinigen Helfer des Gärtners nichts zu fressen finden. Um Nützlinge gezielt fördern zu können, ist es deshalb sinnvoll, sich mit ihrer Biologie zu beschäftigen. Viele nützliche Insekten leben, wenn sie geschlechtsreif sind, von Pollen und Nektar. Ein ganzjähriges Blütenangebot, am besten unter besonderer Berücksichtigung von Einjährigen und Wildstauden aus den Pflanzenfamilien Korbblütler *(Compositae)*

▼ Trockenmauern im Garten eignen sich für vielfältige Gestaltungsmöglichkeiten und wirken immer natürlich. Je nach Lage bieten sie wärmeliebenden Pflanzen sowie Farnen und Moosen einen Lebensraum. Nützliche Insekten nehmen Trockenmauern ebenfalls gern als Unterschlupf an.

TIPS FÜR EINEN SCHMETTERLINGSFREUNDLICHEN GARTEN

Schmetterlinge werden bewundert und geliebt. Doch gegen Raupen haben viele Menschen oft grundlos eine Abneigung. Wer also gaukelnde Schmetterlinge in seinem Garten haben möchte, der muß den Raupen das richtige Nahrungsangebot zur Verfügung stellen: Denn ohne Raupen gibt es auch keine Schmetterlinge. Durch die Anpflanzung oder Duldung von Wildpflanzen tragen wir zum Schutz der Schmetterlinge bei.

Brennessel *(Urtica dioica)*:
Kleiner Fuchs, Tagpfauenauge, Admiral, Distelfalter
Butterblume *(Ranunculus acris)*:
Brauner Bär
Distel *(Carduus nutans)*:
Distelfalter
Efeu *(Hedera helix)*:
Nachtschwalbenschwanz
Faulbaum *(Rhamnus frangula)*:
Zitronenfalter
Gartenmöhre *(Daucus carota)*:
Schwalbenschwanz
Gartensauerampfer *(Rumex acetosa)*:
Feuerfalter
Heckenkirsche *(Lonicera xylosteum)*:
Kleiner Eisvogel
Hornklee *(Lotus corniculatus)*:
Blutströpfchen
Hundsveilchen *(Viola canina)*:
Kaisermantel
Knäuelgras *(Dactylis glomerata)*:
Schachbrett
Rispengras *(Poa annua)*:
Schornsteinfeger
Salweide *(Salix caprea)*:
Trauermantel
Schlehdorn *(Prunus spinosa)*:
Baumweißling
Spitzwegerich *(Plantago lanceolata)*:
Wegerichbär
Wiesenschaumkraut *(Cardamine pratensis)*:
Aurorafalter
Wolfsmilch *(Euphorbia cyparissias)*:
Wolfsmilchschwärmer

und Doldenblütler *(Umbelliferae)*, nehmen die meisten Nutzinsekten dankbar an. Blattlausfresser sind auf die Toleranz des Gärtners angewiesen. Wenn man Gemüsebeete frühzeitig mit Gemüsefliegennetzen oder Vliesen abdeckt, können Blattläuse „außerhalb" dieser Bereiche geduldet werden. An Gehölzen machen die Sauger kaum Probleme, und als Futterbasis für Nützlinge sind sie willkommen.

Eine Blumenwiese anlegen

Fertige Blumenwiesenmischungen werden seit einigen Jahren im Handel angeboten. Es lohnt sich, eine solche Mischung einmal auszuprobieren, auch wenn manche Anbieter gern nichteinheimische Arten daruntermogeln. Teils tragen sie so wohl klingende Namen wie „Schmetterlingssamen" und enthalten Raupenfutter und Nektarkräuter. Schmetterlinge sind strenggenommen zwar keine Nützlinge, doch ist ihr Anblick für alt und jung zweifelsohne ein Genuß und nützlich für die Seele.

Eine Blumenwiese wird nicht gedüngt und nach der Samenreife der Kräuter mit der Sense gemäht. So säen sich die einzelnen Arten selber aus. Zumindest einen Teil der Wiese sollte man nicht zurückschneiden, da viele Insekten die hohlen Stengel abgestorbener Pflanzen als Wohnung benutzen. Es ist nicht zu verhindern, daß die wüchsigeren Kräuterarten und die, welche mit dem jeweiligen Boden am besten zurechtkommen, zu Lasten der Vielfalt von Jahr zu Jahr mehr Raum einnehmen. Um dem entgegenzuwirken, muß alle 3 Jahre eine neugekaufte Samenmischung eingesät werden. Verzichten sollte man aber auf Mischungen, die Gräser enthalten. Damit strecken findige Samenlieferanten das Saatgut, ohne daß die Gräser nennenswerte Vorteile bieten würden. Vielmehr überwachsen sie meist nach kurzer Zeit die Kräuter, denn die Gartenböden enthalten auch ohne besondere Düngung viel Stickstoff, den die Gräser meist besser nutzen können.

Einheimische Gehölze

Während die Beeren verschiedener einheimischer Wildsträucher ein ausgesprochen gutes Vogelfutter abgeben, bieten die Blüten zahlreichen Insektenarten Nektar und Pollen. Zudem dienen die Blätter Käfern und Insektenlarven als Futter, ohne daß die Sträucher darunter leiden. Selbst massiver Blattlausbesatz wird von ihnen toleriert. Alle Feinde der Blattlaus haben durch die Anpflanzung einheimischer Gehölze ausreichend „Ausweichnahrung", wenn eine sanfte Blattlausbekämpfung an Kulturpflanzen einmal nötig sein sollte. Mit Ausnahme des Schwarzen Holunders *(Sambucus nigra)* und der Schlehe *(Prunus spinosa)* sind alle anderen genannten Beeren für den Menschen ungenießbar oder schwach giftig. Dies sollte aber niemanden davon abhalten, das eine oder andere Gehölz in seinem Garten zu etablieren. Als Nützlingsunterschlupf eignen sich z. B. folgende Pflanzen: Stechpalme *(Ilex aquifolium)*, Traubenkirsche *(Prunus padus)*, Faulbaum *(Rhamnus frangula)*, Rote Heckenkirsche *(Lonicera xylosteum)*, Gemeiner Schneeball *(Viburnum opulus)* und Wolliger Schneeball *(V. lantana)*.

Räuber und Parasiten

Nützlinge sind – verkürzt ausgedrückt – Schädlinge der Schädlinge. Sie werden nach der Art ihrer Ernährung räuberisch oder parasitisch genannt. Als „Räuber" werden die Organismen bezeichnet, die ihre Beutetiere aussaugen oder fressen. Insekten, die eine vollkommene Verwandlung mit Puppenphase durchmachen, leben oft nur im Larvenstadium räuberisch. Dies ist bei Florfliegen und Schwebfliegen der Fall. Andererseits leben Marienkäferarten auch als erwachsene Tiere von Blattläusen.

Die Larven parasitischer Insekten durchlaufen Stadien, in denen sie als Innen- oder Außenparasiten von anderen Arten leben. Sie schädigen diese zunächst jedoch nicht so stark, daß sie absterben, denn die Parasiten sind auf Stoffwechselprodukte lebender Wirtsorganismen angewiesen.

Gegen Ende der Wirt-Parasit-Beziehung, also der Larvenentwick-

▼ *Das unscheinbare Gänseblümchen wird gern von Insekten besucht.*

lung des Parasiten, ist der Wirtsorganismus jedoch so stark geschädigt, daß er eingeht.

Nützlinge anlocken ja – aussetzen nein

Wenn Sie Nützlinge in Ihren Garten locken wollen, dauert dies in der Regel bei ortsbeweglichen, geflügelten Insektenarten, Vögeln und Spinnen, die sich mit Hilfe von Flugfäden verbreiten, nicht lange – vorausgesetzt, sie finden geeignete Lebensbedingungen vor. Zwar gehören Raubmilben nicht in diese Kategorie, doch sind sie ohnehin in Obstbäumen vorhanden und können sich unter verbesserten Lebensbedingungen entsprechend ausbreiten. Reine „Fußgänger" wie die großen Spinnenarten und Laufkäfer sind, wenn sie nicht schon im Garten leben, erst nach geraumer Zeit zu erwarten. Und dann gibt es noch Wiesel und Spitzmäuse, die ein heimliches Leben führen. Sie ziehen nachts durch so manchen Garten, ohne daß der Besitzer davon weiß.

Die für Gewächshäuser, Wintergärten und Blumenfenster angebotenen Nützlinge sind unter freiem Himmel im Garten fehl am Platz. Sie gehen in der freien Natur ein oder verlassen den Ort schneller, als es dem Gärtner lieb ist.

Die gekonnte Artenauswahl

Zu der riesigen Gruppe der landlebenden Gliederfüßer, in der Spinnen, Tausendfüßer, Insekten und Asseln zusammengefaßt sind, zählt auch eine Vielzahl von räuberisch oder parasitisch lebenden Arten, die als lebende Schädlingskontrolleure ernst zu nehmende Helfer des Gärtners sind. Die wichtigsten Arten, ihre Lebensweise und Ratschläge zur Hege werden im folgenden vorgestellt. Viele Singvögel, Eulen und Greifvögel zählen ebenfalls zu den emsigen Räubern im Reich der Insekten und Nager. Die kleineren Vogelarten nisten auch in Gärten, sofern sie ansprechende Kästen, Höhlen oder Gehölze vorfinden. Unter den Säugetieren sind Maulwurf, Spitzmaus, Igel und Fledermaus teils geliebte, teils unbekannte oder verkannte Vertreter der Nützlingsgruppe.

NÜTZLINGSFÖRDERUNG DURCH WILDKRÄUTERTOLERANZ

WILDKRAUT	NAHRUNGSQUELLE FÜR
Ackerdistel *(Cirsium arvense)*	Vögel, Hautflügler (Imago, Larve), Käfer (Imago,Larve), Schmetterlinge (Imago, Raupe)
Breitwegerich *(Plantago major)*	Vögel, Hautflügler (Larve), Käfer (Imago, Larve), Schmetterlingsraupen
Brennessel *(Urtica dioica)*	Käfer (Imago, Larve), Schmetterlingsraupen
Gänseblümchen *(Bellis perennis)*	Hautflügler (Imago), Käfer (Imago, Larve), Schmetterlinge (Imago, Raupe)
Giersch *(Aegopodium podagraria)*	Hautflügler (Imago), Käfer (Imago, Larve), Schmetterlinge (Imago, Raupe)
Hahnenfuß, Kriechender *(Ranunculus repens)*	Hautflügler (Imago), Käfer (Imago, Larve), Schmetterlinge (Imago, Raupe)
Hirtentäschelkraut *(Capsella bursa-pastoris)*	Vögel, Hautflügler (Imago), Käfer (Imago, Larve)
Klettenlabkraut *(Galium aparine)*	Vögel, Käfer (Imago, Larve), Schmetterlingsraupen
Kohlgänsedistel *(Cirsium oleraceum)*	Hautflügler (Imago, Larve), Käfer (Imago, Larve), Schmetterlinge (Imago)
Löwenzahn *(Taraxacum officinale)*	Hautflügler (Imago), Käfer (Imago), Schmetterlinge (Imago, Raupe)
Nachtschatten, Schwarzer *(Solanum nigrum)*	Vögel, Käfer (Imago, Larve), Schmetterlingsraupen
Rispengras *(Poa annua)*	Schmetterlingsraupen
Vogelmiere *(Stellaria media)*	Hautflügler (Imago), Käfer (Imago, Larve), Schmetterlinge (Imago, Raupe)
Weißklee *(Trifolium repens)*	Käfer (Imago, Larve), Schmetterlinge (Imago, Raupe)
Zaunrübe, Rote *(Bryonia cretica)*	Vögel, Hautflügler (Imago), Schmetterlinge (Imago, Raupe)
Zaunwinde *(Calystegia sepium)*	Vögel, Hautflügler (Imago), Käfer (Imago, Larve), Schmetterlinge (Imago, Raupe)

Helfer auf acht Beinen

Spinnen rufen bei vielen Menschen Angst und Ekel hervor. Dabei sind sie durch ihre ausschließlich räuberische Lebensweise ausgemachte Nützlinge, die man gewähren lassen sollte. Im Garten bedürfen sie keiner besonderen Hege.

In der Ordnung Weberknechte *(Opiliones)*, die keine echten Spinnen sind, finden sich die bekannten „Langbeiner", die man oft an beschatteten, feuchten Mauern antrifft. Weberknechte sind gute Insektenjäger.

Aus der großen, in Deutschland rund 800 Arten umfassenden Spinnensippe trifft man auf Obstbäumen häufig Laufspinnen *(Philodromidae)* an. Hauptsächlich auf Apfelbäumen lebt *Philodromus dispar*, eine der insgesamt 25 Laufspinnenarten. Die Tierchen sind aktive Insektenjäger.

Die rund 50 Arten der Familie Radnetzspinnen *(Argiopidae)* sind besser als Kreuzspinnen bekannt. Sie bauen meisterhafte Netze und „filtern" damit unzählige fliegende Insekten aus der Luft.

Nur maximal 5 mm groß werden die Kräuselspinnen *(Dictynidae)*, die in der Strauchschicht leben und kräuselige Fangfäden erzeugen, mit denen sie Fliegen, Mücken und Blattläuse erbeuten.

Ebenfalls acht Beine haben die Milben, die mit den Spinnen weitläufig verwandt sind. Neben den schädlichen Arten bringen die Milben auch einige räuberische Arten hervor. Diese Raubmilben (*Typhlodromus pyri, Amblyseius potentillae* und *A. finlandicus*) sitzen meist unter den Blättern von Obstbäumen in der Nähe der Mittelrippe. Sie sind spezialisierte Milbenjäger und können ihre schädlichen „Vettern" sehr gut unter Kontrolle halten. Daher werden sie auch „Schutzräuber" genannt, denn sie lassen erst gar keine hohen Schädlingspopulationen aufkommen.

Die Überlebensrate der Raubmilbe läßt sich steigern, wenn man als Raubmilbenunterschlupf ausgediente Nylonstrümpfe nicht zu fest um einen Ast wickelt.

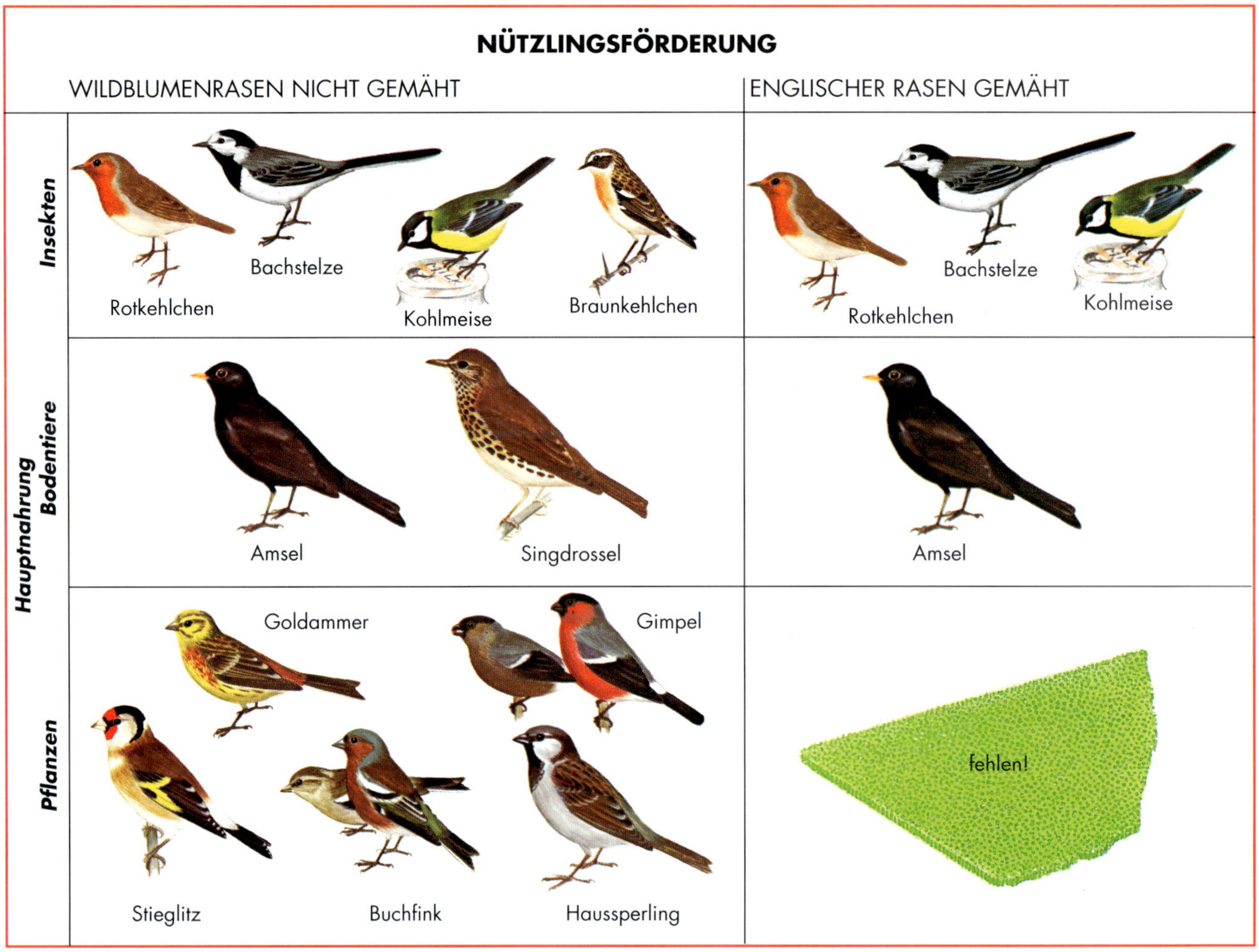

Insekten

Es ist kaum möglich, alle räuberischen Insektenarten aufzuzählen. Die folgende Auswahl beschränkt sich daher auf einige wichtige – bekannte und weniger bekannte – Gruppen.

Ein hübsches Geschöpf ist die wegen ihrer verhältnismäßig großen, grüngoldenen Augen „Goldauge“ genannte Florfliege. Entgegen dem, was ihr Name vermuten läßt, zählt sie nicht zu den Fliegen, sondern wird in die Ordnung der Netzflügler *(Neuroptera)* gestellt. Im Unterschied zu den Fliegen, die nur ein Flügelpaar haben, trägt die Florfliege zwei. Die häufigste Art ist *Chrysopa carnea*; man findet sie im Winter fast regelmäßig auf Dachböden in Fensternähe. Die nützlichen Tierchen sollten dort in ihrer Winterruhe nicht gestört werden, im Frühjahr schwärmen sie wieder aus, um die charakteristischen gestielten Eier meist gruppenweise an die Unterseiten der Blätter zu heften.

◀ Das Aufhängen von Vogelnistkästen zählt zu den traditionellen Möglichkeiten der Nützlingsförderung. Das Flugloch sollte immer in östliche, wetterabgewandte Richtung zeigen.

▲ *Die meisten Florfliegen überleben die kalte Jahreszeit nicht. Ein mit Stroh ausgestopftes Florfliegenhäuschen, das ihnen als Winterquartier dient, hebt die Überwinterungsrate deutlich.*

▲ *Florfliegen sind durch ihre grünen Flügel und ihre goldschillernden Augen unverwechselbar. Sie leben von Nektar und Pollen, während ihre Larven eifrige Blattlausräuber sind.*

Die Florfliegenlarven sind ständig auf Futtersuche. Eine einzige Larve vertilgt bis zur Verpuppung rund 500 Blattläuse. Erwachsene Florfliegen leben hingegen von Nektar und Pollen. Ihre Überlebensrate im Winter läßt sich durch das Aufstellen von Florfliegenhäuschen deutlich steigern. Die Überwinterungsquartiere werden am besten mit Stroh fest ausgestopft und Anfang September mit der Öffnung zur windabgewandten Seite aufgestellt. In harten Wintern werden die Florfliegenhäuschen in Schuppen gelagert.

Der Gemeine Ohrwurm *(Forficula auricularia)* aus der Ordnung *Dermaptera* ist einer der bekanntesten Nützlinge, was die vielen Ohrwurmhäuschen aus umgekehrten, mit Holzwolle gefüllten Blumentöpfen zeigen, die man häufig in Gärten sieht. Dabei ist der Ohrwurm nicht nur ein guter Blattlausjäger, sondern weidet auch das Gewebe und die Konidien (Fortpflanzungszellen) schädlicher Pilze ab. Das Weibchen betreibt Brutpflege und bewacht seine rund 100 Eier ebenso wie die frisch geschlüpften Larven.

Unter den Wanzen, die an dem stabilen, beim Laufen unter den Kopf gezogenen „Schnabel" gut von anderen Insekten zu unterscheiden sind, treten vor allem einige Arten aus den Familien Blumenwanzen *(Anthocoridae)* und Weichwanzen *(Miridae)* hervor, die rege Blattlaus- und Milbenjäger sind. Wie bei allen Wanzen, die eine unvollständige Entwicklung durchlaufen, leben Larven und Vollinsekten von der gleichen Nahrung, in diesem Fall räuberisch. Stauden, Gehölzpflanzungen und Gräser dienen den Wanzen als Nistplätze und Überwinterungsquartier.

In der größten Insektenordnung, dem Reich der Käfer, finden sich viele räuberisch lebende Arten. Die bis zu 4 cm großen Laufkäfer *(Carabidae)* vertilgen schädliche Insekten und Schnecken, während der winzige, etwa 1 mm große Marienkäfer *Stethorus punctillum* Milben auf der Speisekarte stehen hat. Fast alle Käferfamilien haben wenigstens einige räuberische Arten zu bieten. Besonders räuberisch veranlagt sind die Kurzflügler *(Staphylinidae)* und die Weichkäfer *(Cantharidae)*. Die Kurzflügler haben starke Kiefer und sind daran zu erkennen, daß ihre Flügeldecken den letzten Hinterleibsteil unbedeckt lassen. Weichkäfer sitzen oft lauernd auf Dolden- und anderen breiten Blüten und warten auf blütenbesuchende Insekten.

Zu den bei jung und alt beliebten Marienkäfern zählen der Siebenpunkt *(Coccinella septempunctata)* und die beiden Farbvarianten des Zweipunkts *(Adalia bipunctata)*, der als rote Form mit schwarzen Punkten und als schwarze mit roten Punkten auf den Flügeldecken vorkommt. Im Larvenstadium und als erwachsene Tiere räumen ca. 50 der rund 70 einheimischen Marienkäferarten unter Blattläusen, Milben und Schildläusen auf. Etwa 60 Blattläuse frißt der Zweipunkt täglich, der größere Siebenpunkt mehr als die doppelte Menge. Und die Larven verzehren bis zur Verpuppung 400–800 Läuse.

Ihre länglichovalen, knallgelben Eier legen die Käfer blattunterseits in die Nähe von Blattlauskolonien. Die Marienkäferlarven sehen wie die Florfliegenlarven den erwachsenen Tieren nicht ähnlich. Daher sollte man sich ihr Aussehen einprägen, um sie nicht mit Schädlingen zu verwechseln. Eine weitere

▶ *Spitzmäuse ernähren sich nicht von Pflanzen, sondern von Tieren und stellen in der Dämmerung Insekten und Würmern nach. Sie beziehen gern in dichten Gehölzgruppen Quartier.*

▲ *Neben Pilzsporen, Insekteneiern und Blattläusen verzehren Ohrwürmer auch Pflanzenteile. Der den Allesfressern als Unterschlupf dienende, mit Stroh gefüllte Blumentopf sollte immer Kontakt mit einem Ast haben.*

Parallele: Beide Nützlingsgruppen überwintern als Vollinsekten auch in Dachstühlen. Der Siebenpunkt zieht jedoch trockene Grasbüschel und Laubhaufen als Winterdomizil vor. Übertriebene Ordnung im Garten wirkt sich daher nützlingshemmend aus.

Nur auf den ersten Blick sind sie mit Wespen zu verwechseln – die Schwebfliegen *(Syrphidae)*, die zu den Zweiflüglern *(Diptera)* gerechnet werden. Sie haben im Gegensatz zu den größeren Wespen nur ein Flügelpaar, worauf der wissenschaftliche Name hinweist. Die Tarnung als „Wespe“ soll Vögel davon abhalten, auf die wehrlosen Schwebfliegen Jagd zu machen. Schwebfliegenlarven gehören zu den wirksamsten Blattlausfeinden. Eine einzige Larve saugt bis zu ihrer Verpuppung gut 700 Blattläuse aus. Die Vollinsekten bevorzugen Nektar und Pollen von den gelb- und blaublühenden Scheibenblüten der Doldenblütler (z. B. Dill, Fenchel). Neben den schon genannten Kräutern werden auch Korbblütler wie Löwenzahn, Goldrute, Schafgarbe und Huflattich gern besucht. Übertriebene Wildkrautbekämpfung ist daher, wenn auch unbeabsichtigt, nützlingsschädigend.

Ein Teil der Schwebfliegen zieht wie Zugvögel über die Alpen, um im Süden zu überwintern. Aber auch in Mauerritzen, hinter trockenen Brettern und auf Dachböden findet man überwinternde Schwebfliegen. Weniger bekannt und oft auch deutlich unscheinbarer als die bislang vorgestellten Insekten ist eine Vielzahl der parasitischen Organismen.

Schlupfwespen *(Ichneumonidae)* ernähren sich als Vollinsekten beispielsweise vom Nektar der bevorzugten Doldenblütler. Ihre Larven hingegen leben parasitisch und hierbei artabhängig entweder auf der Körperoberfläche anderer Lebewesen oder in anderen Lebewesen. Schlupfwespen sind z. B. Parasiten der Wickler, zu denen auch der schädliche Apfelwickler *(Laspeyresia pomonella)* zählt.

Die knapp 1 mm große Blutlauszehrwespe *(Apelinus mali)* ist ein 1925 aus Nordamerika eingeführter Blutlausparasit. Von Parasiten befallene Blutläuse *(Eriosoma lanigerum)* erkennt man daran, daß sie keine Wachsfäden mehr ausscheiden und daher schwarz aussehen.

Nützlinge auf vier Beinen

Aus der Gruppe der Wirbeltiere sind Eidechsen, Erdkröte und bei den Säugetieren Igel, Spitzmäuse, Maulwurf sowie die Marderarten fleißige Helfer des Gärtners. Allen hier genannten Arten können wir durch etwas weniger Ordnung im Garten und mit Nisthilfen beim Heimischwerden Unterstützung geben.

Eidechsen, die eher in den wärmeren Lagen vorkommen, sind als wechselwarme Tiere auf Trockenmauern oder andere Orte angewiesen, die sich in der Sonne aufheizen. Zu den Eidechsen gehört im übrigen auch die noch recht häufige Blindschleiche, eine eifrige Insekten- und Schneckenjägerin. Unter den gartenbewohnenden Amphibien ist die Erdkröte *(Bufo bufo)* zu nennen. Sie verbringt den Tag unter Steinen oder in Erdhöhlen versteckt, um nachts dann auf Würmer, Schnecken und Insekten Jagd zu machen. Die ortstreuen Tiere können ein hohes Alter erreichen.

Geflügelte Helfer

Meisen, Rotschwanz und die vielen anderen Singvögel sind aus ihrer traditionellen Rolle als Nützlinge nicht wegzudenken. Meisenkasten, Schwalbenbrett und andere Nisthilfen für Vögel gehörten schon zum Standardsortiment der Gartencenter und Baumärkte, als die Idee des „naturnahen Gartens“ noch längst nicht geboren war. Ohne Zweifel sorgen Blau- und Kohlmeisen dafür, daß Apfelwicklerlarven und andere Schadinsekten dezimiert werden. Massenentwicklungen von Insekten können Vögel, die sich nur einmal im Jahr vermehren, jedoch kaum entgegensteuern. Ihre biologische Reaktionszeit ist dafür zu lang. Räuberische Insekten oder Raubmilben reagieren mit wesentlich kürzeren Generationsfolgen auf sogenannte Schädlingskalamitäten. Das sollte aber keinen Gärtner davon abhalten, Vogelnisthilfen anzubringen. Dichte, abwechslungsreich zusammengestellte Hecken aus einheimischen und standortgerechten Wildgehölzen sind ein weiterer Beitrag zur Nützlingsförderung. Dort leben nicht nur Vögel, sondern auch Spinnen sowie Insekten.

Haushühner sind nicht zu unterschätzende Nützlinge, wenn sie unter Obstbäumen laufen und scharren dürfen. In Versuchen waren Äpfel von solchen Flächen deutlich weniger wurmstichig, die Hühner hatten viele Obstmaden erwischt. Besonders rege Schneckenvertilger sind Indische Laufenten, wenn sie bereits als Küken auf Schnecken als Futter „geeicht" werden.

Eulen und Greife fördern

Nicht lösen, aber mindern können Schleiereulen und Käuze das Wühlmausproblem. In Schuppen oder auf Dachböden sollten diesen Vögeln daher entsprechende Nistgelegenheiten angeboten werden.

Sitzstangen für Tagraubvögel, die eher in größeren Gärten in Stadtrandlage oder auf dem Land Mäuse kontrollieren, sind eine weitere, wenig aufwendige Möglichkeit der Nützlingsförderung.

Vögel füttern?

Viele Singvögel leben außerhalb der Brutzeit vor allem als Gemischtköstler. Sie verlangen nach Samen und Beeren. Eine entsprechende Bepflanzung des Gartens und die Toleranz von Wildkräutern bieten ihnen das ganze Jahr hindurch natürliches Futter, denn die Beeren und Früchte der Wildsträucher bleiben lange hängen. In abgestorbenen Stengeln von Stauden suchen insektenfressende Vögel nach Larven. Die klassische Winterfütterung mit Meisenringen und -knödeln selektiert dagegen Arten, die dieses zusätzliche Futterangebot in der Nähe der Häuser annehmen, und verhindert den Vogelzug nach Süden. Die echten Zugvögel, die auch weiterhin die beschwerliche Reise über die Alpen unternehmen, haben dann im Frühjahr das Nachsehen, denn die mit Meisenknödeln durchgefütterten Vogelarten haben die Reviere bereits bei Ankunft der Zugvögel unter sich aufgeteilt.

Igel und Co.

Die gestachelten Hagestolze sieht jeder gern in seinem Garten. Unter einer Hecke oder dem eigens angelegten Totholzhaufen bezieht der Igel *(Erinaceus europaeus)* sein Domizil. Auf seinen ausgedehnten nächtlichen Wanderungen erbeutet er laut schnaufend Schnecken, größere Insekten und Mäuse. Schließlich muß er sich bis zum Winter eine dicke Fettschicht angefressen haben, um aus dem Winterschlaf gesund zu erwachen. Die zusätzliche Fütterung von Igeln ist im naturnahen Garten nicht nötig. Erst recht verbietet sich das „Pflegen" von Igeln im Haus. Ein gesundes Tier kommt immer auch im Freien zurecht. Die Natur, die der Mensch manchmal als grausam empfindet, wenn sie kranke und schwache Individuen sterben läßt, sollte ihren Lauf nehmen können.

Eine Gefährdung, die man für ihn ausschließen kann, ist der überordentlich gestaltete Garten, denn dort findet der Igel nichts zu fressen. Wer Wert auf Igelbesuch legt, darf seinen Garten zudem nicht durch Mauern oder dichte Zäune verschließen.

Zur Tierordnung der Insektenfresser *(Insectivora)* zählen neben dem Igel auch der Maulwurf *(Talpa europaea)* und die Spitzmäuse. Beide haben leider immer noch unter Vorurteilen zu leiden.

Der ausnahmslos unterirdisch lebende Maulwurf wird häufig mit Wühlmäusen verwechselt. Über die Nützlichkeit des Maulwurfs wird immer noch gestritten, denn seiner ausgeklügelten Fangtechnik fallen auch viele Regenwürmer zum Opfer. Immerhin macht er auch vor Engerlingen – also Käferlarven –, vor Schnakenlarven und Erdraupen nicht halt. Da er ein reiner Insekten- und Fleischfresser ist, müssen Sie sich um Ihre Gartenpflanzen nicht sorgen, denn er rührt sie nicht an.

Unbestritten nützlich sind die im Garten vorkommenden drei Spitzmausarten. Gartenspitzmaus *(Crocidura suaveolens)*, Feldspitzmaus *(C. leucodon)* und Hausspitzmaus *(C. russula)* zählen zu den Weißzahnspitzmäusen. Die kleinen, lebhaften Tierchen sind emsige Insektenjäger. Im Vergleich zu den Echten Mäusen, etwa der Hausmaus, haben sie einen kürzeren und bewimperten Schwanz und eine spitze, rüsselartige Schnauze. Katzen und andere Räuber verschmähen sie wegen ihres eigenartigen Geruchs. Die hier genannten Arten leben in Wiesen, Feldern und Gärten; eine Hecke bietet ihnen dort idealen Unterschlupf. Wohl wegen der Wärme werden auch Kompostmieten als Wohnung gern angenommen. Beim Umsetzen der Kompostmiete sollte der achtsame Gärtner damit rechnen und die Tierchen in Ruhe von dannen ziehen lassen. Werden Spitzmausmütter gestört, bringen sie ihre Jungen sofort in Sicherheit. Ihr Verhalten dabei ist sehenswert: Zum Umzug in die Ersatzbehausung beißt sich das erste Junge an Mutters Schwanz fest, dann folgt das zweite Geschwister

▼ *Die Förderung von Raubmilben macht bei Obstbäumen alle weiteren Schutzmaßnahmen gegen Milben überflüssig. Alte, um einen Ast gebundene Damenstrümpfe aus Nylon bieten den Raubmilben einen idealen Unterschlupf.*

▶ *Übereinandergeschichtete Äste und Zweige bieten Igeln naturnahe Unterschlupfmöglicheiten. Ein solcher Totholzhaufen sollte in einer ruhigen, von Sträuchern beschatteten Gartenecke liegen, damit die Tiere so ungestört wie möglich ruhen können.*

am Schwanz des ersten und so fort, bis die Spitzmauskarawane reisefertig ist. Auf diese Art und Weise geht kein Mäusekind verloren. Feldspitzmäuse überwintern gern in Gebäuden, wo sie Nester aus Gras anlegen. Da sie an den Kellervorräten der Menschen als reine Fleischfresser kein Interesse zeigen, sollten wir sie als Wintergäste dulden.

Fledermäuse

Diese Säugetierordnung, die in Mitteleuropa mit 20 Arten vertreten ist, hat über die Jahrhunderte hinweg bis zum heutigen Tag unter Vorurteilen zu leiden. Darüber hinaus sind die Lebensgrundlagen der flugfähigen Säuger durch den Einsatz von Pflanzenschutzmitteln, der ihre Nahrungsbasis verknappt hat, und die chemische Behandlung von Dachstühlen, an der nachweislich viele Fledermäuse verendet sind, bedeutend verschlechtert worden. Hinzu kommt, daß auch ihre Winterquartiere, Grotten und Höhlen, oft dem Tourismus geopfert bzw. Bergwerksstollen über Tage verschlossen wurden.

Häufiger sieht man in der Dämmerung noch die Zwergfledermaus *(Pipistrellus pipistrellus)*. Tagsüber schlafen die an ihrem lautlosen, gaukelnden Flug erkennbaren Tiere in hohlen Bäumen, zugänglichen Dachstühlen oder unter lose hängenden Brettern. Es gibt für Fledermäuse spezielle Nisthilfen und Schlupfbretter, die – sofern den Tieren auch andere Faktoren behagen – gern angenommen werden. Einen Ersatz für die verlorengegangenen Winterquartiere kann man im Garten jedoch nicht schaffen. Wie wichtig Fledermäuse für das Ökosystem sind, wird klar, wenn man bedenkt, daß sie die einzigen nachtaktiven fliegenden Insektenfresser sind.

▲ *Mit lautem Gegrunze gehen Igel in der Dämmerung auf Jagd. Sie fressen auf ihrer Pirsch Schnecken, Würmer und junge Mäuse. Eine zusätzliche Fütterung durch den Menschen ist nicht tiergerecht und sollte auf alle Fälle unterlassen werden.*

▲ *Als Glücksbringer bei jedermann beliebt ist der Siebenpunkt, einer von rund 70 einheimischen Marienkäferarten. Die Vollinsekten sind eifrige Blattlausjäger. Sie vertilgen täglich bis zu 150 Stück.*

▲ *Doch nicht nur die ausgewachsenen Käfer, sondern auch die Larven stellen Blattläusen nach. Sie sollten sich ihre Gestalt einprägen, um sie nicht fälschlicherweise als Schädlinge zu bekämpfen.*

Tees, Brühen, Jauchen

Vorbeugender, sanfter Pflanzenschutz kommt ohne chemisch-synthetische Präparate aus. Pflanzenauszüge, -brühen und -jauchen, die man selber aus Kräutern herstellt, heilen und stärken auf natürliche Weise.

Spritzbrühen aus Kräutern, die an Wegrändern gesammelt oder im eigenen Garten kultiviert werden, wirken ähnlich wie die schützenden Pflanzenpartner bei der Mischkultur. Die Herstellung der Spritzbrühen ist recht einfach. Jedoch benötigt man oft große Mengen an Blättern oder ganzen Pflanzen, für eine wachstumsfördernde Löwenzahnjauche ca. 2 kg auf 10 l Wasser.

Vorsichtsmaßnahmen

Von einer wirksamen, aus Rainfarn *(Tanacetum vulgare)* hergestellten Kräuterbrühe werden zwar Blattläuse abgetötet. Jedoch wirken die in diesem Pflanzensud enthaltenen Stoffe nicht selektiv. Nützlinge unter den Insekten werden ebenso in Mitleidenschaft gezogen. Die Anwendung derartig breit wirksamer Kräuterchemie sollte daher nur ausnahmsweise zum Zug kommen.

Für den Menschen unbekömmliche oder gar giftige Mittel müssen vor neugierigen Kindern geschützt werden. Daher sollten Brühen möglichst in abschließbaren Räumen ziehen. Für die Zubereitung verbieten sich auch Gefäße, in denen man sonst Lebensmittel zubereitet.

Weniger schädlich für das Ökosystem Garten und die menschliche Gesundheit sind Pflanzenextrakte, die gegen Schadpilze eingesetzt werden, sowie Pflanzenstärkungsmittel wie Kamillentee. Gegen Blattläuse und Gemüsefliegen gibt es

▼ *Wenngleich im naturnahen Garten einheimische Gehölze dominieren sollten, ist der aus Nordamerika stammende Essigbaum* (Rhus typhina) *eine durchaus akzeptable Bereicherung. Aus seinen Blättern läßt sich ein wirksamer Auszug gegen Blattläuse und Kartoffelkäferlarven gewinnen.*

aus Kunststoff aus. Die Düse muß von feinem Sprühnebel bis zum scharfen Strahl verstellbar sein. Für größere Gärten, insbesondere solche mit Sträuchern und Obstbäumen, ist eine normale Pflanzenschutzspritze (Rückenspritze) mit 5–10 l Kapazität angebracht. Als „Extra" sollte gleich eine Spezialdüse für „Biomittel" gekauft werden, die kleinere Partikel in der Spritzbrühe besser verkraftet. Für höhere Bäume benötigt man zudem längere Rohre, denn es ist nicht ratsam, mit der Rückenspritze auf hohe Leitern zu klettern.

Kochkurs

Selbsthergestellte Pflanzenschutzmittel aus Kräutern werden auf vier verschiedene Arten bereitet. Dabei handelt es sich um Kaltwasserauszüge, Tees, Brühen und Jauchen.

Meist können frische und getrocknete Pflanzenteile gleichermaßen eingesetzt werden. Die getrockneten Pflanzen haben den Vorteil, daß auf Vorrat und zu Zeiten gesammelt werden kann, in denen der Gehalt an wirksamen Inhaltsstoffen am höchsten ist. Das Ver-

▲ *Der unverwechselbare Ackerschachtelhalm (Equisetum arvense) wächst auf lehmigen Böden. Gegen Mehltau und andere Schadpilze läßt sich aus seinen Trieben ein pflanzenstärkender Tee herstellen.*

▶ *Aus der hübsch anzusehenden Kapuzinerkresse (Tropaeolum) können Sie einen wirksamen Auszug gegen Blutläuse bereiten.*

auch Netze und Vliese, deren Gebrauch wesentlich einfacher und energiesparender ist.

Die Hexenküchenausstattung

Ratsam zum Sieden und Köcheln von Brühen ist ein ausrangierter emaillierter, großer Kochtopf. Zur Erhitzung von „Teewasser" reicht ein kleinerer Topf aus. Der Behälter, in dem der Tee ziehen muß, sollte ebenfalls emailliert sein. Ferner werden ein Litermaß, ein grobes und ein feines Sieb benötigt, eventuell auch noch eine Schöpfkelle. Siebe und Kellen dürfen nicht zu klein sein, denn oft geht man mit Mengen von 10 l um.

Zwei Trichter machen die Ausstattung komplett, einer sollte von haushaltsüblichem Kaliber sein, der andere etwa doppelt so groß. Solche Trichter mit praktischem Siebeinsatz bietet der Autobedarfshandel bereits für wenig Geld. Die Feinfilterung der Flüssigkeiten von kleinen Pflanzenresten läßt sich mit einem Kunstfaservlies oder Baumwolltuch durchführen. Jauchen setzt man am besten in großen Kunststoffässern an. Gärende Jauchen dürfen nicht dicht verschlossen werden, weil sie Gase entwickeln, deren Überdruck einen Deckel absprengen oder das Faß beschädigen kann.

Die Spritze

Balkongärtner kommen mit den bekannten 1-l-Pumphebelspritzen

hältnis „frisch" zu „trocken" beträgt gewöhnlich 10:1.

Der Kaltwasserauszug

Hierfür werden die Pflanzenteile mit kaltem Wasser übergossen und zwischen 1 und 24 Stunden ausgelaugt. Aufschwimmendes Material kann mit einem Stein unter der Flüssigkeit gehalten werden. Am besten steht der Ansatz kühl und dunkel, denn er darf keinesfalls in Gärung übergehen. Auszüge werden nach dem Abseihen pur oder bis zu 1:10 verdünnt gespritzt.

Der Tee
Wie für einen anregenden schwarzen Tee bringt man Wasser zum Sieden und gießt es über die zerkleinerten Pflanzenteile. Ein dicht sitzender Deckel sorgt dafür, daß möglichst wenig Wirkstoffe verdunsten. Im Regelfall zieht der Tee ungefähr eine Viertelstunde, Ackerschachtelhalmtee bis zu einer halben Stunde. Vor der Anwendung muß man unverdünnten Aufguß abkühlen lassen. Rezepturen, die verdünnt werden, können hingegen sofort verwendet werden.

▲ *Meerrettich (Armorica rusticana) findet nicht nur in der Küche Verwendung. So wirkt Meerrettichtee z. B. gegen Spitzendürre des Steinobstes.*

Die Brühe
Hierfür wird die benötigte Menge Pflanzenmaterial mit kaltem Wasser angesetzt. Diesen Ansatz läßt man 24 Stunden ruhen. Anschließend wird er dann zum Sieden gebracht und 15–30 Minuten auf kleiner Flamme heiß gehalten. Nun darf die Brühe abkühlen. Nach dem Abseihen wird in den meisten Fällen noch mit Wasser verdünnt.

Die Jauche
In einem Faß wird das Pflanzenmaterial angesetzt. Je nach Temperatur setzt die Gärung innerhalb von 3–7 Tagen ein. Tägliches Durchrühren ist ratsam. Im Regelfall wird die Jauche verdünnt, seltener pur ausgebracht, und zwar nach Ende der Gärung, d. h., nachdem die Gasproduktion abgeklungen ist. Dies kann bei warmem Wetter 10–14 Tage nach dem Ansetzen der Fall sein, sonst wenig später. Fertige Jauchen klären sich durch das Absetzen der Feststoffe. Die Geruchsentwicklung läßt sich durch Zugabe von Gesteinsmehl oder einigen Tropfen Baldrianblütenextrakt mindern.

Rezepte
Rund 30 verschiedene Pflanzenarten werden im allgemeinen zur Herstellung von Spritzbrühen genutzt. Als Kaltwasserauszüge, Tees, Brühen oder Jauchen und in verschiedenen Konzentrationen angewendet, verfügt der Gärtner über gut hundert „Präparate“. Jauchen von Brennessel oder Schachtelhalm wirken im Normalfall als Pflanzenstärkungsmittel mit Düngeeffekt als „Nebenwirkung“, während Tees oder Brühen derselben Pflanze eher Insektizid- oder Fungizidcharakter haben. Im folgenden werden einige Pflanzen vorgestellt.

Ackerschachtelhalm
(Equisetum arvense)
Als lebende Fossile werden die Schachtelhalme bezeichnet, denn sie gehören zu den ältesten Pflanzen der Welt. Der Ackerschachtelhalm, der aussieht wie ein Miniaturtannenbaum, wird auch Katzenschwanz oder Zinnkraut genannt. Durch den hohen Gehalt an Kieselsäure sind die Blätter hart und rauh. Früher wurde die Pflanze zum Putzen von Zinnutensilien (Name!) genutzt. Im Boden bildet der Ackerschachtelhalm lange Ausläufer. Als Lehmanzeiger kommt er bevorzugt auf offenen, nährstoffreichen Böden vor.

Für Brühen und Jauchen werden im Sommer die oberirdischen Teile gesammelt. Frisches und getrocknetes Material sind gleich wirksam, so daß man sich auch einen Vorrat anlegen kann. Die Brühe aus 1 bis 1,5 kg Frisch- bzw. 150 g Trockenmasse auf 10 l Wasser wirkt gegen Mehltau und andere Pilze, etwa Rostpilze. Möglichst bei Sonne wird die Brühe im Verhältnis 1: 5 verdünnt ausgebracht. Nach selbem Rezept läßt sich auch ein Tee zubereiten, der 30 Minuten ziehen soll. Als Jauche in gleicher Verdünnung dient der Schachtelhalm als Spritz- und Gießmittel gegen Blattläuse und Spinnmilben.

Essigbaum *(Rhus typhina)*
Feurig gefärbtes Herbstlaub, filzig behaarte Zweige und dicke rote, später braune Fruchtkolben machen den Essigbaum unverwechselbar. Er wird wegen seiner geweihartigen Verzweigungen auch Hirschkolbensumach genannt. Triebe und Blätter sind für den Menschen mäßig giftig.

Ein mit Alkohol aufgesetzter Auszug aus frischen Blättern wirkt sicher gegen Blattläuse. Innerhalb kurzer Zeit sterben die Tierchen ab. Käferlarven werden ebenfalls dezimiert, etwa die des Kartoffelkäfers.

▲ *Spritzbrühen aus Rainfarn* (Tanacetum vulgare) *sollten nur in Notfällen ausgebracht werden, da sie auch für viele Nützlinge tödlich sein können.*

▶ *Ein Tee aus getrockneten Schafgarbeblüten* (Achillea millefolium) *hat pflanzenstärkende Eigenschaften.*

Kapuzinerkresse
(Tropaeolum nanus/T. majus)
Aus Südamerika wurde diese einjährige Zierpflanze eingeführt. Ihre schildartigen Blätter und die gelben bis rotorangfarbenen, gespornten Blüten verleihen der wärmeliebenden Pflanze, die als rankende *(T. majus)* und niedrigbleibende Art *(T. nanus)* bei uns kultiviert wird, ein apartes Aussehen. Alle grünen Pflanzenteile riechen beim Zerreiben scharf nach Senf mit leicht unangenehmer Note. Die Kapuzinerkresse, die auch zur Bepflanzung von Baumscheiben geeignet ist, kann nur frisch verwendet werden. Entweder in Form des Kaltwasserauszugs gegen Raupen, für den man 2 kg grüne Pflanzenteile auf 10 l Wasser benötigt, oder als Tee gegen Blutläuse, der sehr konzentriert hergestellt wird. Hierfür überbrüht man die Blätter knapp mit siedendem Wasser. Nach 15minütigem, abgedecktem Ziehen wird gefiltert. Nach dem Erkalten trägt man den Tee mit einem stabilen Pinsel auf die Befallsstellen auf.

Meerrettich *(Armorica rusticana)*
Der Meerrettich ist erst im 15. Jahrhundert aus Südosteuropa eingeführt worden. Heute findet man ihn verwildert auf nährstoffreichen Böden. Die ausdauernde Pflanze besitzt eine verzweigte, kräftige Pfahlwurzel, die auch in der Heilkunde und der Küche zur Anwendung gelangt. Der beim Reiben entstehende scharfe Geruch wird von Senfölverbindungen hervorgerufen.

Für Pflanzenschutzzwecke werden Wurzel und Blätter gleichermaßen verwendet. Während das Laub die gesamte Gartensaison geerntet werden kann, sollte das Ausgraben der gelblichweißen Wurzel ab September erfolgen.

Meerrettichspritzbrühen werden bei Steinobst gegen Blütenfäule und Moniliaspitzendürre eingesetzt und in die Blüte beziehungsweise auf die Blätter gespritzt. Die wirksamen Bestandteile der Lösung verhindern die Keimung der Pilzsporen. Für den Tee benötigt man 500 g frische Blätter auf 1 l Wasser. Der fertige Tee wird 1: 5 verdünnt und in die Blüte gespritzt. Gegen Moniliafruchtfäule des Kernobstes spritzt man im Sommer auf Blätter und Boden einen 1:1 verdünnten Tee.

Kohl
Mit einem biologischen Trick läßt sich die ansonsten nur schwer bekämpfbare Kohlhernie kontrollieren. Der Schleimpilz bildet nämlich in der wirtsfreien Zeit Überdauerungsstrukturen im Boden. Wenn neue Kohlpflanzen auf das Beet gesetzt werden, „wecken" ihre Wurzelausscheidungen die Pilze, es kommt zur Infektion der Wurzel. Dieser Weckreiz wird aber auch von Kohltee und -jauche ausgeübt mit dem Unterschied, daß die Pilze ohne Wirt zugrunde gehen. Mehrfache Behandlung von Beeten im Laufe eines Jahres senkt das in Form von Dauersporen vorhandene Erregerpotential drastisch. Für Tee oder Jauche verwendet man am besten Kohlblattabfälle.

Rainfarn *(Tanacetum vulgare)*
Der zu den Korbblütlern zählende Rainfarn wächst auf nährstoffhaltigen Böden in wärmeren Lagen. Die ausdauernde Pflanze, die bevorzugt am Wegrand wächst (Rain = Wegrand), zeichnet sich durch ihre farnartigen Blätter und gelben Blütenköpfe, die sich von Juli bis September zeigen, aus. Die giftige Wirkung auf Mensch und viele Insekten ist auf den Wirkstoff Thujon zurückzuführen. Tee, Brühe oder Jauche sollte nur im Notfall eingesetzt werden. Verwendet werden dann die kompletten oberirdischen Teile der

▶ *Die Blätter des zu beträchtlicher Größe heranwachsenden Wermuts* (Artemisia absinthum) *duften intensiv und charakteristisch. Verwenden Sie Tees, Brühen oder Jauchen gegen Blattläuse, Raupen und Pilze.*

bis zu 1,20 m hohen Pflanze, die zur Blütezeit gesammelt werden. Rainfarn wird frisch oder getrocknet verarbeitet. Gegen Insekten- und Milbenbefall wird unverdünnte Rainfarnbrühe aus 300 g Frischmasse oder 30 g getrockneten Pflanzenteilen auf 10 l Wasser empfohlen. Aus den gleichen Zutaten kann auch eine Jauche zubereitet werden. Rainfarn besitzt wachstumshemmende Eigenschaften. Daher sollte er in einer separaten Ecke des Gartens wachsen. Reste von Brühen und Pflanzenteile gehören nicht auf den Kompost.

Schafgarbe *(Achillea millefolium)*
Als Stärkungsmittel mit Wirkung gegen Pilze und Insekten dient ein Kaltwasserauszug aus Blüten der weißblühenden, bis zu 80 cm hohen Schafgarbe, die an trockenen Wiesenrändern und vergleichbaren Standorten wächst. Schafe fressen nur die Blätter, daher sind auf Schafweiden nur die blühenden Stengel sichtbar (Name!). Für den Auszug werden etwa 20 g getrocknete Blüten auf 1 l Wasser benötigt. Nach dem Ziehen und Abpressen wird 1:10 verdünnt.

Wermut *(Artemisia absinthium)*
Der auf trockenen, basenreichen Böden wachsende Wermut hat als Schutz vor Austrocknung filzige Blätter, an denen er, wie auch an seinem typischen Geruch, leicht zu erkennen ist. Wie Rainfarn enthält Wermut das giftige Thujon, daneben den Bitterstoff Absinthin. Für Tee, Brühe oder Jauche werden die äußeren Teile der Blätter zur Blütezeit gepflückt und getrocknet. Mit 30 g dieser Pflanzenteile auf 10 l Wasser läßt sich ein Tee gegen Blattläuse sowie Kohlweißlingsraupen herstellen, der im Frühjahr unverdünnt gespritzt wird. Mit der dreifachen Wassermenge verdünnt, wird im Sommer gegen Apfelwickler gespritzt. Wermutjauche hilft pur zudem gegen Johannisbeersäulenrost.

Die Apotheke der Natur
Neben den genannten, traditionellen Präparaten sind in den letzten Jahren von der landwirtschaftlichen und biologischen Forschung mehrere neue, wirksame Pflanzen entdeckt worden. Dennoch steht die Erforschung natürlicher Insektizid- oder Fungizidwirkstoffe auf wissenschaftlichem Wege erst am Anfang. Aus einem Institut auf Hawaii kam die Kunde von fast 2000 wirksamen Pflanzenarten. In den tropischen Ländern werden die meisten schädlingsabwehrenden Pflanzen vermutet. Eine einleuchtende Erklärung hierfür gibt es ebenfalls: Der dort herrschende, sehr hohe Schädlingsdruck hat vielfältige biochemische Überlebensstrategien der Pflanzen hervorgerufen. Für den Hausgarten läßt sich hieraus Interessantes ableiten. Die ursprünglich in wärmeren Klimaten heimischen Zierpflanzen, die sogenannten Exoten, könnten ebenfalls Pilze und Insekten abwehren. Extrakte aus der Mahonie *(Mahonia aequifolium)* haben beispielsweise eine beachtliche Wirksamkeit gegen den gefährlichen Feuerbrand gezeigt. Der Sachalinstaudenknöterich *(Reynoutria sachalinensis)*, vor 100 Jahren aus Ostasien nach Europa eingewandert, wirkt bemerkenswert gut gegen Echte Mehltaupilze.

Was tun, wenn's nicht wirkt?
Der Gehalt an wirksamen Inhaltsstoffen schwankt bei den Pflanzen innerhalb der Vegetationszeit beträchtlich. Auch Witterungsverhältnisse, Düngung und vieles mehr machen den Pflanzenschutz zu einer oft unwägbaren Angelegenheit. Daher ist es kein Wunder, wenn mancher Gärtner auf „sein" Rezept schwört und andere bei genauestem Nachkochen scheitern.

Doch Mißerfolge sollten Sie nicht entmutigen. Vielleicht klappt es ja mit etwas mehr Pflanzenmaterial, etwas öfterem Spritzen oder mit einem Schuß Alkohol in den Kochbrühenansatz. In den meisten hier benutzten Pflanzen sind die wirksamen Substanzen ätherische Öle, und diese sind in Wasser nur schlecht löslich. Gut dagegen in Alkohol, der in der billigen Brennspiritusversion eingesetzt wird, oder in Weißöl. Bereits einige Tropfen können wahre Wunder wirken.

HAUSGEMACHTER PFLANZENSCHUTZ: WAS HILFT?

WOGEGEN/WOFÜR	WELCHE PFLANZE	REZEPTUR	VERDÜNNUNG	WAS NOCH WICHTIG IST
PILZERKRANKUNGEN Echter und Falscher Mehltau	Ackerschachtelhalm (oberirdische Triebe)	Brühe 1 kg/10 l Wasser	1:5	Auch als Trockendroge verwendbar, dann 100 g/10 l Wasser
Monilia-spitzendürre	Meerrettich (Blätter und Wurzeln)	Tee 500 g/1 l Wasser	1:1	Zur vorbeugenden Spritzung im Sommer
			1:5	Zur Keimhemmung in der Blüte
Grauschimmel	Knoblauch (Zehen)	Tee 20 g/1 l Wasser	Unverdünnt	Zur Pflanzenbehandlung
		Jauche 500 g/10 l Wasser	Unverdünnt	Zur Bodenbehandlung
Johannisbeer-säulenrost	Wermut (blühende Triebe)	Jauche 300 g/10 l Wasser	Unverdünnt	Zur Boden- und Pflanzenbehandlung. Auch als Trockendroge verwendbar, dann 30 g/10 l Wasser
Rost u. a. Pilze	Wurmfarn (oberirdische Triebe)	Jauche 1 kg/10 l Wasser	Unverdünnt	Zur Boden- und Pflanzenbehandlung
Verschiedene Pilze	Zwiebeln	Tee 75 g/1 l Wasser	Unverdünnt	Zur Boden- und Pflanzenbehandlung. Auch zur Mischung mit Knoblauch geeignet
MILBEN Obstbaummilben	Brennessel (oberirdische, nicht-blühende Triebe)	Jauche 1 kg/10 l Wasser	1:50	Im Vorfrühling noch vor dem Blattaustrieb, noch in Gärung verwenden
Spinnmilben an Gemüse	Rainfarn (blühende Triebe)	Brühe 300 g/10 l Wasser	Unverdünnt	Zur Pflanzenbehandlung
		Tee 300 g/1 l Wasser	1:3	Zur Pflanzenbehandlung
Milben an Erdbeeren und Beerensträuchern	Wermut (blühende Triebe)	Tee 30 g/1 l Wasser	1:2	Zur Pflanzenbehandlung
INSEKTEN Blattläuse	Brennessel	Kaltwasserauszug 1 kg/10 l Wasser	Unverdünnt	Zur Pflanzenbehandlung, nach 2–3 Tagen wiederholen. Auch als Trockendroge verwendbar, dann 100 g/10 l Wasser
	Rainfarn	siehe Milben		
	Rhabarber	Brühe 2 kg/10 l	Unverdünnt	Zur Pflanzenbehandlung, besonders wirksam gegen Schwarze Bohnenlaus
Blutlaus	Wurmfarn	Jauche 300 g/10 l Wasser	Unverdünnt	Wird bei Befall aufgepinselt
	Kapuzinerkresse	Tee siehe Rezept S. 58	Unverdünnt	Wird bei Befall aufgepinselt
Lauchmotte	Rhabarber (Blätter)	Tee 200 g/1 l	Unverdünnt	Zur Pflanzenbehandlung
ZUR ALLGEMEINEN STÄRKUNG	Löwenzahn (Blätter und Blüten)	Jauche 2 kg/10 l	Unverdünnt	Zur Boden- und Pflanzenbehandlung. Auch als Trockendroge verwendbar, dann 200 g/10 l Wasser
	Schafgarbe (getrocknete Blüten)	Kaltwasserauszug 20 g/1 l	1:10	Zur Pflanzenbehandlung
	Kamille (getrocknete Blüten)	Tee 20 g/1 l	1:5	Zur Pflanzen- und Bodenbehandlung
FLÜSSIGER DÜNGER	Brennessel	Jauche 1 kg/10 l	1:10	Zur Bodenbehandlung (außer bei Bohnen). Auch als Trockendroge verwendbar, dann 100 g/10 l Wasser
	Beinwell (Blätter)	Jauche 1 kg/10 l	1:10	Zur Bodenbehandlung. Reich an Kalium. Auch als Trockendroge verwendbar, dann 100 g/10 l Wasser

UNKRAUT ODER WILDKRAUT?

Kraut oder „Un"-Kraut, nützlich oder schädlich, gut oder böse – das sind die Schubladen, in die der Mensch seit dem Beginn der mechanisierten Landwirtschaft die große und bunte Gruppe der Kräuter eingeteilt hat. Vor wenigen Generationen wußte man bei uns noch um die guten Seiten der sogenannten Unkräuter, der Wildkräuter, wie sie viel treffender bezeichnet werden sollten.

Dem Kundigen geben sie einen umfassenden Einblick in die Eigenschaften seines Gartenbodens, vor allem in den Wasserhaushalt und die Nährstoffversorgung. So zeigen Wildkräuter an, ob in Ihrem Garten Staunässe auftritt, basische oder saure Böden vorkommen, die Bodenart eher lehmig oder sandig ist und ob eventuell eine Überdüngung vorliegt. Wo sie nicht unmittelbar mit Gemüse- und Zierpflanzen um Licht, Nährstoffe und Wasser konkurrieren, überwiegen ihre guten Eigenschaften, denn sie beschatten den Boden und verhindern die Auswaschung von Nährstoffen. Zahlreiche Wildkräuter werden in der Tierhaltung als Futter geschätzt und bieten auch vielen Nützlingen Unterschlupf und Nahrung.

Einige Arten sind eine echte Bereicherung für die Küche, da sie sich oft als schmackhafter und vitaminreicher als die Kulturpflanzen erweisen. Hoch geschätzt sind Wildkräuter auch in der Heilkunde, wo sie erfolgreich gegen die unterschiedlichsten Leiden eingesetzt werden. Denken Sie nur an den Löwenzahn: Was läßt sich nicht alles aus seinen Blättern, Knospen, Blüten und Wurzeln herstellen! Die Bandbreite reicht von Wildgemüse und Salat über den Magenbitter bis hin zu Kaffee und Ersatz für Kapern. Medizinisch wirkt der Löwenzahntee blutreinigend, und der fettverteilende Wurzelextrakt kann für die Behandlung von Lebererkrankungen genutzt werden.

Wenn Wildkräuter tatsächlich stören, können sie auf sanftem, umweltgerechtem Weg mit geeigneten Gartengeräten oder verschiedenen Mulchmaßnahmen kontrolliert werden.

Es muß nicht immmer der makellose Rasen sein; eine Wildblumenwiese ist ein Augenschmaus und lockt Nützlinge an.

Vielgeschmähtes „Unkraut“

„Unkräutern“ wird normalerweise wenig Sympathie entgegengebracht. Dabei sind sie wie alle anderen Pflanzen ein wichtiger Bestandteil der Natur, die nicht zwischen Gut und Böse unterscheidet.

„Aus derselben Krume wächst das Unkraut wie die Blume.“ Dieser Reim gilt ganz besonders für den naturnahen Garten, denn die sogenannten Unkräuter werden im Garten gebraucht! Sie haben, wie alle Lebewesen, eine Fülle verschiedener Eigenschaften, manche davon, wie das sprichwörtliche Wuchern, sehen wir im eigenen Garten nicht so gern. Und das Hacken oder Jäten von Unkräutern ist mitunter eine recht anstrengende und schweißtreibende Arbeit. Zudem konkurrieren Unkräuter mit den Kulturpflanzen um Licht, Wasser und Nährstoffe, und einige wenige sind sogar Zwischenwirte für verschiedene Pflanzenkrankheiten. Auf der Zypressenwolfsmilch *(Euphorbia cyparissias)* lebt z. B. ein Stadium des Erbsenrostes *(Uromyces pisi)*.

Viele andere, positive Eigenschaften der Unkräuter sind den meisten von uns leider nicht bekannt, so daß der Begriff „Unkraut“ eindeutig negativ belegt ist.

Verhaßt waren die Unkräuter insbesondere bei den Landwirten. Die ersten chemischen Unkrautvertilgungsmittel, Herbizide, waren aus der Sicht der Landwirte ein Segen. Doch bereits wenige Jahre später konnte man Herbizide im Grundwasser nachweisen. Die Unternehmen der Wasserversorgung betreiben heute einen ungeheuren Aufwand, um diese Spuren aus dem Rohwasser abzuscheiden. Denn zu Recht verlangen wir unbelastetes Trinkwasser. Gerade der naturnah denkende und handelnde Gärtner sollte daher keine Herbizide anwenden, aber auch mit Trinkwasser beim Gießen sparsam umgehen.

Strenggenommen gibt es überhaupt kein Unkraut. Die Pflanzenkunde (Botanik) unterscheidet lediglich nach Kräutern und Gräsern.

In der traditionellen Medizin haben viele Unkräuter ihren festen Platz. Manche Arten sind sogar genießbar und liefern ein schmackhaftes, vitamin- und mineralstoffreiches Gemüse. Nicht zuletzt tragen die oft geschmähten „Wucherpflanzen“ zur nötigen Vielfalt im Naturgarten bei, ohne die viele Nützlinge dem Garten fernbleiben würden. Und mit etwas pflanzenkundlichem Wissen ausgestattet, geben Ihnen Unkräuter sogar ein kostenloses Bodengutachten.

Bei so vielen guten Eigenschaften verdient diese Pflanzengruppe selbstverständlich auch eine passendere Bezeichnung. Unkräuter wachsen prinzipiell ohne unser Zutun, sie erscheinen an vielen Stellen im Garten „wild“. Was liegt da näher, als die diskriminierende Vorsilbe „Un“ gegen ein freundlicheres „Wild“ in unserem Sprachschatz auszutauschen? Mit Wildkräutern läßt sich leben. Was nicht bedeutet, daß unsere Gärten nun von Wildkräutern überwuchert werden sollen. Ein noch so naturnaher Garten bleibt ein Garten. Als solcher wird er vom Menschen stetig gestaltet und verändert. Auf Gemüsebeeten, erst recht in Zierpflanzenrabatten, darf

◀ *Überwucherte Beerensträucher und völliger Verzicht auf Pflege sind kein erstrebenswertes Ziel. Ein naturnaher Garten zeichnet sich vielmehr durch behutsame Eingriffe und harmonische Gestaltung aus.*

◀ *An Wildkräutern wie dieser Schafgarbe* (Achillea millefolium) *richten Blattläuse keinen Schaden an. Sie sollten dort auf jeden Fall geduldet werden, da Blattlausräuber oder -parasiten ohne Nahrung nicht überleben können.*

▲ *Räuberisch von Blattläusen lebende Schwebfliegenlarven sind um so häufiger im Garten anzutreffen, je besser Sie den „Tisch" für erwachsene Schwebfliegen decken. Diese leben von Nektar und Pollen und bevorzugen Scheibenblüten.*

also auch im naturnahen Garten gehackt und gejätet werden.

Biologie der Wildkräuter

Von den rund 1800 mitteleuropäischen Pflanzenarten, einschließlich der Bäume und Wasserpflanzen, kommen in Gärten zwischen 40 und 50 Wildkrautarten häufiger vor. Man unterscheidet einjährige Arten, die sich meist durch eine riesige Samenproduktion auszeichnen, und mehrjährige Gewächse. Wenn gute Wachstumsbedingungen vorherrschen, können einjährige Wildkräuter Samen in so großen Mengen bilden, daß diese dem Gärtner noch lange Zeit Kummer bereiten. Denn viele dieser Samen gehen sofort auf, manche keimen aber erst im kommenden Jahr, ein Teil kann allerdings auch jahrelang im Boden schlummern. Mit diesem Trick überdauern die Kräuter schlechte Zeiten. Einjährige Wildkräuter sollten daher stets vor dem Blühen gejätet werden.

Härter ist oft der „Kampf" gegen die mehrjährigen Arten. Sie pflanzen sich nicht nur durch Samen fort, sondern überdauern viele Jahre an Ort und Stelle. Die Energie zur Überdauerung der Winterzeit, in der die oberirdischen Teile absterben, speichern sie unterirdisch in verdickten Wurzeln, Rüben oder Ausläufern. Ausläufer sind keine Wurzeln, auch wenn sie in der Erde wachsen. Sie sind von diesen gut zu unterscheiden, weil sie, wenn auch unscheinbar, beblättert sind. Die vielen Gärtnern allein bei Erwähnung des Namens den Schweiß ins Gesicht treibende Gemeine Quecke *(Agropyron repens)* besitzt solche Ausläufer.

Quecken und viele andere mehrjährige Wildkräuter werden durch falsches Hacken und Graben, ganz besonders durch die schnell rotierenden Messer einer Fräse, vermehrt. Aus jedem Bruchstück kann unter günstigen Bedingungen eine neue Queckenpflanze entstehen. Bei der Ackerwinde *(Convolvulus arvensis)* oder der Ackerdistel *(Cirsium arvense)* ist dies ebenso der Fall. Mehrjährige müssen daher dort, wo sie wirklich stören, meist tief und vorsichtig ausgegraben werden, um Wurzeln oder Ausläufer nicht zu verletzen. Vor dem Kompostieren sollte eine hinreichend lange Austrocknungsphase liegen. Wer ganz sichergehen will, wirft die Pflanzen in die Mülltonne, denn das Verbrennen ist zu Recht in den meisten Regionen nicht mehr erlaubt.

Wildkräuter bekämpfen?

Eine Bekämpfung der Wildkräuter im Sinn des Ausrottens ist nicht nur unmöglich, sondern auch völlig unsinnig. Selbst in der konventionellen Landwirtschaft spritzen die klugen Landwirte erst, wenn der Deckungsgrad erreicht oder überschritten wird. Hierunter versteht man die Anzahl der Pflanzen einer Wildkrautart pro Quadratmeter.

Nach jahrelanger, intensiver Herbizidanwendung auf den Äckern glaubten Botaniker, daß eine Reihe von Wildkräutern ausgestorben sei, denn finden konnte man die betreffenden Arten nicht mehr. Als die Landwirte im Rahmen sogenannter Ackerrandstreifenprogramme Geld dafür erhielten, daß sie auf den äußersten Metern ihrer Felder nicht mehr spritzten, waren viele der „ausgestorbenen" Arten schon im nächsten Jahr wieder da. Tatsächlich hatten genügend Samen den ständigen Herbizidangriff ausgehalten und waren noch keimfähig. Auch im Gartenboden liegt ein schlummerndes Samenpotential in Millionenhöhe. Anhaltend wildkrautfreie Böden sind selbst bei intensivem „Kampf" daher nicht zu erwarten, zumal der Wind, Vögel und Mäuse so manches Wildkraut zusätzlich aussäen.

Nützlinge brauchen Wildkräuter

Auch aus Gründen der Nützlingsförderung ist ein wildkrautfreier, „sauberer" Garten nicht erstrebenswert. Wenn Blattläuse an Gemüsepflanzen dezimiert werden, entfällt für alle Blattlausräuber und -parasiten mit einem Schlag die Nahrungsbasis. Sie lassen sich nur dann im Garten „halten", wenn ihnen Blattläuse auf robusten Ziergehölzen oder eben Wildkräuter als Ersatz zur Verfügung stehen. Weil mehr als zwei Drittel aller Blattlausarten nur von einer einzigen Pflanzenart leben, ist ein Überwechseln der sau-

▲ *„Goldauge" wird die Florfliege wegen ihrer goldmetallisch schimmernden Augen genannt. Wenn man in seinem Garten einige Wildkräuter wachsen läßt, wird sie sicher ein oft gesehener Gast in ihm sein.*

genden Insekten von den Wildkräutern auf die Nutzpflanzen kaum zu befürchten. Marienkäfer sind nicht so wählerisch, sie leben von allen Blattlausarten und finden so ihr Auskommen. Für einen möglichen späteren Läusebefall der Nutzpflanzen stehen sie dann sofort zur Verfügung.

Wildkräuter und ihre Tricks

Mancher Gärtner wird nach intensiven, aber erfolglosen Hack- und Jätaktionen gar vermuten, die Wildkräuter keimten nun um so eifriger. Und ganz unrecht hat er nicht, denn Hacken und Umgraben regen die im Boden schlummernden Samen zur Keimung an. Biologisch gesehen hat dies auch seinen Sinn. Solange an der Erdoberfläche schon etwas wächst, sind die Chancen für schwache Keimlinge gering, genügend Licht und Nährstoffe zu ergattern. Wenn aber die Konkurrenz ausgeschaltet ist, weil der Gärtner gerade seine Hacke geschwungen hat, stehen die Chancen viel besser. Wer jetzt schnell keimt, hat sogar noch einen besonderen Vorteil vor der Konkurrenz.

Mindestens zwei Faktoren lösen diese bemerkenswerte Erscheinung aus. Zum einen kommt dem Licht eine besondere Bedeutung zu. Nur eine Sekundenbruchteile dauernde Belichtung reicht aus, um einen bisher im dunklen Boden liegenden Samen zur Keimung anzuregen. Daher ist die nächtliche Bearbeitung bei dichter Bewölkung oder nachts bei Neumond ratsam, will man später wenig Ärger mit Wildkräutern haben – selbst wenn dies beim ersten Hören seltsam klingt.

Zum anderen spielt die Chemie eine gewisse Rolle. Solange Wildkräuter wachsen, scheiden ihre Wurzeln bestimmte Stoffe aus, die auf umliegende Samen keimhemmend wirken. Durch Hacken und Jäten abgetötete, zum Teil sogar vom Beet entfernte Pflanzen liefern keine keimhemmenden Substanzen mehr, und die Samen gehen nun auf.

Pflanzen als Umweltgutachter

Wer mit offenen Augen durch die Natur geht, weiß es längst: Nicht jede Pflanze wächst überall. Weil die Pflanzen nicht ortsbeweglich, sondern mit ihren Wurzeln fest im Boden verankert sind, müssen sie so gut wie möglich an den Standort angepaßt sein.

Auf trockenen Böden wachsen daher nur solche Arten, die besonders tiefreichende Wurzeln besitzen oder Wasser speichern können. In der Regel sind ihre Blätter gegen übermäßige Verdunstung des wertvollen Wassers durch Behaarung oder durch dicke Wachsschichten geschützt. Im Extremfall fehlen die Blätter sogar oder sind auf ein Minimum reduziert, denken Sie z. B. an Kakteenstacheln. Auf feuchten Böden wachsen Pflanzenarten, die nicht mit dem Wasser hauszuhalten brauchen. Dafür müssen ihre Wurzeln fäulnisfest sein. Es gibt lichtbedürftige sowie schattentolerante Pflanzen usw.

PFLANZEN ALS UMWELTGUTACHTER: DIE SPRACHE DER PFLANZEN

ZEIGERPFLANZEN	BODENBESCHAFFENHEIT
Ackerhahnenfuß *(Ranunculus arvensis)*	Lehmiger Boden
Ackersenf *(Sinapis arvensis)*	Humoser, nährstoffreicher Boden, hoher Stickstoffgehalt
Brennessel *(Urtica dioica)*	Humoser, nährstoffreicher Boden
Feldehrenpreis *(Veronica arvensis)*	Kalkarmer Boden
Franzosenkraut *(Galinsoga parviflora)*	Humoser, nährstoffreicher Boden
Frauenmantel *(Alchemilla vulgaris)*	Feuchter Standort, mäßiger Stickstoffgehalt
Gänsedistel, Gewöhnliche *(Sonchus oleraceus)*	Nährstoffreicher Boden
Hahnenfuß, Kriechender *(Ranunculus repens)*	Feuchter, schwerer Boden, staunende Nässe
Hederich *(Raphanus raphanistrum)*	Kalkarmer Boden
Hirtentäschelkraut *(Capsella bursa-pastoris)*	Humoser, nährstoffreicher Boden
Huflattich *(Tussilago farfara)*	Lehmiger, toniger Boden
Kamille, Echte *(Chamomilla recutita)*	Humoser, nährstoffreicher Boden, mäßiger Stickstoffgehalt
Klettenlabkraut *(Galium aparine)*	Lehmiger, stickstoffreicher Boden
Löwenzahn *(Taraxacum officinale)*	Lehmiger Boden
Nachtschatten, Schwarzer *(Solanum nigrum)*	Stickstoffreicher, lehmiger Boden
Sommeradonisröschen *(Adonis aestivalis)*	Kalkreicher Boden
Vogelmiere *(Stellaria media)*	Humoser, nährstoffreicher Boden

Standorteigenschaften des Gartens

Der typische Garten ist geprägt durch intensive Bodenbearbeitung, Düngung, oft wechselnden Nutzpflanzenbesatz, Fruchtfolge sowie Mischkultur und häufig auch durch zusätzliche Bewässerung. Der Säuregrad, pH-Wert genannt, bewegt sich eher im mittleren, neutralen Bereich. Dennoch kommen nicht in allen Gärten die gleichen Wildkräuter vor, und selbst auf ein und demselben Stückchen Grabeland wachsen hier diese und dort jene Arten.

Viele Standorte geben kein taugliches Gartenland ab, weder dauerhaft nasse Böden noch besonders trockene sind dafür geeignet.

Zeigerpflanzen nutzen

Manche Arten sind in bezug auf Standortfaktoren sehr empfindlich. Sie wachsen nur bei ganz bestimmten Bodenverhältnissen, etwa in stark nährstoffhaltigen Böden. Ihr Vorhandensein zeigt daher gut gedüngte oder gar überdüngte Beete an. Zusätzliche Düngung kann sich der Gärtner dort sparen.

Andere Arten weisen auf ein verdichtetes Erdreich hin, in diesem Fall ist sorgfältige Bodenlockerung oder eine Gründüngung angeraten. Nässeanzeiger auf einem Gartengrundstück deuten auf hoch anstehendes Grundwasser, eine Quelle oder eine stark verdichtete Stauschicht im Boden hin. Dort ist der Anbau der meisten Obst- und Gemüsearten nur eingeschränkt möglich. Auch der Bau eines Wohnhauses kann problematisch sein, weil teure Dränagen, Abdichtungsmaßnahmen oder besondere Fundamente nötig werden.

Der Zeigerwert von Wildkräutern ist daher eine wertvolle Hilfe für Gärtner und Bauherren mit Artenkenntnis. Kurse der Volkshochschulen und Pflanzenbestimmungsbücher vermitteln dieses praktisch einsetzbare Wissen.

Gräser wie das Riesenstraußgras *(Agrostis giganthea)*, fast alle Binsenarten *(Juncus)* sowie viele Seggenarten *(Carex)* weisen auf wechselfeuchte bis ständig vernäßte Böden hin. Auch Hainklette *(Arctium nemorosum)*, Zwergglockenblume *(Campanula cochleariifolia)*, Echtes Mädesüß *(Filipendula ulmaria)*, Waldschachtelhalm *(Equisetum sylvaticum)*, Sumpfplatterbse *(Lathyrus palustris)*, viele Knötericharten *(Polygonum)* und Kriechender Hahnenfuß *(Ranunculus reptans)* zeigen feuchte bis nasse Böden an.

ANSPRUCH VERSCHIEDENER WILDKRÄUTER

Lamium album
Weiße Taubnessel

Malva neglecta
Wegmalve

▲ Die stickstoffanzeigende Weiße Taubnessel *(Lamium album)* blüht von April bis Oktober. Ihr zuckerreicher Nektar zieht vor allem Hummeln an.

▲ Die heute nur noch selten anzutreffende Wegmalve *(Malva neglecta)* hat etwa den fünffachen Eiweißgehalt von Kulturgemüse. Sie bevorzugt überdüngte Böden.

Tussilago farfara
Huflattich

Cardamine pratensis
Wiesenschaumkraut

▲ Auf rohen Lehmböden wächst der im April blühende Huflattich *(Tussilago farfara)*. Blätter und Blüten geben getrocknet einen ausgezeichneten Hustentee ab.

▲ Wiesenschaumkraut *(Cardamine pratensis)* bedeckt im Frühjahr viele feuchte Wiesen. Vor der Blüte entnommen, sind alle Teile für Rohkostsalate verwendbar.

Wildkräutersteckbriefe

Wuchernde Wildpflanzen werden vom Gärtner häufig als unliebsame Konkurrenten für Nutzpflanzen und Zierblumen angesehen. Ein erster Schritt für eine wirksame Kontrolle ist das Erkennen der widerspenstigen Wildkrautarten.

Da Sie Wildkräuter In Ihrem Garten nicht vermeiden können, sollten Sie sich so schnell wie möglich mit ihnen anfreunden. Werden Sie vertraut mit ihren Eigenschaften, lernen Sie ihren Nutzen zu schätzen, und achten Sie darauf, was Ihnen die Pflanzen über Ihren Garten verraten. Das Kennen und Erkennen der verschiedenen Wildkrautarten hilft Ihnen dabei, die eigensinnigen Eindringlinge nicht nur als Konkurrenten Ihrer Gartenpflanzen zu betrachten, sondern sie in gern und weniger gern gesehene Arten, die eventuell kontrolliert werden müssen, einzuteilen.

Die so oft als Unkraut geschmähten Wildkräuter bereichern als pikantes Wildgemüse oder vitaminreicher und leckerer Salat den Speisezettel. Sie schmecken aber nicht nur dem Menschen, sondern werden auch von Stallkaninchen, Hühnern, Vögeln und sogar Schildkröten gern als Futter genommen. In der Heilkunde setzte man sie häufig gegen Lungen- und Lebererkrankungen, Gicht, Verdauungsstörungen und zur Blutstillung ein. Aus den getrockneten Blättern lassen sich außerdem zahlreiche Gesundheitstees bereiten, wie etwa der blutreinigende Brennesseltee, der sich auch zur entschlackenden Frühjahrskur eignet.

Durch Wildkräuterbestände wird Ihr Garten im wahrsten Sinne des Wortes belebt, da sie verschiedenen Nützlingen wie Wildbienen, Hummeln und Schwebfliegen wertvolle Lebensräume bieten und auch Vögel, Schmetterlinge und Käfer anziehen. Die nützlingsfördernde Wirkung vieler auf den folgenden Seiten beschriebener Wildkrautarten bezieht sich auf das Nahrungsangebot an Nektar und Pollen.

Wenn Sie die ökologischen Zusammenhänge verstehen, können Sie von den Wildkräutern, die in Ihrem Garten wachsen, viel lernen, denn in den Ansprüchen der Pflanzen spiegeln sich die Eigenschaften Ihres Gartenbodens wider. So gedeiht die Strahlenlose Kamille *(Chamomilla suaveolens)* nur bei guter Stickstoffversorgung, der Kriechende Hahnenfuß *(Ranunculus repens)* zeigt eine reiche Nährstoffversorgung an, und die Vogelmiere *(Stellaria media)* weist auf ein überdüngtes Erdreich hin.

Es kann auch wichtig sein, die Pflanzenfamilie zu kennen, zu der eine Art gehört. Innerhalb einer Familie gibt es Ähnlichkeiten in bezug auf die Blütenform, die Wurzelabscheidungen und die Eignung als Wirt für bestimmte Pflanzenkrankheiten. So können Vertreter der Kreuzblütler *(Cruciferae)* Überträger der gefürchteten Pilzkrankheit Kohlhernie sein. Um schlecht zu bekämpfende, sogenannte bodenbürtige Krankheiten möglichst zu vermeiden und die Vorteile eines Fruchtwechsels auszunutzen, sollte deshalb nach Rettichen oder Radieschen kein Wildkraut wachsen, das ebenfalls zur Familie der Kreuzblütler gehört.

◀ *Die Rote Taubnessel* (Lamium purpureum) *entwickelt sich sehr schnell und neigt zum Wuchern. Mit wenigen Handgriffen können Sie die Primeln von der direkten Konkurrenz befreien. Da sie den Boden vor Auswaschung und Austrocknung schützt, sollten Sie sie jedoch nicht völlig entfernen.*

Einjährige Wildkräuter

Hirtentäschelkraut

(Capsella bursa-pastoris)
Familie: Kreuzblütler *(Cruciferae)*

Höhe und Ausdehnung: 20–40 cm; bis zu 25 cm.
Blätter: Graugrün, lang und schmal, unregelmäßige Ränder, in grundständiger Rosette.
Blüten: Winzig, weiß; in langem, aufrechtem Blütenstand. Ganzjährige Blüte.
Standort: Vorzugsweise auf nährstoffreichen, frischen Böden. Die Pflanze ist jedoch sehr anpassungsfähig und besiedelt verschiedene Lagen.
Ökologische Bedeutung: Nahrungspflanze für nektar- und pollensuchende Schwebfliegen und Wildbienen.
Weitere Merkmale: Die reifen, dreieckigen Früchte (Schötchen) ähneln früheren Hirtentaschen, worauf auch der Name zurückgeht. In der Heilkunde wird die blutstillende Wirkung des Hirtentäschelkrautes geschätzt. Die jungen Blätter und Früchte liefern ein pikantes Wildgemüse.

Strahlenlose Kamille

(Chamomilla suaveolens, syn. *Matricaria discoidea)*
Familie: Korbblütler *(Compositae)*

Höhe und Ausdehnung: 5–25 cm; bis zu 15 cm.
Blätter: Nadelartig geschlitzt, fedrig und stark aromatisch duftend.
Blüten: Ohne Strahlblüten (daher der Name), Köpfchen gelbgrün und eiförmig, Durchmesser 5–8 mm. Blütezeit Sommeranfang bis Mitte des Sommers.
Standort und Zeigerwert: Typische Trittpflanze, die neutrale bis leicht basische Böden mit guter Stickstoffversorgung anzeigt.
Ökologische Bedeutung: Hierüber ist wenig bekannt.
Weitere Merkmale: Die Strahllose oder Strahlenlose Kamille stammt ursprünglich aus Asien und Nordamerika. Erst seit 1852 hat sie sich auf den Äckern und Gartenböden Europas ausgebreitet, nachdem sie aus dem Berliner Botanischen Garten „entwichen" war. Sie besitzt zwar den typischen Kamillengeruch, wird aber im Gegensatz zur Echten Kamille nicht als Heilpflanze verwendet, weil ihr ätherisches Öl keine entzündungshemmenden Wirkstoffe (Azulene) enthält.

Weißer Gänsefuß

(Chenopodium album)
auch als Melde bekannt
Familie: Gänsefußgewächse *(Chenopodiaceae)*

Höhe und Ausdehnung: 30–60 cm; bis zu 30 cm.
Blätter: Graugrün mit weißlichem Überzug, meist speerförmig, untere Blätter breiter und gezähnt, 8 cm lang.
Blüten: Winzig und grünlich gefärbt, in Knäueln. Blütezeit Sommer bis Herbstanfang.
Standort und Zeigerwert: Auf Äckern und Schuttplätzen. Stickstoffanzeiger.
Ökologische Bedeutung: Hierüber ist wenig bekannt.
Weitere Merkmale: Aus den jungen Blättern und Sproßspitzen kann ein mildes, vorzüglich schmeckendes Wildgemüse zubereitet werden, das im Geschmack an Spinat erinnert. Die reifen Samen geben ein gutes Vogelfutter ab.

Kleinblütiges Franzosenkraut

(Galinsoga parviflora)
auch Kleinblütiges Knopfkraut genannt
Familie: Korbblütler *(Compositae)*

Höhe und Ausdehnung: 10–60 cm; 10–15 cm.
Blätter: Hellgrün, spitzoval, gegenständig und ungeteilt, 3–5 cm lang.
Blüten: Körbchen mit fünf weißen Strahl- und zahlreichen gelben Röhrenblüten. Blütezeit Frühsommer bis Herbst.
Standort: Auf frischen, nährstoffreichen Böden, bevorzugt in wärmeren Lagen.
Ökologische Bedeutung: Hierüber ist wenig bekannt.
Weitere Merkmale: Das Kleinblütige Franzosenkraut stammt aus den peruanischen Anden und wurde erst 1794 nach Europa gebracht, zunächst in die Botanischen Gärten von Madrid und Paris, wenig später auch nach Karlsruhe. Um 1805 brach die Pflanze aus den botanischen Gärten aus. Bereits 1910 war sie über ganz Deutschland verbreitet. Die rasche Vermehrung des Kleinblütigen Franzosenkrautes kann im Garten auf den ersten Blick als problematisch erscheinen, da es den Nutzpflanzen Nährstoffe entzieht; durch Hacken oder Jäten ist hier aber leicht Abhilfe zu schaffen. Die Verwendung als Wildgemüse ist möglich.

Klettenlabkraut

(Galium aparine)
auch Klebkraut genannt
Familie: Rötegewächse *(Rubiaceae)*

Höhe und Ausdehnung: 15–120 cm; 15–120 cm.
Blätter: Schmal, zartgrün in Scheinquirlen, die aus zwei gegenständigen Laubblättern und deren Nebenblättern gebildet werden.
Blüten: Unauffällig. Blütezeit Sommer bis Herbstanfang.
Standort und Zeigerwert: Bevorzugt frische, nährstoffreiche und bindige Böden. Stickstoff- und Lehmanzeiger.
Ökologische Bedeutung: Nahrungspflanze für Vögel, Käfer und die Raupen einiger Schmetterlingsarten.
Weitere Merkmale: Das Klettenlabkraut klettert mit seinen steif behaarten Stengeln und abstehenden Zweigen an anderen Pflanzen hoch und erstickt diese. Nach Klettenart kleben die reifen Früchte oder ganze fruchtende Stengel am Fell von Tieren oder an Kleidungsstücken und werden so verbreitet. Im Gegensatz zum Klettenlabkraut ist das verwandte Echte Labkraut *(G. verum)* eine empfehlenswerte Wildgartenpflanze, da es andere Gewächse nicht überwuchert. Es enthält Labferment, einen Stoff, der Milch zum Gerinnen bringt und früher oft bei der Käseherstellung genutzt wurde.

Rote Taubnessel

(Lamium purpureum)
Familie: Lippenblütler *(Labiatae)*

Höhe und Ausdehnung: 15–30 cm; 15 cm.
Blätter: Oval, mit gesägten Blatträndern, bis zu 5 cm lang.
Blüten: Rosarot, ringförmig angeordnet und 1–1,5 cm lang, oberstes Blütenblatt haubenartig. Blütezeit Frühling bis Mitte Herbst.
Standort und Zeigerwert: Bevorzugt neutrale bis leicht basische Böden. Im Gegensatz zu vielen anderen Taubnesselarten, die gute Stickstoffanzeiger sind, weist die Rote Taubnessel nur auf den pH–Wert hin.
Ökologische Bedeutung: Hierüber ist wenig bekannt. Da die Blüten oft geschlossen bleiben, finden nektarsuchende Insekten nicht genügend Nahrung.
Weitere Merkmale: Die Rote Taubnessel gehört zu den am schnellsten wachsenden Gartenwildkräutern. Von der Keimung bis zur Samenreife vergehen oft nur wenige Wochen.

Einjähriges Rispengras

(Poa annua)
Familie: Süßgräser *(Gramineae)*

Höhe und Ausdehnung: 5–30 cm; bis zu 30 cm.
Blätter: Hellgrün, bandförmig langgestreckt, grundständig oder an Kriechsprossen.
Blüten: Grünlich bis braungelb, in dreieckigen, 1–8 cm langen Rispen. Ganzjährige Blüte.
Standort: Auf frischen, nährstoffreichen Böden, bevorzugt in Lagen mit hoher Luftfeuchtigkeit.
Ökologische Bedeutung: Futterpflanze für die Larven der Schmetterlingsart Schornsteinfeger.
Weitere Merkmale: Es handelt sich hier um eine weit verbreitete Art, die sich ständig neu aussät und ein gutes Futtergras ergibt.

Vogelknöterich

(Polygonum aviculare)
Familie: Knöterichgewächse *(Polygonaceae)*

Höhe und Ausdehnung: 10–50 cm; bis zu 150 cm.
Blätter: Lanzettlich, silbrige Scheide um Blattstielbasis.
Blüten: Klein, rosa oder weiß; sitzen büschelförmig in den Blattachseln. Blütezeit Sommer bis Herbst.
Standort: Extrem trittfeste Pflanze, die sich sehr verschiedenen Bodenverhältnissen anpaßt und daher zu den „Pionierpflanzen" zählt, die auch offene Böden besiedeln können.
Ökologische Bedeutung: Die dunkelbraunen bis schwarzen Früchte werden gern von Vögeln gefressen, daher auch der Name.
Weitere Merkmale: In der kriechenden, mitunter auch Hindernisse überwachsenden Pflanze sind Kieselsäure, Gerbstoffe und andere in der Heilkunde nutzbare Substanzen enthalten. Früher wurde sie gegen Tuberkulose und andere Lungenleiden eingesetzt.

Gemeines Greiskraut

(Senecio vulgaris)
auch als Kreuzkraut bekannt
Familie: Korbblütler *(Compositae)*

Höhe und Ausdehnung: 8–45 cm; bis zu 20 cm.
Blätter: Dunkelgrün, lang und ziemlich schmal, unregelmäßig gelappt und gezähnt.
Blüten: Körbchen mit 60–80 kräftig gelben Einzelblüten, 4 mm ∅. Ganzjährige Blüte.
Standort und Zeigerwert: Auf frischen Acker- und Gartenböden. Nährstoff- und Stickstoffanzeiger.
Ökologische Bedeutung: Wildbienen und Schwebfliegen können in den Blüten Nektar sammeln.
Weitere Merkmale: Unter günstigen Bedingungen pflanzt sich das Gemeine Greiskraut mehrmals pro Jahr fort. Die Samen tragen, wie bei den meisten Korbblütlern, kleine Schirmchen und werden mit dem Wind verbreitet. Bei Feuchtigkeit und Regen landen die Samen auf der Erde, werden klebrig und verankern sich so auf der Bodenoberfläche. In früheren Zeiten wurde das Greiskraut gegen Nasenbluten verwendet. Hiervon ist aber dringend abzuraten, da die gesamte Gattung giftige, möglicherweise sogar krebserregende Inhaltsstoffe besitzt!

Gewöhnliche Gänsedistel

(Sonchus oleraceus)
auch Kohlgänsedistel genannt
Familie: Korbblütler *(Compositae)*

Höhe und Ausdehnung: 20–150 cm; 10–20 cm.
Blätter: Mattblaugrün, variable Blattform mit gelappten und gesägten Blatträndern.
Blüten: Blaßgelbe Körbchen mit 100–200 Einzelblüten. Blütezeit Sommer bis Frühherbst.
Standort und Zeigerwert: Auf nährstoffreichen, humosen Böden aller Art. Spezieller Stickstoffanzeiger, bevorzugt wärmere Lagen.
Ökologische Bedeutung: Bietet Nahrung für viele Hautflügler, Käfer und Schmetterlinge.
Weitere Merkmale: Die reifen Samen der Gewöhnlichen Gänsedistel sind ölhaltig und gehören wie die des Löwenzahns und des Gemeinen Greiskrautes zu den „Schirmchenfliegern", d. h., sie verbreiten sich durch den Wind und überbrücken mühelos Entfernungen von 10 km und mehr. Die Pflanze liefert ein gutes Viehfutter, besonders für Stallkaninchen und Hühner, und wurde früher auch vom Menschen gegessen. Im Geschmack erinnert sie an Kohl.

Vogelmiere

(Stellaria media)
Familie: Nelkengewächse *(Caryophyllaceae)*

Höhe und Ausdehnung: 5–35 cm; bis zu 20 cm.
Blätter: Hellgrün, oval, 0,3–2 cm lang, ändern ihre Stellung zwischen Tag und Nacht (Schlafstellung).
Blüten: Kleine, weiße Blüten, Selbstbestäubung ist möglich. Blütezeit Frühjahr bis Herbst.
Standort und Zeigerwert: Auf frischen, sehr nährstoffreichen Böden. Stickstoff- und Überdüngungsanzeiger.
Ökologische Bedeutung: Nahrungspflanze für Larven und ausgewachsene Tiere einiger Schmetterlings- und Käferarten.
Weitere Merkmale: Die Vogelmiere ist eines der besonders gern geduldeten Wildkräuter, weil es kaum wuchert und dort, wo es wächst, den Boden feucht und krümelig hält. Ziervögeln wie Kanarienvögeln und Wellensittichen liefert die Pflanze ein ideales Grünfutter, und auch der Mensch schätzt es als schmackhaftes und mildes Wildgemüse. In der Volksmedizin wird es bei Lungenerkrankungen angewendet. Aufgrund ihres hohen Nährstoffgehalts ist die Vogelmiere auch gut kompostierbar.

Persischer Ehrenpreis

(Veronica persica)
auch Männertreu genannt
Familie: Rachenblütler *(Scrophulariaceae)*

Höhe und Ausdehnung: 10–40 cm; bis zu 40 cm.
Blätter: Blaßgrün, oval, gezähnte Blattränder, 1–3 cm lang.
Blüten: Kräftigblau, im Zentrum oft blaßblau oder weiß, 8 mm ∅. Blütezeit später Winter bis Spätherbst.
Standort und Zeigerwert: Auf neutralen bis leicht basischen Lehmböden. Stickstoffanzeiger.
Ökologische Bedeutung: Hierüber ist wenig bekannt.
Weitere Merkmale: Ursprünglich in Kleinasien beheimatet, tauchte der Persische Ehrenpreis in Europa zunächst in den verschiedenen botanischen Gärten auf. Anfang des 19. Jahrhunderts brach er aus dem Botanischen Garten Karlsruhe aus und verbreitete sich rasch in Europa. Der Sproß der Pflanze ist behaart und kriechend. Bei allen Ehrenpreisarten fallen die blauen Blütenblätter nach dem Pflücken schnell ab, worauf die volkstümliche Bezeichnung „Männertreu" anspielt. Die Samen werden durch aufprallende Regentropfen verbreitet.

Mehrjährige Wildkräuter

Giersch

(Aegopodium podagraria)
auch Geißfuß oder Gichtkraut genannt
Familie: Doldenblütler *(Umbelliferae)*

Höhe und Ausdehnung: 40–90 cm; bis zu 90 cm.
Blätter: Dreiteilig, gezähnt, 5–10 cm lang.
Blüten: Kleine, weiße Blüten in schirmartigen Dolden, bis zu 6 cm lang. Blütezeit im Sommer.
Standort: Auf mäßig feuchten, tiefgründigen Standorten mit guter Nährstoffversorgung. Wächst auch im Halbschatten.
Ökologische Bedeutung: Nahrungspflanze für Larven und ausgewachsene Exemplare einiger Käfer- und Schmetterlingsarten.
Weitere Merkmale: Die jungen, würzigen Blätter sind als Wildgemüse nutzbar. Früher wurde der Giersch gegen Gicht und Rheuma eingesetzt, die frischen, zerquetschten Blätter auch gegen Insektenstiche. Der Giersch gibt ein begehrtes Viehfutter ab; von großem Nachteil ist jedoch, daß er sich durch die vegetative Vermehrung im Garten sehr stark ausbreitet.

Gemeine Quecke

(Agropyron repens)
auch Hundsquecke genannt
Familie: Süßgräser *(Gramineae)*

Höhe und Ausdehnung: 30–75 cm; 30–60 cm.
Blätter: Blaßgrün, schmale Blattspreiten in Büscheln.
Blüten: Aufrechte, bräunlichgrüne Ähren. Blütezeit Sommer bis Herbst.
Standort und Zeigerwert: Auf trockenen bis frischen Böden mit unterschiedlichen Säuregraden zeigt das Gewächs hohe Stickstoffgehalte an.
Ökologische Bedeutung: Hierüber ist wenig bekannt.
Weitere Merkmale: Die sehr spitzen Ausläufer der Pflanze können Holz und sogar Straßenbeläge durchstoßen. Mit Hilfe ihrer weit durch den Boden ziehenden Triebe breitet sich die Gemeine Quecke unkontrolliert aus. In der Volksmedizin werden die Ausläufer für die Herstellung von Blutreinigungstees verwendet. Auch die Zubereitung als Wildgemüse ist möglich, da die Triebe in frischem Zustand süß schmecken und nicht besonders zäh sind.

Ackerdistel

(Cirsium arvense)
auch Ackerkratzdistel genannt
Familie: Korbblütler *(Compositae)*

Höhe und Ausdehnung: 30–120 cm; bis zu 45 cm.
Blätter: Dunkelgrün, lang und schmal, gewellt, buchtig gezähnte Blattränder; spitze Stacheln.
Blüten: Typisch sind 1,5–2,5 cm große Blütenstände mit etwa 100 Einzelblüten. Zunächst blaßrosa, dann weißlich gefärbt. Blütezeit Sommer bis Frühherbst.
Standort und Zeigerwert: Auf mäßig trockenen bis frischen, tiefgründigen Lehmböden. Die Pflanze weist auf gute Nährstoff- und Stickstoffversorgung hin.
Ökologische Bedeutung: Durch ihren intensiven, leicht moschusartigen Duft locken die Blüten viele Tagfalterarten und langrüsselige Hummeln an. Für diese Insektengruppe ist die Ackerdistel eine wichtige Nektarpflanze.
Weitere Merkmale: Die Samen werden durch den Wind verbreitet. Wichtiger ist jedoch die vegetative Vermehrung durch bis zu 3 m tief reichende, kriechende Wurzelsprosse, die auch in verdichtetem Boden gedeihen. Eine Kontrolle der Verbreitung ist daher problematisch.

Ackerwinde

(Convolvulus arvensis)
Familie: Windengewächse *(Convolvulaceae)*

Höhe und Ausdehnung: 20–75 cm; 5–75 cm.
Blätter: Pfeilförmig, ca. 2,5 cm lang.
Blüten: Rosa-weiß gestreift, trichterförmig, bis zu 3 cm lang. Blütezeit Frühsommer bis Herbst.
Standort: Auf lehmigen, nährstoffreichen und nicht zu feuchten Böden, bevorzugt in wärmeren Lagen.
Ökologische Bedeutung: Die Blüten werden von vielen Insekten bestäubt, speziell aber von den Spiralhornbienen, die ideal an die Blütenform angepaßt sind und sich in den Blüten regelrecht wälzen.
Weitere Merkmale: Die Ackerwinde besitzt Wurzeln, die bis in 2 m Tiefe reichen und sehr gut Wasser aus dem umgebenden Boden ansaugen können. Aus diesem Grund gedeiht die Pflanze auch auf oberflächlich ausgetrockneten Böden. Sie vermehrt sich weitgehend vegetativ durch Ausläufer und Wurzelsprosse, eine Begrenzung der Ausbreitung ist dadurch schwierig. In der traditionellen Medizin wurde die Ackerwinde lange Zeit als Abführmittel eingesetzt.

Kriechender Hahnenfuß

(Ranunculus repens)
Familie: Hahnenfußgewächse *(Ranunculaceae)*

Höhe und Ausdehnung: 15–50 cm; bis zu 50 cm.
Blätter: Dreilappig, grob gezähnte Ränder, behaart und mit Punkten versehen.
Blüten: Kräftiggelb, Kelchblätter ausgebreitet, Blütendurchmesser 2–3 cm. Blütezeit Frühjahr bis Spätsommer.
Standort und Zeigerwert: Auf frischen bis mäßig feuchten, lehmigen Böden. Zeigt gute Nährstoffversorgung an.
Ökologische Bedeutung: Hierüber ist wenig bekannt.
Weitere Merkmale: Vegetative Vermehrung durch oberirdische Ausläufer. In frischem Zustand ist die Pflanze leicht giftig. Empfindliche Personen reagieren bei längerer Berührung mit Hautreizungen, der sogenannten Wiesendermatitis.

Stumpfblättriger Ampfer

(Rumex obtusifolius)
Familie: Knöterichgewächse *(Polygonaceae)*

Höhe und Ausdehnung: 50–100 cm; bis zu 60 cm.
Blätter: Groß und breit, gewellt, Unterseite behaart, bis zu 25 cm lang.
Blüten: Grün bis rötlich, Einzelblüten in Rispen. Blütezeit Spätfrühjahr bis Herbst.
Standort und Zeigerwert: Auf frischen Böden. Stickstoff- und Überdüngungsanzeiger.
Ökologische Bedeutung: Hierüber ist wenig bekannt. Im Sommer sieht man auf ihm oft die metallisch grünen, hübsch anzusehenden Ampferblattkäfer.
Weitere Merkmale: Dem Stumpfblättrigen Ampfer fehlt der sonst für viele Ampferarten typische saure Geschmack der Blätter. Eine Begrenzung der Ausbreitung ist kaum möglich, da bis in 2 m Tiefe reichende Wurzeln gebildet werden. Nur oberflächlich abgeschnittene Pflanzen können daher erneut austreiben.

Gemeiner Löwenzahn

(Taraxacum officinale)
auch als Kuhblume, Butterblume oder Pusteblume bekannt
Familie: Korbblütler *(Compositae)*

Höhe und Ausdehnung: 10–60 cm; bis zu 35 cm.
Blätter: Dunkelgrün; gezähnte Blattränder, grundständig, tief fiederteilig.
Blüten: Körbchen mit 200 strahlendgelben Einzelblüten; Körbchendurchmesser 3–5 cm. Blütezeit Frühling bis Spätsommer.
Standort: Auf frischen, nährstoffreichen und bevorzugt tiefgründigen Böden.
Ökologische Bedeutung: Die Blüten werden vor allem durch Honigbienen besucht, daher ergibt sich eine auch wirtschaftliche Bedeutung. 125 000 Blüten ergeben 1 kg Honig.
Weitere Merkmale: Der Gemeine Löwenzahn ist eine vielfältig nutzbare Pflanze, die entgegen dem Volksglauben ungiftig ist und im Herbst als Pusteblume ganz besonders den Kleinen gefällt. Früher hat man die gelben Blüten auch zum Färben der Butter (Butterblume) genommen. Als Futterpflanze ist der Löwenzahn bei Stallkaninchen und auch bei Landschildkröten beliebt. Für die Küche liefern die jungen Blätter ein leicht bitteres, appetitanregendes Wildgemüse oder einen Salat. Aus den noch geschlossenen Knospen kann man einen Ersatz für Kapern oder – aufgesetzt mit klarem Korn oder Schnaps – einen guten Magenbitter zubereiten. Aus den im Herbst ausgegrabenen Pfahlwurzeln läßt sich ein Kaffee-Ersatz (Blümchenkaffee) herstellen. Dazu trocknet man die Wurzeln und röstet sie dann. Die medizinische Verwendung erstreckt sich vor allem auf die Behandlung von Lebererkrankungen, da aus der Wurzel ein fettverteilender Extrakt gewonnen wird, der ähnlich wie das Gallensekret wirkt. Aus den getrockneten Blättern kann ein blutreinigender Frühjahrstee aufgegossen werden. Im Garten tritt der Löwenzahn meist nur auf Rasenflächen als Konkurrent der Gräser negativ in Erscheinung. Durch Ausstechen mit einem stabilen Messer kann seine Ausbreitung jedoch gut kontrolliert werden.

Große Brennessel

(Urtica dioica)
Familie: Brennesselgewächse *(Urticaceae)*

Höhe und Ausdehnung: 30–120 cm; bis zu 30 cm.
Blätter: Dunkelgrün; gezähnte Blattränder, mit Brennhaaren bedeckt, 4–8 cm lang.
Blüten: Gelblichgrüne, engständige Blütenstände, 10 cm lang. Blütezeit Spätfrühjahr bis Herbst.
Standort und Zeigerwert: Auf frischen bis mäßig feuchten, tiefgründigen Lehm- und Tonböden mit guter Nährstoffversorgung. Typischer Stickstoffanzeiger.
Ökologische Bedeutung: Wichtige Raupenfutterpflanze für die wenigen, noch häufig vorkommenden Tagfalterarten Kleiner Fuchs und Tagpfauenauge, außerdem Nahrung verschiedener Käfer und deren Larven. Liefert an anderen, weniger gartentypischen Standorten auch Nahrung für die Larven der Schmetterlingsarten Admiral, Distelfalter und Landkärtchen.
Weitere Merkmale: Die Große Brennessel gehört zu den wohl bekanntesten, aber wegen ihrer Brennhaare auch am wenigsten geschätzten Wildkräutern. Zum Pflücken empfiehlt es sich, Handschuhe zu tragen. Doch allen Vorurteilen zum Trotz ist die Pflanze vielseitig nutzbar. Aus den gekochten jungen Blättern und Triebspitzen läßt sich ein schmackhafter, Vitamin-C- und eisenreicher „Brennesselspinat" zubereiten. Getrocknet dienen die Blätter als Blutreinigungs- und Entschlackungstee. Im naturnahen Garten werden der Brennessel-Kaltwasserauszug und die Brennesseljauche gegen Blattläuse eingesetzt; die Brennesseljauche zudem auch als Flüssigdünger. Die oberirdischen Pflanzenteile lassen sich vor der Blüte gut kompostieren. Aus den Bastfasern der älteren Stengel stellte man früher einen sehr haltbaren Stoff, den Nessel, her. Da die Vermehrung durch Ausläufer erfolgt, ist eine Kontrolle der Ausbreitung – wie bei den meisten mehrjährigen Wildkräutern – nicht einfach.

Wildkräuter kontrollieren

Wo Wildkräuter wirklich stören, lassen sie sich auch „sanft“ entfernen. Besitzer naturnaher Gärten sollten deshalb Wildkräuter eindämmen, ohne anderen Lebewesen oder der Umwelt zu schaden.

Die umweltgerechte Wildkrautkontrolle schließt jegliche Verwendung von Herbiziden – also chemisch-synthetischen Mitteln zur Unkrautvernichtung – aus. Doch sind dem Biogärtner nicht die Hände gebunden. Er kann zwischen verschiedenen Methoden wählen, um den Wildkräuterwuchs in seine Grenzen zu weisen.

Harken

Die nur wenige Zentimeter tief arbeitende Harke leistet vor allem bei lockeren Böden gute Dienste. Flachwurzelnde Wildkräuter werden von den Zinken erfaßt und herausgerissen. Wenn sie noch keine Samen gebildet haben, sollte man sie auf dem Boden liegenlassen. Gerade bei wüchsigem, warmem Wetter vertrocknen sie schnell und richten daher keinen Schaden an, sondern halten den Boden feucht. Harken ist besonders unter und zwischen Kulturpflanzen mit empfindlichen Wurzeln zu empfehlen. Hierzu gehören u. a. Rosen.

Hacken

Die verschiedenen Bauarten und Arbeitsbreiten der Hacken ermöglichen eine intensive Wildkrautkontrolle. Sie schneiden die Pflanzen im Boden ab. Wie beim Harken sollte der Boden ausreichend abgetrocknet sein, damit sich nicht ständig Erdklumpen am Werkzeug festsetzen. Andererseits macht stark ausgetrockneter Lehmboden das Hakken anstrengender.

Ob eine Schubhacke, eine Zughacke oder die sogenannte Pendelhacke bevorzugt wird, ist Geschmackssache. Mit breiteren Hakken ist die Flächenleistung größer. Zum Arbeiten zwischen schmalen Pflanzreihen sollte eine Hacke gewählt werden, die in ihren Maßen genau darauf abgestimmt ist.

Jäten

Reine Handarbeit bietet sich an, wenn vereinzelte, nicht zu kleine Wildkräuter entfernt werden sollen. Flachwurzelnde Arten lassen sich aus mäßig feuchtem Boden leicht herausziehen.

▼ *Im Gemüsegarten haben die Kulturpflanzen zweifellos Vorrang. Schnellwüchsige und „erfolgreiche“ Wildkräuter werden daher gejätet oder gehackt, ohne daß die Beete jedoch völlig wildkräuterfrei gehalten werden müssen.*

GARTENGERÄTE

Ziehhacke

Ziehhacken oder Zughacken in verschiedenen Breiten eignen sich gut für lockere Böden sowie für das Arbeiten zwischen Pflanzenreihen.

Schlaghacke

Nicht zu schwere Schlaghacken leisten gute Dienste beim Entfernen unerwünschter Wildkräuter auf tonigen Böden, die bei Trockenheit zur Verhärtung neigen.

Grabgabel

Die Grabgabel ist aus dem Biogarten weitgehend verbannt. Doch zwischen bodendeckenden Stauden eignet sie sich gut, um Wildkräuter zu lösen.

Mulchen

Ohne Licht kein Pflanzenwachstum. Diesen Zusammenhang nutzt man beim Abdecken von Beeten mit schwarzer Folie, Laub, Grasschnitt, Stroh, Brettern oder Steinplatten aus. Ziergehölzpflanzungen können auch mit Rindenschrot oder Rindenkompost abgedeckt werden, die leicht herbizide Wirkung der Rindeninhaltsstoffe ist dort von Vorteil, während Gemüsebeete aus dem gleichen Grund nicht damit abgedeckt werden sollten. Baumscheiben und Beerenstrauchreihen lassen sich mit Rasenschnitt gleichzeitig düngen.

Besonders praktisch sind Mulchplatten aus Pappe. Sie werden um frisch gepflanzte Gehölze gelegt, die auf selten gemähten Wiesenflächen stehen. In der Anwachsphase sind die Gehölze sonst durch Gräser und Kräuter stark beeinträchtigt, sie vertrocknen oder „versinken" unter den hüfthoch wachsenden Wiesenpflanzen. Dauerhafter ist schwarze Mulchfolie, die zur Durchleitung von Wasser und Luft geschlitzt ist.

Entfernen durch Hitze

Dort, wo aus den unterschiedlichsten Gründen nicht gehackt und gejätet werden kann, ist die Anwendung höherer Temperaturen eine umweltverträgliche Methode. Die Bodenorganismen werden in der Regel nicht beeinträchtigt. Für den Garten werden handliche Propangasbrenner angeboten. Die nur wenige Sekunden andauernde Hitzewirkung auf Blätter und Stengel läßt die Pflanzen innerhalb der nächsten Tage absterben.

Besonders harmlose Wildkräuter

Vogelmiere *(Stellaria media)* ist als langsamwüchsiges, anspruchsloses Wildkraut gut tolerierbar. Da es sich jederzeit entfernen läßt, kann eine vorbeugende Kontrolle unterbleiben. Auch das zarte Kleinblütige Franzosenkraut *(Galinsoga parviflora)* ist eher unproblematisch. Unter den zweijährigen Wildkräutern ist der Gemeine Löwenzahn *(Taraxacum officinale)* bei toleranten Gärtnern gern gesehen, denn er wuchert nicht, und seine Blüten ziehen viele nützliche Insekten an.

Wildkräuter mit Problemeigenschaften

Die bevorzugt auf staunassen Böden vorkommenden Hahnenfußarten *(Ranunculus)* halten sich dort hartnäckig und treiben bei falscher Bodenbearbeitung aus kleinsten Pflanzenteilen aus. Auch der Großen Brennessel *(Urtica dioica)* sollten Grenzen gesetzt werden, denn ihre Vitalität und ihr Besiedlungspotential sind enorm. Eine Möglichkeit, diese Art unter kontrollierten Verhältnissen im Garten, etwa zur Herstellung von Brennesselbrühe, zu halten, ist das Eingraben einer mindestens 50 cm tief reichenden stabilen Folie. Aus einem dermaßen abgegrenzten Beet können die ausläuferbildenden Pflanzen nicht so schnell ausbrechen.

Im Bereich der Gemüsebeete sollten Kreuzblütler wie Ackerschöterich *(Erysimum cheiranthoides)* und Hirtentäschel *(Capsella bursa-pastoris)* beseitigt werden, um die Kohlherniegefahr einzudämmen.

▼ *Fugen zwischen Gehwegplatten lassen sich mit einem Messer oft nur mühsam von unerwünschten Wildkräutern und Gräsern befreien. Flüssiggasbetriebene Abflämmgeräte erledigen diese Arbeit schnell und gründlich.*

DAS GARTENJAHR

Frühling, Sommer, Herbst und Winter entschädigen den Gartenliebhaber für seine Mühen mit einem reizvollen und abwechslungsreichen Farbenkleid, geben ihm aber auch bestimmte Tätigkeiten vor. Im Sinne des naturnahen Gartens sind diese Arbeiten darauf ausgerichtet, kräftige und gesunde Pflanzen heranzuziehen, die sich weitestgehend selber schützen.

Während viele Gartenliebhaber ungeduldig das Frühjahr erwarten und frühzeitig mit dem Säen und Pflanzen beginnen, ist es in den meisten Regionen empfehlenswert, auf beständiges Wetter und die Frühjahrssonne zu warten. Übereifer führt oft zu schwächlichen Pflanzen, die anfälliger gegen Schädlinge und Krankheiten sind. Frühgemüse aus dem eigenen Garten steht bei vielen Menschen besonders hoch im Kurs. Wie es ohne Gift angebaut wird, verrät das folgende Kapitel.

Der Sommer belohnt mit üppigem Wachstum, und im Obstgarten deuten sich bereits die noch reifenden Früchte der Arbeit an. Das Gießen als Folge von Wassermangel wird in einem naturgemäß bewirtschafteten Garten kaum zur Last, da Mischkulturen und das Mulchen die unproduktive Verdunstung herabsetzen.

In die herbstliche Erntezeit fallen bereits die Vorbereitungen für das kommende Jahr. Viele Pflegearbeiten sind auf die Tätigkeitssteigerung der Bodenlebewesen ausgerichtet, um so die Infektionskreisläufe der Pflanzenkrankheitserreger zu unterbrechen. Auch die Kompostmiete wird im Herbst besonders reich bestückt.

Die kalten Monate schließlich erfordern vor allem Kopfarbeit, denn draußen hält die Natur Winterschlaf, während der Gärtner das kommende Gartenjahr plant.

Prachtvoll blühende Blumenrabatten sind der Stolz eines jeden Gärtners.

Frühjahr

Bereits die ersten Sonnentage verlocken zur Verrichtung von Gartenarbeit. Doch feuchter Boden und kalte Nächte sind keine guten Voraussetzungen für gesundes Pflanzenwachstum.

Der kluge Gärtner hat bereits im Spätherbst für das nächste Jahr vorgesorgt und alle vorbereitenden Arbeiten durchgeführt. So muß er jetzt nichts überstürzen, zumal die Witterung noch sehr unbeständig ist. Kalte, nasse Böden sollten zuerst abtrocknen und sich erwärmen, bevor die ersten frühen Sorten ausgesät werden. Erst gegen Ende des Frühlings ist in einigen Regionen die Spätfrostgefahr gebannt und die Kultur empfindlicher Pflanzen ohne Risiko möglich.

Beete und Rabatten

Bei günstigen Witterungsbedingungen kann man Ende März oder Anfang April, wenn sich die Gewächse nicht mehr in der Ruhephase befinden, die Mulchschicht entfernen, die als Frostschutz um empfindliche Pflanzen angehäuft wurde.

Zum Bewässern eines völlig neu bepflanzten Beetes verwendet man am besten eine Gießkanne mit Aufsteckbrause, denn ein zu starker Strahl würde die Pflanzen schädigen und die Erde wegschwemmen. Trotzdem muß das Erdreich gründlich durchnäßt werden, eventuell sollte man daher zwei- bis dreimal hintereinander gießen.

Stauden, die zu große Wurzelballen haben, werden zu Frühjahrsbeginn ausgegraben und geteilt. Wenn der Boden jedoch noch nicht gut zu bearbeiten, das Wetter ungünstig und bei den Pflanzen noch kein Neuwuchs zu sehen ist, wartet man damit noch 1 Monat.

Gegen Frühjahrsmitte ist die richtige Pflanzzeit für spätblühende Stauden und Arten, die nur langsam neu austreiben, wie etwa Glattblattaster *(Aster novi-belgii)* oder Fackellilie *(Kniphofia)*.

Niedrigwachsende Pflanzen mit schwachen Trieben, beispielsweise Chrysanthemen, werden mit Erbsenreisern oder speziellen Pflanzenstützringen stabilisiert.

Nelken werden, falls nötig, mit verzweigten Ästchen gestützt, die man so in den Boden steckt, daß die Stiele hindurchwachsen können.

◄ *Krokusse gelten gemeinhin als Frühlingsboten. Besonders gut zur Geltung kommen sie in aufgelockerten Gruppen, beispielsweise auf einer Wiese im naturnahen Garten oder in den Blumenrabatten. Ihr Farbenspektrum reicht von sattem Violett über Mauve und Flieder bis hin zu lebhaftem Gelb und Weiß. Wenn man Krokusse unbehelligt wachsen läßt, bilden sie im Lauf der Zeit attraktive dichte Horste.*

Um bei Stauden, die im Spätfrühjahr hoch aufschießen, den Wuchs zu verlangsamen und die Verzweigung zu fördern, werden die Spitzen ausgeknipst. Besonders gut bekommt diese Behandlung Pflanzen, die aus dichten Blattbüscheln Blüten treiben, beispielsweise Phlox *(Phlox)*, Goldrute *(Solidago)*, Sonnenbraut *(Helenium)*, Astern *(Aster)* und weiteren Vertretern der Familie der Korbblütler.

Einjährige Arten, die besonders widerstandsfähig sind, werden bereits zu Frühjahrsbeginn an ihren endgültigen Standort ausgesät, wenn Wetter und Bodenbeschaffenheit dies zulassen.

Deshalb sollten Sie baldmöglichst die Samen von einjährigen Pflanzen kaufen. Für eine frühe Aussaat sind beispielsweise Steinkraut *(Alyssum)*, Studentenblume *(Tagetes)*, Schleierkraut *(Gypsophila paniculata)*, Schleifenblume *(Iberis)*, Ringelblume *(Calendula)*, Godetie *(Clarkia amoena)*und Mohn *(Papaver)* geeignet.

Winterharte zweijährige Pflanzen sät man entweder jetzt oder erst im Frühsommer in Anzuchtbeete.

Schmuckkörbchen *(Cosmos)*, Kokardenblume *(Gaillardia)*, Sonnenblume *(Helianthus)*, Flammenblume *(Phlox drummondii)*, Levkoje *(Matthiola)* und viele andere Arten können bei geeigneten Witterungs- und Bodenverhältnissen bereits zur Frühjahrsmitte im Freien ausgesät werden.

Im zeitigen Frühjahr ausgesäte Wicken *(Vicia)* pflanzt man gegen Frühjahrsmitte, sobald starker Wuchs einsetzt, an ihren endgültigen Standort aus. Wicken, die am

KULTURMASSNAHMEN IM NUTZGARTEN

1 Zur Frühjahrsmitte Sommerkohlsetzlinge in Reihen auspflanzen. Vorbeugend die Pflanzlöcher gegen Kohlhernie mit Kalk bestäuben. Die Pflanzen so einsetzen, daß die untersten Blätter auf Bodenhöhe liegen. Die Erde gut andrücken, und sofort für ausreichende Bewässerung sorgen.

2 Pfirsichblüten öffnen sich in manchen Regionen bereits, bevor die bestäubenden Insekten wirklich aktiv werden. Daher die Blüten mit einem weichen Pinsel täglich um die Mittagszeit bestäuben. Behutsam und sorgfältig die gelben Pollen von einer Blüte eines Baumes auf die andere tupfen.

3 Die Blüten von Pfirsichen, Nektarinen und anderen frühblühenden Spaliersträuchern durch feine Netze oder Musselintücher vor Frost schützen. Vor den Pflanzen Stangen schräg in den Boden treiben, auf denen dann die Abdeckung liegt. Diese tagsüber aufrollen und abends wieder schließen.

Spalier gezogen werden, kürzt man in einer Höhe von 23–30 cm ein. Belassen Sie bei jeder Pflanze den stärksten Leittrieb, und schneiden Sie die übrigen mit einem scharfen Messer oder einer Schere sorgfältig ab. Während des Wachstums werden die Wicken immer wieder an einer Rankehilfe festgebunden.

Zwiebel- und Knollenpflanzen gelten für viele Menschen als die beliebtesten Frühlingsblumen.

Gladiolenknollen pflanzt man, sobald keine Fröste mehr zu erwarten sind und das Wetter und der Zustand des Bodens günstig sind.

Jetzt werden auch die Zwiebelgewächse ins Freie gepflanzt, die in Schalen oder Töpfen als Zimmerschmuck gezogen wurden, wobei man die Zwiebeln mitsamt dem sie umgebenden Substrat in den Boden setzt.

Junge Dahlien pflanzt man aus, sobald keine Frostgefahr mehr besteht. Ruhende Dahlienknollen werden in besonders rauhen Lagen in der 1. Woche des Spätfrühlings gepflanzt, ansonsten bereits zur Frühjahrsmitte. Jedoch sollte man darauf achten, daß sie einen geschützten Standort erhalten. An der Wurzelscheibe verfaulte oder völlig verschrumpelte Knollen werden aussortiert.

▼ Das Anlegen neuer Beete gehört zu den schönsten Arbeiten eines Gärtners. Damit die Anordnung der Pflanzen auch gelingt, sollte man sich vorab die Aufteilung des Beetes mit Sandlinien markieren.

Da die Stengel für die schweren Blütenköpfe meist zu schwach sind, werden Dahlien gestützt.

Von Narzissen *(Narcissus)*, Tulpen *(Tulipa)*, Hyazinthen *(Hyacinthus)*, Schwertlilien *(Iris)* und Osterglocken (*Narcissus pseudonarcissus* ssp. *pseudonarcissus*) sollten welke Blüten entfernt werden. Es empfiehlt sich, diese gleich unterhalb des Ansatzes abzuschneiden, dadurch wachsen die Blätter weiter, und die Zwiebel wird weiterhin mit Nährstoffen versorgt, um Kräfte für das kommende Jahr zu speichern.

Falls Sie den Platz, den bisher die Zwiebel- und Knollenpflanzen eingenommen haben, für die Sommerbepflanzung nutzen wollen, müssen diese nun abgeräumt werden. Graben Sie die Zwiebeln vorübergehend in einer ungenutzten Gartenecke ein, damit sie ungestört einziehen können. Dazu heben Sie einen etwa 30 cm tiefen Graben aus. Legen Sie ein Draht- oder Plastiknetz hinein, setzen Sie die Zwiebeln darauf, und füllen Sie so viel Erde auf, daß die Stengel zur Hälfte mit Erde bedeckt sind. Zu Beginn der Sommermitte ist das Grün verwelkt, und die Zwiebeln können endgültig eingelagert werden. Zu diesem Zweck holt man sie durch ruckartiges Anheben des Netzes aus der Erde.

STANGENBOHNEN STÜTZEN

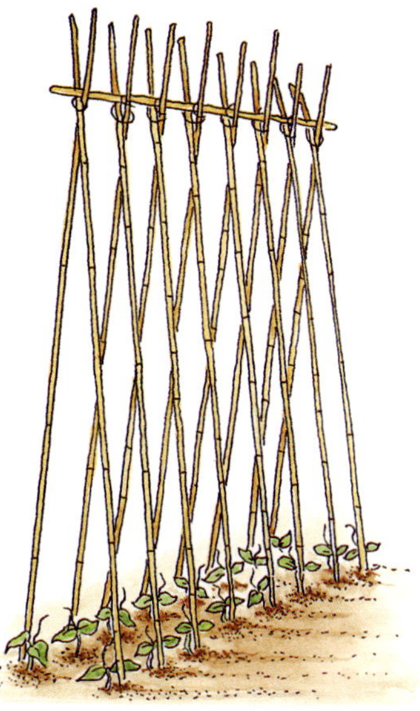

1 Bohnenstangen oder Bambusstäbe entlang den Pflanzen schräg in den Boden rammen. Einander gegenüberstehende Stangen oben über Kreuz zusammenbinden. Eine quer aufgelegte und angebundene Stange erhöht die Stabilität.

2 Platzsparender und in einem kleinen Garten optisch ansprechender ist ein zeltförmiges Stützgerüst aus mehreren Stangen. Allerdings fallen die Erträge bei Bohnen, die an einem solchen System gezogen werden, in der Regel etwas geringer aus.

Rosen

In milderen Klimazonen erfolgt der Rückschnitt von Rosen bei frostfreiem Wetter bereits im zeitigen Frühjahr. Wenn noch Fröste zu erwarten sind, führt man ihn einige Wochen später durch. Spätestens jedoch in der Frühjahrsmitte sollten die letzten notwendigen Schnittmaßnahmen durchgeführt werden. Nun ist auch die Zeit gekommen, Rosen mit einem speziellen Rosendünger zu versorgen: Man streut etwa 1 Handvoll Dünger/m² auf die Beete, wobei ein Kreis mit ungefähr 15 cm ∅ um den Haupttrieb jeweils ausgespart wird, und harkt den Dünger ein.

Ebenfalls in der Frühjahrsmitte versieht man Rosenbeete mit einer mindestens 2,5 cm hohen Mulchschicht aus gut verrottetem Stallmist oder Kompost. Frischgesetzte Rosen, die in diesem Stadium noch nicht die Düngewirkung von Kompost oder Stallmist brauchen, werden mit feuchtem Rindenkompost gemulcht. Falls einem weder Kompost noch Stallmist zur Verfügung stehen, kann man das Beet 12 mm hoch mit Rasenschnitt, der jedoch nicht von einem mit Chemikalien behandelten Rasen stammen darf, bedecken.

Unerwünschte Wildkräuter auf Rosenbeeten werden mit der Hand ausgezupft. Verwenden Sie eine Harke nur sehr vorsichtig, da die flachen Rosenwurzeln sonst leicht beschädigt werden können.

Während längerer Trockenperioden gießt man neu gepflanzte Rosen mit 5 l Wasser pro Tag.

Auch wenn die übliche Pflanzsaison zur Frühjahrsmitte für Rosen bereits vorbei ist, kann Containerware aus dem Gartencenter noch immer ausgepflanzt werden.

Im späten Frühjahr können Schädlinge und Krankheiten zum Problem werden. Grüne Blattläuse und Mehltau bieten am häufigsten Anlaß für Ärger. Vorbeugendes Sprühen mit Pflanzenbrühen bringt gegen Pilze bessere Erfolge als die Bekämpfung bei akutem Befall.

Sträucher und Bäume

Laubabwerfende Sträucher und Bäume können im zeitigen Frühjahr bei milder Witterung gepflanzt

PFIRSICHE AUSDÜNNEN

1 Wenn Pfirsichbäume nicht ausgedünnt werden, entwickeln sie Früchte von nur minderer Qualität. Um dies zu vermeiden, im Spätfrühjahr kleine und deformierte Früchte entfernen, wodurch die verbleibenden größer und saftiger werden.

2 Nach dem Auslichten sollte der Fruchtabstand bei Pfirsichbäumen, die als Spalier gezogen werden, 7,5 bis 10 cm betragen. Es ist empfehlenswert, die Pfirsiche im Frühsommer ein weiteres Mal auf einen Abstand von ungefähr 23 cm auszudünnen.

IM ZIERGARTEN

1 Robuste Einjährige setzen, wenn keine Frostgefahr mehr besteht. Die Pflanzen zunächst nur auslegen, um ihre Wirkung zu überprüfen. Ausreichend große Pflanzlöcher graben. Die Erde andrücken und reichlich gießen.

2 Mit einem scharfen Messer aus der Mitte älterer Stauden überzählige Triebe möglichst nahe an der Basis herausschneiden. Dafür die schwächsten Triebe auswählen. Insgesamt die Hälfte aller Triebe auslichten.

3 Bereits eingewöhnte Jungpflanzen in Trockenperioden einschlämmen. Die Erde in der Mitte abtragen und um die Pflanzen anhäufeln. Die Mulde mit Wasser füllen und, sobald es versickert ist, wieder mit der Erde auffüllen.

4 Um krautige Stauden, die zum Aufschießen neigen, zu buschig verzweigtem Wuchs anzuregen, mindestens einen Monat vor der Blüte die Leittriebe entfernen. Die Gesamthöhe kann bis zu einem Viertel reduziert werden.

werden, wenn der Boden weder gefroren noch durchnäßt ist.

Bei Bäumen und großen Sträuchern steckt man neben dem Ballen einen Stützstab in die Erde. Zum Befestigen des Stützpfahls am Haupttrieb oder Stamm verwendet man spezielle Baumbinder.

Sträucher mit biegsamen Trieben wie Flieder *(Syringa)* oder Winterblüte *(Chimonanthus)* lassen sich im zeitigen Frühjahr durch Absenker vermehren, eine Ausnahme stellt der Hirschkolbensumach oder Essigbaum *(Rhus typhina)* dar.

Dafür geeignete Zweige herunterbiegen und am Fuß der Mutterpflanze entweder in eingesenkten Töpfen oder direkt im Boden mit sandigem Lehm verankern. Die Absenker werden, nachdem sie etwa 1 Jahr lang Wurzeln gebildet haben, abgetrennt und neu gepflanzt.

Manche Sträucher, darunter Felsenbirne *(Amelanchier canadensis)*, entwickeln Ableger, die man im zeitigen Frühjahr abtrennt. Man setzt sie bis zum Herbst in Töpfe mit sandigem Substrat und kann sie dann auspflanzen.

Die kletternde Trompetenblume (*Campsis*-Arten) sowie *Romneya coulteri* werden durch ungefähr 7 cm lange Wurzelstecklinge vermehrt, die man einzeln in Töpfe mit sandiger Erde steckt. Nach der Bewurzelung im Vermehrungsbeet bei etwa 13 °C die Jungpflanzen umtopfen und im offenen Frühbeet kultivieren.

Hecken müssen, mit Ausnahme von breitblättrigen immergrünen Arten sowie Containerware, spätestens im zeitigen Frühjahr gesetzt werden. Wenn man sie später pflanzt, kann der bereits vorhandene Neuaustrieb welken und absterben, bis sich die Wurzeln eingewöhnt haben.

Klettersträucher, die Laub abwerfen wie *Clematis*, Geißblatt *(Lonicera)*, Jasmin *(Jasminum)*, Zierwein *(Vitis vinifera)* und Wistarie *(Wisteria)*, können auch noch in der Frühjahrsmitte gepflanzt werden.

Neu gesetzte Bäume und Sträucher bei Trockenheit gießen. Um die Feuchtigkeitsverluste möglichst gering zu halten, mulcht man um diese Pflanzen herum mit Grasschnitt oder schwarzer Folie.

Der Obstgarten

Meist ist im zeitigen Frühjahr die letzte Gelegenheit zum Pflanzen von Obstgehölzen. Etablierte Exemplare werden möglichst früh und grundsätzlich vor dem Aufbrechen der Knospen beschnitten.

Ältere Obstpflanzungen düngt man mit gut abgelagertem Stallmist oder einem organischen Volldünger. Obstbäume, die auf Rasenflächen stehen, düngt man erst im Spätfrühjahr und auch nur bei gutem Fruchtansatz. Neu gepflanzte Bäume und Sträucher werden – sofern der Boden sachgemäß vorbereitet wurde – im 1. Jahr nicht gedüngt.

Um frischgeschlüpfte Schädlinge wie Apfelblütenstecher oder Apfelwickler abzuwehren, empfehlen sich eine sorgfältige Rindenpflege und das Anlegen von Wellpappringen oder Obstmadenfanggürteln.

Die größte Gefahr für Obstbäume stellen bis zur Frühjahrsmitte Fröste dar, weshalb man die Blüten von Spalierbäumen und Beerensträuchern dadurch schützen sollte, daß man sie mit feinen Netzen abdeckt.

Haben sich die Knospen der Apfelbäume rosa gefärbt, spritzt man zur Vorbeugung gegen Apfelschorf mit Schachtelhalmbrühe – besonders bei feuchtwarmem Wetter, bei dem sich regnerische und relativ warme Perioden abwechseln.

In Trockenperioden empfiehlt sich im späten Frühjahr für Obstgehölze eine zusätzliche Bewässerung. Wenn sich die Wassergaben positiv auf die Fruchtbildung auswirken sollen, muß bereits vor der Blüte bewässert werden; im Sommer bringen diese fast nichts.

Die Himbeeren treiben im späten Frühjahr stark aus. Unerwünschte Ruten, die in der Reihe keinen Platz haben oder zwischen den Reihen wachsen, werden direkt am Boden abgeschnitten. Bei gutem Fruchtansatz eine feuchtigkeitshaltende Mulchschicht und Kompost ausbringen.

Bei Brombeeren, Loganbeeren und Hybridbeeren sprießen nun neue Triebe aus dem Boden, die im folgenden Jahr Früchte tragen. Um die Gefahr der Krankheitsübertragung von den alten auf die neuen Ruten zu verhindern, werden sie an verschiedenen Drähten oder in entgegengesetzter Richtung gezogen. Die Pflanzen werden wie Himbeeren gedüngt.

Schwarze Johannisbeeren bei gutem Fruchtansatz ebenfalls in der oben beschriebenen Art und Weise mit Nährstoffen versorgen.

Durch eine Unterlage aus Stroh werden heranreifende Erdbeeren vor Fäulnis geschützt.

Der Gemüsegarten

In milderen Gegenden kann man bereits im zeitigen Frühjahr an einem geschützten, feuchtigkeitshaltenden Standort Frühlingszwiebeln und Kopfsalat säen. Ende März/Anfang April erfolgen das Pflanzen von Topinambur und die Aussaat von Kohlrabi und Sommerspinat.

KULTURMASSNAHMEN IM ZIERGARTEN

1 Besonders in Gärten, die starkem Regen und Wind ausgesetzt sind, erhalten höhere Nelken eine Stütze aus biegsamen Zweigen. Sie werden dicht neben den Pflanzenbüscheln in die Erde gesteckt, so daß sie für die Triebe, die durch sie hindurchwachsen, einen Schutz darstellen.

2 Große, feste Staudenballen werden ausgegraben und dann mit zwei Gabeln geteilt, die man Rücken an Rücken hineinsticht und dann auseinanderbiegt. Besonders fleischige Wurzeln durchtrennt man mit einem scharfen Messer. Kleine Ballen kann man dagegen auch per Hand teilen.

Zwiebeln können jetzt oder erst gegen Frühjahrsmitte gesetzt werden, doch sollte man Schalotten möglichst bald pflanzen.

In milden Regionen kann man mitunter bereits zu Frühjahrsbeginn Rosenkohl setzen und Blumenkohl ins Freie auspflanzen.

Sofern der Boden nicht durchnäßt ist, lassen sich auch Frühkartoffeln setzen und Frühmohrrüben aussäen, die einen geschützten Platz in fruchtbarem Boden benötigen und unter Folie gezogen werden.

Pastinaken sät man in gemäßigten Klimazonen in den ersten Früh-

▼ *Man sollte sich von seiner Schönheit nicht blenden lassen: Die leuchtendgelben Blütentrauben des Goldregens (Laburnum) sind giftig. Eine hübsche Ergänzung ist das blasse Rosa der Clematis montana.*

Viel zu selten sieht man in unseren Gärten die zu den Hartriegelgewächsen zählende Kornelkirsche *(Cornus mas)*, die auch Hartriegel oder Herlitze genannt wird. Der anspruchsvolle Großstrauch gedeiht bevorzugt in wärmeren Lagen. Da er selten eine Höhe von 4 m erreicht, ist er auch für kleinere Gärten geeignet.
Seine nektar- und pollenreichen leuchtendgelben Scheibenblüten, die bereits ab Februar erscheinen, zählen zur ersten Bienennahrung im Jahr. Aus den eßbaren, 2 cm langen korallenroten Früchten läßt sich ein delikates säuerlich-herbes Kompott bereiten, das reich an Vitamin C ist und sich gut mit milderen Früchten mischen läßt.
Auch Kernbeißer, Dompfaff und die zu den Bilchen zählenden Säugetiere Haselmaus und Siebenschläfer wissen die Früchte zu schätzen.
Das Herbstlaub der Kornelkirsche färbt sich gelb, so daß sie das ganze Gartenjahr über einen reizvollen Anblick bietet und daher ohne weiteres mit teuren Ziergehölzen konkurrieren kann.
Wie alle Hartriegelarten besitzt auch die Kornelkirsche sehr hartes, schweres Holz, aus dem früher lange haltbare Spazierstöcke gefertigt wurden.

lingswochen aus, in kälteren Gegenden jedoch erst gegen Ende des zeitigen Frühjahrs. Lauch und Kohl für die Ernte im Spätsommer ins Anzuchtbeet säen und später auspflanzen.

Setzen Sie im April Zwiebeln, und säen Sie Salate und Kräuter, wenn der Boden so trocken ist, daß er sich feinkrümelig aufbereiten läßt. In kühleren Gegenden jetzt Frühkartoffeln pflanzen.

Im Anzuchtbeet werden in der Frühjahrsmitte Brokkoli und Blumenkohl für die Ernte im Spätsommer sowie Winterkohlsorten ausgesät. Die Jungpflanzen können von Frühjahrsende bis Sommeranfang ausgepflanzt werden.

Die Jungpflanzen der Spätsommerkohlsorten, die zu Frühjahrsbeginn ausgesät werden, jetzt mittels Pflanzholz an Ort und Stelle aussetzen. Dabei die Pflanzlöcher zur Vorbeugung gegen Kohlhernie mit Kalk bestäuben.

Stechen Sie Spargel gegen Frühjahrsmitte aus mindestens 2 Jahre alten Beeten, wenn die Spitzen 10–15 cm aus dem Boden ragen. Schneiden Sie die Stangen mit einem scharfen Messer 5–7,5 cm unter der Oberfläche ab.

Ebenfalls zur Frühjahrsmitte die Möhren auf einem Boden aussäen, der für eine vorherige Kultur mit Stallmist gedüngt wurde. Kurz vor der Aussaat wird reifer Kompost eingeharkt.

Gegen Ende der Frühjahrsmitte rote Bete auf einer Fläche aussäen, die mit Stallmist oder Kompost angereichert wurde. Die Samen zuvor über Nacht in lauwarmem Wasser einweichen.

Keimende Kartoffelblätter sollte man auch in der Frühjahrsmitte noch durch Anhäufeln von Erde gegen Frost schützen. Wenn die Erde nicht mehr höher angehäuft werden kann, schützen Sie die Triebe bei Frostgefahr mit Stroh. Es wird am nächsten Morgen, wenn der Reif abgetaut ist, wieder entfernt. In milden Gegenden können nun auch grüne Bohnen ausgesät werden.

Für die Freilandkultur von Kürbissen und Zucchini den Boden gleich zu Beginn des Spätfrühjahrs vorbereiten: Im Abstand von 90 cm gräbt man 30 cm große quadratische Löcher und gibt jeweils eine Gabel von gut verrottetem Mist hinein, bevor man die Erde wieder auffüllt. Gegen Frühjahrsende auf jedes Viereck drei Samen streuen, und die beiden schwächeren Sämlinge später entfernen.

Etwa Mitte Mai werden Buschbohnen und gegen Ende Mai Stangenbohnen ausgesät. Neben den Pflanzen Stützen in den Boden stecken.

In kälteren Zonen Stangenbohnen gegen Mitte Mai unter Glas aussäen und in der 2. Juniwoche ins Freie pflanzen.

Blumenkohl, der Mitte April für die Ernte im Spätsommer ausgesät wurde, jetzt in Abständen von ca. 60 cm auspflanzen. Verwenden Sie dazu ein Setzholz, und stäuben Sie die Pflanzlöcher mit etwas Kalk ein, um gegen Kohlhernie vorzubeugen. Die Pflänzchen so tief setzen, daß die untersten Blätter auf der Erde liegen, die Erde andrücken und gleich im Anschluß gießen.

In kühleren Lagen nun auch Rosenkohl auspflanzen. Für eine kontinuierliche Ernte Sommerspinat und Salat aussäen.

Von Frühkohl, Möhren, Salat und dicken Bohnen die Folien erst kurz vor der Ernte abnehmen. Bei spätreifenden Gemüsen muß die Folie bis Mitte Mai abgedeckt werden, da sonst die Temperaturen unter der Folie zu hoch ansteigen.

Sommer

Zu dieser Jahreszeit hat das Pflanzenwachstum seinen Höhepunkt erreicht. Mulchen hält nun unerwünschte Wildkräuter in Grenzen und erspart so manchen Gang mit der Gießkanne.

Die Sommermonate verlangen vom Gärtner viel Einsatz, denn die Zeit üppigen Pflanzenwachstums hat begonnen. Bei feuchtwarmer Witterung können sich Pilzkrankheiten schnell ausbreiten. Durch verhaltene Stickstoffdüngung und Maßnahmen zur Stärkung des Pflanzengewebes sind solche Gefahren aber abzuwehren. Im Lauf des Sommers beginnt die Erntezeit und entschädigt für manche Mühe.

Beete und Rabatten

Staudenbeete zeigen sich bei sorgfältiger Pflanzenauswahl von Frühsommer bis Frühherbst in schönster Blütenpracht.

Bringen Sie zwischen den feuchtigkeits- und schattenliebenden Gewächsen eine 2,5 cm hohe Mulchschicht aus. Zum einen hält sie die Bodenfeuchtigkeit, und zum andern unterdrückt sie den Wuchs von unerwünschten Wildkräutern.

Stauden, die zu den frühblühenden Pflanzen zählen und bereits verwelkt sind, können durch einen Rückschnitt zu erneutem Austrieb angeregt werden. Mitunter kommt es sogar zu einer zweiten Blüte.

Die Seitentriebe der Chrysanthemen sollten bis zur 3. Spätsommerwoche entfernt werden, um sehr große, einzelstehende Blütenköpfe zu erhalten.

Einjährige Pflanzen werden, sobald die Frostgefahr vorbei ist, ausgepflanzt. Zuvor wässern Sie die vorbereiteten Beete.

Säen Sie nun winterharte zweijährige Pflanzen wie Schöterich, wenn dies nicht bereits schon im Spätfrühling erfolgt ist. Die Anzucht kann im Freien und unter Glas oder Folie erfolgen.

Sobald die Sämlinge gut zu fassen sind, werden sie mit einem Abstand von 15–23 cm ins Anzuchtbeet gepflanzt.

Manche Zierpflanzen, darunter auch viele einjährige Gewächse, schließen ihre Entwicklung rasch ab, wenn man sie fruchten läßt. Schneiden Sie daher die Blüten ab, sobald sie zu welken beginnen.

Zwiebel- sowie Knollenpflanzen werden in warmen Gegenden bereits gegen Ende des Frühsommers wieder ausgegraben, wenn die Zwiebeln eingezogen sind.

Tulpen müssen, damit sie gesund bleiben, jährlich ausgegraben werden. Narzissen, wie auch die meisten anderen Zwiebelgewächse, setzen Sie nur dann in frische Erde, wenn die Blüten eine außerge-

▼ *Harmonisch aufeinander abgestimmt sind die Blütenfarben verschiedener Geranienformen und der blauen Flockenblumen (Centaurea montana). Ein derartiges Beet erfordert kaum Pflege, Sie können daher seine Pracht in aller Muße genießen.*

BLUMENZWIEBELN AUSGRABEN UND LAGERN

1 Zwiebeln frühjahrsblühender Pflanzen, wie von Tulpen und Narzissen, mit der Grabegabel aus der Erde holen. Um die Zwiebeln nicht zu verletzen, mit Abstand und tief einstechen.

2 Die Zwiebeln zum Trocknen in flache Kisten legen, dabei das welke Laub und die Wurzeln nicht entfernen. Dann in einem gut belüfteten Schuppen völlig trocknen lassen.

3 Die trockene Haut vorsichtig abziehen, ebenso die Wurzeln und Blätter. Die Schalen dürfen nicht so weit entfernt werden, daß das Weiße hervorschaut. Die Zwiebeln kühl lagern.

4 Manche Zwiebelgewächse, z. B. Tulpen und Narzissen, bilden Brutzwiebeln. Diese behutsam von der Zwiebel lösen und separat lagern, bis sie ins Anzuchtbeet gepflanzt werden.

wöhnliche Qualität erreichen sollen oder sich die Pflanzen so verdichtet haben, daß sie nur noch Blätter treiben.

Bei Dahlien werden 2–3 Wochen, nachdem Sie die Knollen gesetzt haben, die sprießenden Leittriebe entspitzt, um die Bildung von Seitentrieben anzuregen.

Setzen Sie im Herbst blühende Zwiebeln, wenn kaum mehr andere Blüten zu entdecken sind. Zur Auswahl stehen u. a. Belladonnalilie *(Amaryllis belladonna)*, Guernseylilie *(Nerine sarniensis)*, Herbstzeitlose *(Colchicum autumnale)* sowie herbstblühende Krokusarten.

Zwiebeln von Osterglocken und Narzissen werden zum Ende des Spätsommers gesetzt. Das frühe Einpflanzen begünstigt den im Spätsommer einsetzenden Wurzelaustrieb. Außer den kleinsten werden alle Zwiebeln 15 cm tief eingesetzt. Auch die Zwiebeln der Madonnenlilie *(Lilium candidum)* sind so früh wie möglich, maximal 5 cm tief, einzupflanzen.

Rosen

Im Frühsommer beginnt die farbenprächtige Blüte der „Königin der Blumen“, wobei die älteren For-

▼ *Nur die kräftigsten Lauchsetzlinge werden in eine Rinne ausgepflanzt. Um ihnen ein besseres Anwachsen zu ermöglichen, werden Wurzeln und Blätter vorher eingekürzt. Danach ausgiebig wässern.*

men und reinen Arten meist als erste beginnen.

Wenn Sie bei Teehybriden auf große Blüten mit langen Stielen Wert legen, die sich zum Schnitt eignen, empfiehlt es sich, die Seitenknospen zu dem Zeitpunkt zu entfernen, zu dem Sie diese mit Daumen und Zeigefinger fassen können.

Bei Hochstammrosen sprießen unterhalb der Verzweigung mitunter Wildlinge, die entfernt werden müssen. Ebenso sollten Sie unterirdische Ausläufer kappen.

Bei Rosensorten, die mehrfach blühen, fördert der Pflegeschnitt die Blütenbildung.

Rosen sollten Sie nach Ende des Hochsommers nicht mehr düngen, damit das Holz bis zum ersten Frost ausreifen kann.

Der Obstgarten

Lockern Sie die Baumbänder an neu gepflanzten Obstbäumen, falls diese zu fest sitzen, damit sie nicht in die Rinde einschneiden.

VERMEHRUNG VON LILIEN DURCH ACHSELBULBEN

1 Tigerlilien *(Lilium tigrinum)*, *Lilium sargentiae* und einige Lilienhybriden bilden Brutzwiebeln. Sammeln Sie die schwarzen Brutkörperchen ein, wenn sie bei Berührung abfallen.

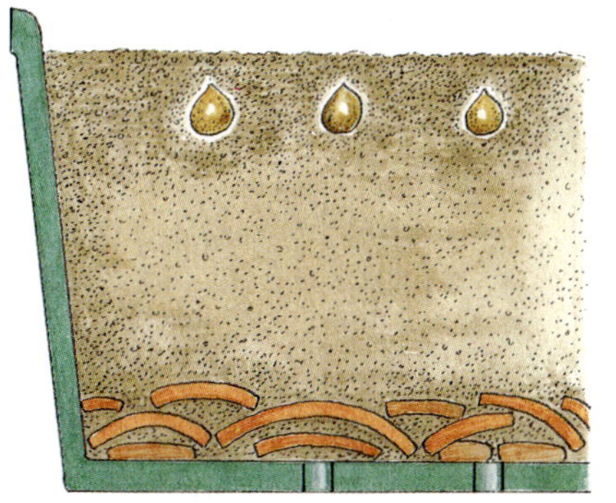

2 Die Bulben im Abstand von 5 cm in eine mit Erde gefüllte Anzuchtschale setzen. Mit einer 1,2 cm dicken Kompostschicht bedecken, oder mit den Fingerspitzen in die Erde drücken.

Wenn Bäume sowie Sträucher reichlich behangen sind, werden die Früchte von Kern- und Steinobst, aber auch Stachelbeeren, im Frühsommer ausgelichtet. Sie sollten es jedoch nicht übertreiben,

HORIZONTALE WUCHSFORM VON ZAUNWICKEN

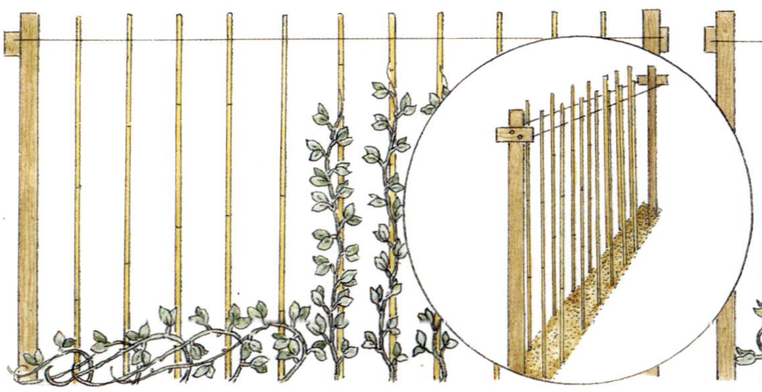

1 Zaunwicken werden bevorzugt horizontal gezogen, damit sie üppiger blühen. Wenn die Wicken 15 cm hoch sind, binden Sie die ersten vier bis sechs Pflanzen in der Reihe von ihren Stützen los und legen sie auf den Boden.

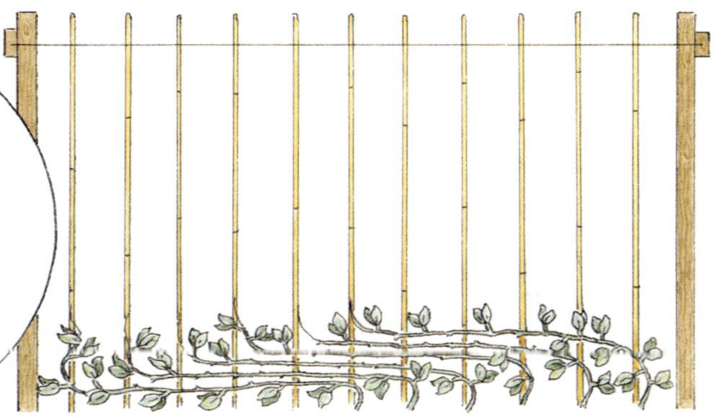

2 Die nachfolgenden Pflanzen werden ebenfalls von ihrer Stütze gelöst, vorsichtig zur Stirnseite des Klettergerüstes hin gebogen und am vordersten Stützstab 30–40 cm hoch angebunden.

3 Befestigen Sie die Stengel der Zaunwicke mit zwei bis drei Drahtringen oder Schlingen aus Bast. Die Pflanzen am vorderen Ende des Gerüstes, die als erste losgebunden wurden, bleiben noch auf dem Boden liegen.

4 Die ersten Pflanzen der hinteren Reihe um den Endpfosten des Gerüstes ziehen und an den freien Stützen der vorderen Reihe befestigen. Die losen Wicken am Anfang der vorderen Reihe an Stäbe der hinteren Reihe binden.

denn es besteht die Möglichkeit, daß schon bald ein natürlicher Fruchtfall einsetzt.

Überprüfen Sie Pflaumen- und Kirschbäume auf metallisch schimmernde Triebe hin, die ein Anzeichen für Bleiglanz sind. Schneiden Sie alle befallenen Zweige bis ins gesunde Holz zurück. An der Schnittstelle dürfen keine braunen Flecken zu sehen sein.

Neue Ranken von Brombeeren, Loganbeeren und Hybridbeeren befestigen Sie so, daß sie mit den alten Fruchttrieben nicht in Berührung kommen.

Himbeeren ca. 10 Tage nach der Blüte auf Befall des Himbeerkäfers hin untersuchen. Käfer durch Klopfen gegen die Ruten in einer daruntergehaltenen Schürze auffangen und beseitigen.

Vernichten Sie Erdbeeren mit Grauschimmelbefall, der bei feuchtem Wetter leicht auftritt, und sammeln Sie Schnecken ab. Zur Vermehrung Ausläufer absenken.

Nach dem natürlichen Junifruchtfall von Apfel- und Birnbäumen können Sie den Behang zusätzlich auf Abstände von 10–15 cm ausdünnen. Stützen Sie vollbeladene Äste mit Stangen ab. Lichten Sie an Spalieren gezogene Apfel- und Birnbäume ebenfalls aus. Pflaumen- und Zwetschgenbäume werden kurze Zeit nach der Ernte ausgeschnitten.

Pflücken Sie die reifen Himbeeren. Sobald die Ernte abgeschlossen ist, die alten Ruten dicht über dem Boden abschneiden, um für die neuen Triebe Platz zu schaffen, die im kommenden Jahr fruchten sollen; binden Sie diese an den Spalierdrähten an. Bei Brombeeren und Taybeeren werden die jungen Ranken hochgebunden und dabei von den Fruchtranken getrennt.

Ernten Sie schwarze Johannisbeeren, sobald diese reif sind, und schneiden Sie die Sträucher bei Bedarf nach der Ernte aus; lassen Sie dabei jedoch alle kräftigen jungen Schößlinge stehen.

Bereits abgeerntete Erdbeerbeete werden gesäubert, indem man das alte Laub abstreift und nach Möglichkeit in die Mülltonne gibt.

Frühe Baumobstsorten beginnen im Spätsommer zu reifen. Schützen Sie die Früchte vor Vögeln, indem Sie Netze über die Bäume spannen.

Beobachten Sie frühreifende Äpfel und Birnen, und pflücken Sie diese kurz vor der Reife, denn sie halten ihr bestes Aroma nur für kurze Zeit. Testen Sie den Reifegrad der Früchte durch Anheben und leichtes Drehen. Wenn der richtige Zeitpunkt gekommen ist, lösen sie sich leicht vom Zweig.

Brombeeren werden bei voller Reife gepflückt. Nach der Ernte werden alle abgetragenen Ruten zurückgeschnitten.

Bewurzelte Ausläufer der Erdbeere kann man im Spätsommer pflanzen. Für Folientunnel eignen sich im Frühsommer in Töpfen bewurzelte Ausläufer besser.

Der Gemüsegarten

Pflanzen Sie im Frühsommer Rosenkohl für die Ernte im Spätwinter und selbstbleichenden Sellerie möglichst bald in mit Stallmist aufbereitete Erde.

Falls Sie Lauch kultivieren wollen, wählen Sie nach Möglichkeit die dicksten Setzlinge, stutzen Sie die Spitzen um ein Viertel und die Wurzelfasern etwa um die Hälfte.

In kühlen Gegenden sät man jetzt Steckrüben zur Ernte im Winter aus. Bestäuben Sie die Saatrillen zur Vorbeugung gegen Kohlhernie mit Kalk. Die Setzlinge früh pikieren und zum Schutz gegen Erdflöhe reichlich gießen. Gegen Ende Juni erfolgt die Aussaat von Mangold zur Ernte von Herbst bis Frühjahr.

Pflanzen Sie Kürbisse, sofern diese nicht zuvor schon direkt ins vorbereitete Beet gesät wurden, und setzen Sie Tomaten ins Freiland, falls keine Fröste mehr drohen. Stützen Sie die Tomaten seitlich mit Stäben.

Säen Sie Salat für die Ernte im Spätsommer. Auch für die Aussaat von Erbsen und grünen Bohnen ist es noch nicht zu spät.

Erbsen, Spinat und späte Rettiche, die im Hochsommer gesät werden, sind ebenso wie rote Rüben im Herbst erntereif. Für Brokkoli ist es in der zweiten Hochsommerwoche an der Zeit.

Geizen Sie hochstämmige Tomatenpflanzen stetig aus; die Seitentriebe bei Buschbohnen werden nicht ausgebrochen.

Ernten Sie im Spätsommer die Kolben von Zuckermais, wenn die Haarbüschel an den Kolben vertrocknet und die Samen fest sind, aber auf Druck mit dem Daumennagel „Milch“ absondern. Beginnen Sie, selbstbleichenden Sellerie zu ernten, sobald er eine ansehnliche Größe erreicht hat. Die Ernte sollte vor dem ersten Frost beendet sein.

Mit ihren zangenartigen Kiefern ähnelt die Florfliegenlarve ihren zarten, pollennaschenden Eltern in keinster Weise. Die aus gestielten Eiern schlüpfenden Larven zählen zu den emsigen Blattlausjägern. Mit ihren martialisch wirkenden Zangen packen sie die Läuse und saugen sie aus. Bis zur Verpuppung vertilgt eine einzige Larve rund 500 Läuse. Die grünlichen, mit einem feinen Netz überzogenen Flügel und die goldschillernden, großen Augen sind das Markenzeichen der Florfliege *(Chrysopa carnea)*, die in zwei Generationen pro Jahr vorkommt. Die zweite überwintert bevorzugt in Dachböden oder Schuppen. Ein aus Holz zusammengebautes und mit Stroh ausgestopftes Florfliegenhäuschen steigert die Überlebensrate deutlich.

Herbst

Was im Frühjahr und Sommer gepflanzt wurde, kann bis in den Herbst hinein geerntet werden. Im September und Oktober herrschen meist die stabilsten Witterungsverhältnisse.

Für viele zählt der Herbst zu den schönsten Jahreszeiten. Im Garten ist der Herbstanfang durch die Obsternte und die blühenden Sommerblumen geprägt. Dann kommt die Pflanzzeit für laubabwerfende Gehölze. Um sich Enttäuschungen zu ersparen, sollten Sie nur gesunde Obstbäume wählen, die einen stabilen Pflanzpfahl erhalten. Im Spätherbst werden im Garten die Vorarbeiten für das kommende Frühjahr geleistet. Dazu gehört ein Anbauplan, den man mit der ganzen Familie entwirft.

Beete und Blumenrabatten
Im Herbst, wenn die Tage deutlich kürzer werden, sind die meisten Blumen verblüht. Jetzt ist es an der Zeit, die Beete für die Blütenpracht im nächsten Jahr vorzubereiten.

Beete mit schwerem Erdreich werden Mitte Spätherbst bei schönem Wetter und nicht durchnäßtem Boden zwischen den Pflanzen gelockert. Durch die Frostwirkung erhält er bis zum Frühjahr eine Krümelstruktur.

Stauden werden, außer in ausgesprochen kalten, nassen Gegenden, am optimalsten in der Herbstmitte ausgesetzt.

Pflanzen Sie aus Samen gezogene winterharte Stauden so früh wie möglich, damit ihnen ausreichend Zeit bleibt, sich bis zum Winter noch gut einzugewöhnen.

Frisch angelegte Beete, die Sie im kommenden Frühjahr bepflanzen wollen, sollten jetzt gründlich gelockert werden.

Chrysanthemen werden mit Ende der Blütezeit in der Herbstmitte für die Überwinterung vorbereitet. Entfernen Sie welke Blätter und Blüten, und lassen Sie die restlichen Pflanzen bis zum Frühjahr stehen. Den umliegenden Boden sehr gründlich säubern.

Neuerworbene und aus Samen gezogene winterharte Stauden können bei gutem Wetter auch noch im November ausgepflanzt werden, so-

▼ *Im Schutz der verwitterten Ziegelmauer geben sich verschiedene Dahlien, goldgelbe Rudbeckien, malvenfarbene Astern und knallrote Löwenmäulchen ein Stelldichein.*

ZWIEBELPFLANZER

Hohlpflanzer sparen Zeit und Mühe beim Setzen von Zwiebeln. Als besonders nützlich erweisen sie sich auf Rasenflächen und wenn man Zwiebeln zwischen andere Pflanzen setzt, die möglichst nicht gestört werden sollen. Den Pflanzer am Griff festhalten, und den Metallzylinder fest in die Erde drücken. Beim Zurückziehen kommt automatisch Erde mit heraus. In das so entstandene Loch wird die Zwiebel gesetzt und dann der Erdpfropfen, indem man den Auslösehebel am Griff losläßt, wieder eingebracht.

fern der Boden leicht ist und sich beim Betreten nicht verfestigt.

Einjährige und zweijährige Pflanzen, die verblüht sind, werden, um Platz für die Frühlingsblumen zu schaffen, aus den Beeten herausgenommen. Bei spät einsetzenden Frösten und milder Witterung Sommerbeetpflanzen wie Studentenblumen *(Tagetes)*, Begonien *(Begonia)* sowie Pelargonien *(Pelargonium)* bis nach dem Abblühen in der Erde lassen.

In milden Regionen und lockeren Böden kann man die härtesten einjährigen Arten an Ort und Stelle aussäen – beispielsweise Ringelblumen *(Calendula)*, Kornblumen *(Centaurea)* und Schleifenblumen *(Iberis)*.

Gegen Herbstmitte, solange der Boden noch aufgewärmt ist, werden die im Anzuchtbeet herangewachsenen zweijährigen Pflanzen wie Goldlack *(Cheiranthus cheiri)* oder Vergißmeinnicht *(Myosotis)* gegossen und am darauffolgenden Tag an ihren endgültigen Standort gesetzt. Der Boden sollte davor und danach ausreichend mit Feuchtigkeit versorgt werden.

Beete und Rabatten für Frühjahrsblüher erhalten keinen Kompost oder Dung, sondern Knochenmehl. Arbeiten Sie etwa 110 g Düngemittel/m² Boden ungefähr 15 cm tief in das Erdreich ein.

Wicken *(Vicia)* werden in milden Klimazonen so früh wie möglich ins Freiland in gut dränierten Böden ausgesät. Alternativ säen Sie in der Herbstmitte in Töpfe und Kisten unter Glas aus.

WINTERGEMÜSE

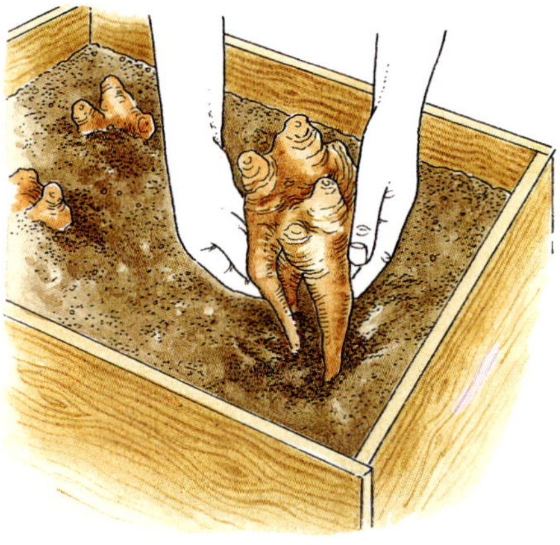

▲ Zum Antreiben von Rhabarber die Wurzelstöcke in einer Kiste leicht mit feuchter Erde bedecken, wobei die Wachstumsknospen frei bleiben. Mit schwarzer Folie abdecken und in einen warmen, dunklen Raum stellen. Neuaustrieb nach etwa 4 Wochen.

Zwiebel- sowie Knollenpflanzen werden in Gruppen zwischen Sträucher, krautige Pflanzen oder in den Rasen gesetzt. Die Einstecktiefe sollte der zweifachen Zwiebellänge entsprechen.

Empfindliche Sommerblüher wie Milchstern *(Ornithogalum)*, Spaltgriffel *(Schizostylis)* und Fransenschwertel *(Sparaxis)*, in kalten Regionen auch Amaryllis *(Hyppeastrum)*, werden ausgegraben und in flachen Kisten an einem warmen Ort eingelagert. Nach einigen Tagen wird das welke Laub abgeschnitten; die Tochterzwiebeln und -knollen werden abgetrennt und kühl, trocken und frostfrei gelagert.

WIE MAN BIRNEN ERNTET

1 Birnen müssen gepflückt werden, bevor sie sich gelb färben. Zu lange hängende Früchte werden trocken und mehlig. Umfassen Sie die Birne mit der Handfläche, und lösen Sie sie mit einer leichten Drehbewegung vom Ast.

2 Der Fruchtstiel muß sich leicht vom Kurztrieb trennen. Bleibt der Fruchtstiel am Baum, wird sich die Birne nicht gut lagern lassen. Blätter, die sich mit ablösen, sind ein Zeichen, daß es noch zu früh für die Ernte ist.

3 Die geernteten Früchte werden mit etwas Abstand auf saubere Lattenroste gelegt. Das ideale Klima für die Lagerung: trocken und mäßig warm. Birnen, die lange gelagert werden sollen, müssen unversehrt sein.

Dahlien bis etwa 15 cm über dem Boden zurückschneiden, sobald sie sich durch den ersten Frost schwarz verfärben. Dann die Knollen vorsichtig ausgraben und von der Erde säubern und etwa 1 Woche kopfüber an einem frostfreien Platz lagern, damit die Feuchtigkeit aus den Stielen weicht.

Rosen
Entfernen Sie verblühte Triebe, und stutzen Sie schwache Stöcke am Stamm bis über das erste Blatt zurück. Bei kräftigen Sorten werden die verwelkten Blüten samt einem oder zwei Blättern abgeschnitten.

Um die Hauptblüte zu fördern, werden an Teehybriden die Seitenknospen entfernt. Damit das neue Holz rechtzeitig vor dem ersten Frost abgehärtet ist, wird 1 Handvoll Kalidünger/m^2 Beetfläche verstreut und leicht untergeharkt. Rings um jeden Rosenstock läßt man eine Fläche von 15 cm Ø frei.

Neue Beete für Rosen, die im Spätherbst gepflanzt werden, zwei Spaten tief lockern, dabei reichlich organisches Material einarbeiten. Auf leichten Böden empfiehlt sich Laubkompost. Mittlere bis schwere Böden werden durch Sand, Rindenprodukte oder ebenfalls Kompost aufgelockert.

Sträucher und Bäume
Zu Herbstbeginn werden die Stellen, an denen später neue Bäume und Sträucher gesetzt werden, gründlich umgeharkt und mit reichlich Gartenkompost oder verrottetem Stallmist verbessert. Für die Bodenverbesserung ungeeignet sind schnellwirkende Dünger.

Gegen Herbstmitte werden dann auch die immergrünen Pflanzen gesetzt, am besten bei feuchter Witterung. Hochwüchsige Sträucher müssen, bis sie fest verwurzelt sind, gestützt werden. In Trockenperioden benötigen die Pflanzen reichlich Wasser.

Gegen Ende der Herbstmitte kann mit dem Pflanzen von winterharten, laubabwerfenden Gehölzen im gut vorbereiteten Boden begonnen werden. Hochstämme gut abstützen. Nicht bei Frost, Nässe oder starkem Nord- oder Nordostwind pflanzen.

Empfindlichere Bäume sowie Sträucher wie Bartblume *(Caryopteris)*, Zistrose *(Cistus)*, Hortensie *(Hydrangea)*, Binsenginster *(Spartium)* sowie Johanniskraut *(Hypericum)* sollten in strengen Wintern geschützt werden. Errichten Sie als Windschutz Maschendraht, in den Sie Farnwedel oder Fichtenreisig einflechten.

Der Obstgarten
Für Äpfel und Birnen werden ungezieferfreie Lagerplätze vorbereitet. Pflücken Sie die Früchte bei kühlem Wetter und bevor sie ganz ausgereift sind.

Obwohl die Pfirsich- und Nektarinenernte noch nicht vorbei ist, werden nun alte Triebe gestutzt und Jahrestriebe in Form gebunden. Zwetschgen und Pflaumen halten sich schlecht, deshalb sollten sie sofort verzehrt werden. Gleich nach der Ernte werden die Bäume rundum gestutzt. Größere Schnittflächen sorgfältig mit einer Wundverschlußpaste bestreichen.

Brombeeren erst dann pflücken, wenn sie ganz ausgereift sind. Kommen keine mehr nach, wird der Altwuchs herausgeschnitten und neue Triebe festgebunden.

Anfang Herbst sind dann auch die Späthimbeeren reif. Späte Erdbeeren müssen vor Schnecken- und Vogelfraß geschützt und bei kalter Witterung abgedeckt werden.

Um die Stämme von Obsthölzern, mit Ausnahme von Pfirsichbäumen, legen Sie im Handel erhältliche Leimringe, um die flügellosen Weibchen des Frostspanners an der Eiablage im Kronenbereich zu hindern.

Pflaumenbäume, die regelmäßig schlechte Erträge bringen, erhalten nach dem Laubabwurf einen Wurzelschnitt.

DAHLIENKNOLLEN LAGERN

1 Sobald das Dahlienlaub nach dem ersten Frost welk und schwarz wird, die Stengel bis auf 15 cm einkürzen. Die Knollen mit einer Grabegabel vorsichtig aus der Erde holen.

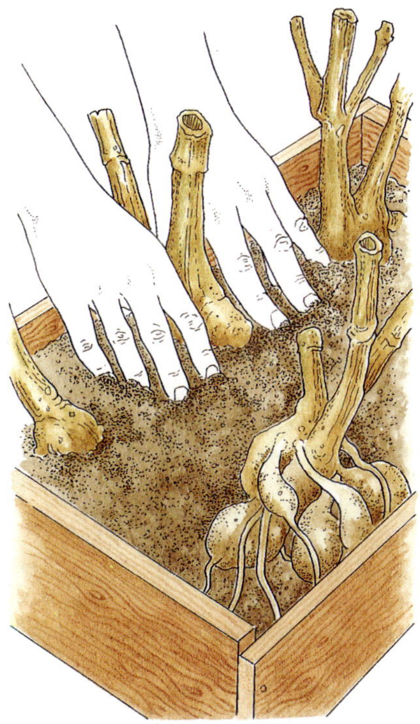

2 Nachdem die Stiele getrocknet sind, die Knollen in Kisten legen. Mit leicht feuchtem Rindenmulch abdecken, wobei der Wurzelhals frei bleiben muß. Trocken und frostfrei lagern.

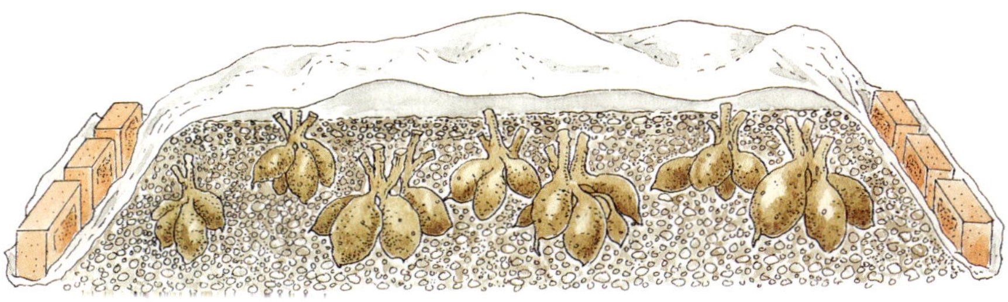

3 Für die Lagerung im Freien die Knollen auf ein 7,5 cm hohes Bett aus Vermiculit, einem Mineral, legen. 7,5 cm hoch mit Vermiculit bedecken, und eine Folie darüberbreiten, deren Ränder mit Steinen beschwert werden.

Wenn sich langsam der Herbst ankündigt, erscheinen die leicht giftigen, glänzenden dunkelroten, erbsengroßen Früchte des Wilden Geißblatts *(Lonicera periclymenum)*. Zuvor hat der dichtwachsende Kletterstrauch seine wohlriechenden, bis zu 5 cm tiefen Blüten entfaltet und damit besonders die langrüsseligen Nachtfalterarten angelockt.
Geißblattblüten können nur von Insekten mit langem Rüssel bestäubt werden. Da auch andere Insekten ständig nektarhungrig sind und sie die tiefliegenden Nektarquellen des Geißblatts auf normalem Weg nicht erreichen können, beißen Hummeln und Bienen die Kelchröhren seitlich an. Die Pflanze scheint das zu spüren, denn um eine erfolgreiche Befruchtung durch die nachtaktiven Falter sicherzustellen, werden Duft und Nektar erst abends produziert.
Vögel fressen gern die Beeren, während die Blätter Nahrung für die Raupen von bedrohten Tagfalterarten sind.

Stachelbeeren können Sie durch 25–30 cm lange Stecklinge von gut ausgereiften und verholzten Jungtrieben vermehren.

Wenn Sie von Erdbeeren Jungpflanzen gewinnen wollen, trennen Sie deren Ausläufer ab und setzen diese neu. Abgeerntete Beete säubern.

Der Spätherbst ist die ideale Pflanzzeit für Obstgehölze, denn jetzt kann der Boden noch bearbeitet werden, und er ist warm genug, damit sich die Wurzeln vor Wintereinbruch eingewöhnen. Generell aber kann man zwischen Herbst und Frühjahr beliebig pflanzen, sofern das Erdreich nicht völlig durchnäßt oder unter der Erdoberfläche gefroren ist.

Die Pflanzlöcher bereitet man erst direkt vor dem Setzen vor. Trokkene Wurzeln werden vorher einige Stunden gewässert und abgeknickte mit einer Gartenschere abgetrennt.

Alle Kern- und Steinobstgehölze erhalten senkrechte Stützen. Die Stäbe werden vor dem Pflanzen in den Boden getrieben, um die Wurzeln nicht zu schädigen.

Obstbäume pflanzt man genauso tief in die Erde, wie sie in der Baumschule standen. Anschließend werden sie gut eingeschlämmt.

Alle Bäume und Sträucher mit Kunststoffschnüren an den Stützen befestigen, wobei die Schnüre nicht die Rinde beschädigen dürfen.

Obstbäume nach dem Pflanzen beschneiden. Keinen Winterschnitt erhalten die Steinobstarten.

Beim Winterschnitt der anderen Obstbäume kürzen Sie die Spitzen der Leittriebe oder der Triebe, die das Grundgeäst stärken sollen, und entfernen ungünstig wachsende Zweige. Bei älteren Bäumen werden die Kronen ausgelichtet. Bei 4 bis 5 Jahre alten Bäumen werden die Leittriebe nicht mehr gekürzt, sondern man entfernt nur noch einander kreuzende oder gegeneinander scheuernde Zweige und totes oder erkranktes Holz.

Bei Himbeeren alle abgetragenen Triebe baldmöglichst herausschneiden. Bei schwarzen Johannisbeeren wird das alte Holz zum Teil entfernt, neuer Wuchs jedoch möglichst intakt gelassen. Am Ende der ersten Saison nach der Pflanzung erfolgt kein Schnitt.

Bei gut eingewöhnten Stachelbeeren sowie roten und weißen Johannisbeeren werden die Leittriebe halb und die Seitentriebe auf 5 cm eingekürzt.

Der Gemüsegarten

In sehr wintermilden Gegenden, wie beispielsweise Weinbaugebieten, wird Anfang Herbst der Frühjahrssalat ausgesät, der ohne Glasschutz überwintert. In weniger günstigen Lagen erfolgt die Aussaat von Salat unter Folie. Ende des Frühherbstes werden die Sämlinge dann vereinzelt. Die Folie sollte, um einen Hitzestau zu vermeiden, etwa 500 Löcher/m² haben. In der Regel pflanzt man jetzt auch spezielle Frühkohlsorten.

Zur Haupterntezeit werden die Möhren mit einer Gabel aus der Erde gehoben und das Kraut abgeschnitten. Kräftige Möhrenexemplare lassen sich in einem trockenen Raum, zwischen etwa 1,2 cm dicken Sandschichten in tiefe Holzkisten gepackt, gut lagern.

Überwinternde Pflanzen wie beispielsweise Möhren, Frühkohl oder Feldsalat werden mit einer Folie geschützt. Dies vermeidet nicht nur frostbedingte Verluste, sondern beschleunigt die Reifung im nächsten Frühjahr.

In der Herbstmitte werden die letzten Tomaten gepflückt, auch grüne Exemplare, die an einem warmen, hellen Ort nachreifen können.

Rote Bete mit einer Grabgabel aus dem Boden holen, und das Grün abdrehen. Im Freien auf einem Reisig- oder Strohbett lagern, mit Stroh und anschließend einer Schicht Erde abdecken.

In milden Klimaregionen frühe Kohlsorten zu Herbstbeginn pflanzen. Bei einsetzender Kälte frühe Kohl- und Möhrenkulturen mit Folie abdecken.

Rosenkohl, der im Spätsommer gesät wurde, in kargen Boden mit 25–30 cm Abstand zwischen den Pflanzen und Reihen setzen.

Winter

In der Zeit zwischen der ersten Frostnacht und Frühlingsanfang gibt es im Garten reichlich zu tun: Frostschutzmaßnahmen treffen, Bäume zurückschneiden, Beete säubern und schließlich die Beete für eine neue Pflanzsaison vorbereiten.

Neben der noch laufenden Ernte der Wintergemüse und allgemeinen Kontrollgängen, bei denen man den Frostschutz und den Stand frischgesetzter Gehölze prüft, darf der Garten nun ausruhen. Für den Gärtner sind noch einige Arbeiten zu verrichten. Gelagertes Obst und Gemüse werden in regelmäßigen Abständen auf Fäulnis untersucht. Gegen Winterende sollten Samen und Pflanzgut für die Frühjahrsbestellung beschafft werden. Dann ist auch Pflanzzeit für Immergrüne.

Beete und Rabatten

Im Oktober und November werden Beete und Rabatten gesäubert, zwischen den Gewächsen die Erde gelockert. Neugepflanzte Stauden und zweijährige Pflanzen und Heidepflanzen benötigen nach strengem Frost unter Umständen ebenfalls Hilfe. Da ihre Wurzeln noch nicht fest im Boden verankert sind, heben sie sich bei Frost mitunter und sollten wieder festgedrückt werden.

Sobald es das Wetter zuläßt, können Sie die Vorbereitungen für die Frühjahrsbepflanzung treffen. Zunächst wird die oberste Bodenkrume etwa 10 cm tief leicht geharkt und mit Knochenmehl oder einem anderen organischen Düngemittel mit hohem Phosphat- und Kaliumgehalt und wenig Stickstoff verbessert.

Rosen

Im Winter können Rosenstöcke gepflanzt werden, sofern der Boden weder gefroren noch zu naß und schwer oder sogar schneebedeckt ist. Bei ungünstiger Witterung lagert man die Setzlinge an einem frostfreien Ort und schützt die Wurzelballen mit Stroh.

Bereits vorhandene Rosenpflanzungen sollten jetzt für den Winter vorbereitet werden, indem Sie lange Triebe auf 75 cm kürzen und von Rußtau befallene Blätter absammeln und vernichten. Schließlich ist darauf zu achten, daß im Frühherbst ausgepflanzte Stecklinge fest im Boden sitzen.

▼ *Die rote Zaubernuß* Hamamelis × intermedia *'Ruby Glow' bildet noch vor dem Blattaustrieb ihre eigentümlichen Blüten aus langen, bandartigen, rostroten Blütenblättern.*

Sträucher und Bäume
Es empfiehlt sich, die Zweige von Koniferen, die senkrecht stehen, zusammenzubinden, damit sie bei schweren Schneefällen nicht abbrechen. Fegen Sie vorsichtshalber den Schnee mit einem Besen herunter.

Herabgefallene Blätter werden von den Rasenflächen und Beeten zusammengerecht, wenn die Regenwürmer ihre Aktivität bereits eingestellt haben. Die Blätter werden für den Mulch des kommenden Jahres kompostiert.

Im Dezember und Januar sollte man abgestorbene und kranke Zweige ausdünnen.

Bei Sträuchern wie Schönfrucht *(Callicarpa)*, Tamariske *(Tamarix)*, Trompetenblume *(Campsis)* sowie Spierstrauch *(Spiraea)* sollten Sie im Spätwinter den Neuwuchs des Vorjahres bis auf wenige Zentimeter des Altholzes kürzen, um so einen kräftigen Neuaustrieb zu fördern.

Bei Kletterpflanzen schwache Triebe ausdünnen und die Spitzen der Haupttriebe etwas einkürzen.

Hecken sollten Sie gegen Winterende schneiden, so daß sie im Frühjahr wieder neu austreiben können.

Der Obstgarten
Überprüfen Sie regelmäßig Stützpfähle und Befestigungen bei neugepflanzten Setzlingen und Spaliergitter bei älteren Bäumen. Und auch gelagertes Obst bedarf regelmäßiger Kontrolle im Winter; wenn nötig, faule Früchte entfernen.

Kern- und Steinobst erhalten eine leichte Gabe von gut verrottetem Stallmist oder reifem Kompost.

Der Winterschnitt beim Kernobst sollte zwischen November und Februar bei trockener und frostfreier Witterung durchgeführt werden. Achten Sie dabei auf die Wuchseigenschaften: Gewächse mit unbefriedigendem Wuchs schneidet man ebenso wie neugepflanzte Setzlinge von Äpfeln, Birnen, Brombeeren, Johannisbeeren, Kirschen und Himbeeren im zeitigen Winter, wuchsfreudige Bäume und Sträucher hingegen im Spätwinter.

Bei neugepflanzten Spaliersorten von Pfirsichen, Nektarinen, Kirschen und Pflaumen werden die Triebe gegen Winterende auf 30 bis 45 cm Länge, spätfruchtende Himbeersorten bis auf Bodenhöhe zurückgeschnitten.

Der Gemüsegarten
Decken Sie Wintergemüse wie Feldsalat oder Spinat zu Winterbeginn mit Fichtenzweigen oder Gemüsevliesen ab, und bereiten Sie das Beet für die Aussaat von Stangenbohnen im Frühjahr vor.

Das an der rostbraunen Brust unzweifelhaft erkennbare Rotkehlchen *(Erithacus rubecula)* scheut weder Kälte noch Nässe und erfreut uns wie kaum ein anderer Vogel auch in der tristen Winterzeit mit seinem abwechselnd flötenden und trillernden Gesang.
Es brütet gern in Bodennähe oder in Mulden und überdacht sein Nest, sofern dieses nicht ohnehin in einer Höhlung liegt. Auch sonst bleiben die rundlichen, kleinen Vögel im Unterholz oder sitzen auf Sträuchern und niedrigen Bäumen. Da das Rotkehlchen in gemäßigten Lagen ein Standvogel ist und nicht wie andere Arten in der kalten Jahreszeit in den Süden zieht, braucht es artgemäßes Futter.
Die kräftig rosa bis fliederfarbenen, für den Menschen giftigen Früchte des Pfaffenhütchens *(Euonymus europaeus)* erscheinen zwischen August und Oktober. Ihre leuchtendorangenen Samen sind für das Rotkehlchen genau richtig.
Das einheimische Gehölz, aus dessen Blüten sich Schwebfliegen, Bienen und einige Käferarten gern mit Nektar und Pollen bedienen, wird auch Spindelstrauch genannt.

Rhabarber wird bei günstiger Witterung im November oder Dezember in gut gedüngte Erde gepflanzt. Ältere Pflanzen mit reichlich Stallmist oder Gartenkompost düngen.

Im Spätwinter können Sie bereits Erbsen und dicke Bohnen für eine frühe Ernte aussäen, nur in Gegenden mit rauhem Klima sollten Sie bis zum Frühjahr warten, wenn Sie kein Gewächshaus haben.

Für eine frühe Kartoffelernte die Knollen so zeitig wie möglich kaufen. Man legt sie einlagig in flache Kisten, mit den Augen nach oben, und läßt sie in einem hellen, frostfreien Raum vorkeimen.

Frühe Möhrensorten, die im Spätwinter ins Frühbeet gesät werden, können Sie meist schon im Frühsommer ernten. Dabei sollten Sie das Pflanzsubstrat zunächst etwa 1 Woche lang bei geschlossenem Frühbeetkasten aufwärmen. Den Kasten bis zur Keimung geschlossen halten und erst dann vorsichtig belüften.

DER NUTZGARTEN

Gesundes Obst und Gemüse aus eigener Ernte – das ist der Traum vieler Hobbygärtner, die sich damit unabhängig von gespritzter, schadstoffbelasteter Handelsware machen möchten. Um diesen Traum wahr werden zu lassen, müssen Sie Ihre Pflanzen allerdings wirksam gegen Schädlinge und Krankheiten schützen.

Einen ersten Schritt haben Sie gemacht, wenn Sie die Erkenntnisse der modernen Pflanzenzüchtung nutzen und Kulturarten auswählen, die nicht oder nur wenig krankheitsanfällig sind. So sind heute viele Kopfsalatsorten unempfindlich gegen Mehltau. Auch schorfresistente Apfelsorten sind empfehlenswert, denn Apfelschorf ist mit Pflanzenextrakten nur unbefriedigend zu bekämpfen.

Im Gemüsegarten können Sie außerdem die bewährte Technik der Mischkultur vorbeugend einsetzen, bei der verschiedene Gemüsearten auf einem Beet stehen. Werden beispielsweise Möhren und Zwiebeln gemischt gepflanzt, nutzen Sie den Vorteil, daß ein Schädling wie die Möhrenfliege den Zwiebelgeruch so abstoßend findet, daß es nicht zur Eiablage auf den Möhren und damit auch nicht zur Ertragsminderung kommt.

Im Obstgarten sollte die Förderung der Nützlinge vorrangig sein, denn ein guter Nützlingsbestand bietet einen wirksamen Schutz vor Schädlingen. Damit verbunden ist auch eine Verringerung des Krankheitsrisikos, denn Schädlingsbefall führt häufig zur Schwächung der Fruchtbäume und begünstigt ihre Infektionsanfälligkeit. Das Entfernen bereits erkrankter Pflanzenteile stellt eine zusätzliche Schutzmaßnahme dar.

Wenn es trotz aller Vorsorge doch zu einem Befall gekommen ist, versuchen Sie zunächst, die in Ihrem Garten vorliegenden Krankheiten sicher zu erkennen. Dies wird Ihnen durch ausführliche Beschreibungen erleichtert. Die empfohlenen Kontrollmaßnahmen sind in der Praxis erprobt und nach der Schwere des Eingriffs geordnet, damit die Störung des Naturhaushaltes so gering wie möglich ausfällt.

Obst und Gemüse, das nicht mit chemischen Pflanzenschutzmitteln gespritzt wurde, ist gesund und schützt die Umwelt.

Rund ums Gemüse

Die Vorteile des Nutzgartens sind nicht abzuleugnen: Tomaten kommen frisch auf den Tisch, Bohnen sind frei von Schadstoffen. Durch Sortenwahl und geeignete Anbautechniken läßt sich der Traum vom gesunden Gemüse verwirklichen.

Als Gemüse werden die rohen oder gekocht eßbaren Teile von meist einjährigen Pflanzen bezeichnet. Ist die Unterteilung in Wildgemüse und Kulturgemüse noch einleuchtend, da ersteres „wild" wächst und meist in der freien Natur gesammelt wird, während die Kulturpflanzen bereits seit Jahrhunderten gezielt angebaut und auf bestimmte Eigenschaften hin gezüchtet werden, unterliegt der Begriff „Gemüse" keinen logischen Einteilungs- oder Abgrenzungskriterien. So werden grüne Pflanzenteile wie Blätter oder oberirdische Triebe zum Gemüse gerechnet. Hierzu zählen die vielen Salatarten, Spinat, Mangold und Neuseeländer Spinat. Die ebenfalls grünen Blätter von Sauerampfer, Petersilie, Schnittlauch usw. bezeichnet man dagegen als „Kräuter", die man häufig in getrocknetem Zustand als Gewürz verwendet.

Wurzeln oder Rüben, dies sind verdickte Pflanzenorgane, die aus der Wurzel und dem darüberliegenden Trieb bis unterhalb des ersten Blattansatzes gebildet werden, gehören ebenfalls zum Gemüse. Wir kennen die von Feinschmeckern geschätzte Schwarzwurzel, die sehr selten angebaute Haferwurzel sowie das Rübengemüse Möhre, Pastinake, Rettich, Radieschen, rote Bete, Teltower Rübchen, Kohlrübe, Kohlrabi und viele andere mehr.

Auch unterirdische Sprosse werden den Gemüsen zugeordnet, man denke an den begehrten Spargel oder Sproßknollen wie die Kartoffel oder den apart schmeckenden Topinambur. Sprosse haben im Gegensatz zu Wurzeln immer Blattknospen. Bei der Kartoffel sind das die „Augen", Stellen, an denen die neuen Triebe herauswachsen. Bei Pflanzkartoffeln ist dies beabsichtigt, bei Lagerkartoffeln aber unerwünscht, weil die Mutterknolle dabei geschwächt wird und wertvolle Bestandteile verliert. Alle grünen Teile der Pflanze sind übrigens giftig, daher muß auch alles Grüne an der Knolle vor dem Zubereiten entfernt werden. Unreife Knospen oder Blütenstände essen wir bei Rosenkohl, Brokkoli oder Blumenkohl als Gemüse.

Die Küchenzwiebel und die geschmacklich feinere Schalotte sind besondere Veränderungen des Blattes der einkeimblättrigen Pflanzenfamilie der Zwiebelgewächse. Porree und Frühlingszwiebel zählen ebenfalls zu den Zwiebelgemüsen. Bei Knoblauchzehen handelt es sich dagegen um verdickte Knospen.

Bezeichnet man die bisher aufgezählten Pflanzenorgane als „vegetativ", weil sie ohne Befruchtung entstehen, so gehören zum Gemüse auch generativ gebildete, also samenhaltige Früchte. Tomaten, Erbsen, Bohnen, Kürbis und Zucchini werden daher als Fruchtgemüse bezeichnet. Die Samen sind je nach Pflanzenart und Entwicklung entweder überhaupt nicht zu verwenden, wie etwa bei Paprika und Kür-

◀ Durch die Randbepflanzung mit blühenden Stauden und Einjährigen wirkt ein Gemüsegarten viel freundlicher. Außerdem ziehen die Blüten Nützlinge an.

VERSCHIEDENE GEMÜSE

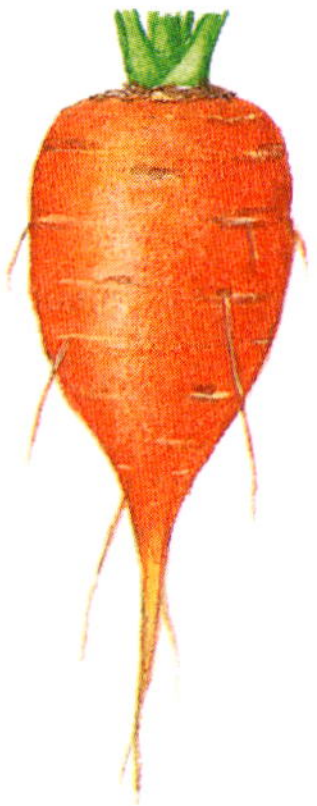

1 Der eßbare Teil einer Möhre besteht aus der verdickten Pfahlwurzel, erkennbar an den haarfeinen Seitenwurzeln und dem darüberliegenden unbewurzelten Hypokotyl, dem Übergang der Wurzel zum Sproß. Pflanzenkundlich handelt es sich um eine Rübe.

2 Eine sehr ursprüngliche Gruppe stellt das Blattgemüse dar. Spinat, Kopf- und Endiviensalat werden im Rosettenstadium geerntet, also bevor die Pflanzen „schießen". Blattgemüse enthalten besonders viel Magnesium und Vitamin-A-Vorstufen.

3 Erbsen und Gartenbohnen werden jung als komplette Frucht – Hülse und Samen – verzehrt. Denken Sie daran, daß ungekochte Bohnen leicht giftig sind. Die reifen, eiweiß- und stärkereichen Samen sind in getrocknetem Zustand gut lagerbar.

bis, oder tolerabel, wie beispielsweise bei Tomate sowie jungen Zucchini, oder stellen gerade die begehrten Teile dar, denken Sie nur an Erbsen oder Zuckermais.

Ferner rechnet man Pilze und die in der asiatischen Küche häufig verarbeiteten Tangarten, die botanisch zu den Algen gehören, zu den Gemüsen.

Die beim Kochen verwendeten Arten und Pflanzenorgane sind sehr vielfältig. Auch in bezug auf deren Inhaltsstoffe und den Brennwert, der früher in Kalorien, heute dagegen in Joule gemessen wird, unterscheiden sich die Gemüse recht deutlich voneinander. Blattgemüse sind besonders brennwertarm und dadurch „leichte Kost", die stärkehaltigen Kartoffeln sättigen gut, ohne jedoch dick zu machen. Alle Gemüse enthalten vergleichsweise wenig Eiweiß, das der Kartoffel ist besonders hochwertig.

Appetitanregend, verdauungsfördernd und teilweise sogar antibakteriell wirken die Bitterstoffe (Blattsalat), Senföle (Kohlarten, Rettich, Radieschen) oder schwefelhaltigen Verbindungen (Knoblauch, Zwiebeln) mancher Gemüse.

Die Frage, was Gemüse nun eigentlich ist, haben wir damit noch nicht beantwortet. Behelfen wir uns damit zu sagen, was Gemüse nicht ist: Weder Kraut noch Obst.

Krankheitsfördernde Faktoren erkennen

Wie alle Organismen haben auch Pflanzen einen Stoffwechsel. Sie nehmen mit den Wurzeln Wasser und gelöste Nährstoffe aus dem Boden auf, in geringerem Maß übrigens auch über die Blätter. Im Stoffwechsel der Pflanzen haben die Pflanzennährstoffe und Spurenelemente eine essentielle, d. h. lebensnotwendige Funktion. Menge und Zusammensetzung des Nährstoffangebotes entscheiden über einseitige Ernährung, Mangelernährung oder Überfluß. Alle drei Zustände führen früher oder später zu kranken Pflanzen. Eine ausgewogene Ernährung ist hingegen die Gewähr für gesunde Pflanzen, und Gesundheit wiederum ist eine der wichtigsten Voraussetzungen für hohe Widerstandskräfte; insbesondere werden die Abwehrkräfte gestärkt, um den Schwächeparasiten unter den Pilzen besser begegnen zu können.

Während Nährstoffmangel bei Gemüsepflanzen nicht nur zu geringen Erträgen, sondern auch zu qualitativ minderwertigen Lebensmitteln führt, sind gerade mit Stickstoff überfütterte Pflanzen besonders anfällig gegen Pilzbefall oder saugende Insekten. Außerdem enthalten solche Gemüse viel Nitrat und sind aus diesem Grund als Säuglingsnahrung nicht geeignet.

Falsch gedüngte Gemüsepflanzen führen über die Nahrungskette daher gerade bei den Gartenfreunden, die sich vor allem von selbstangebauten Gewächsen ernähren, zu gesundheitlichen Problemen. Auch aus dieser Perspektive ist es also wichtig, richtig zu düngen. Besondere Bedeutung kommt in der heutigen Zeit den vielen Spurenelementen zu, denn jahrzehntelange Düngung mit chemisch-synthetischen Düngemitteln, denen diese Stoffe in der Regel fehlen, hat zur Verarmung der Böden geführt.

Für Pflanzen sind selbstverständlich nicht alle Spurenelemente, die der Mensch benötigt, essentiell. Umgekehrt gilt das gleiche. Kochsalz, chemisch Natriumchlorid, ist beispielsweise für manche Pflanzenarten ein sehr starkes Gift. Aus diesem Grund sollte übrigens auf baumgesäumten Wegen im Winter kein Salz gestreut werden.

Auch Kartoffeln, Tomaten, Gurken und Gartenbohnen sind sehr chloridempfindlich. Dagegen ist Chlor in der genannten Form für Pflanzen aus der Familie der Kohlgewächse *(Brassicaceae)*, erst recht für rote Bete, Mangold und Spinat, also Vertreter der Gänsefußgewächse *(Chenopodiaceae)*, lebensnotwendig. Da gerade leichte Mangelerscheinungen kaum sichtbar sind, gleichwohl aber die Pflanzengesundheit und damit die Abwehrkräfte beeinträchtigen können, ist es sinnvoll, dem Boden dort, wo die genannten Arten wachsen, geringe Mengen an Salz zuzufügen. 1 Teelöffel Salz/m^2 reicht aus. Wenn Sie allerdings neben Küchenabfällen auch Essensreste kompostieren, sollte die Salzgabe unterbleiben. Käse, Wurst und andere Essensreste enthalten nämlich reichlich Salz, das dem Boden über den Kompost zugeführt wird.

Vergleichsweise schnell erkennbar ist dagegen bei Kohlpflanzen, insbesondere bei Blumenkohl, ein Molybdänmangel. Das Krankheitssymptom wird „Klemmherzigkeit" genannt, denn unter Molybdänmangel kann sich die Blattspreite nicht normal ausbilden, sondern sieht wie eingeklemmt aus. Die Herzblätter verkrüppeln. Fehlt den Pflanzen das essentielle Metall, ist

FAMILIENZUGEHÖRIGKEIT DER GEMÜSE UND KRÄUTER		
PFLANZENFAMILIEN	GEMÜSE UND KRÄUTER	WILDKRÄUTER UND GRÜNDÜNGUNGSPFLANZEN (GD)
Baldriangewächse *(Valerianaceae)*	Feldsalat	Baldrianarten
Doldenblütler *(Umbelliferae)*	Dill, Fenchel, Kerbel, Liebstöckel, Möhre, Pastinake, Petersilie, Sellerie	Giersch
Gänsefußgewächse *(Chenopodiaceae)*	Gartenmelde, Mangold, rote Bete, Spinat	Gänsefußarten
Gurkengewächse *(Cucurbitaceae)*	Gurke, Kürbis, Melone, Zucchini	Zaunrübe
Korbblütler *(Compositae)*	Artischocke, Cardy, Chicorée, Eissalat, Endivie, Estragon, Kopfsalat, Pflücksalat, Radicchio, Schnittsalat, Schwarzwurzel	Beifußarten, Distelarten, Franzosenkrautarten, Greiskrautarten, Huflattich, Hundskamille- und Kamillearten, Löwenzahn, Rainfarn, Sonnenblume (GD), Topinambur (GD)
Kreuzblütler *(Cruciferae)*	Blumenkohl, Brokkoli, Brunnenkresse, Chinakohl, Gartenkresse, Grünkohl, Meerrettich, Radieschen, Rettich, Rosenkohl, Rotkohl, Speiserübe, Spitzkohl, Steckrübe, Weißkohl, Wirsingkohl	Ackerhellerkraut, Hederich, Hirtentäschel, Ölrettich (GD), Raps (GD), Senf (GD), Wegerauke, Wiesenschaumkraut
Liliengewächse *(Liliaceae)*	Knoblauch, Porree, Schalotte, Schnittlauch, Spargel, Zwiebel	Maiglöckchen
Lippenblütler *(Labiatae)*	Basilikum, Bohnenkraut, Majoran, Minzearten, Lavendel, Rosmarin, Salbei, Thymian	Brennessel, Hohlzahnarten, Taubnesselarten
Nachtschattengewächse *(Solanaceae)*	Aubergine, Kartoffel, Paprika, Tomate	Bilsenkraut, Nachtschattenarten, Tollkirsche
Schmetterlingsblütler *(Leguminosae)*	Buschbohne, Dicke Bohne, Erbse, Linse, Sojabohne, Stangenbohne	Alexandrinerklee (GD), Inkarnatklee (GD), Lupine (GD), Steinklee (GD), Platterbsenarten, Wickenarten

ihre Fähigkeit, Vitamin C zu bilden, gering. Damit schmälert sich auch der Wert für die menschliche Ernährung. Besonders molybdänbedürftig sind außerdem alle Pflanzen, die mit Knöllchenbakterien in Symbiose leben, unter den Gemüsen ist hier die Erbse zu nennen. Natriummolybdat aus der Apotheke oder vom Chemikalienhandel schafft Abhilfe, auf 10 m² Beetfläche werden jährlich 1–2 g dieser Verbindung gegeben. Zweckmäßigerweise geschieht dies mit dem Gießwasser, mit dem man den Boden gleichmäßig wässert.

Sellerieknollen, aber auch die in Gärten selten angebaute Kohlrübe leiden häufig unter Bormangel. Herzblätter färben sich schwarz und verkrüppeln, der Rübenkörper zeigt hohle Stellen. Zugeführt wird das Element Bor am einfachsten als Borax, chemisch Natriumtetraborat. Man benötigt für 10 m² jährlich etwa 10–20 g Borax.

Krankheitsfördernd wirken neben Düngefehlern, die man durch sorgfältige Kompostwirtschaft und gelegentliche Anwendung von Algenpräparaten oder der oben genannten „Apothekenlösung“ gut in den Griff bekommt, auch Anbaufehler. So können falsche Mischkulturkombinationen zu vermindertem Wuchs führen, und der Verstoß gegen die Regeln der Fruchtfolge hat meist sehr schnell unangenehme Folgen, weil sich die verschiedenen Fruchtfolgekrankheiten bemerkbar machen.

Ferner sollten Sie beachten, daß besonders wärmebedürftige Gemüsearten in klimatisch ungünstigen Lagen leicht kränkeln und dann von vielen Schwächeparasiten befallen werden können, gegen die gesunde Pflanzen genügend eigene Abwehrkräfte mobilisieren. In solchen ungünstigen Lagen wirkt es sich vorteilhaft aus, wenn Gemüsepflanzen im Kleingewächshaus oder Frühbeet vorgezogen werden. Denn einerseits haben manche Arten besonders hohe Temperaturansprüche in der Keimungsphase, andererseits können wachsende Pflanzen den Angriffen von pilzlichen Krankheitserregern besser widerstehen. Die sensible Keimphase, in der die Gewächse besonders anfällig für die sogenannten Keimlings- oder Umfallkrankheiten sind, sollte daher so kurz wie möglich sein. Für Freilandaussaat bedeutet dies, daß der Boden (und nicht die Luft!) die jeweilig optimale Temperatur haben sollte. Zu frühe Saat ist außerdem nicht gleichbedeutend mit früherer Ernte, so daß ein wenig Geduld sich immer auszahlt. In besonders kühlen Lagen sollten Sie sich auch überlegen, ob auf den Anbau von wärmeliebenden Gemüsearten nicht lieber ganz verzichtet werden kann. Hierzu zählen etwa Tomate, Artischocke und Paprika. Es gibt eine Vielzahl von ebenso schmackhaften „harten“ Gemüsen, die als Ersatz in Frage kommen.

Hygienemaßnahmen

Vorbeugen ist immer besser als heilen. Dies gilt im naturnahen Gartenbau in ganz besonderem Maß, denn der Einsatz chemischer Mittel soll möglichst unterbleiben, und die natürlichen, sanften Maßnahmen sind in ihrer Wirksamkeit – so muß ehrlicherweise zugestanden werden – begrenzt. Deswegen sollte das Augenmerk auf alle diejenigen Tricks und Kniffe gelegt werden, die die Chance für einen Befall mit schädlichen Pilzen deutlich mindern. Da viele Pilzarten als Sporen

▲ *Geringe Ansprüche an Boden und Lichtverhältnisse stellt der Winterportulak* (Montia perfoliata). *Seine vitaminreichen Blätter werden roh oder gekocht verzehrt.*

oder Sklerotium in oder auf befallenen Pflanzenteilen überdauern, ist es ratsam, solche stets von den Beeten zu entfernen. Ernten Sie daher Kopfkohlarten, indem Sie die ganze Pflanze aus dem Boden reißen. Rosenkohlstrünke sollten nach dem Abernten ebenfalls entfernt werden. Besteht Verdacht auf Kohlherniebefall, dürfen die Strünke und geschwollenen Wurzeln nicht kompostiert werden. Auch Kartoffelkraut wandert in die Mülltonne, denn beim Kompostieren besteht die Gefahr, daß der Krautfäuleerreger überlebt.

Generell sollten Gemüsebeete aus Gründen des vorbeugenden Pflanzenschutzes sauber gehalten werden. Entfernen Sie daher spätestens nach der letzten Ernte einer Gemüseart alle Ernterückstände von den Beeten. Überzählige Pflanzen, die Sie weder lagern noch einkochen oder einfrieren wollen, müssen ebenfalls von den Beeten genommen werden, auch wenn Sie die Fläche nicht direkt im Anschluß neu bepflanzen wollen. Wenn die Pflanzen gesund wirken, werden sie zerkleinert und landen dann auf dem Kompost. Kranke Pflanzen sollten lieber in die Mülltonne gegeben werden. Auch die „Biotonne“ ist für die Entsorgung geeignet, da bei den angewendeten Kompostierungsverfahren von einer sicheren Abtötung der Mikroorganismen ausgegangen werden kann.

Attraktive Gemüsearten

Eine Reihe Radieschen, ein paar Kopfsalatpflanzen und zwei Reihen Kohlrabi – wenn Sie einen kleinen Garten haben, ist diese Kombination zweckmäßig. Und sie bietet garantiert frischeren und giftfreieren Genuß als das Angebot aus dem Supermarkt. Die genannten Arten gehören auch zum Standardsortiment eines jeden Bioladens. Doch wenn Sie Interesse an nicht so bekannten Gemüsen haben, müssen Sie sehr lange suchen, um diese in einem Laden zu finden. Hobbygärtner und -köche haben glücklicherweise die Möglichkeit, andere Wege zu gehen. Noch gibt es in gut sortierten Samenhandlungen oder spezialisierten Versandgeschäften seltene oder aus der Mode gekommene Gemüsearten und -sorten zu kaufen. Eine verstärkte Nachfrage nach den weitgehend unbekannten Gemüsen hat als positiven Nebeneffekt, daß diese Arten auch weiterhin bei den Züchtern vermehrt werden und so ihr genetisches Potential, das vielleicht zukünftig zur Einkreuzung von Resistenzen in andere Arten benötigt wird, vor dem Aussterben bewahrt wird.

Aber nicht nur die Gaumenfreuden lassen sich durch den Anbau von alten Gemüsen steigern. Auch aus der Sicht des vorbeugenden Pflanzenschutzes ist es begrüßenswert, Fruchtfolgen aufzulockern und damit Nematoden oder Bodenpilzen ein Schnippchen zu schlagen. Besondere Bedeutung kommt Gemüsearten aus „fremden“ Pflanzenfamilien zu, denn viele Schädlinge sind auf Kulturpflanzen innerhalb der gleichen Familie spezialisiert und können „außerhalb“ nichts anrichten.

Der Winterportulak *(Montia perfoliata)* zählt zur Familie der Portulakgewächse *(Portulaceae)*, die ansonsten im Nutzgarten nicht vorkommt. Die Pflanze, die auch Postelein genannt wird, besitzt fleischige, tütenförmige Blätter, die zusammen mit den Stielen roh als Vitamin-C-reicher Salatersatz oder gekocht wie Spinat zubereitet wird. Der einjährige Winterportulak gedeiht am besten im Halbschatten und ist sehr anspruchslos. Da er milde Winter im Freien überdauert, kann man sich auch in der kalten Jahreszeit mit frischem Salat versorgen.

Ähnlich wie der Winterportulak wird das leicht salzig schmeckende Eiskraut *(Mesembrianthemum crystallinum)* zubereitet. Es gehört der

▶ *Raffinierte Kräutersaucen sind ohne den Gartensauerampfer* (Rumex acetosa) *nicht denkbar. Die mehrjährige Pflanze ist außerdem sehr anspruchslos, deshalb sollte sie in keinem Gemüsebeet fehlen.*

Familie *Aizoaeae* an, die ebenfalls kaum im Garten zu finden ist und für die auch kein deutscher Name existiert. An trockenen, sonnigen Stellen, an denen andere Gemüse nie gedeihen würden, fühlt sich das Eiskraut am wohlsten.

Wie Kartoffeln werden die unterirdisch wachsenden Knollen des Topinambur *(Helianthus tuberosus)* zubereitet. Leider ist die auch Erdartischocke genannte Pflanze kaum züchterisch bearbeitet worden, so daß das Schälen der ungleichmäßig geformten Knolle etwas mühsam ist. Doch die attraktiven, großen gelben Blüten, denen man die Verwandtschaft zur Sonnenblume ansieht, entschädigen für die etwas mühsame Zubereitung. Außerdem sind die Knollen frostfest, so daß sie sogar im Winter bei Bedarf geerntet werden können. Topinambur ist auch als Gründüngungspflanze von Bedeutung.

In den Grenzbereich zwischen Kraut und Gemüse fällt der Gartensauerampfer *(Rumex acetosa)*, der der Knöterichfamilie *(Pologanaceae)* angehört. Aus den Blättern der anspruchslosen Staude lassen sich schmackhafte Kräutersaucen oder -suppen zubereiten. Das säuerliche Aroma ist wie beim verwandten Rhabarber auf den Gehalt von Oxalsäure zurückzuführen. Die Säure wirkt nierenreinigend, nur im Übermaß konsumiert entzieht sie dem Körper Wasser. Traditionell werden daher Kräutersaucen mit Milch und Sahne zubereitet, da das dort enthaltene Calcium die Säure als unschädliches Calciumoxalat bindet.

WACHSTUMSBEGINN	
ARTEN	BODEN-TEMPERATUR
Dicke Bohne Erbse Rettich Möhre Topinambur	4–6 °C
Rote Bete	6–8 °C
Kartoffel Buschbohne Stangenbohne	8–10 °C
Mais	12–15 °C
Kürbis	über 15 °C

Aber selbst wenn die abwechslungsreiche Fruchtfolge durch die bereits beschriebenen Gemüsearten nicht im Vordergrund des gärtnerischen Tuns steht, lohnt sich der Anbau seltener Arten und Sorten, denn sie bringen eine willkommene frische Note in den Garten, an der sich auch das Auge erfreut. Für Abwechslung sorgen sie aber auch auf dem Speisezettel, denn auch gut sortierte Gemüsehändler müssen zumeist passen, wenn Sie nach Pastinaken *(Pastinaca sativa)*, Kerbelrüben *(Chaerophyllum bulbosum)*, Haferwurzeln *(Tragopogon porrifolius)* oder Flügelerbsen *(Lotus tetragonolobus)* fragen.

Die Pastinake ist eng mit der Möhre verwandt und wird daher von ähnlichen Schädlingen, beispielsweise der Möhrenfliege, befallen. Durch die Mischkultur mit Zwiebeln oder mittels Gemüsefliegennetzen kann man die Pastinake sicher vor Schädlingen schützen. Im Geschmack ist die auch als Hammelmöhre oder Meerwurzel bekannte Pflanze deutlich intensiver als die Möhre und erinnert an Sellerie. Bevor sie von der Möhre und der im 18. Jahrhundert eingeführten Kartoffel verdrängt wurde, gehörte die Pastinake zu den Hauptnahrungsmitteln. Da die cremefarbene Rübe im Anbau weniger Ansprüche als die Möhre stellt, aber deutlich gehaltvoller bei den Inhaltsstoffen Eiweiß, Kohlenhydrate, Rohfaser sowie Mineralstoffe ist, steht ihrer Wiederentdeckung wenig im Weg. Außerdem enthält die Pastinake mehr als dreimal so viel Vitamin C. Da die gut lagerfähigen Pastinakenrüben bedeutend größer werden als die Möhre, muß ein entsprechend größerer Saatabstand eingehalten werden. Die Einzelpflanzen sollten in der Reihe 15–20 cm Abstand voneinander haben, die Reihen zueinander 30 bis 40 cm. Die lange Keimdauer von bis zu 30 Tagen ist typisch für alle Doldenblütler *(Apiaceae)*, deswegen ist eine Markierung der Saat, z. B. mit Radieschen, empfehlenswert.

Da die Rüben in gewöhnlichen Wintern frosthart sind, müssen sie nicht unbedingt auf einmal geerntet werden, sondern man kann sie nach Bedarf aus der Erde holen. Zudem wird ihr etwas scharfer Geschmack unter Frosteinwirkung abgeschwächt. Dort, wo Mäuse zahlreich sind, ist ein entsprechend sicheres Lager angemessen.

Folien, Netze und Vliese

Auf den ersten Blick mögen Kunststoffe nicht so richtig zum naturgemäßen Garten passen. Doch stehen die unterschiedlichen Folienarten, Gemüsefliegennetze sowie Vliese nur in scheinbarem Widerspruch mit den sanften Gartenbaumethoden. Denn ihr Einsatz spart nicht nur viel Arbeit, sondern auch jede Menge Spritzmittel. Folien aus Polyethylen, von denen im Hausgarten vor allem schwarze Mulchfolien und transparente Folientunnel oder Flachfolien Verwendung finden, geben keine Schadstoffe an die Umwelt ab und sind je nach Zusammensetzung und Sorgfalt bei der Verwendung mehrere Jahre haltbar. PVC-Material sollten Sie meiden,

▲ *Die robuste, deutlich größer als eine Möhre werdende Pastinakenrübe (Pastinaca sativa) erinnert im Geschmack an Sellerie und Möhre. Pastinaken liefern ein besonders gehaltvolles Gemüse.*

denn bei Herstellung und Entsorgung dieses Stoffes entstehen viele unerwünschte Nebenprodukte.

Schwarze Mulchfolie wird, wie der Name sagt, zum wildkrautunterdrückenden Mulchen verwendet. Im Gegensatz zu Stroh entsteht bei ihrer Anwendung kein Mäuse- oder Schneckenproblem. Folienbedeckte Böden sind durchschnittlich 2 °C wärmer und werden von Niederschlägen nicht verschlämmt.

Erdbeeren und Gurken pflanzt man auf schmale, seitlich eingegrabene Folienbahnen, in die man für die Jungpflanzen einen Kreuzschnitt in Größe des Wurzelballens macht. Hacken und Jäten ist dann nicht notwendig.

Transparente Folie dient zum Bedecken von Gemüsebeeten. Sie wird als Folie mit 250–1000 Löchern/m² angeboten. Unter ihr gedeihen Jungpflanzen wie in einem gut gelüfteten Treibhaus. Die Vegetationszeit wird also durch Verwendung von Folien verlängert. Je nach Jahreszeit und Witterungsverlauf sollte die Folie nach einigen Wochen wieder entfernt werden, wenn das Höhenwachstum der Pflanzen einsetzt. Praktischer ist da die Schlitzfolie, die ca. 30 000 feine Schlitze/m² hat, die anfangs geschlossen sind und sich mit dem Anheben der Folie durch das Pflanzenwachstum öffnen; sie wird deshalb auch „mitwachsende" Folie genannt.

Derartige selbstlüftende Folien bleiben bei den meisten Kulturen bis unmittelbar vor der Ernte auf den Beeten. Die darunter kultivierten Pflanzen werden durch die sich langsam öffnenden Schlitze behutsam abgehärtet. Sie sind Gewächsen, die nicht bedeckt werden, im Wachstum um mehrere Tage bis Wochen voraus, denn das Mikroklima ist unter geschlitzten wie auch unter gelochten Folien vorteilhaft für die Entwicklung. Dabei mag auch die im Vergleich zum Freiland höhere Kohlendioxidkonzentration in der Luft eine Rolle spielen, denn dieses Gas wirkt wie ein Dünger. Zudem werden von Schlitz- oder Lochfolien bedeckte Beete deutlich weniger von Schadinsekten befallen als ungeschützte Kulturen.

Gemüsefliegennetze eignen sich allerdings noch besser zum Abhalten von Insekten. Sie bestehen ebenfalls aus Polyethylen oder einer Mischfaser aus Polypropylen und 5% Polyamid. Ihre Maschenweite liegt bei knapp 2 mm, so daß Kohl-, Möhren- und andere Gemüsefliegen keine Chance zur Eiablage an den Jungpflanzen haben. Erstaunlicherweise halten Gemüsefliegennetze auch Blattläuse fern, obwohl diese durch die Maschen passen würden. Gemüsefliegennetze aus Kunststoff lassen Niederschläge und Luft fast ungehemmt durch, saugen sich aber nicht mit Wasser voll. Im Gegensatz zu den früher gelegentlich verwendeten ausrangierten Stores bleiben sie daher auch nach Regenfällen leicht und behindern selbst Jungpflanzen nicht im Wachstum.

Die positiven Eigenschaften von Folien und Netzen finden sich in den sogenannten Vliesen vereint. Sie sind leicht, reißfest und jahrelang haltbar, absolut undurchdringlich auch für winzigste Insekten und schaffen ein günstiges Mikroklima. Vliese sind nichtgewebte Flächengebilde aus feinsten Kunststofffasern, die wahllos neben- und übereinander liegen und durch Druck oder chemisch unlösbar miteinander verbunden sind. Als Material kommen Polypropylen, PET (ein Polyester, aus dem auch Limonadenflaschen hergestellt werden) oder Polyamid in Frage. Selbst Pilzsporen, die sich in der Luft befinden, haben Schwierigkeiten, Vliese zu durchdringen. Und auch die Übertragung von Pilzen durch abtropfendes oder hochspritzendes Regenwasser ist unter den Vliesen gemindert.

Für Tomaten, die oft unter der Braunfäule leiden, ist daher das Anbringen von „mitwachsenden" Vlieshauben eine brauchbare ungiftige Pflanzenschutzmaßnahme. Die Haube wird zunächst am offenen Ende ein Stück aufgerollt, über Pflanzpfahl und Gewächs gestülpt und dann leicht im Boden verankert. Wenn die Pflanze in die Höhe wächst, zieht man oben an der Haube und rollt dabei ein Stück aus der im Boden liegenden Rolle ab.

Folien, Netze und Vliese tun natürlich nur ihre Wirkung, wenn sie an allen Rändern mit Erde oder Steinen beschwert sind, so daß keine Schlupflöcher für Insekten bleiben. Nach der Ernte werden die Abdeckungen von Blättern und Erde befreit. Schmale Bahnen sollten Sie dann auf einen Stock aufrollen, breitere müssen gefaltet werden.

Gemüselagerung

Fast das ganze Jahr über stehen Gemüse zur Frischernte an. Radieschen und die vielen Salatformen werden nach und nach ausgesät, so daß Sie auch hier die jeweils reifen Mengen frisch vom Beet verzehren können, sofern Sie richtig geplant haben. Beachten Sie aber, daß zur falschen Zeit gepflanzte Salatsorten im Sommeranbau „schießen". Hiermit bezeichnet der Gärtner die Neigung der Pflanzen, einen langen Haupttrieb zu bilden und Blüten anzusetzen. Da es sich beim Salat aber um Blattgemüse handelt, ist dies nicht gewünscht. Vielmehr soll die Pflanze einen extrem gestauchten Trieb und reichlich Blattmasse bilden. Das Schießen wird beim Salat durch die länger werdenden Tage im Sommer ausgelöst. Zum Glück hat die Züchtung Sommersorten hervorgebracht, bei der diese Neigung äußerst gering ist, während Frühjahrssorten im Sommer sofort durchtreiben.

In unseren Breiten läßt es sich nicht gänzlich vermeiden, daß die Ernteerträge vieler Gemüsearten dicht gedrängt innerhalb weniger Wochen anfallen. Trotz des Anbaus früher und später Sorten, mit dem eine gewisse zeitliche Streuung der Erträge möglich ist, steht man plötzlich vor Unmengen von Möhren, Bohnen oder Tomaten. Die weicheren, leicht verderblichen Gemüse lassen sich nur vorbehandelt lagern, d. h. sie können eingekocht oder eingefroren werden. Ein größerer Gemüsegarten setzt daher eine nicht zu kleine Gefriertruhe oder eine Unzahl von Weckgläsern sowie den dazugehörigen Einkochkessel voraus.

Ohne besondere Behandlung lagerfähig sind hingegen die harten Gemüse, hier vor allem die späten Sorten. Möhren, Kohlkopfarten, Sellerieknollen und natürlich Kartoffeln halten sich – richtig gelagert – mehrere Monate ohne nennenswerten Qualitätsverlust. Beim Anbau von Gemüse, das später gelagert wird, sollte nur sparsam mit Stickstoff, dagegen großzügig mit Kalium gedüngt werden. Hohe Nitratgehalte des Gemüses schränken nämlich die Lagereignung ein, und zudem vergrößert sich die Anfälligkeit gegen Fäulniserreger. Kalium sorgt für festes Gewebe und fördert so die Lagerfähigkeit.

Bevor das Gemüse eingelagert wird, läßt man es einen Tag abtrocknen, dann wird es „geputzt", aber keinesfalls gewaschen. Entfernen Sie lose anhaftende Erde und drehen Sie bei Möhren die Blätter ab. Bei roten Beten und Schwarzwurzeln bleibt ein daumenbreiter Blattstielrest stehen. Bei Rot- und Weißkohl werden die äußeren Blätter und die Strünke entfernt, ebenfalls die Blätter von Kohlrabi und Sellerieknollen. Generell soll nur einwandfreies Gemüse eingelagert werden. Trennen Sie auch verschiedene Sorten einer Art, denn ihre Lagereignung ist unterschiedlich.

▶ *Folienabdeckungen fördern das Wachstum und halten so manchen Schädling fern. Frühgemüse unter gelochter oder geschlitzter Folie ist zudem zarter.*

▼ *Unter gelochten Folienschläuchen reifen Tomaten auch noch in ungünstigen Lagen. Die Stauden sind darüber hinaus besser gegen Pilzkrankheiten geschützt.*

Früher waren die Keller unbeheizt und daher der richtige Ort, um Kartoffeln aufzubewahren. Heute sind diese in der Regel zu warm und zu trocken, erst recht, wenn Teile des Kellers als Büro oder Gästezimmer genutzt werden. Kartoffeln keimen unter diesen Bedingungen schnell, wenn sie nicht bereits vorher verschrumpeln. Glücklicherweise gibt es eine preiswerte Alternative zur Kellerlagerung. Eine mittels Maschendraht mäusefest gemachte Erdmiete im Garten ist ideal, um Möhren zu lagern. Auch Kohlrabi, Porree, Rot- und Weißkohl halten sich hier gut. Auf einer gut handbreiten Sandschicht wird das Gemüse dicht an dicht gelegt, dann

LAGERTEMPERATUREN FÜR GEMÜSE			
ART	TEMPERATUR (°C)	LAGERZEIT (TAGE)	MIETEN-LAGERUNG
Chinakohl	1–2	40	nicht geeignet
Kartoffeln	6–8	130	nicht geeignet
Kohlrabi (ohne Laub)	2–5	60	geeignet
Möhren	3	70	geeignet
Porree	0–3	45	geeignet
Rote Bete	1–2	70	geeignet
Rotkohl/Weißkohl	1–2	90	geeignet
Sellerieknollen	1–2	120	geeignet
Zwiebeln	1–2	120	nicht geeignet

folgt eine zwei- bis dreifingerbreite Sandschicht, darauf die nächste Gemüselage und so fort. Zum Schluß wird die Miete mit etwa 40 cm Erde bedeckt und gegen Nässe geschützt. Mit einer Schicht aus grobem Sand oder Kies sorgt man unter der Gemüsemiete für guten Wasserabzug. Im Winter stellt sich die ideale Lagertemperatur von selber ein, und die Luft in der Miete bleibt innen ausreichend feucht. Weil das Öffnen eines solchen Gemüselagers mühsam sein kann, wenn der Boden gefroren ist, empfiehlt es sich, einen kleinen „Handvorrat" im Haus zu lagern, etwa im Gemüsefach des Kühlschranks.

Aufwendiger, aber komfortabler ist der Bau eines sogenannten „Erdkellers" aus Kanalrohren. Solche Betonringe gibt es im Baustoffhandel für ein paar hundert Mark. Wählen Sie Ringe mit einem Durchmesser von mindestens 170 cm, ihre Anzahl ist abhängig von der gewünschten Größe des Kellers. Die Ringe werden so auf ein Kiesbett gesetzt, daß sich ein liegender Zylinder bildet. Für die hintere Wand gibt es spezielle Elemente mit Boden. Vorn wird die Röhre je nach Geschmack und Talent mit Brettern oder einer kleinen Mauer teilweise verschlossen. Wichtig ist nur die mittig angebrachte Eingangstür. Der Zylinder sollte leichtes Gefälle zu dieser Tür haben und etwa ein Drittel im Erdboden liegen. Mit dem Aushub wird der aus der Erde herausragende Teil abgedeckt und danach bepflanzt. Ein Vordach hält Regen von der Tür fern. In dem so entstandenen Erdkeller werden Regale aufgestellt, auf denen man Gemüse und Obst lagert, aber auch Wein und was es sonst so alles feucht und kühl zu halten gilt.

Ertrag ist nicht alles

Aus gesundheitlicher Sicht soll ein Erwachsener am Tag etwa 200 g, besser noch 250 g Gemüse verzehren, Kinder je nach Alter mindestens 100 g. Diese Angaben beziehen sich auf küchenfertig vorbereitetes Gemüse. Ernten müssen Sie mehr, denn bei allen Gemüsen entstehen sogenannte „Putzverluste" wie welke Blätter, Schalen, Strünke und dergleichen.

Für 100 g Brokkoli oder Blumenkohl sollten Sie etwa 220 g ernten, etwas besser sieht dieses Verhältnis bei Porree mit 100 : 170 aus. Günstig schneiden Möhren mit 100 : 120 ab. Bevor Gemüse im Garten angepflanzt wird, berät zunächst die ganze Familie darüber, welche Gemüsearten gerne gegessen werden. Wenn sich dann zeigt, daß die beliebten Arten im Garten nicht oder nur mit großem Aufwand gedeihen, bleibt nichts anderes übrig, als das Gemüse wie bisher im Laden zu kaufen. Im anderen Fall sollte überlegt werden, wieviel Zeit man in die Gartenarbeit investieren möchte und welche Beetflächen für den Anbau von Gemüse zur Verfügung stehen.

Unterschätzen Sie den Zeitfaktor nicht. Man rechnet mit mindestens 30 Minuten pro Jahr und Quadratmeter Gemüsefläche. Bei intensiver Handarbeit kann es auch mehr werden, zumal im naturnahen Garten das Düngen mit Kompost zeitintensiver ist als das Streuen von „Blaukorn", und manche Pflanzenschutzmaßnahme, wie das Absammeln von Schädlingen statt Gift zu spritzen, einen großen Zeitaufwand einnimmt.

▶ *Vliese sind ein sicherer Schutz vor Blattläusen und Gemüsefliegen. So gelingt auch der Anbau von Möhren ohne jegliches Spritzen.*

Pflanzenschutz bei Gemüse

Schädlinge und Krankheiten können im Gemüsegarten die ganze Ernte vernichten. Die Kenntnis der Symptome, vorbeugende Maßnahmen und eine rechtzeitige Bekämpfung helfen, schwere Schäden zu vermeiden.

Die Kulturformen der vielen Blatt- und Wurzelgemüsearten haben im Vergleich zu ihren wild vorkommenden Vorgängern weniger natürliche Abwehrstoffe gegen Schädlinge und Krankheiten. Da es sich bei den meisten dieser natürlichen Schutzstoffe um bittere oder im Geschmack unangenehme Substanzen handelt, die eine Verwendung der Pflanzenteile in der Küche erschweren, wurden sie bei der Pflanzenzucht verständlicherweise wenig berücksichtigt.

Außerdem ist die Gewebestruktur der Gemüse durch Züchtung deutlich zarter geworden. Dadurch setzt das Gewebe dem Schädlingsangriff weniger mechanischen Widerstand entgegen. Übertriebene Düngung mit Stickstoff leistet ein übriges und lockt pilzliche Erreger und Blattläuse an. So ist es nicht erstaunlich, daß unser Gartengemüse bei vielen Pflanzenfressern und Krankheitserregern sehr beliebt ist. Doch können Sie durch Kompostwirtschaft, Mischkultur sowie die Förderung von Nützlingen vielen Problemen vorbeugend begegnen.

Fast alle Insekten lassen sich durch Vliese oder Gemüsefliegennetze von den Kulturen fernhalten. Viele Schadpilze sind recht einfach mit selbsthergestellten Teeaufgüssen, Brühen oder Jauchen in den Griff zu bekommen. Und nicht zuletzt schützen geeignete Fruchtfolgen, bei denen Pflanzen derselben Familie nicht unmittelbar aufeinanderfolgen, gegen die meisten vom Boden aus angreifenden Pilze und Nematoden und dienen als gutes und ungiftiges Mittel zur Ertragssicherung. Wenn Sie zudem erkrankte Blätter und Pflanzenteile rechtzeitig entfernen und die Beete regelmäßig von Ernterückständen befreien, bleibt Ihr Garten vor größeren Schäden bewahrt.

Im folgenden sind die wichtigsten Probleme und in der Praxis erprobte Maßnahmen der umweltgerechten Abwehr von Schädlingen und Krankheiten beschrieben.

▼ *Die Raupen des Großen Kohlweißlings* (Pieris brassicae) *fressen fast immer in Gesellschaft. Sie bevorzugen Pflanzen der Kreuzblütlerfamilie. Da die Schmetterlingsraupen meist auf äußeren Pflanzenteilen sitzen, können sie leicht abgesammelt werden.*

GEMÜSEKRANKHEITEN

AUFPLATZEN

Betroffene Pflanzen: Alle Wurzel- und Knollengemüse.
Schadbild: Klaffende Längsrisse bei Möhren, Pastinaken, Kohlrabi usw. infolge von Schwankungen im Bodenfeuchtegehalt.
Gefährlichste Zeit: Die gesamte Wachstumsperiode.

Abwehr
Vorbeugend: Austrocknung des Bodens durch Mulchen und gegebenenfalls Gießen verhindern.
Sanft: Entfällt.
Härter: Entfällt.

BOHNENROST
(Uromyces appendiculatus)

Betroffene Pflanzen: Bohnen.
Schadbild: Vorwiegend auf der Blattunterseite erscheinen weißliche Flecken, während sich auf der Oberseite kleine Aufwölbungen zeigen. Später bildet der Pilz braune und in der Folge schwarze, stark stäubende Sporenlager. Letztere dienen zur Überwinterung. Manchmal werden auch Hülsen infiziert. Bei starkem Befall geringe Gemüseerträge. Es gibt große Unterschiede bei den Sorten. Besonders anfällig sind Stangenbohnen. Feuerbohnen werden kaum befallen.
Gefährlichste Zeit: Die gesamte Wachstumsperiode. Feuchte Witterung und zu dichter Stand begünstigen den Befall.

Abwehr
Vorbeugend: Fruchtwechsel, weniger krankheitsanfällige Sorten wählen, befallenes Bohnenstroh nicht kompostieren. Bohnenstangen vor der nächsten Nutzung gut reinigen. Beim Wässern die Blätter nicht benetzen.
Sanft: Infizierte Blätter abpflücken und vernichten.
Härter: Nicht erforderlich.

BRENNFLECKENKRANKHEIT
(Colletotrichum lindemuthianum)

Betroffene Pflanzen: Bohnen.
Schadbild: Auf Keimblättern, Stengeln und Hülsen treten schwarzbraune, eingesunkene Flecken auf. Später erscheinen dort rosafarbene Sporen. Bei starkem Befall erfolgt vorzeitiger Blattfall. Der Pilz wächst durch die Hülse und infiziert die Samen. Buschbohnen sind besonders anfällig.
Gefährlichste Zeit: Die gesamte Vegetationsperiode, vor allem in feuchten Jahren.

Abwehr
Vorbeugend: Nur gesundes Saatgut von resistenten Sorten verwenden. Fruchtwechsel.
Sanft: Spritzen mit Schachtelhalmbrühe.
Härter: Nicht möglich.

FETTFLECKENKRANKHEIT
(Pseudomonas phaseolicola)

Betroffene Pflanzen: Bohnen, vor allem Busch- und Stangenbohnen.
Schadbild: Auf Blättern erscheinen ölig durchscheinende bis gelbliche, eckige Flecken, die gegen das gesunde Gewebe durch einen hellen Hof abgegrenzt sind. Bei regenarmer Witterung trocknen die „fettigen" Flecken ein und lassen ein silbernes Häutchen zurück, in feuchten Perioden zeigt sich dort dagegen klarer Bakterienschleim. Die Blätter vertrocknen. Auch an Stengeln, Hülsen und Samen können erst fettig-dunkelgrüne Flecken entstehen, die später dann glasig durchscheinend werden. Bei feuchtem Wetter erfolgt eine schnelle Ausbreitung. Die Krankheit wird in der Regel durch infizierte Samen übertragen.
Gefährlichste Zeit: Juni bis Juli.

Abwehr
Vorbeugend: Gesundes Saatgut verwenden, und regional als unanfällig bekannte Sorten bevorzugen. Die Fruchtfolge einhalten, oder auf Feuerbohnen ausweichen. Pflanzen, die erkrankt sind, entfernen und nicht kompostieren.
Sanft: Nicht möglich.
Härter: Auch mit chemischen Mitteln kaum möglich.

KARTOFFELSCHORF, GEWÖHNLICHER
(Streptomyces scabies)

Betroffene Pflanzen: Kartoffeln.
Schadbild: An der Oberfläche der Knollenschale rauhe Warzen oder schorfige Stellen. Bei starkem Befall kann die Schale aufreißen. Wuchs und Ertrag bleiben normal, doch die Qualität der Kartoffeln und damit auch ihre Lagerfähigkeit werden stark beeinträchtigt.
Gefährlichste Zeit: Die gesamte Vegetationsperiode.

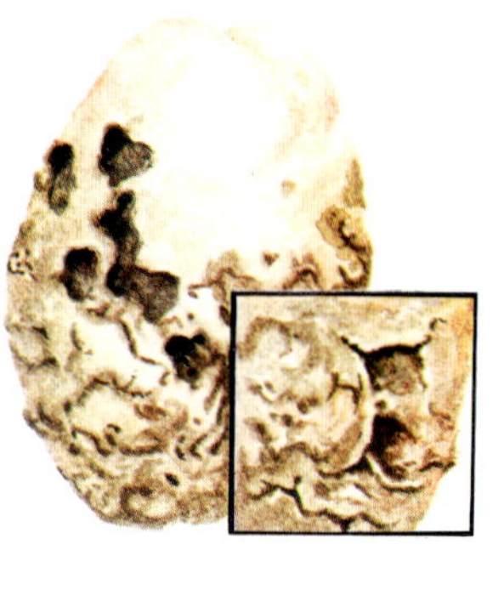

Abwehr
Vorbeugend: Einwandfreies Pflanzgut sowie schorfresistente Sorten wählen. Wenig anfällig sind z. B.

'Clivia' und 'Prima'. Vor dem Kartoffelanbau insbesondere sandige Böden, in dem der Strahlenpilz besonders häufig vorkommt, nicht kalken, da der Erreger hierdurch gefördert wird. Geringe Borgaben sollen den Befall ebenfalls mindern.
Sanft: Nicht möglich.
Härter: Nicht möglich.

KLEMMHERZIGKEIT

Betroffene Pflanzen: Viele Kohlarten, besonders Brokkoli, Blumenkohl und einige Kohlrabisorten.
Schadbild: Verkrümmte Herzblätter, nur unvollkommen ausgebildete Blattspreiten, Wachstumsstörungen oder Ausbleiben der Kopfbildung, hervorgerufen durch einen Mangel an Molybdän.
Gefährlichste Zeit: Gesamte Vegetationsperiode nach der Keimpflanzenphase.

Abwehr
Vorbeugend: Beete mit einer Lösung von Natrium- oder Ammoniummolybdat gießen. Hierzu werden 3 g des im Chemikalienhandel käuflichen Salzes in 10 l Wasser aufgelöst und auf 10 m² Beetfläche ausgebracht.
Sanft: Entfällt.
Härter: Entfällt.

KOHLHERNIE
(Plasmodiophora brassicae)

Betroffene Pflanzen: Kohlarten, vor allem Kohlrabi und Blumenkohl.
Schadbild: Nach einer Infektion durch im Boden lebende, begeißelte Schwärmsporen bilden sich längliche Wucherungen (Gallen) an den Wurzeln. Der Pilz vermehrt sich dort und bildet Dauersporen, die nach dem Zerfall der Wurzeln wieder in den Boden gelangen. Kohlherniegallen sind immer mit Gewebe gefüllt, die Larven des Kohlgallenrüßlers erzeugen hingegen hohle Gallen. Wenn Unklarheit über die Herkunft der Symptome besteht, hilft es, die Gallen aufzuschneiden. Oberirdische Symptome sind blaugrüne Verfärbung der Blätter und ein beeinträchtigtes Wachstum. Bei starkem Befall gehen die Pflanzen ein. Alle Kreuzblütler sowie Mohn und Gräser dienen dem im Boden bis zu 10 Jahre ausdauernden Schleimpilz als Wirte. Ein niedriger pH-Wert begünstigt den Befall ebenso wie Böden, die überflüssiges Wasser schlecht ableiten. Der Pilz wird oft durch Jungpflanzen oder Gartengeräte verschleppt.
Gefährlichste Zeit: Die gesamte Wachstumsperiode.

Abwehr
Vorbeugend: Weite Fruchtfolge einhalten, ausreichende Kalkzufuhr und Bodenlockerung. Pflanzlöcher mit Algenkalk einstäuben. Ernterückstände umgehend entfernen und vernichten. Bei Chinakohl sind tolerante Sorten erhältlich, die den Pilz vermehren, ohne zu erkranken. In gefährdeten Lagen keine Gründüngung mit Raps, Senf usw., Wildkräuter der Kreuzblütlerfamilie nicht dulden und auch nicht kompostieren. Günstig wirken sich frühe Pflanztermine aus.
Sanft: Wenn im selben Jahr kein Kohl angebaut wird, kann die Erregerdichte im Boden deutlich dadurch gesenkt werden, daß man mit Kohltee gießt und mit Mist düngt.
Härter: Nicht möglich.

KRAUT- UND KNOLLENFÄULE DER KARTOFFELN, KRAUT- UND BRAUNFÄULE DER TOMATEN
(Phytophthora infestans)

Betroffene Pflanzen: Kartoffeln sowie Tomaten.
Schadbild: Bei Kartoffeln werden Blätter und Knollen, bei Tomaten Blätter und Früchte befallen. Ausgehend von den Spitzen der älteren Blätter, infiziert der Pilz unter guten Wachstumsbedingungen die ganze Pflanze. Blattoberseits entstehen bei Tomaten graugrüne, bei Kartoffeln eher braune Flecken, die Unterseiten zeigen weißlichen Pilzrasen. Bei trockener Witterung verdorren die Blätter, während sie in feuchten Perioden faulen. Bei infizierten Tomatenfrüchten entstehen helle, unscharfe Flecken und in der Folge eingesunkene braune Stellen, an denen das Fruchtfleisch verhärtet. In regenreichen Jahren werden bei Kartoffeln auch die Knollen befallen, da die Pilzsporen in den Boden geschwemmt werden. Befall ist an eingesunkenen hellgrauen Flecken an der Knollenoberfläche und braunen, trockenen Faulstellen im Knollengewebe sichtbar. Die Lagereignung erkrankter Knollen ist gering. Bei späten Blattinfektionen können die Knollen gerettet werden, indem das Kraut vorzeitig entfernt wird. Die Kraut- und Knollenfäule ist die weitverbreitetste Pilzkrankheit bei Kartoffeln.
Gefährlichste Zeit: Sommeranfang bis zum Ende der Vegetationsperiode. Vermehrter Befall in regenreichen Jahren.

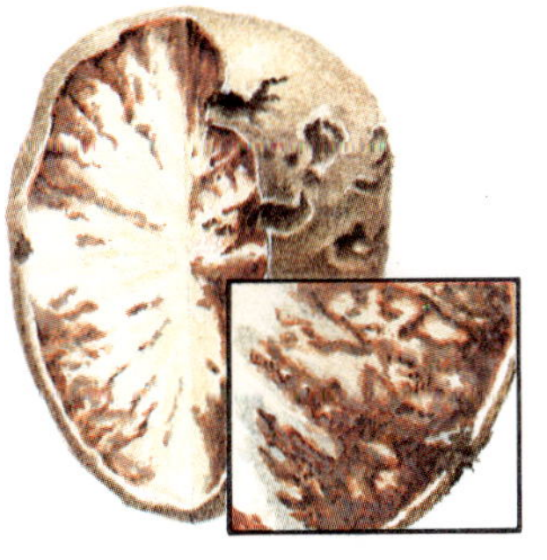

Abwehr
Vorbeugend: Gesundes Saat- bzw. Pflanzgut verwenden. Kartoffeln und Tomaten in weitem Abstand zueinander anbauen. Tomatenlaub beim Wässern nicht benetzen, und untere Blätter entfernen. Vlieshauben schützen Tomatenpflanzen gut vor Nässe. Pflanzstäbe vor erneuter Verwendung gründlich reinigen. Bei Kartoffeln resistente Sorten bevorzugen und in der Reihe nicht zu dicht legen. Pflanzenstärkende Mittel spritzen. Dabei darauf achten, daß die Witterungsverhältnisse ein schnelles Abtrocknen des Laubes zulassen.
Sanft: Wiederholte Spritzungen mit Magermilch können helfen.
Härter: Nur im Notfall Fungizide anwenden, und dann nützlingsschonende Präparate wählen.

MEHLKRANKHEIT
(Sclerotinia cepivorum)

Betroffene Pflanzen: Zwiebeln, seltener Schalotten und Knoblauch. Besonders empfindlich sind weiße Frühlingszwiebeln.
Schadbild: Wurzeln und Zwiebelboden anfänglich mit weißlichem Überzug, später Fäulnis. Befallen werden alle Entwicklungsstadien.
Gefährlichste Zeit: Die gesamte Vegetationsperiode.

Abwehr
Vorbeugend: Weite Fruchtfolge (bewährt hat sich der Abstand von 8 Jahren), verhaltene Stickstoffdüngung. Feuchte Standorte vermeiden. Befallene Pflanzen entfernen und nicht kompostieren.
Sanft: Nicht möglich.
Härter: Nicht möglich.

MEHLTAU, ECHTER, AN ERBSEN
(Erysiphe polygoni)

Betroffene Pflanzen: Erbsen.
Schadbild: Blätter und Stengel sind mit pudrig-weißem, abwaschbarem Pilzbelag überzogen. Später sind gelbe, punktförmige Sporenlager, die mit der Zeit schwarz werden, zu erkennen. Zu größeren Schäden kommt es selten, da die Infektion recht spät auftritt. Beim Anbau früher Sorten ist die Befallswahrscheinlichkeit besonders gering. Inzwischen werden auch gänzlich resistente Sorten angeboten.
Gefährlichste Zeit: Juni bis Juli, vor allem in trockenen, warmen Jahren.

Abwehr
Vorbeugend: Frühe oder resistente Sorten säen. Verhaltene Stickstoffdüngung. Blattstärkenden Schachtelhalmtee spritzen. Versuchsweise auch Knoblauch als Mischkulturpartner setzen. Mit Knoblauchauszug spritzen.
Sanft: Lecithinhaltige Mittel gegen Echte Mehltaupilze anwenden.
Härter: Nicht erforderlich.

MEHLTAU, FALSCHER, AN KOHL
(Peronospora brassicae)

Betroffene Pflanzen: Jungpflanzen verschiedener Kohlarten, vor allem Blumenkohl, Kohlrabi, Brokkoli.
Schadbild: Einige Zeit, nachdem auf der Oberseite der Blätter bleiche Flecken erscheinen, bildet sich auf der Blattunterseite ein grauweißer schimmelartiger Belag. Die Blätter können absterben. Seltener tritt eine Spätinfektion an ausgewachsenen Pflanzen auf.
Gefährlichste Zeit: März bis Mai.

Abwehr
Vorbeugend: Gesundes Saatgut verwenden und bei Anzucht in Kästen in frisches oder steriles Substrat säen. Es sind auch weniger anfällige bzw. resistente Sorten erhältlich. Generell sollen Kohlarten wegen der Kohlherniegefahr *(Plasmodiophora brassicae)* in weiter Fruchtfolge angebaut werden. Dadurch wird auch das Befallsrisiko durch den Falschen Mehltau verringert. Vorgezogene Kohlpflanzen nicht zu dicht säen und bald abhärten. Blätter beim Gießen nicht benetzen. Verhaltene Stickstoffdüngung in der Anzuchtphase.
Sanft: Mit Knoblauchtee spritzen. Kranke Pflanzen von den Beeten entfernen.
Härter: Nur mit Fungiziden möglich, aber bei Einhaltung der empfohlenen Maßnahmen in der Regel nicht erforderlich.

MEHLTAU, FALSCHER, AN SALAT
(Bremia lactucae)

Betroffene Pflanzen: Salat.
Schadbild: Blattoberseits durch die Blattadern abgegrenzte gelbliche Flecken, die später vertrocknen. Auf der Unterseite wird ein weißer bis gräulicher Pilzrasen sichtbar. Der Pilz befällt vor allem die äußeren Blätter und breitet sich in feuchten, warmen Jahren schnell aus. Resistente Sorten bieten keinen vollständigen Schutz, da verschiedene Mehltaurassen vorkommen.
Gefährlichste Zeit: Mai bis Oktober.

Abwehr
Vorbeugend: Auf gesundes Saatgut achten und resistente Sorten bevorzugen. Verhaltene Stickstoffdüngung. Dichten Stand vermeiden, und Blätter beim Wässern nicht benetzen. Mischkultur, bevorzugt mit Knoblauch.
Sanft: Befallene Pflanzenteile oder Pflanzen entfernen.
Härter: Nur mit Fungiziden.

PULVERSCHORF
(Spongospora subterranea)

Betroffene Pflanzen: Kartoffeln.
Schadbild: Knollen mit Mißbildungen und Pusteln, aus denen olivbraunes Sporenpulver frei wird. Die Krankheit tritt vor allem in feuchten und kühlen Gegenden auf.
Gefährlichste Zeit: Die gesamte Vegetationsperiode.

Abwehr
Vorbeugend: Gesundes Pflanzgut verwenden. Weiten Fruchtwechsel (5–6 Jahre) einhalten.
Sanft: Nicht möglich.
Härter: Selbst mit Fungiziden kaum in den Griff zu bekommen.

PURPURFLECKENKRANKHEIT
(Alternaria porri)

Betroffene Pflanzen: Porree, vereinzelt auch Zwiebeln.
Schadbild: Blätter mit violett geranderten Flecken. Bei starkem Pilzbefall sterben die Blätter ab.
Gefährlichste Zeit: Gesamte Vegetationsperiode.

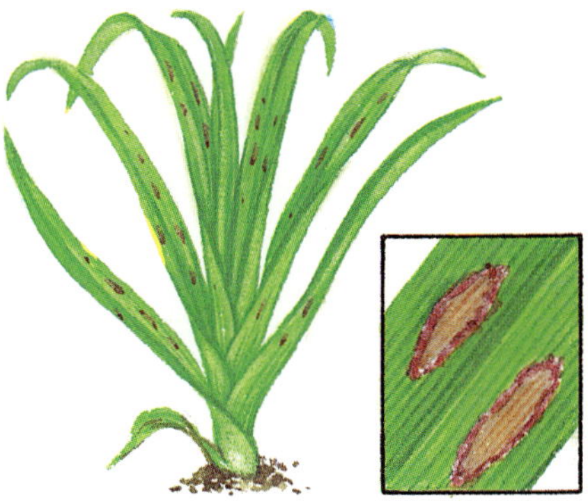

Abwehr
Vorbeugend: Gesundes Saatgut verwenden. Mischkultur. Blattstärkende Spritzungen vornehmen.
Sanft: Kranke Pflanzen entfernen.
Härter: Auch auf chemischem Weg schwierig.

SCHWARZBEINIGKEIT
(Erwinia phytophthora)

Betroffene Pflanzen: Kartoffeln.
Schadbild: Kümmernde Pflanzen mit gelblich verfärbten Blättern. Die Fiederblätter sind gefaltet und stehen steil nach oben. Unterirdisch wachsende Stengelbereiche sterben ab, die erkrankten Pflanzen lassen sich daher leicht aus dem Boden ziehen. Knollen werden weichfaul und breiig.
Gefährlichste Zeit: Mai bis Juni.

Abwehr
Vorbeugend: Verwendung von gesundem Pflanzgut. Zu tiefes und zu frühes Auslegen der Knollen vermeiden. Kranke Pflanzen entfernen und nicht kompostieren. Kartoffeln kühl und luftig lagern.
Sanft: Nicht möglich.
Härter: Nicht möglich.

TOMATENWELKE
(Corynebacterium michiganense)

Betroffene Pflanzen: Tomaten.
Schadbild: Welkekrankheit, bei der sich zunächst nur einzelne Fiederblätter einrollen und vertrocknen. Oft ist auch nur eine Blatthälfte welk. Im weiteren Verlauf greift die von Bakterien verursachte Krankheit auf die gesamte Pflanze über und führt zu ihrem Absterben. An oberen Stengelpartien braune, eingesunkene Längsstreifen. Der Stengelgrund bleibt im Gegensatz zu anderen, pilzlichen Welken gesund. Ein quergeschnittener Stengel zeigt gelbbraun verfärbte Gefäße. Über das Gefäßsystem können auch Früchte infiziert werden, die dann Flecken mit einem braunen aufgerissenen Zentrum und weißen Hof zeigen.
Gefährlichste Zeit: Gesamte Vegetationsperiode nach der Keimpflanzenphase.

Abwehr
Vorbeugend: Gesundes Saatgut verwenden, im Verdachtsfall für etwa 24 Stunden in 0,6%iger Essiglösung beizen. Nicht mit Messern und nur bei völliger Trockenheit ausgeizen. Weite Fruchtfolge einhalten. Kranke Pflanzenteile baldmöglichst entfernen. Im Herbst keine Ernterückstände auf den Beeten lassen.
Sanft: Nicht möglich.
Härter: Wenig erfolgreich. Nur mit kupferhaltigen, regenwurmgiftigen Präparaten möglich.

VIOLETTER WURZELTÖTER
(Rhizoctonia crocorum)

Betroffene Pflanzen: Möhren, Pastinaken, Sellerie, Petersilie (Doldenblütler), aber auch Kartoffeln.
Schadbild: Plötzliche Wachstumsstockung. Der untere Teil des Wurzelkörpers ist von dunkelviolettem Pilzgeflecht überzogen und leicht eingesunken. Später tritt oft Fäulnis ein.
Gefährlichste Zeit: Sommer.

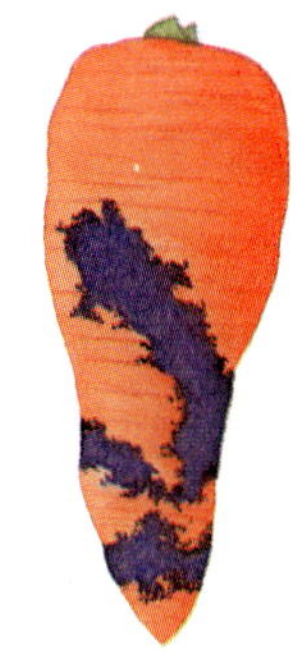

Abwehr
Vorbeugend: Fruchtwechsel und Kompostdüngung im Jahr vor der Möhrensaat.
Sanft: Nicht möglich.
Härter: Nicht möglich.

GEMÜSESCHÄDLINGE

BOHNENBLATTLAUS, SCHWARZE
(Aphis fabae)

Betroffene Pflanzen: Dicke Bohnen (Puffbohnen), Buschbohnen, seltener Stangenbohnen, Gurken, Tomaten, Spinat.
Schadbild: Unverwechselbar zarte, schwarze, ungeflügelte Insekten in Kolonien an Stengeln, jungen Trieben, Hülsen und Unterseiten der Blätter. Neben dem Saugen, das die Pflanzen schwächt und zu Verkrüppelungen führt, überträgt die Bohnenblattlaus zudem verschiedene Viruserkrankungen. Die Schwarze Bohnenblattlaus überwintert u. a. auf Pfaffenhütchen und Gemeinem Schneeball.
Gefährlichste Zeit: Mai bis Juni.

Abwehr
Vorbeugend: Mischkultur mit Bohnenkraut. Dicke Bohnen sehr früh legen. Gefährdete Pflanzen mit Gemüsefliegenvliesen abdecken.
Sanft: Spritzen mit Seifen- oder Weißölpräparaten oder Rainfarn- und Wermutbrühe. Gegen Blattläuse ist auch das nützlingsschonende, im Handel erhältliche „Pirimor" (Wirkstoff Pirimicarb) empfehlenswert.
Härter: Nicht erforderlich.

DRAHTWÜRMER
(Familie *Elateridae*)

Betroffene Pflanzen: Möhren, Kartoffeln und weitere Wurzelgemüsearten, Salat.
Schadbild: Unterirdische Pflanzenteile mit Fraßgängen, hervorgerufen durch die bis zu 3 cm langen Larven einiger Schnellkäferarten. Drahtwürmer sind gelblich glänzend und hart chitinisiert (Name!). Schädlicher als der Wurmfraß sind jedoch die Sekundärinfektionen des befressenen Gewebes durch Bakterien und Pilze. Schnellkäfer legen ihre Eier bevorzugt in frische bis feuchte, unbearbeitete Böden wie Wiesenland ab. Frisch umgebrochene Wiesen sind daher in den ersten Jahren keine empfehlenswerten Standorte für Wurzelgemüse und Salat.
Gefährlichste Zeit: Die gesamte Vegetationsperiode.

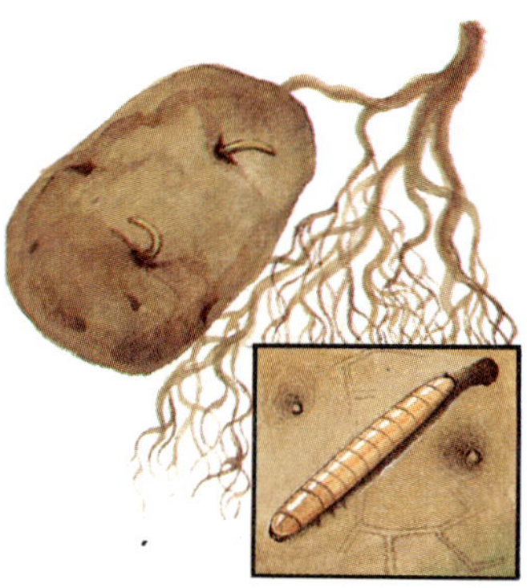

Abwehr
Vorbeugend: Kein Anbau der gefährdeten Gemüsearten auf Wiesenumbruch. Lieber öfters hacken statt mulchen. Natürliche Feinde wie Laufkäfer, Maulwürfe oder Spitzmäuse fördern.
Sanft: Köder aus halbierten Kartoffeln oder Möhren mit der Schnittseite fest auf den Boden drücken. Diese Fallen regelmäßig auf Schädlinge kontrollieren.
Härter: Nicht erforderlich.

ERBSENBLASENFUSS
(Kakothrips pisivorus)

Betroffene Pflanzen: Erbsen.
Schadbild: Kleine, braun verkorkte oder weißlichsilbrige, häufig zusammenfließende Flecke an Blättern und Hülsen. Der „Silbereffekt" wird durch Luft hervorgerufen, die in leergesaugte Zellen eindringt. Bei stärkerem Befall verkrüppeln die betroffenen Pflanzenteile, Blüten welken und fallen ab. Tritt häufiger in geschützten Lagen und in heißen Sommern auf. Ursache ist das Saugen schmaler, bis zu 3 mm großer Insekten, die meist hell-dunkel quergestreift erscheinen. Unter der Lupe sind ausgefranste Flügel erkennbar.
Gefährlichste Zeit: Mai bis August.

Abwehr
Vorbeugend: Mulchen. Frühe oder späte Aussaaten werden kaum geschädigt. Reihen in Windrichtung anlegen. Fruchtwechsel. Natürliche Feinde wie Florfliegen, Spinnen oder Marienkäfer fördern.
Sanft: Bei starkem Befall mit Seifenlösung bzw. seifenhaltigen Präparaten oder Weißöl spritzen.
Härter: In der Regel nicht erforderlich. Notfalls mit Pyrethrumpräparaten spritzen.

ERBSENBLATTRANDKÄFER, GESTREIFTER BLATTRANDKÄFER
(Sitona lineata)

Betroffene Pflanzen: Dicke Bohnen, Erbsen und andere Leguminosen. Auch an Erdbeeren.
Schadbild: Halbkreisförmiger Fraß an Blatträndern durch kleine, dunkle Rüsselkäfer mit hellen Rückenstreifen. Die Käfer lassen sich bei der leisesten Berührung fallen. Larven fressen an Wurzelknöllchen. Größere Schäden richtet der Käfer nicht an, so daß in der Regel keine Abwehrmaßnahmen nötig sind.
Gefährlichste Zeit: April bis Mai.

Abwehr
Vorbeugend: Vor der Aussaat und während der Jungpflanzenphase öfter hacken.
Sanft: Käfer absammeln.
Härter: Nicht erforderlich.

ERBSENWICKLER
(Laspeyresia nigricana)

Betroffene Pflanzen: Erbsen.
Schadbild: Raupenfraß an reifenden Samen in Hülsen. Die Anwesenheit der weißgelblichen Larven des in den Abendstunden fliegenden Schmetterlings ist auch durch Kotkrümel und Gespinst in den Hülsen zu erkennen.
Gefährlichste Zeit: Juni bis August.

Abwehr
Vorbeugend: Späte oder sehr frühe Sorten wählen, und windoffene Lagen für den Anbau bevorzugen.
Sanft: Nicht möglich.
Härter: Nicht möglich.

ERDFLÖHE
(*Phyllotreta*-Arten)

Betroffene Pflanzen: Alle Kreuzblütler, vor allem Radieschen, Rettich und Blattkohlarten.
Schadbild: „Gesiebte" Blätter durch Fraß von glänzendschwarzen oder metallisch dunkelblau schimmernden Käfern. Erdflöhe sind 2–3 mm groß und haben kräftige Sprungbeine (Name!). Der von ihnen angerichtete Schaden bleibt in der Regel gering.
Gefährlichste Zeit: April bis August.

Abwehr
<u>Vorbeugend:</u> Mischkultur mit Spinat oder Salat. Öfter hacken und wässern oder mulchen, da die Käfer trockenen Boden bevorzugen. Natürliche Feinde wie Schlupfwespen, Igel und Laufkäfer fördern.
<u>Sanft:</u> Bei größeren Schäden Rainfarn- oder Wermutbrühe spritzen.
<u>Härter:</u> Nicht erforderlich.

ERDRAUPE
(Familie *Noctuidae*)

Betroffene Pflanzen: Möhren, Salat, Kohl, Zwiebeln und andere Gemüsearten.
Schadbild: Fraßschäden an Blättern, Stengeln und Wurzeln. Auch im Inneren von Kohlköpfen. Jungpflanzen können durch Fraß völlig zerstört werden. Verursacher sind Larven verschiedener Nachtfalterarten, wie etwa der Eulen. Sie sind dick, schmutziggraugrün oder bräunlich und bis zu 5 cm lang. In der Hand rollen sie sich sofort zusammen.
Gefährlichste Zeit: Zeitiges Frühjahr und Spätsommer.

Abwehr
<u>Vorbeugend:</u> Mischkultur mit Tomaten und Sellerie. Boden vor der Saat bzw. Pflanzung gut lockern.
<u>Sanft:</u> Junge Räupchen absammeln.
<u>Härter:</u> Mit Rainfarn- oder Wermutbrühe spritzen; da die Raupen meist versteckt fressen, ist dies nur begrenzt erfolgreich.

KOHLFLIEGE, KLEINE
(Phorbia brassicae)

Betroffene Pflanzen: Kohlarten.
Schadbild: Fraß der bis knapp 1 cm langen Larve (Made) in Wurzel und Stengelbasis, Wachstumsstörungen und Sekundärfäulen. Bleigrau verfärbte Jungpflanzen lassen sich leicht aus dem Boden ziehen.
Gefährlichste Zeit: Jungpflanzenphase.

Abwehr
<u>Vorbeugend:</u> Spätes oder frühes Pflanzen (außerhalb der Hauptflugzeit). Abdecken mit Gemüsefliegennetz oder -vlies. Einzelne Pflanzen mit Kohlfliegenkragen ausstatten oder vor dem Pflanzen bis zu den ersten Blättern in Lehmpaste tauchen. Keine Mistdüngung vor Kohlanbau.
<u>Sanft:</u> Bei Gemüsefliegennetz nicht erforderlich.
<u>Härter:</u> Nicht erforderlich.

KOHLGALLENRÜSSLER
(Ceutorhynchus pleurostigma)

Betroffene Pflanzen: Kohlarten und andere Kreuzblütler.
Schadbild: Erbsen- bis haselnußgroße, rundliche Verdickungen am Wurzelhals von Kohlpflanzen. Im Gegensatz zu Kohlhernie ist die Galle hohl und von einer Larve des Käfers bewohnt.
Gefährlichste Zeit: Von April bis Oktober.

Abwehr
<u>Vorbeugend:</u> Natürliche Feinde wie Schlupfwespen sowie Spitzmäuse fördern. Jungpflanzen tief setzen oder vor dem Pflanzen in Lehmpaste tauchen. Weite Fruchtfolge einhalten (bei Kreuzblütlern ohnehin anzuraten). Abdeckung mit Gemüsefliegenvlies.
<u>Sanft:</u> Mit Rainfarntee spritzen.
<u>Härter:</u> Nicht erforderlich, da selten größere Schäden entstehen.

KOHLWEISSLING
(Familie *Pieridae*)

Betroffene Pflanzen: Alle Kohlarten und andere Kreuzblütler in unterschiedlichem Umfang; nur Grünkohl wird verschmäht.
Schadbild: Raupenfraß an oberirdischen Pflanzenteilen. Blätter sind bis auf die Rippen abgefressen. Während die bis zu 4 cm langen, gelbschwarzen Raupen des Großen Kohlweißlings *(Pieris brassicae)* gesellig sind und meist nur äußere Blätter fressen, dringt die einzelgängerische Larve des Kleinen Kohlweißlings *(Pieris rapae)* auch in das Innere von Kohlköpfen vor. Sie ist grünlich mit schmaler gelber Rückenlinie und wird nur ungefähr 25 mm lang. Kleine schwarze Punkte sind auf der ganzen Körperoberfläche verteilt. Sowohl beim Großen als auch beim Kleinen Kohlweißling richtet erst die zweite Generation im Garten Schäden an.
Gefährlichste Zeit: Von Mai bis September.

Abwehr
<u>Vorbeugend:</u> Natürliche Feinde wie Schlupfwespen fördern. Mischkultur mit Tomaten und Sellerie oder Anbau unter Gemüsefliegennetz. Weitere Maßnahmen erübrigen sich damit.
<u>Sanft:</u> Junge Raupen ablesen und vernichten.
<u>Härter:</u> Nur bei starkem Befall Präparate auf *Bacillus-thuringiensis*-Basis spritzen.

MÖHRENFLIEGE
(Psila rosae)

Betroffene Pflanzen: Möhren, Pastinaken, Wurzelpetersilie, Sellerie.
Schadbild: Von weißlichen, 6 bis 9 mm langen Larven (Maden) meist in den äußeren Schichten zerfressener Möhrenkörper. Fraßgänge mit rötlichem Kot gefüllt, weswegen das Schadbild auch Eisenmadigkeit genannt wird. Möhrenlaub kann sich rötlich verfärben. Häufig treten die gefährlicheren Sekundärfäulen auf.
Gefährlichste Zeit: Von Juni bis September.

Abwehr
Vorbeugend: Mischkultur mit Zwiebeln und Knoblauch. Gemüsefliegenvlies oder Anbau früher Sorten in windoffenen Lagen. Keine Mistdüngung vor Möhren.
Sanft: Nicht möglich, bei Vliesabdeckung auch nicht erforderlich.
Härter: Nicht erforderlich.

SCHNAKENLARVEN
(Familie *Tipulidae*)

Betroffene Pflanzen: Gräser, Erdbeeren, Kohlarten.
Schadbild: Wurzel- oder Wurzelhalsfraß durch große, dickhäutige Larven der bekannten langbeinigen Schnaken. Frische Wiesenböden und nicht regelmäßig geschorene Rasenflächen sind die Haupteiablagegebiete.
Gefährlichste Zeit: März bis Juni.

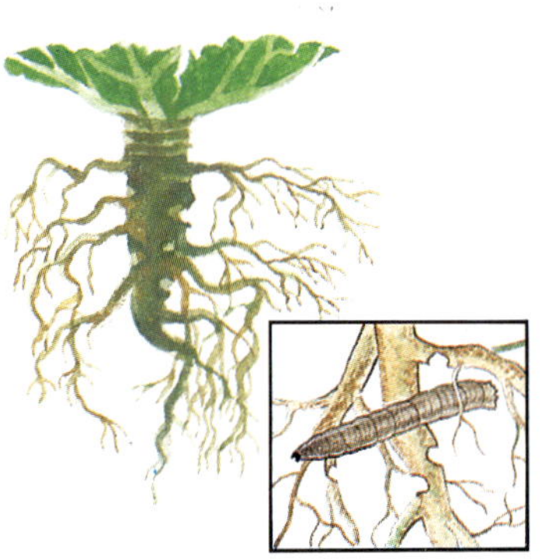

Abwehr
Vorbeugend: Frisch umgebrochene Wiesenstücke nicht mit Wurzelgemüse bestellen.
Sanft: Wenn im Frühling die Larven an die Erdoberfläche kommen, diese absammeln.
Härter: Nicht erforderlich.

WEISSE FLIEGE, KOHLMOTTENSCHILDLAUS
(Aleurodes proletella)

Betroffene Pflanzen: Kohlarten.
Schadbild: Helle Saugstellen an Blättern. Blattunterseits weiße, etwa 2 mm große, mit Wachsstaub bepuderte, zierliche Insekten, die bei Berührung im Schwarm auffliegen. Häufig entwickeln sich auf dem abgegebenen Honigtau harmlose Rußtaupilze. Pflanzen bleiben im Wachstum zurück.
Gefährlichste Zeit: Sommer.

Abwehr
Vorbeugend: Nützlinge wie Spinnen fördern. Weite Pflanzabstände wählen, Pflanzenreste von den Beeten entfernen, um Überwinterung zu behindern. Gemüsevliesabdeckung hält die Schädlinge fern.
Sanft: Mehrmaliges Spritzen mit Rainfarnbrühe oder Seifenpräparaten, da nur die unbeweglichen Larvenstadien gut bekämpfbar sind.
Härter: Nicht erforderlich.

WURZELLAUS
(Gattung *Pemphigus*)

Betroffene Pflanzen: Kopfsalat, Endivie und weitere Köpfchenblütler sowie weitere Gemüsearten, beispielsweise Möhren.
Schadbild: Wachstumsstörung und mangelnde Kopfbildung. Schwache Pflanzen können auch absterben. An den Wurzeln saugen gelbliche, mit Wachs bepuderte, etwa 2–3 mm lange Wurzelläuse, die Wachsausscheidungen rund um den Wurzelbereich im Erdreich hinterlassen. Diese schützen die Tiere vor Austrocknung und Nässe.
Gefährlichste Zeit: Sommer.

Abwehr
Vorbeugend: Natürliche Feinde fördern. Regelmäßiges Wässern oder Mulchen, denn die Läuse bevorzugen trockenen Boden. Gewächse mit stärkenden Brühen gießen.
Sanft: Bei stärkerem Befall, für Prognose Pflanze ausgraben und das Erdreich in Wurzelnähe auf weiße Wachsausscheidungen prüfen, im Wurzelbereich mit seifenhaltigen Präparaten oder Rainfarnbrühe gießen.
Härter: Nicht erforderlich.

ZWIEBELFLIEGE
(Phorbia antiqua)

Betroffene Pflanzen: Knoblauch, Zwiebeln, Lauch (Porree).
Schadbild: Herzblätter bei Jungpflanzen vergilbt, lassen sich herausziehen. Ältere Pflanzen mit deformierten Blättern oder angefaulten Zwiebeln. Schäden der ersten Generation am größten.
Gefährlichste Zeit: Mai bis Juli.

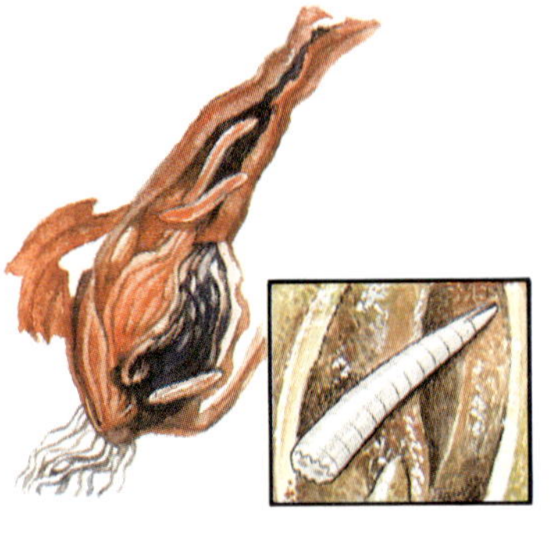

Abwehr
Vorbeugend: Abdeckung mit Gemüsefliegennetz oder Mischkultur mit Möhren. Nützlinge wie Spinnen fördern. Saatgut spät ausbringen, um der Eiablage auszuweichen.
Sanft: Bei Netzanwendung nicht erforderlich.
Härter: Nicht erforderlich.

Rund ums Obst

Äpfel von unvergleichlichem Aroma, Früchte wie Loganbeeren oder Quitten, die im Obstladen kaum erhältlich sind – wer Obst im eigenen Garten anbaut, wird dessen vollen und fruchtigen Geschmack nicht mehr missen wollen.

Unter Obst versteht man fleischige saftige Früchte meist holziger, also ausdauernder Pflanzen. Bäume sowie Sträucher sind die Regel, Stauden wie bei der Erdbeere die Ausnahme. Letztere wird übrigens von manchen Fachleuten aus anbautechnischer Sicht zum Gemüse gestellt. Nicht ohne Grund, denn Erdbeerpflanzen sind sehr auf eine weite Fruchtfolge angewiesen und sollten daher höchstens 2 Jahre auf der gleichen Stelle wachsen. Es ist deswegen sinnvoll, sie in die Gemüsefruchtfolge zu integrieren. Alle anderen Obstarten sind Dauerkulturen, die über Jahre am gleichen Ort wachsen.

Ein wenig Pflanzenkunde

Bei den Früchten unterscheidet die Botanik in Beeren, Steinfrüchte, Sammelbalgfrüchte und Nüsse. Leider sind die deutschen Bezeichnungen für die Obstarten nicht immer botanisch korrekt, denn die Erdbeere ist keine Beere, die Walnuß keine Nuß.

Echte Beeren wie Johannis- und Stachelbeere haben eine dünne äußere Haut, fleischig-saftiges Fruchtfleisch und innen einen oder mehrere Samen.

Bei Steinfrüchten ist dieser Same von einer harten Schale, dem Stein, umgeben. Sie können dies leicht nachprüfen, wenn Sie einen Pfirsichstein aufknacken. Der mandelartige Same liegt im Stein.

Die eigentliche Frucht von Apfel, Birne und Quitte ist das Kerngehäuse, ein fünfkammriger Balg aus den bekannten pergamentartigen Hülsen, in denen die als Kerne bezeichneten Samen sitzen. Das, worin wir mit Appetit hineinbeißen, ist Gewebe des Blütenbodens. Umgangssprachlich ist für diese Früchte die Bezeichnung Kernobst geläufig.

Hart und nicht eßbar ist das eigentliche Fruchtgewebe der Nüsse, beispielsweise die Schale der Haselnuß. Nur der Kern, ein Same mit reichlich fettem Nährgewebe, Vitaminen und Mineralstoffen, ist bei Alt und Jung begehrt.

Um den kurzen Ausflug in die Botanik zu beenden: Die Erdbeerfrucht ist keine Beere, sondern eine Sammelnußfrucht. Diese Einordnung verdankt sie den kleinen gelben, außen auf der „Frucht" sitzenden Nüßchen, die sich gern in die Zahnzwischenräume einnisten. Das eigentlich schmackhafte an der Erdbeere ist der angeschwollene Blütenboden. Himbeere und Brombeere werden als Sammelsteinfrüchte bezeichnet. Jede kleine Einzelkugel enthält einen Stein.

Krankheitsfördernde Faktoren erkennen

In bedeutend größerem Maß als beim Gemüse ist die richtige Standortwahl bei den Obstarten für Erfolg oder Mißerfolg entscheidend. Handelt es sich beim Obst doch überwiegend um Dauerkulturen.

Alle Obstarten gedeihen auf den typischen tiefgründigen, humosen Gartenböden gut. Unterschiedlich sind hingegen ihre Ansprüche an das Klima und die Feuchteverhältnisse des Bodens. Frühblühende Arten und Sorten sind eher durch auftretende Spätfröste gefährdet als späte Blüher.

◀ Sonnenlicht ist für reifende Äpfel wichtig. Es fördert die typische Fruchtausfärbung und den Vitamingehalt.

VERSCHIEDENES OBST

1 Beim Kernobst sitzen die Samen in einem fünfkammrigen Balg. Das darumliegende Gewebe des Blütenbodens ist bei vielen Äpfeln knackig, bei einigen Birnensorten zart schmelzend.

2 Kirschen, Pflaumen und Pfirsiche zählen zum Steinobst. Der Same wird von einem harten Stein umhüllt. Das Fruchtfleisch ist saftig. Weitere Steinobstarten sind Aprikose und Mandel.

3 Direkt im saftigen Fruchtfleisch liegen die Samen des Beerenobstes. Oft sind sie bereits von außen durch die dünne Fruchtschale zu erkennen, etwa bei der hier gezeigten Stachelbeere.

4 Bei Nüssen ist nur der fettreiche Same eßbar. Die eigentliche Frucht ist die steinharte Nußschale. Daher spricht man bei Haselnüssen auch von Schalenobst.

Welche Pflanzen müssen befruchtet werden?

Weil beim Obst im Gegensatz zum Gemüse immer generativ, also durch einen Befruchtungsvorgang entstandene Pflanzenteile für den Gärtner von Interesse sind, sollte er entsprechende Kenntnisse über die richtigen Befruchtungspartner besitzen. Denn die beste Apfelsorte wird kaum fruchten, wenn Insekten nicht geeignete Pollen beim Nektarsaugen in der Blüte „verlieren“.

Apfel und Birne gelten als selbstunfruchtbar. Daher werden zwei Bäume unterschiedlicher Sorten benötigt, die nicht weiter als 100 m auseinanderstehen sollten, um sich durch den Blütenbesuch der Insekten gegenseitig zu bestäuben. Es leuchtet ein, daß die gegenseitige Pollenübertragung nur dann erfolgreich sein kann, wenn beide Sorten zur gleichen Zeit blühen. Fehlen in den Nachbargärten geeignete Apfelbäume, so sollten Sie mindestens zwei Sorten pflanzen, die weitgehend übereinstimmende Blütezeiten haben.

Für Birnen gilt das gleiche. Zwar sind einige Sorten in der Lage, ohne jegliche Befruchtung Obst zu liefern, eine Erscheinung, die als Parthenocarpie bezeichnet wird. Menge und Form der auf diese Weise entstandenen Früchte lassen jedoch zu wünschen übrig. Quitten dagegen sind selbstfruchtbar.

Die generell selbstunfruchtbaren Süßkirschen teilt man in sich gegenseitig bestäubende Verträglichkeitsgruppen ein, von denen über 25 bekannt sind. Es ist daher in jedem Fall sinnvoll, sich von Fachleuten hinsichtlich der richtigen Sortenkombination beraten zu lassen, da auch ihr Anbau in spätfrostgefährdeten Lagen sehr riskant ist. Sauerkirschenbäume sind wesentlich pflegeleichter.

Bei den Pflaumen gibt es selbstfruchtbare Sorten wie ‘Borsumer Zwetschge’, ‘Hauszwetschge’ sowie ‘Mirabelle von Nancy’, die von den selbstunfruchtbaren und damit auf Fremdbestäubung zwingend angewiesenen Sorten zu unterscheiden sind.

Aprikosen und Pfirsiche sind fast ausnahmslos selbstfruchtbar. Ihr Anbau ist auf Gebiete mit Weinbauklima beschränkt, da sie aufgrund der frühen Blüte spätfrostempfindlich sind. Geschützte Südwände von Gebäuden ermöglichen Liebhabern den Anbau aber auch außerhalb der wärmeren Regionen.

Erdbeeren sind zwar selbstfruchtbar, doch sind sichere Erträge erst durch streifenweisen Anbau verschiedener Sorten gegeben. Das gleiche gilt für Johannisbeere und Stachelbeere sowie für Himbeere und Brombeere.

Bei der Walnuß ist eine Befruchtung bei den im Baumschulsortiment angebotenen Sorten nicht zwingend nötig. Haselnüsse hingegen ernten Sie nur, wenn der Wind zuvor geeignete Pollen einer zweiten Sorte auf die Narbe der ersten geweht hat.

Die richtige Unterlage

Bei den Baumobstarten beeinflußt die sogenannte Unterlage maßgeblich die Anpassungsfähigkeit an Standort, Wuchsstärke und Krankheitsanfälligkeit. Als Unterlage bezeichnet man den Stamm- und Wurzelbildner eines Baumes.

Ein Obstbaum besteht aus mindestens zwei verschiedenen Pflanzen, die in der Baumschule durch

EMPFEHLENSWERTE APFELSORTEN				
SORTE	BLÜTE	PFLÜCKREIFE	GENUSSREIFE	BESONDERHEITEN
'Alkmene'	mittelfrüh	Mitte September	September bis November	Anspruchslos
'Champagner Renette'	spät	Oktober	Januar bis Mai	Für bessere Lagen geeignet; hervorragende, wenig krankheitsanfällige Sorte
'George Cave'	früh	Mitte Juli	August bis September	Guter Klarapfelersatz
'Glockenapfel'	mittelspät	Ende Oktober	Februar bis Juni	Robuste Lagersorte
'Gloster'	mittelspät	Mitte Oktober	Dezember bis April	Guter Lagerapfel, in Schorflagen auslichten
'Jamba 69'	mittelspät	Mitte August	September bis Oktober	Besser lagerfähig als 'James Grieve'
'Lodi'	mittelfrüh	Ende Juli	August	Frostharter Apfel; erträgt trockene Lagen
'Maigold'	mittelfrüh	Ende Oktober	September bis Dezember	Robuste Lagersorte; liebt wärmere Lagen
'Stark Earliest'	früh	Ende Juli	August	Guter Ersatz für den anfälligen Klarapfel
'Zuccalmaglio'	mittelfrüh	Ende September	Dezember bis März	Gut lagerfähig; für mittlere bis gute Lagen

Okkulation oder später im Garten durch Pfropfung zusammengefügt werden. Denn Edelsorten sind zwar qualitativ und mengenmäßig auf hohe Erträge gezüchtet, ausreichend starke Wurzeln entwickeln sie jedoch nicht. Daher hat man spezielle Unterlagensorten selektiert, die dafür bedeutend besser geeignet sind.

Für den Erwerbsanbau bedeutet die Wahl von Pflanzen auf schwachwüchsigen Unterlagen mehr Bäume pro Fläche und damit höhere Flächenerträge bei rationeller Pflege- und Pflückarbeit, denn man muß nicht mehr mit der Leiter in die Bäume klettern. Für den kleinen Hausgarten sind Obstbäume auf schwachwüchsigen Unterlagen oft die einzige Möglichkeit, Obst im eigenen Garten zu ernten.

Die Unterlage entscheidet aber nicht nur über die Wuchsstärke, sondern auch über die Baumform wie Hochstamm, Halbstamm oder schlanke Spindel. Ferner beeinflußt sie den Ertragsbeginn und die Ansprüche an den Boden. Generell gilt die Faustformel: Schwachwüchsige Unterlagen garantieren kleinere Baumformen und früheren Ertragsbeginn, haben aber andererseits höhere Ansprüche an den Boden und das Wasserangebot, da ihre Wurzeln deutlich flacher streichen.

Für den Hausgarten sind Birnbäume auf einer Quittenunterlage ratsam, um schwachwüchsige Formen zu erzielen. Allerdings ist die Quittenunterlage mit einigen Birnensorten nicht gut verträglich. Doch kann man sich mit einem Trick behelfen. Zwischen die unverträglichen Partner wird als neutraler Stammbildner die Sorte 'Gellerts Butterbirne' gesetzt.

Kernobst

Der Apfel ist im Hausgarten unbestritten die Nummer eins, da er auch noch in klimatisch ungünstigen Lagen gedeiht. Selbst an die Gründigkeit des Bodens hat er dank sehr flachstreichender Unterlagen kaum Ansprüche. Allerdings bedürfen Bäume an solchen Standorten einer sehr intensiven naturnahen Düngung.

Schorf ist eine wichtige, mit sanften Mitteln kaum kontrollierbare pilzliche Krankheit. Als Vorbeugemaßnahme gilt eine durch Obstbaumschnitt erzielte lichte Baumkrone, deren Blätter und Zweige nach Regenfällen schnell abtrocknen. Die Schorfinfektion ist nämlich von der Benetzungsdauer der Blätter abhängig. Mittlerweile werden erfolgversprechende Neuzüchtungen angeboten, die resistent gegen Schorf, Mehltau und Feuerbrandkrankheit sind, beispielsweise 'Retina', 'Reno' und 'Rewena'.

Der Birnbaum ist etwas wärmebedürftiger als der Apfel. Die Ansprüche an den Boden sind ähnlich. Zwar sind Birnen Tiefwurzler und benötigen demzufolge auch tiefgründigen Boden. Da die heute angebotene Pflanzware aber fast regelmäßig auf eine Quittenunterlage veredelt wird, ist dies nicht mehr von Bedeutung. Die Quitte streicht flach im Erdreich, ist aber auf kalkhaltigen Böden chloroseanfällig. Ein Birnenspalier an einer frisch errichteten Hauswand kann daher zu Problemen durch Kalkausschwemmungen führen.

Bis auf den hohen Wärmeanspruch kommt die Quitte mit allen Böden gut zurecht. Auf Kalkböden kann es zu chlorotisch verfärbten Blättern kommen.

Steinobst

Tiefgründigen Boden in allen mittleren und warmen Lagen bevorzugt die Süßkirsche. Auf Nässe und wechselfeuchten Boden reagiert sie mit Gummifluß und Spitzendürre. Dagegen ist die Sauerkirsche in all ihren Sortenausprägungen ein Muster an Genügsamkeit: Sie wächst wirklich fast überall.

Die Pflaumen im engeren Sinn, also Rund- und Eierpflaumen, Mirabellen und Reneklođen, sind wärmebedürftiger als die mannigfaltigen Formen der Zwetschgen. Von allen Obstarten sind Zwetschgen in bezug auf den Boden die genügsamsten und wachsen auch noch in stark verdichteter Erde.

Gummifluß ist eine typische Reaktion von Pfirsichen, die in schwerem, tonigen Boden wachsen. Besser sind daher mittlere bis leichte Böden, möglichst mit kiesigem, durchlässigen Untergrund.

Beerenobst

Als flachwurzelnde Staude verlangt die Erdbeerpflanze einen lockeren, guten, feuchten Boden.

Recht genügsam sind alle Johannisbeer- und Stachelbeervarianten und Sorten, wobei die Stachelbeere am anspruchslosesten ist.

Als Waldpflanze liebt die Himbeere stets feuchten, humosen Boden. Gegen Kalk ist sie „allergisch" und reagiert mit chlorotischen Aufhellungen der Blätter.

Die robuste Brombeere benötigt lediglich einen sonnigen Standort. Sie wächst auf allen Böden.

Die Heidelbeere ist dagegen an saure, natürlicherweise nicht in Gärten vorkommende Bodenverhältnisse angewiesen. Da der naturnah denkende Gärtner den Torf nicht unnötig verwendet, um die Moore zu schonen, ist die Heidelbeere für die meisten Gärten keine geeignete Pflanze.

Warum Obstgehölze schneiden?

Schnittmaßnahmen bewirken die Verjüngung der Bäume und Sträucher, da die Pflanze durch jede Schnittwunde das Signal „Neu austreiben!" erhält. Und nur an jungen Trieben ist mit befriedigendem Blüten- und Fruchtansatz zu rechnen. Ohne Schnitt können Sie einen jungen Baum auch nicht „erziehen", d. h., in die gewünschte Wuchsform bringen. Schließlich schneiden Sie beschädigte oder bereits kranke Äste ab, um den verbleibenden Teil der Pflanze gesund zu erhalten. Legen Sie Wert auf qualitativ gutes und scharfes Werkzeug. Wunden, die größer sind als ein Daumennagel, werden mit einem Wundverschlußmittel versorgt.

Obstbaumschnitt ist – fast – eine Kunst und es gibt Fachleute, die auf dem Standpunkt stehen, ein schlechter Schnitt ist schlechter als gar kein Schnitt. Solche Fertigkeiten lassen sich jedoch nicht aus Büchern lernen. Sinnvoll ist hingegen die Teilnahme an einem Obstbaumschnittkurs, der von Volkshochschulen, Kleingartenvereinen und anderen Trägern angeboten wird.

▲ *Im Herbst reifen die leuchtendgelben Quitten. Die Früchte verströmen einen aromatischen Duft und eignen sich hervorragend für Gelee.*

Zusätzlich zum Schnitt sollten Sie beim Apfel auch Blüten und Früchte ausdünnen. Das hört sich zunächst paradox an, denn die Einstellung „je mehr Früchte, desto besser" liegt zugegebenermaßen nah. Doch der Baum legt im Frühjahr, als eine Art Lebensversicherung, möglichst viele Früchte an, um einem starken Schädlingsfraß vorzubeugen und den Bienen möglichst viele Blüten zur Befruchtung anbieten zu können. Unbefruchtete Blüten werden später abgestoßen. Auch überzählige Äpfel fallen im Mai und Juni oft reichlich von den Bäumen. Ohne diese Reduktion würde der Baum schlicht zugrunde gehen, er könnte so viele Früchte gar nicht bis zur Reife ernähren. In Jahren mit sehr gutem Witterungsverlauf ist aber

EMPFEHLENSWERTE BIRNENSORTEN

SORTE	BLÜTE	PFLÜCKREIFE	GENUSSREIFE	BESONDERHEITEN
'Boscs Flaschenbirne'	spät	Mitte September	Oktober bis November	In wärmeren Lagen anspruchslos und robust; trägt große Früchte
'Bunte Julibirne'	früh	Ende Juli	Juli bis August	Kleinfrüchtige, wohlschmeckende Birne
'Clapps Liebling'	mittelspät	Mitte August	Ende August	Ernte muß 10 Tage vor Pflückreife erfolgen; hohe und regelmäßige Erträge
'Conference'	mittelfrüh	September	Oktober bis November	Erträgt Wind und Höhenlagen; Früchte wachsen auch ohne Befruchtung heran
'Frühe aus Trevoux'	mittelfrüh	August	August bis September	Robuste Sorte mit schmelzendem Fleisch
'Gellerts Butterbirne'	mittelspät	Mitte September	September bis Oktober	Anspruchslose Sorte; trägt erst spät und dann unregelmäßig
'Gräfin von Paris'	früh	Ende Oktober	Dezember bis Februar	Robuste Lager- und Einmachbirne; wenig Aroma, früh tragend
'Köstliche aus Charneux'	mittelfrüh	Mitte September	Oktober bis November	Sehr anspruchslos und wüchsig. Muß alle 5 Jahre geköpft werden
'Vereins Dechantsbirne'	mittelspät	Ende Oktober	November bis Dezember	Auf wärmeren und feuchteren Böden; Erträge unregelmäßig und ohne Befruchtung möglich
'Williams Christbirne'	mittelfrüh bis mittelspät	August	August bis September	10 Tage vor Pflückreife ernten; bevorzugt bessere, warme Lagen

▲ *Die länglichen Früchte der Loganbeere sind besonders groß. Wie bei der verwandten Brombeere gibt es auch stachellose Sorten.*

◄ *Pflegeleicht und aromatisch ist die Jostabeere. Ihre Früchte erinnern an die der schwarzen Johannisbeere, sind aber größer und etwas milder.*

die natürliche Reduktion nicht ausreichend. Und Äpfel, die im Juli noch am Baum hängen, wird der Baum nicht mehr los. Sind es zu viele, zehren sie zu stark an seinen Kräften mit der Folge, daß weniger Blütenknospen für die kommende Saison angelegt werden. Im Jahr darauf fällt die Apfelernte dann gering aus.

Attraktive Obstarten

Nicht nur für den Gemüsegarten, sondern auch für den Obstgarten hinter dem Haus gilt das Motto „anders und pflegeleicht". Was Sie auch preiswert im Supermarkt an der Ecke kaufen können, sollten Sie nicht unbedingt selber anbauen. Und Obstsorten, die wegen ihrer hohen Ansprüche an Klima oder Pflegeaufwand nur kümmerlich wachsen, führen schnell zu Frust und Enttäuschungen. Durchstöbern Sie besser die Kataloge von seriösen Baumschulen und achten Sie bei den Sortenbeschreibungen besonders auf Krankheitsresistenzen.

So ist es heute leichter geworden, dem eher beschränkten Arten- und Sortenangebot bei Obst im Supermarkt durch den Eigenanbau „seltener" Sorten auszuweichen.

Nur ausnahmsweise werden Sie Quitten in den Obstregalen finden. Dabei sind die im reifen Zustand zitronen- oder strohgelben, wohlriechenden Früchte ein ganz besonders attraktives Obst, aus dem Kompott, Saft und ein hervorragendes Gelee zubereitet werden können. Die wärmeliebende Quitte hat je nach Sorte eine apfelförmige oder eine an Birnen erinnernde Gestalt. Sie reift im Oktober und ist ohne Probleme 1–2 Monate lagerfähig. Empfehlenswert sind die 'Portugiesische Birnenquitte' und die amerikanische Sorte 'Champion'. Beide gehören zum „Birnentyp". Das Holz der 'Portugiesischen Birnenquitte' ist aber nicht besonders frosthart, ein geschützter Anbau ist deswegen ratsam. Noch aromatischer sind die

▲ *Die neue Apfelsorte 'Rewena' ist gegen viele wichtige Krankheiten resistent. Wenn Sie diese Sorte auswählen, leisten Sie auch einen wertvollen Beitrag zum Umweltschutz, denn sie muß nicht gespritzt werden.*

„Apfeltypen", von denen die Sorte 'Konstantinopler' gute Frosthärte aufweist.

Weil die Erträge von der reinen Menge her betrachtet mitunter nicht befriedigend sind oder der Kundenkreis fehlt, werden viele Kreuzungssorten von Beeren nicht gewerbsmäßig angebaut. Die Jostabeere *(Ribes nidigrolaria)* ist solch ein Kreuzungsprodukt aus Johannisbeere und Stachelbeere. Sie vereinigt das gute Aroma der ersten Art mit der Größe der Stachelbeere. Ihr Vitamin-C-Gehalt ist recht hoch. Selten, aber geschmacklich sehr attraktiv ist die aus einer Kreuzung von Himbeere und Brombeere hervorgegangene Loganbeere *(Rubus loganobaccus)*. Wenn Ihr Sinn nach Obstgehölzen steht, versuchen Sie es mit einer Mispel *(Mespilus germanica)*, einer Verwandten des Apfels, die nicht mit der Mistel, einem auf Laubbäumen lebenden Halbschmarotzer, verwechselt werden darf. Mispeln werden erst nach dem Frost genießbar.

Lagerung

Die weichen Beerenobstarten wie Erdbeere, Johannisbeere und Stachelbeere sowie Himbeere und Brombeere sind im kühlen Keller oder im Kühlschrank nicht viel länger als 2–3 Tage haltbar. Gewaschen werden sie erst unmittelbar vor dem Verzehr oder der weiteren Verarbeitung zu köstlichen Gelees, Marmeladen oder Säften.

Auch Steinobst ist nicht lange haltbar, besonders Sauerkirschen können schon nach 1 Tag verdorben sein. Am besten halten sie sich noch, wenn Sie sie mit der Schere von den Stengeln schneiden.

Zwetschgen halten sich kühl und dunkel gelagert etwa 2 Wochen. Kontrollieren Sie das Lager aber täglich, um faule Früchte zu entfernen.

Wirklich gut und länger lagerbar sind die deutlich robusteres Fruchtfleisch besitzenden Kernobstarten. Aber auch hier bestehen große Sortenunterschiede. Nur für den Sofortverzehr bestimmt sind bei Äpfeln die frühen Sorten, wie beispielsweise 'James Grieve'. Von Lageräpfeln spricht man bei den Sorten, die mindestens bis Weihnachten genießbar sind. Als Faustregel gilt: Äpfel und Birnen kurz vor der Genußreife ohne Beschädigungen ernten. 1 Tag an luftiger, überdachter Stelle „abschwitzen" lassen, erst dann einlagern.

Legen Sie Äpfel immer auf den Stiel, Birnen auf die Seite oder auf den Kelch. Von mehr als drei Obstlagen pro Kiste ist abzuraten, optimal ist eine einzige Lage auf flachen Horden. Der Lagerraum darf nicht wärmer als 12 °C sein, optimal sind 2–4 °C. Ansonsten gilt das gleiche wie für Gemüse: Lagern Sie Sorten und Arten getrennt. Äpfel dürfen auch nicht in der Nähe von Kartoffeln aufbewahrt werden, weil sie das Gas Ethylen ausscheiden, das die Kartoffeln zum Keimen bringt. Auch die Nähe von stark riechenden Gemüsen ist ungünstig, denn das Obst nimmt leicht deren Geruch an. Die relative Luftfeuchtigkeit sollte um 85% liegen, damit Äpfel und Birnen nicht schrumpelig werden. Sorgen Sie auch für ausreichenden Luftaustausch.

Pflanzenschutz bei Obst

Obst wird überwiegend in Dauerkultur angebaut, was sich sehr positiv auf die Förderung von Nützlingen auswirkt. Wählen Sie robuste Obstsorten, die sich gegen Krankheiten gut zur Wehr setzen können.

Obstpflanzungen werden mit Ausnahme der Erdbeeren als Dauerkulturen angelegt. Damit entfällt die Möglichkeit, einer Reihe von tierischen Schädlingen und Krankheitserregern durch eine weite und abwechslungsreiche Fruchtfolge zu begegnen, wie es etwa im Gemüsebau üblich ist. Krankheiten und Schädlinge treten immer dann gehäuft auf, wenn Fehler in der Pflege oder Versorgung der Pflanzen gemacht werden und ihre jeweiligen Ansprüche an Licht, Feuchtigkeit, Nährstoffe oder Bodenbeschaffenheit nicht in ausreichendem Maß berücksichtigt wurden. Einer sorgfältigen Auswahl des geeigneten Standortes und dem Anbau von Obstsorten, die resistent gegen Krankheiten sind, kommt daher besondere Bedeutung zu.

Bei Dauerkulturen ist es von großem Vorteil, daß sich die Nützlinge effektiver in die umweltgerechte Schädlingskontrolle einbinden lassen. Von Art zu Art verschieden, überwintern sie entweder als Ei, Larve, Puppe oder Vollinsekt auf den Obstgehölzen oder in deren Nähe und können die Zahl überhandnehmender Schadinsekten oft sehr schnell vermindern. Wenn Sie den Nützlingen zusätzlich eine Überwinterungshilfe anbieten oder im Garten natürlich vorhandene Unterschlupfmöglichkeiten belassen, gewinnen Sie wirksame Verbündete gegen Blattläuse und andere Insekten. Beispielsweise sind Raubmilben, die auf ungespritzten Obstbäumen immer vorkommen, so gründliche Jäger, daß sie die schädlichen Obstbaummilben fast vollständig vernichten.

Der heutige Trend in Richtung kleinerer Gärten hat sich auch auf das Obstbaumangebot ausgewirkt. Im Handel gibt es besonders niedrig wachsende Apfelbäume, die durch einen entsprechenden Erziehungsschnitt handlich und pflegeleicht bleiben. Diese Sorten sind in der Regel zwar kurzlebiger als Hochstämme auf kräftig wachsenden Unterlagen und müssen durch einen Pfahl oder ein Schnurgerüst gestützt werden; doch bieten sie beim Pflanzenschutz eindeutige Vorteile: So können Sie zum Schutz der Fruchtknospen oder Früchte problemlos Vogelschutznetze anbringen, Triebe abknipsen oder Kräuterbrühen spritzen.

Hygienemaßnahmen, zu denen das Entfernen erkrankter Triebe, das Aufsammeln von schädlingsbefallenen Früchten und das Verstreichen von Wundverschlußmitteln nach dem Schnitt zählen, sind ein entscheidender Beitrag zum vorbeugenden Pflanzenschutz. Wenn Sie diese Grundregeln beherzigen und beim Pflanzenkauf Wert auf Qualität und eine fachlich fundierte Beratung durch eine Baumschule legen, verlieren die vielen denkbaren Krankheiten und Schädlinge einiges von ihrem Schrecken. Einen Überblick über häufige Obstkrankheiten und in der Praxis bewährte und umweltgerechte Maßnahmen zu ihrer Bekämpfung finden Sie auf den folgenden Seiten.

◀ *Das mausgraue Geflecht, mit dem der Pilz* Botrytis cinerea *Pflanzenteile überwächst, hat dem auf Erdbeeren häufig vorkommenden Grauschimmel seinen deutschen Namen gegeben. Der Grauschimmel ist ein Parasit, der mit Vorliebe geschwächte Pflanzen befällt und bei feuchtwarmer Witterung schnell wächst. Kräftige Pflanzen, eine Strohunterlage und in Windrichtung angelegte Reihen können einem Befall vorbeugen.*

OBSTKRANKHEITEN

APFELSCHORF
(Venturia inaequalis)

Betroffene Pflanze: Apfel. Als besonders anfällig gelten die Apfelsorten 'Gravensteiner', 'Gloster', 'Jonathan', 'McIntosh' und 'Cox-Orange-Renette'.
Schadbild: Je nach Witterungsverlauf werden bereits zur Blüte winzige, bräunlichgrüne Blattflecken sichtbar, die sich vergrößern und dann zusammenlaufen. Stark befallene Blätter sterben ab. Auf den Früchten entstehen graue Flecken, die im Verlauf des Wachstums schorfig aufreißen (Name!). Mitunter dort Sekundärinfektionen durch andere Erreger. Die Befallsstärke wird maßgeblich durch den Witterungsverlauf geprägt, bei feuchten Blättern und mittleren Temperaturen bestehen die besten Infektionsverhältnisse. Schorf ist die weitverbreitetste Pilzkrankheit des Apfels. Eine verwandte Pilzart *(Ventiria pirina)* befällt die Birne mit ähnlichem Schadbild. Von Birnenschorf sind auch die Zweige betroffen; dies kann zu Totalausfällen führen.
Gefährlichste Zeit: Die gesamte Vegetationsperiode.

Abwehr
Vorbeugend: Obstbaumschnitt mit dem Ziel luftiger Baumkronen, die nach Regen schnell abtrocknen. Keine Pflanzung in windstillen Lagen. Anbau schorfunanfälliger oder schorfresistenter Sorten. In die erste Gruppe gehören die Sorten 'Berlepsch', 'Priam', 'Sir Prize', 'Champagner-Renette' und 'James Grieve'; resistent – auch gegen Apfel-Mehltau – sind die neuen Sorten 'Retina', 'Reno' oder 'Rewena'.
Sanft: Große Baumscheiben anlegen und mulchen; Regenwürmer unterbrechen durch Einziehen von befallenen Herbstblättern in den Boden den Infektionskreislauf. Bereits im Frühjahr Ackerschachtelhalmtee spritzen.
Härter: Nicht erforderlich. Auf keinen Fall Kupferpräparate anwenden, da diese für Regenwürmer giftig sind.

BAKTERIENBRAND
(Pseudomonas mors prunorum)

Betroffene Pflanzen: Steinobstarten, vor allem Kirsche.
Schadbild: „Verbrannte" Kelch- und Blütenblätter, Früchte mit eingesunkenen braunen Stellen und schrotschußähnliche Löcher mit hellgrünen Rändern in Blättern. Bei Holzinfektion Gummifluß. Sortenabhängige Anfälligkeit.
Gefährlichste Zeit: Die gesamte Vegetationsperiode.

Abwehr
Vorbeugend: Bevorzugung wenig anfälliger Sorten, z. B. 'Schattenmorelle'; harmonische Düngung. Nur bei trockener Witterung schneiden, Werkzeuge scharf halten, gegebenenfalls häufiger desinfizieren, alle Wunden sofort mit Spezialmitteln verschließen.
Sanft: Krankes Holz entfernen. Befallene, kranke Äste bis tief in das gesunde Holz zurückschneiden sowie Wundverschlußmittel aufbringen. Infizierte, aufgeplatzte Rindenpartien sind gleichermaßen zu behandeln.
Härter: Nicht möglich.

BLATTFALLKRANKHEIT
(Drepanopeziza ribis)

Betroffene Pflanzen: Johannisbeere, vor allem rote und weiße Sorten, Stachelbeere.
Schadbild: An den untersten Teilen der Sträucher beginnend, bilden sich auf den Blättern winzige braune Flecken, deren Anzahl schnell steigt. Später rollen sich die Blattränder nach oben, Blätter vertrocknen und fallen oft bereits vor der Ernte ab. Die Anfälligkeit ist stark sortenabhängig. Schwarze Johannisbeersorten werden sehr selten befallen, bei den roten Sorten sind z. B. 'Rovada' und 'Rondom' sehr widerstandsfähig. Die Stachelbeersorten 'Rolanda', 'Rixanta' und 'Risulfa' sind zudem auch noch gegen Mehltau unanfällig.
Gefährlichste Zeit: Mai bis Juli.

Abwehr
Vorbeugend: Wenig anfällige oder resistente Sorten bevorzugen. Blattstärkende Mittel wie Ackerschachtelhalmtee spritzen. Herbstlaub entfernen.
Sanft: Spritzungen mit Knoblauchtee können die Infektion eindämmen, aber nicht völlig ausschalten.
Härter: Nur mit Fungiziden.

BRENNESSELBLÄTTRIGKEIT

Betroffene Pflanzen: Johannisbeere, bevorzugt schwarze Johannisbeere, hier vor allem die Sorten 'Wellington' und 'Baldwin'.
Schadbild: Gestaltänderung der Blätter. Zahl der Blattrippen sinkt auf drei und darunter, Anzahl der Blattzähne sinkt ebenfalls, so daß die Blätter denen der Brennessel ähneln. Ertrag nimmt trotz reichlicher Blütenbildung stark ab. Verantwortlich ist ein Virus, das im Bestand nicht bekämpft werden kann. Als Virusüberträger gilt die Johannisbeergallmilbe.
Gefährlichste Zeit: Die gesamte Vegetationsperiode.

Abwehr
Vorbeugend: Nur gesundes, virusgetestetes Material pflanzen. Kranke Sträucher entfernen. Kontrolle der Virusvektoren.
Sanft: Vor und nach der Blüte Rainfarntee spritzen. Von Gallmilben befallene Knospen ausbrechen und entfernen.
Härter: Massenvermehrungen der Gallmilbe lassen sich durch eine Netzschwefelspritzung in der Regel unterbinden.

CHLOROSE

Betroffene Pflanzen: Bevorzugt Himbeere.
Schadbild: Junge, später auch ältere Blätter der Triebspitzen vergilben, während die Blattadern grün bleiben. Fortschreitend vertrocknen die Blätter vom Rand her. Ursache ist Mangel an pflanzenverfügbarem Eisen, hervorgerufen durch zu hohen Boden-pH-Wert. Himbeeren, die auf leicht saure Böden angewiesen sind, leiden besonders früh an Eisenmangel.
Gefährlichste Zeit: Gesamte Vegetationsperiode.

Abwehr
Vorbeugend: Bauschutt und die Nähe von Neubauten beim Anbau kalkempfindlicher Pflanzen meiden. Mulchen, sehr verhaltene Bodenkalkung.
Sanft: Spritzen eines eisenhaltigen Blattdüngers. Sauer wirkende Mineraldünger anwenden.
Härter: Nicht erforderlich.

FEUERBRAND
(Erwinia amylovora)

Betroffene Pflanzen: Gehölze aus der Familie der Rosengewächse wie Apfel, Birne und Quitte sowie deren Zierformen, Eberesche, Felsenbirne, Feuerdorn, Rot- und Weißdorn, Scheinquitte, Zwergmispel.
Schadbild: Blüten und Blütenstiele färben sich schwarz, fallen jedoch nicht ab. Blätter braun bis schwarz. Junge Triebe krümmen sich hakenförmig. Befallene Bereiche der Rinde rötlich bis braun verfärbt. Im Verlauf der Krankheit reißt die Rinde auf. Aus den Rissen treten gelbliche Bakterienschleimtropfen aus. Feuerbrand ist die gefährlichste bakterielle Krankheit von Obst- und Ziergehölzen. Bisher ist sie nicht bekämpfbar. Jeder Befall muß dem zuständigen Pflanzenschutzamt gemeldet werden.
Gefährlichste Zeit: Frühjahr und Blütezeit.

Abwehr
Vorbeugend: Es existieren mittlerweile resistente Apfelsorten.
Sanft: Nicht möglich.
Härter: Befallene Gehölze, insbesondere in der Nähe von Obstanbaugebieten, müssen gerodet und vernichtet werden.

GRAUSCHIMMEL
(Botrytis cinerea)

Betroffene Pflanzen: Erdbeere und Himbeere.
Schadbild: Infektion zur Blütezeit, Früchte sind mit mausgrauem, samtigem Schimmelrasen überzogen. Himbeerruten zeigen schwarze Flecken. Grauschimmel ist ein Schwächeparasit, der überdüngte und ungepflegte Quartiere bevorzugt befällt. Feuchtigkeit und dichte Bestände fördern die Ausbreitung.
Gefährlichste Zeit: Blütezeit.

Abwehr
Vorbeugend: Verhaltene Stickstoffdüngung, Anwendung von Pflanzenstärkungsmitteln. Abgetragene und kränkliche Himbeerruten herausschneiden, Erdbeeren nicht zu dicht pflanzen, und kranke Pflanzenteile entfernen. Zu Beginn des Fruchtens auf Strohmulchschicht betten. Erdbeeren in Mischkultur mit Zwiebel oder Knoblauch pflanzen. Himbeeren mit Schachtelhalmbrühe spritzen.
Sanft: Spritzen mit Knoblauchtee.
Härter: Nicht erforderlich.

GUMMIFLUSS BEI STEINOBST

Betroffene Pflanzen: Steinobstarten, besonders anfällig sind Süß- und Sauerkirschen.
Schadbild: Bernsteinfarbene, zähflüssige bis harte Rindenausscheidungen in Klumpen oder Tropfenform. Gummifluß kann viele verschiedene Ursachen haben. Neben mechanischen Verletzungen durch Rasenmäher und Schnittmaßnahmen kommen Unverträglichkeiten zwischen Unterlage und Edelsorte oder staunasser Boden in Frage. Überdüngung mit Stickstoff oder Mangel an Phosphor, Kalium oder Kalk kann ebenfalls zu Gummifluß führen. Diese Ursachen sind abiotischer Natur, einige können durch Pflegemaßnahmen gemindert werden. Unter den Krankheitserregern führen Schrotschußkrankheit *(Omphalospora beijerinckii)*, Bakterienbrand *(Pseudomonas mors prunorum)*, bei Pfirsich und Nektarine auch eine Infektion mit der Kräuselkrankheit *(Taphrina deformans)* zu Gummifluß.
Gefährlichste Zeit: Gesamte Vegetationsperiode.

Abwehr
Vorbeugend: Verletzungen, Unverträglichkeiten zwischen Unterlage und Edelsorte sowie staunassen Boden vermeiden. Düngung wohldosiert durchführen.

Sanft: Wenn Krankheitserreger den Gummifluß verursachen, diese gezielt bekämpfen.
Härter: Nicht erforderlich.

HIMBEERRUTENKRANKHEIT
(*Didymella applanata* und *Leptosphaeria coniothyrium*)

Betroffene Pflanze: Himbeere.
Schadbild: Am unteren Bereich junger Triebe zeigen sich weißlichgraue Flecken, die in ein Braunviolett übergehen und dann zusammenfließen. Im späteren Krankheitsverlauf sind auch die oberen Triebpartien derart gezeichnet und sterben lokal ab. Im Folgejahr platzt die silbrigweiße Rinde ab, und der befallene Trieb geht ein. Die Rutenkrankheit ist die wichtigste Himbeerkrankheit.
Gefährlichste Zeit: Von Mai bis September.

Abwehr
Vorbeugend: Gesundes Pflanzgut wählen, und auf nicht zu dichten Pflanzabstand achten. Unempfindliche Sorten bevorzugen. Himbeeren lieben als Waldpflanzen eine ständige Mulchschicht und gute Kaliumversorgung. Pflanzen regelmäßig auslichten, und alle kränklichen oder verletzten Pflanzenteile entfernen. Mit Ackerschachtelhalmtee spritzen.
Sanft: Nicht möglich.
Härter: Nicht sinnvoll und zudem mit unsicherem Erfolg.

KRÄUSELKRANKHEIT
(*Taphrina deformans*)

Betroffene Pflanzen: Pfirsich und Nektarine.
Schadbild: Oft schon direkt nach dem Austrieb gekräuselte Blätter mit blasigen Schwellungen, sortenabhängig rot oder weißlichgrün. Blätter werden dunkelgrün und fallen bei starkem Befall ab. Gummifluß und Ertragsverlust durch allgemeine Schwächung des Baums. Neuaustrieb im Frühsommer in der Regel ohne Blattkräuselung. Einzeln stehende Bäume sind anfälliger.
Gefährlichste Zeit: April bis Mai.

Abwehr
Vorbeugend: Harmonische Düngung, Mulchen; Pflanzenstärkungsmittel anwenden. Unempfindliche Sorten wählen wie beispielsweise ‘Früher Roter Ingelheimer’, ‘Kernechter vom Vorgebirge’, ‘Rekord von Alfter’.
Sanft: Befallene Blätter und Triebe entfernen. In der Austriebsphase Gewächse mit Ackerschachtelhalmtee spritzen.
Härter: Im Notfall mit nützlingsschonendem Fungizid; Kupferpräparate meiden (regenwurmgiftig).

LEDERFÄULE, RHIZOMFÄULE
(*Phytophthora cactorum*)

Betroffene Pflanze: Erdbeere.
Schadbild: Früchte werden braun, bei Spätinfektion auch weißlichrosa und fühlen sich ledrig und hart oder gummiartig an, sie schmecken bitter. Blatt- und Fruchtstiele verfärben sich ebenfalls braun und welken. In einigen Fällen greift der Pilz auch Wurzeln und Rhizome an, die dann absterben. In diesem Fall wird die Krankheit auch „Rhizomfäule“ genannt. ‘Senga Sengana’ sowie ‘Korona’ sind widerstandsfähige Sorten.
Gefährlichste Zeit: Mai bis Juni.

Abwehr
Vorbeugend: Auf gesundes Pflanzgut achten. Weiten Fruchtwechsel einhalten. Kompostwirtschaft betreiben. Verhaltene Stickstoffdüngung. Mischkultur mit Knoblauch. Auf staunassen Böden keine Erdbeeren anbauen, oder für Dränage sorgen.
Sanft: Kranke Pflanzenteile und Pflanzen entfernen.
Härter: Selten erforderlich; nur mit Fungiziden möglich.

MEHLTAU, ECHTER
(verschiedene Arten der Ordnung *Erysiphales*)

Betroffene Pflanzen: Die verschiedenen Pilze befallen recht wirtsspezifisch Stachelbeere (*Sphaerotheca mors uvae*), Apfel (*Podosphaera leucotricha*) und Erdbeere (*Sphaerotheca humuli*).
Schadbild: Typischer mehligweißer Belag (Name!) auf jungen Trieben und Blättern, die bei starkem Befall mit Einstellung des Wachstums oder Absterbeerscheinungen reagieren. Später werden bei Erdbeere und Stachelbeere auch die Früchte befallen. Es gibt starke sortenabhängige Unterschiede in der Mehltauanfälligkeit. Da die Konidien (Fortpflanzungszellen) der Mehltaupilze genügend Wasser enthalten, können diese auch in trokkenen Perioden auskeimen.
Gefährlichste Zeit: Gesamte Vegetationsperiode.

Abwehr
Vorbeugend: Wenig anfällige oder resistente Sorten bevorzugen. Bei Apfel und Stachelbeere die befallenen Triebteile umgehend entfernen und vernichten. Ackerschachtelhalmtee stärkt die Widerstandskraft der Blätter. Mischkultur mit Knoblauch. Stickstoffhaltige Dünger verhalten anwenden.
Sanft: Mit Knoblauchtee oder lecithinhaltigen Handelspräparaten spritzen.
Härter: Nicht erforderlich.

MONILIAFRUCHTFÄULE
(*Monilia*-Arten)

Betroffene Pflanzen: Alle Kern- und Steinobstarten, bevorzugt bei Kirschen.
Schadbild: Bei Kernobst zeigt sich „Polsterschimmel“ mit konzentrischen, weißlichgrauen Sporenlagern auf braunfauler Frucht. Befallene Früchte mumifizieren und bleiben im Baum hängen. Äpfel verfärben sich oft schwarz. Bei Steinobst treten Spitzendürre und Blütenfäule, seltener Fruchtfäule auf. Blüten vertrocknen und bleiben noch lange hängen. Die Sauerkirschensorten vom Typ 'Schattenmorelle' sind besonders empfindlich.
Gefährlichste Zeit: April bis Mai für Blütenfäule; sonst Mai bis zum Ende der Vegetationsperiode.

Abwehr
Vorbeugend: Regelmäßiger Obstbaumschnitt mit dem Ziel gut belichteter, schnell abtrocknender Kronen. Vertrocknete Triebe und Fruchtmumien entfernen. Wenig anfällige Kirschsorten wählen. Mit pflanzenstärkenden Handelspräparaten oder entsprechenden Brühen spritzen. Bei der Kirschenernte Verletzungen der Triebe vermeiden, Kirschen am besten ohne Stiel ernten, oder Stiel mit Schere durchschneiden.
Sanft: Gegen Blütenfäule und Spitzendürre des Steinobstes Meerrettichtee in die Blüte spritzen.
Härter: Meist nicht erforderlich. Im Notfall nützlingsschonendes Fungizid einsetzen, keine Kupferpräparate, da diese für Regenwürmer giftig sind.

NARREN- ODER TASCHEN-KRANKHEIT
(*Taphrina pruni*)

Betroffene Pflanzen: Pflaumen, vor allem aber Zwetschgen.
Schadbild: Früchte flach, schotenförmig, hohl und ohne Stein. Narrenfrüchte verändern sich in der Farbe von Grün nach Braun und werden runzelig. Später fallen die deformierten Früchte ab. Der Befall ist sortenabhängig. Besonders gefährdet sind späte „Hauszwetschgensorten“, in feuchten Blüteperioden sind Ertragsverluste möglich.
Gefährlichste Zeit: Juni bis Juli.

Abwehr
Vorbeugend: Bei der Sortenwahl auf widerstandsfähige, frühe Sorten achten. Regelmäßiger Schnitt.
Sanft: Kranke Früchte entfernen.
Härter: Nur mit Fungiziden.

OBSTBAUMKREBS
(*Nectria galligena*)

Betroffene Pflanze: Apfel.
Schadbild: An Rinde und Stamm offene, teilweise von Umwallungsgewebe umgebene Wucherungen. Oft löst sich die Rinde ab; das Holzgewebe liegt dann frei. Im Herbst bilden sich dort rote, kugelförmige Überdauerungsformen des Pilzes. Früchte mit scharf begrenzten braunen Flecken im Bereich der Kelchgrube. Besonders empfindlich sind die Sorten 'Berlepsch', 'Cox-Orange-Renette', 'James Grieve' und 'Weißer Klarapfel'.
Gefährlichste Zeit: Gesamte Vegetationsperiode.

Abwehr
Vorbeugend: Gesundes Pflanzgut wählen, unempfindliche Sorten bevorzugen. Ausgewogene Düngung. Schnitte nur mit sauberem Werkzeug durchführen. Wunden immer mit Baumwachs behandeln.
Sanft: Kranke Zweige und Rindenpartien bis ins gesunde Holz zurückschneiden; Schnittwerkzeuge desinfizieren, sonst ist eine Übertragung der Krankheit möglich. Wundverschlußmittel auftragen.
Härter: Nicht ratsam, da nur regenwurmgiftige Kupferpräparate eine gewisse Wirksamkeit zeigen.

ROTFLECKENKRANKHEIT
(*Diplocarpon earliana*)

Betroffene Pflanze: Erdbeere.
Schadbild: Blätter mit rötlichbraunen, etwa stecknadelgroßen Flecken. Ab und zu werden auch Frucht- und Blattstiele infiziert. Ein ähnliches Krankheitsbild zeigt die Weißfleckenkrankheit auf. Bei beiden Krankheiten werden die Erdbeerpflanzen durch die erkrankte Blattfläche je nach Intensität des sortenabhängigen Befalls, jedoch in der Regel nicht in bedrohlichem Ausmaß, geschwächt.
Gefährlichste Zeit: Mai bis August.

Abwehr
Vorbeugend: Wenig anfällige Sorten wählen. Auf weiten Pflanzabstand achten, damit das Laub schnell abtrocknen kann. Mischkultur mit Zwiebeln und Knoblauch. Zur Blattstärkung mit Ackerschachtelhalmbrühe spritzen.
Sanft: Befallenes Laub entfernen. Nach der Beerenernte die oberirdischen Pflanzenteile abmähen und entfernen.
Härter: Nicht erforderlich, da keine großen Schäden entstehen.

ROTPUSTELKRANKHEIT
(*Nectria cinnabarina*)

Betroffene Pflanzen: Johannisbeere und einige Ziergehölze.
Schadbild: Rote Pusteln an abgestorbenen, verholzten Trieben. Bei geschwächten Pflanzen kann der

Pilz auch auf lebende Teile übergreifen und zum Absterben führen.
Gefährlichste Zeit: Die gesamte Vegetationsperiode.

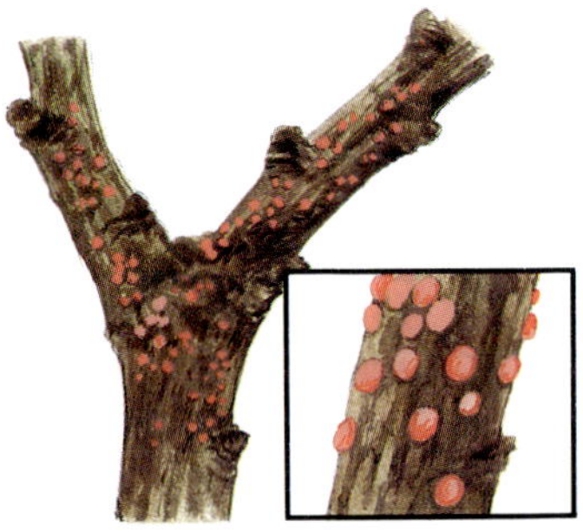

Abwehr
Vorbeugend: Harmonische Düngung und Anwendung von Pflanzenstärkungsmitteln. Auf ausreichende Kaliumversorgung achten. Regelmäßiger Schnitt und Entfernung abgetragenen und kränkelnden Holzes. Wunden verschließen.
Sanft: Befallene Triebe bis ins gesunde Holz zurückschneiden und entfernen.
Härter: Nicht erforderlich.

SCHALENRISS

Betroffene Pflanzen: Alle Obstgehölze, bevorzugt Äpfel, Kirschen, Zwetschgen und Renekloden.
Schadbild: Früchte platzen in der Regel nach Regenfällen auf. In offene Risse dringen verschiedene Krankheitserreger ein und führen zu Fäulnis.
Gefährlichste Zeit: Kurz vor der Reife.

Abwehr
Vorbeugend: Baumscheibe durch Mulchen feucht halten, in Trockenperioden auch zusätzlich wässern. Auf ausreichende Kaliumversorgung achten.
Sanft: Nicht möglich. Geplatzte Früchte ernten, um weiteren Sekundärbefall mit Fäulniserregern zu vermeiden.
Härter: Nicht möglich.

SCHARKAKRANKHEIT

Betroffene Pflanzen: Aprikose, Pfirsich, vor allem aber Pflaume und Zwetschge.
Schadbild: Früchte fallen vor der Reife ab. Weitere Symptome sind stark sortenabhängig. Bei Zwetschgen sind die Früchte von breiten, tiefen Rissen durchzogen, das Fruchtfleisch ist gummiartig und braun. Blätter mit verwaschenen ring- oder bandförmigen Flecken. Aprikosen- und Pfirsichfrüchte mit braunen Flecken und Ringen. Die Scharkakrankheit wird von wirtswechselnden Blattläusen übertragen und ist wie alle durch Viren hervorgerufenen Krankheiten nicht bekämpfbar. Das Auftreten der Viruskrankheit ist dem zuständigen Pflanzenschutzamt zu melden.
Gefährlichste Zeit: Gesamte Vegetationsperiode.

Abwehr
Vorbeugend: Gesundes, virusgetestetes Pflanzgut wählen. Blattläuse kontrollieren.
Sanft: Nicht möglich. Erkrankte Bäume müssen gerodet und vernichtet werden.
Härter: Entfällt.

SCHROTSCHUSSKRANKHEIT
(Omphalospora beijerinckii)

Betroffene Pflanzen: Alle Steinobstarten, vor allem Kirsche und Pfirsich.
Schadbild: Häufig schon kurz nach dem Austrieb karminrote Blattflecken, die bis zur Größe von einigen Millimetern heranwachsen. Anschließend stirbt das befallene Gewebe ab und bröckelt heraus, so daß die Blätter wie perforiert aussehen. Stärkerer Befall führt zu Blattfall, meist im unteren Kronenbereich, infizierte Früchte bekommen rotumrandete Flecken und verkrüppeln. Zweige mit Gummitropfen. Im Gegensatz zum Bakterienbrand sind die Blattflecken nicht mit einem hellgrünen Rand umgeben. Unterscheidung der beiden Krankheiten ist aber selbst für Fachleute schwierig.
Gefährlichste Zeit: Mai bis Ende der Vegetationsperiode.

Abwehr
Vorbeugend: Harmonische Düngung und Mulchen, Anwendung von Pflanzenstärkungsmitteln und Ackerschachtelhalmtee.
Sanft: Befallene Triebe zurückschneiden, größere Wunden verschließen.
Härter: Selten erforderlich. Nur mit umweltschädlichen Kupferpräparaten möglich. Auf jeden Fall wegen Verwechslungsgefahr zuvor fachliche Diagnose einholen.

STEINFRÜCHTIGKEIT

Betroffene Pflanze: Birne.
Schadbild: Früchte gesprenkelt und verkrüppelt, im Inneren durch Verhärtungen ungenießbar. Vor allem bei alten Bäumen; die Krankheit breitet sich langsam von Ast zu Ast aus. Eine direkte Bekämpfung ist wie bei allen Virosen nicht möglich. Tierische Virusüberträger sind nicht bekannt.
Gefährlichste Zeit: Gesamte Vegetationsperiode.

Abwehr
Vorbeugend: Nur gesundes, virusgetestetes Pflanzgut, das durch ein rotes Etikett gekennzeichnet ist, setzen. Kranke Bäume roden.
Sanft: Nicht möglich.
Härter: Nicht möglich.

VALSAKRANKHEIT
(Leucostoma personii)

Betroffene Pflanzen: Aprikose, Kirsche, Pflaume, Pfirsich, Zwetschge.
Schadbild: Äste oder ganze Astsysteme vertrocknen. Gummifluß. Auf eingetrockneter Rinde schwärzliche, warzenförmige Erhebungen, die auch „Krötenhaut" genannt werden. Diese verfärben sich im Verlauf der Krankheit leuchtend weiß. Zudem fließt aus ihnen rötlicher Schleim. Bei starkem Pilzbefall sterben ganze Bäume ab. Von allen Steinobstarten sind Süßkirschen besonders gefährdet.
Gefährlichste Zeit: Sommer.

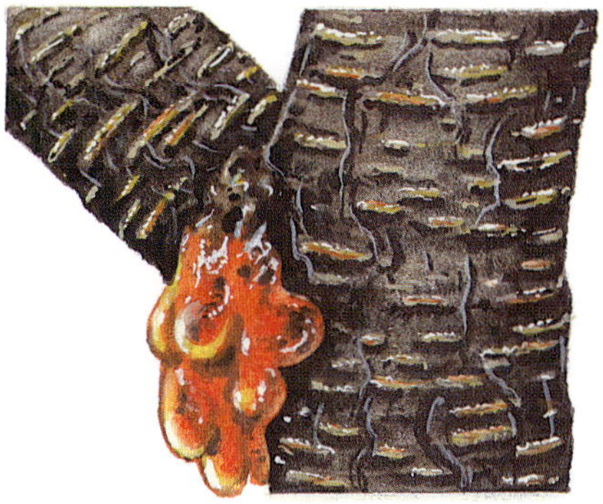

Abwehr
Vorbeugend: Gefährdete Gewächse auf staunasse, undurchlässige Böden pflanzen. Für eine ausgewogene Düngung mit Kompost auf großen Baumscheiben sorgen. Verletzungen der Rinde vermeiden bzw. mit Baumwachs behandeln.
Sanft: Bei ersten Anzeichen einer Infektion befallene Äste stark zurückschneiden und einen geeigneten Wundverschluß anbringen. Äste entfernen und vernichten.
Härter: Nicht möglich.

OBSTSCHÄDLINGE

APFELBLÜTENSTECHER
(Anthonomus pomorum)

Betroffene Pflanzen: Apfel, Birne und Quitte.
Schadbild: Blütenknospen angebohrt, Staubgefäße, Narbe und Blütenblätter ganz oder teilweise verzehrt. Knospen öffnen sich nicht, sondern trocknen ein. Darin gelbweißliche Larve des bis 6 mm langen, dunkelbraunen Rüsselkäfers. Der Befall stellt nur in blütenarmen Jahren eine Gefahr dar, ansonsten ist der Ausdünnungseffekt eher erwünscht.
Gefährlichste Zeit: Blütezeit.

Abwehr
Vorbeugend: Rindenpflege.
Sanft: Eingetrocknete Knospen entfernen. Um den Stamm Pappstreifen anlegen; diese morgens, bevor der Käfer sein Nachtquartier verläßt, kontrollieren.
Härter: Nicht erforderlich.

APFELSÄGEWESPE
(Hoplocampa testudinea)

Betroffene Pflanze: Apfel.
Schadbild: Junge Früchte bis Walnußgröße weisen auf der Schale einen spiralartigen, verkorkten Miniergang auf. Andere sind innen ausgehöhlt und mit Kotkrümeln verschmutzt, mitunter ist dort eine bis 12 mm lange, übelriechende Larve (Made) anzutreffen. In Jahren starken Befalls ist die Apfelernte gefährdet.
Gefährlichste Zeit: Mai bis Juni.

Abwehr
Vorbeugend: Nützlingsförderung.
Sanft: Insekten mit Weißtafeln anlocken, Bäume mit jungen Früchten schütteln, und Fallobst aufsammeln und vernichten.
Härter: Nicht erforderlich.

APFELWICKLER
(Laspeyresia pomonella)

Betroffene Pflanzen: Apfel, seltener Birne.
Schadbild: Abgefallene, noch junge Früchte mit Bohrgängen, die mit rostbraunen Kotkrümeln verstopft sind. Im Fruchtinneren eine bis zu 20 mm lange, erst weißliche, dann rötliche Larve, die auch als „Obstmade" bezeichnet wird. Wichtigster Kernobstschädling.
Gefährlichste Zeit: Sommer.

Abwehr
Vorbeugend: Natürliche Feinde wie Fledermäuse, Blaumeisen sowie Ohrwürmer fördern. Rindenpflege. Fallobst entfernen. Mit Rainfarntee spritzen.
Sanft: Ab Ende Mai Obstmadenfanggürtel um den Stamm legen, und häufig auf Wicklerraupen untersuchen. Ab Juli können die ausgewachsenen Raupen mit um den Stamm gelegten Wellpappstreifen gefangen werden, um den Befall für das kommende Jahr zu verringern. Einsatz von Pheromonfallen und Granulose-Viren ist möglich, bereitet aber erheblichen Aufwand und hohe Kosten.
Härter: Schwierig, da nur die Eiräupchen bekämpft werden können. Im naturnahen Garten nicht erforderlich.

BLUTLAUS
(Eriosoma lanigerum)

Betroffene Pflanze: Apfel.
Schadbild: An größeren Schnittwunden, aber auch an Zweigen und Stämmen weißlicher Wachsflaum, darunter verborgen 2 mm große braune Insekten mit wachsbepudertem Hinterleib. Der aggressive Blutlausspeichel führt zu Wucherungen, dem Blutlauskrebs. Junge Bäume werden schwer geschädigt, vor allem die anfälligen Sorten 'Cox Orange', 'James Grieve', 'Goldparmäne', 'Jonathan' und 'Weißer Klarapfel'. Die Anfälligkeit hängt auch von der Unterlage der jeweiligen Apfelsorten ab.
Gefährlichste Zeit: Die gesamte Vegetationsperiode.

Abwehr
Vorbeugend: Wahl wenig anfälliger Sorten und Unterlagen. Rindenpflege und Versorgung von Schnittflächen. Baumscheiben mit Kapuzinerkresse bepflanzen.
Sanft: Befallene Stellen mit Kapuzinerkresseauszug bepinseln.
Härter: Nicht erforderlich.

BROMBEERMILBE, BROMBEERGALLMILBE
(Acalitus essigi)

Betroffene Pflanze: Brombeere.
Schadbild: Manche „Fruchtkugeln" oder ganze Sammelfrüchte bleiben grün oder rot und hart. Zwischen den Einzelfrüchten sind mit einer Lupe ca. 0,1 mm große, köcherförmig gestreckte Milben erkennbar. Die Frucht ist ungenießbar.
Gefährlichste Zeit: Gesamte Vegetationsperiode.

Abwehr
Vorbeugend: Nützlinge, vor allem Raubmilben, fördern. Nach der Ernte alle trockenen Früchte entfernen und Triebe zurückschneiden. Mulchen, bei Trockenheit zusätzlich wässern.
Sanft: Frühjahrs- und Herbstspritzung mit Wermuttee.
Härter: Nicht erforderlich.

ERDBEERÄLCHEN
(*Aphelenchoides*-Arten)

Betroffene Pflanze: Erdbeere.
Schadbild: Gekräuselte Blätter und verdickte überlange oder verkürzte Stiele. Fiederblätter tütenförmig eingerollt, Blätter klein, rötlich verfärbt. Bei starkem Befall sterben Blütenstiele ab. Früchte bleiben klein. In Herzblättern und an Vegetationspunkten leben winzige, nur mit einer Lupe zu erkennende Nematoden.
Gefährlichste Zeit: Die gesamte Vegetationsperiode.

Abwehr
Vorbeugend: Nur gesundes Pflanzgut kaufen, und weite Fruchtfolge einhalten.
Sanft: Befallene Pflanzenteile und Pflanzen entfernen und vernichten, nicht kompostieren.
Härter: Nicht ratsam, da nur mit äußerst giftigen Mitteln möglich.

ERDBEERBLÜTENSTECHER
(Anthonomus rubi)

Betroffene Pflanze: Erdbeere.
Schadbild: Vertrocknete Blütenknospen und abgeknickte Blütenstengel. In der welkenden Knospe entwickelt sich die ca. 4 mm lange Larve des Rüsselkäfers. Erdbeersorten mit vielen kleinen Früchten werden weniger geschädigt. Ein anderer Rüsselkäfer, der Erdbeerstengelstecher *(Rhynchites germanicus)*, legt seine Eier in Blatt- und Blütenstiele ab.
Gefährlichste Zeit: April bis Mai.

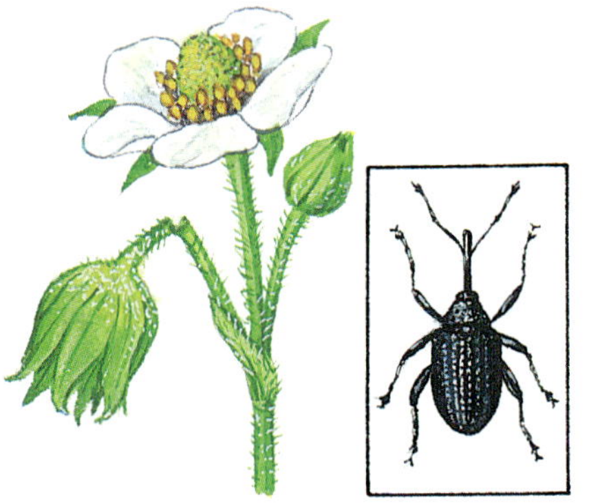

Abwehr
Vorbeugend: Welkende Knospen und vertrocknete Blattbüschel entfernen. Schadensbegrenzung durch Wahl kleinfrüchtiger Sorten mit festen Blütenknospen.
Sanft: Nach der Ernte in Befallsjahren mit Rainfarntee gießen.
Härter: Nicht erforderlich.

ERDBEERMILBE
(Stenotarsonemus pallidus)

Betroffene Pflanze: Erdbeere.
Schadbild: Herzblätter entfalten sich nicht, bleiben klein und kräuseln sich. Pflanzen kümmern und sterben bei starkem Befall ab. Zwischen den Blatthaaren und in den weichen Herzblättern winzige Milben. Symptom verwechselbar mit Erdbeerälchen, diese aber im Frühjahr aktiv.
Gefährlichste Zeit: Sommer.

Abwehr
Vorbeugend: Mischkultur mit Zwiebeln und Knoblauch. Abgeerntete Pflanzen abmähen und entfernen, nicht kompostieren. Keine Ableger machen, wenn Befall nicht ausgeschlossen werden kann. Unter Umständen in Befallslagen (schwere Böden und feuchtwarmes Klima) auf Anbau verzichten.
Sanft: Neutrieb mit Rainfarntee schützen.
Härter: Nicht ratsam, da unsicherer Erfolg oder nur stark nützlingsgiftige Präparate im Handel.

FROSTSPANNER, KLEINER
(Operophthera brumata)

Betroffene Pflanzen: Alle Obstgehölze, außer Pfirsich.
Schadbild: Graue, später grün werdende Schmetterlingslarven (Raupen), die bereits mit beginnendem Austrieb erst Blätter, dann die Früchte befressen. Fortbewegung nach Spannerart („Katzenbuckel"). Blätter und Blüten meist zusammengesponnen. Kirschen oft löffel-

artig ausgehöhlt. Weibchen der erwachsenen Schmetterlinge sind flugunfähig. Der Kleine Frostspanner ist die wichtigere Art, er bevorzugt Süßkirschen und kann dort in manchen Jahren wirkliche Schäden hervorrufen. Nach den ersten Nachtfrösten im Herbst schlüpfen die Schmetterlinge aus den im Boden ruhenden Puppen und suchen Baumkronen zur Begattung auf.
Gefährlichste Zeit: April bis Juni.

Abwehr
Vorbeugend: Nützlingsförderung. Rindenpflege.
Sanft: Fang der flugunfähigen Weibchen mit Leimgürteln, die von Anfang Oktober bis Mitte März dicht um den Stamm und die Haltepfähle gelegt werden.
Härter: In der Regel nicht erforderlich, in Notfällen kurz vor der Blüte mit *Bacillus-thuringiensis*-Präparaten spritzen.

HIMBEERKÄFER
(*Byturus tomentosus* und *B. fumatus*)

Betroffene Pflanzen: Himbeere, gelegentlich auch Brombeere.
Schadbild: Bräunliche, bis 5 mm lange Käfer fressen an Blüten- und Blattknospen. Hauptschaden durch deren gelbliche Larven („Himbeerwürmer") in den Früchten. Die Käfer bevorzugen Schatten.
Gefährlichste Zeit: Mai bis Juni.

Abwehr
Vorbeugend: Nützlinge fördern. Sonnige Lagen als Standort wählen, und Sträucher gut auslichten.
Sanft: Nach Erscheinen der ersten Käfer im Mai regelmäßiges frühmorgendliches Abklopfen der Ruten, unter die ein Eimer oder ein alter Regenschirm gehalten wird. Käfer vernichten.
Härter: Selten erforderlich, in Notfällen vor der Blüte mit Naturpyrethrum spritzen.

JOHANNISBEERBLASENLAUS
(*Cryptomyzus ribis*)

Betroffene Pflanzen: Johannisbeere, bevorzugt rote, selten schwarze Sorten.
Schadbild: Blätter kurz nach dem Austrieb mit blasigen Auftreibungen (Name) bedeckt, die durch den aggressiven Speichel der saugenden Insekten hervorgerufen werden. Bei Roten Johannisbeeren sind diese rot bis rotviolett, bei der Schwarzen Johannisbeere dagegen gelblich. Ein echter Schaden entsteht hierbei nicht, die wirtswechselnden Läuse verlassen die Sträucher im Sommer und kehren erst im Herbst zur Eiablage zurück.
Gefährlichste Zeit: Mai bis Juli, jedoch keine echte „Gefahr".

Abwehr:
Vorbeugend: Harmonische Düngung und Anwendung pflanzenstärkender Mittel.
Sanft: Nicht erforderlich.
Härter: Nicht erforderlich.

JOHANNISBEERGALLMILBE
(*Cecidophyopsis ribis*)

Betroffene Pflanzen: Johannisbeere, vor allem Schwarze Johannisbeere, selten auch Stachelbeere.
Schadbild: Knospen unnatürlich angeschwollen, ohne auszutreiben. Später vertrocknen sie und sterben ab. In geöffneten Knospen mit der Lupe massenweise winzige weißliche Milben erkennbar. Die Johannisbeergallmilbe ist der wichtigste Schädling der Johannisbeere, zumal sie auch Überträger der Brennesselkrankheit ist.
Gefährlichste Zeit: April.

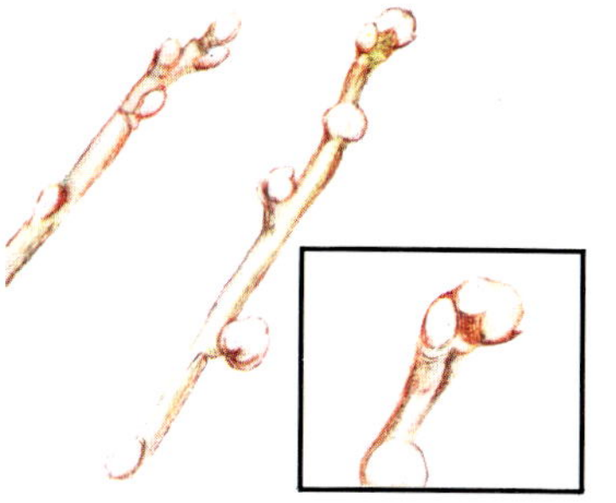

Abwehr
Vorbeugend: Geschwollene Knospen entfernen, nicht kompostieren. Weniger anfällige Sorten wie 'Titania' oder 'Omega' bevorzugen. Nützlinge wie Raubmilben fördern.
Sanft: Vor und nach der Blüte gut mit Rainfarntee spritzen. Stark befallene Sträucher radikal zurückschneiden.
Härter: In der Regel nicht erforderlich. Notfalls mit Netzschwefelprodukten spritzen.

KIRSCHENBLATTLAUS, SCHWARZE
(Schwarze Süßkirschenblattlaus, *Myzus prunarium*; Schwarze Sauerkirschenblattlaus, *Myzus cerasi*)

Betroffene Pflanze: Kirsche.
Schadbild: Saugschäden, die durch dunkelbraune bis schwarze Läuse entstehen. Süßkirschenblätter rollen sich ein, da die Läuse auf den Blattunterseiten saugen. Bei der Sauerkirsche sitzen sie an Blatt- und Fruchtstielen, starker Befall führt zu unterentwickelten Früchten. Große Bäume verkraften die Läuse ohne Gegenmaßnahmen. Die wirtswechselnden Läuse verlassen die Kirschbäume im Sommer.
Gefährlichste Zeit: Austrieb bis August.

Abwehr
Vorbeugend: Nützlinge fördern.
Sanft: Ameisen, die die Läuse schützen, durch Leimgürtel von ihnen fernhalten. Junge Bäume zusätzlich mit seifenhaltigen Präparaten oder Rhabarber-, Rainfarn- oder Wermuttee läusefrei halten.
Härter: Nicht erforderlich.

KIRSCHFRUCHTFLIEGE
(Rhagoletis cerasi)

Betroffene Pflanze: Kirsche, vor allem späte Süßkirschensorten.
Schadbild: Früchte fallen unreif ab oder verlieren ihren Glanz. Stein läßt sich verschieben, da die Made der Kirschfruchtfliege das Fruchtfleisch verzehrt hat. In Stielnähe bräunliche, eingesunkene Stelle, wenn die Made die Frucht bereits verlassen hat. Die Frucht wird ungenießbar. Warme Lagen werden bevorzugt. Die Kirschfruchtfliege legt ihre Eier in die halbreifen Früchte.
Gefährlichste Zeit: Juni bis Juli.

Abwehr
Vorbeugend: Wahl früher Süßkirschensorten oder Anbau von Sauerkirschen vom Schattenmorellentyp. Entfernen und Vernichten aller abgefallenen Früchte. Bei der Ernte keinesfalls Kirschen hängen lassen. Baumscheiben mulchen.
Sanft: Gelbtafeln (Kirschfruchtfliegentafeln) in größerer Anzahl zur Befallsprognose können viele Tiere abfangen. Nach der Flugzeit wieder entfernen, um Nützlinge nicht zu gefährden.
Härter: Nicht erforderlich.

PFLAUMENLAUS, MEHLIGE
(Hyalopterus pruni)

Betroffene Pflanzen: Pflaumen und Zwetschgen.
Schadbild: Grünliche, wachsbepuderte Läuse in Kolonien an Blattunterseiten und auf jungen Trieben. Durch Saugtätigkeit verkrüppelte Blätter und Wachstumshemmung. Die Läuse wechseln im Lauf des Sommers auf ihren Sommerwirt Schilf.
Gefährlichste Zeit: Frühsommer.

Abwehr
Vorbeugend: Nützlingsförderung und Rindenpflege.
Sanft: Stark befallene Triebe junger Bäume mit gegen Blattläuse wirksamen Präparaten oder Brühen behandeln. Ameisen durch Leimgürtel vom Schutz der Läuse abhalten.
Härter: Nicht erforderlich.

PFLAUMENWICKLER
(Grapholita funebrana)

Betroffene Pflanzen: Pflaumen, Mirabellen, Zwetschgen.
Schadbild: Raupenfraß in unreifen oder halbreifen Früchten, der dazu führt, daß diese vorzeitig abfallen. Früchte zeigen oft einen Gummitropfen an der Einbohrstelle. Größere Schäden entstehen hauptsächlich durch einen Befall der zweiten Faltergeneration zwischen Juni und September, deren Raupen bereits nach wenigen Tagen schlüpfen. Die Made ist zunächst weiß, später rötlich gefärbt und frißt meist in der Nähe des Steins das süße Fruchtfleisch. Braune Kotkrümel in der Frucht sind ein deutliches Indiz für den Befall.
Gefährlichste Zeit: Juni bis Ende August.

Abwehr
Vorbeugend: Frühe Sorten sind weniger gefährdet.
Sanft: Nützlinge, vor allem Spinnen, Ohrwürmer, Weichkäfer und auch Schlupfwespen, fördern. Ab August um die Stämme gelegte Obstmadenkragen aus Wellpappe mindern den Befall im kommenden Jahr, wenn sie Ende September mit den dort versteckten Larven entfernt und vernichtet werden. Häufiges Schütteln der Bäume im Frühsommer und Auflesen der befallenen Früchte beugen ebenfalls zukünftigen Schäden vor.
Härter: Nicht erforderlich.

STACHELBEERBLATTWESPE
(Pteronidea ribesii)

Betroffene Pflanzen: Vor allem junge Stachelbeeren, auch rote und weiße Johannisbeere.
Schadbild: Blattfraß der grünen, bis zu 16 mm langen grünlichen Larve, deren Körper unverwechselbare schwarze Warzen aufweist. Es kommen jährlich drei Blattwespengenerationen vor, deren gefräßige Larven zu den wichtigsten Stachelbeerschädlingen zählen. Oft bleibt der Fraßbeginn im Inneren der Sträucher unbemerkt. Die hungrigen Larven können binnen kürzester Zeit ganze Sträucher abfressen.
Gefährlichste Zeit: Mai bis August.

Abwehr
Vorbeugend: Nützlinge, wie Igel, Schlupfwespen oder Spitzmäuse, fördern. Mit pflanzenstärkenden Mitteln spritzen.
Sanft: Ab Mai Sträucher regelmäßig auf Larven kontrollieren und absammeln, oder mit einem scharfem Wasserstrahl abspritzen und aufsammeln. Auf taufeuchte Blätter Steinmehl stäuben. Bei starkem Befall bereits im Mai oder Juni seifenhaltige Präparate auch in das Strauchinnere spritzen, um weitere Generationen des Schädlings zu verhindern.

DER ZIERGARTEN

Je nachdem, ob Sie in Ihrem Ziergarten Wert auf dekorative und auffällige Pflanzungen legen oder eher pflegeleichte Arten schätzen, steht Ihnen eine große Auswahl von Rosen, Rabattenpflanzen und Ziergehölzen zur Verfügung. Vielleicht schließen Sie sich auch der wachsenden Zahl von Gartenfreunden an, die bei uns beheimatete Pflanzen bevorzugen und so aktiv zum Schutz und Erhalt unserer Landschaft beitragen. Einheimische Gewächse sehen nicht minder attraktiv aus und bieten vielen Nützlingen Futterquelle und Lebensraum. Sie sind außerdem optimal an die Eigenschaften unseres Klimas angepaßt und gedeihen bei richtiger Standortwahl problemlos.

Bei sachgerechter Pflege sind die meisten Zierpflanzen wenig anfällig gegenüber Schädlingen und Krankheitserregern. So überläßt beispielsweise der fortschrittliche Gärtner – falls er über die entsprechende Portion Toleranz verfügt – seine Sträucher kampflos den im Frühling massenweise auftretenden Blattläusen. Er weiß nämlich, daß diese Insekten dem Strauch keinen ernsthaften Schaden zufügen können und von Nützlingen wie dem Marienkäfer und der Florfliege allmählich aufgefressen werden, so daß der Befall nach cin paar Wochen wieder verschwunden ist. Wenn die Pflanzen aber trotz Ihrer Fürsorge nicht recht gedeihen wollen, ist vielleicht der Standort falsch gewählt. So ertragen Rosen weder Staunässe noch zu enge Nachbarschaft und reagieren darauf mit entsprechenden Schadbildern.

Sollte in dem einen oder anderen Fall ein Eingriff doch unumgänglich sein, helfen sanfte und möglichst giftfreie Maßnahmen. Umfangreiche und mit detailgetreuen Illustrationen versehene Beschreibungen dienen dem schnellen und sicheren Erkennen bestimmter Schädlinge oder Pflanzenkrankheiten und ihrer umweltgerechten Kontrolle. Die praxiserprobten Pflanzenschutzmaßnahmen sind dabei so geordnet, daß sie der Schwere des Befalls angepaßt werden können und der Naturhaushalt möglichst wenig gestört wird.

Die reizvolle Zeichnung der gelben Tulpen wird von einer Virusinfektion, die durch Blattläuse übertragen wird, verursacht.

Pflanzenschutz bei Rabattenpflanzen

Zwiebel- und Knollenpflanzen werden zumeist von pilzlichen Erregern befallen. Bei Stauden und ein- und zweijährigen Pflanzen können hingegen Läuse oder Schnecken zu einer Plage werden.

Zwiebelgewächse, die von Schadpilzen befallen sind, können meist nicht mehr gerettet werden. Denn ein Befall ist über dem Boden erst dann zu erkennen, wenn die Zwiebel nahezu zerstört ist. Um eine Pilzinfektion im Winterlager zu vermeiden, sollten die Zwiebeln nur gesäubert und vorgetrocknet eingelagert werden.

Die ein- und zweijährigen Pflanzen sowie die ausdauernden Stauden sind bei guter Pflege auf angepaßtem Standort kaum anfällig für Pilze. Dagegen ist ihr meist weiches Gewebe ein gefundenes Fressen für verschiedene Raupen, Käfer und Nacktschnecken.

Da diese Tiere für gewöhnlich gut versteckt leben, ist eine Abwehr mit sanften Mitteln schwierig, und giftige chemische Präparate passen nicht in den naturnahen Garten. So bleibt die Wahl zwischen Duldung der meist rein optischen Fraßschäden, an der kaum eine Pflanze zugrunde geht, und Überlistung der Schädlinge.

▼ *Nacktschnecken fallen gerne in der Dunkelheit über die Blätter der Funkie her. Tagsüber verbergen sich die Tiere an geschützten dunklen und feuchten Orten, doch die Schleimspuren verraten ihre Anwesenheit.*

KRANKHEITEN

GRAUSCHIMMEL
(verschiedene Arten der Pilzgattung *Botrytis*)

Betroffene Pflanzen: Viele unverholzte Gewächse. Neben dem weitverbreiteten Grauschimmelerreger *B. cinerea* kommen an Narzissen Narzissenfeuer *(B. polyblastis)*, an Tulpen Tulpenfeuer *(B. tulipae)*, an Gladiolen *B. gladiolorum*, an Lilien *B. elliptica* sowie weitere *Botrytis*-Arten an anderen Gewächsen vor.

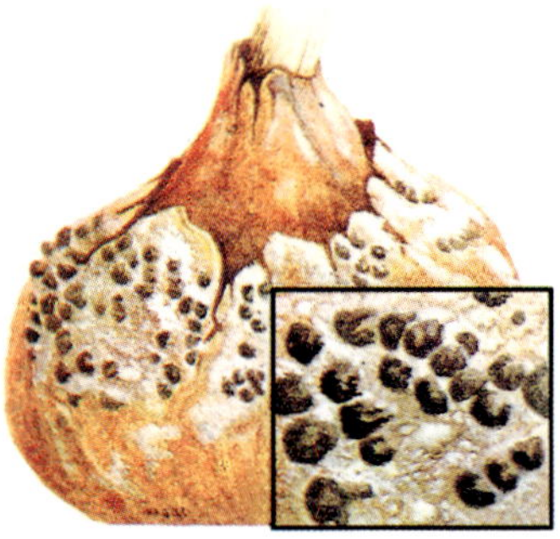

Schadbild: Je nach Pflanzenart und Erregertypus unterschiedlich. Beim Tulpenfeuer verkümmern z. B. die jungen Triebe. Oberirdische Pflanzenteile sind mit grauem, wattig wirkendem Pilzrasen bedeckt. Auf faulenden Zwiebeln zeigen sich etwa stecknadelkopfgroße schwarze Dauerkörper (Sklerotien). Blätter und Blüten tragen glasige, dunkelgrüne Flecken.
Gefährlichste Zeit: Bei Erstinfektion des Bodens im Frühjahr. Sonst gesamte Vegetationszeit.

Abwehr
Vorbeugend: Auf luftigen, sonnigen Standort achten, und nur gesundes Pflanzgut wählen. Verhaltene Stickstoffdüngung. Bodenleben fördern. Grüne Pflanzenteile mit Stärkungsmitteln behandeln. Ausschließlich gesunde Zwiebeln bzw. Knollen einlagern, diese schnell trocknen lassen. Auf trockenen Lagerort achten. Knollen- und Zwiebelpflanzen im Folgejahr nicht an derselben Stelle setzen.
Sanft: Nicht möglich. Befallene Pflanzen und Knollen entfernen.
Härter: Selten erforderlich, dann nur mit Fungiziden möglich.

HARTFÄULE
(Septoria gladioli)

Betroffene Pflanzen: Gladiole und Sterngladiolenarten.
Schadbild: Junge Knollen zeigen zunächst wäßrig aussehende, später rotbraune eingesunkene Stellen, auf denen sich kleine schwarze Sporenansammlungen bilden; das darunterliegende Gewebe ist schwarz und hart (Name!). Zudem zeigen sich braune Flecken an Blättern kleinblumiger und an den Brutablegern großblumiger Sorten. Stark befallene Pflanzen gehen ein.
Gefährlichste Zeit: Sommer. Infektion zeigt sich erst bei der Lagerung.

Abwehr
Vorbeugend: Auf gesundes Pflanzgut achten. Nur gesunde, trockene Knollen einlagern. Vorjahresstandorte nicht erneut bepflanzen.
Sanft: Befallenes Pflanzenmaterial entfernen.
Härter: Im Garten in der Regel kaum erforderlich. Nur mit Fungiziden möglich.

KOHLHERNIE
(Plasmodiophora brassicae)

Betroffene Pflanzen: Schleifenblume, Levkoje, Nachtviole und andere Kreuzblütler.
Schadbild: An den Wurzeln bilden sich knollige Wucherungen, die mit weißlichem Gewebe gefüllt sind, das sich im Lauf der Zeit bräunlich verfärbt. Kümmerwuchs und vergilbende Blätter.
Gefährlichste Zeit: Gesamte Vegetationsperiode.

Abwehr
Vorbeugend: Auf ausreichenden Boden-pH-Wert achten, und weite Fruchtfolge einhalten. Gießen mit Kohltee mehrere Wochen vor dem Pflanzen mindert das Erregerpotential im Boden.
Sanft: Nicht möglich. Befallene Pflanzen entfernen, und mehrere Jahre am selben Standort keine anderen Kreuzblütler (Gemüse) anbauen. Wildkräuter der Kreuzblütlerfamilie ebenfalls nicht tolerieren.
Härter: Auch mit Fungiziden nicht möglich.

LACKSCHORF
(Pseudomonas marginata)

Betroffene Pflanze: Gladiole.
Schadbild: Bakterielle Krankheit. Vor allem an der Oberfläche beschädigter Knollen eingesunkene braune bis schwarze Flecken mit lackartigen, schleimigen Absonderungen, die später eintrocknen und einen erhöhten Rand um die Flecken bilden. Das darunter liegende Gewebe ist bräunlich verfärbt. Auch Blattgrund und Stengelgrund können befallen werden. Wenn der Stengelgrund erkrankt ist, kippen die Pflanzen um.
Gefährlichste Zeit: Sommer. Der Schaden wird meist erst beim Herausnehmen der Knollen im Herbst sichtbar.

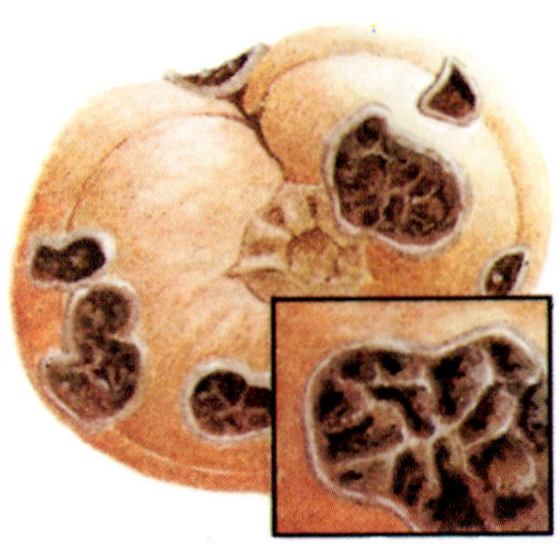

Abwehr
Vorbeugend: Jährlicher Standortwechsel für Gladiolen. Aktives Bodenleben durch Kompostwirtschaft

fördern. Keine Pflanzung auf frisch umgegrabenen Flächen, da Drahtwürmer und andere Bodeninsekten einen Befall durch Fraß fördern.
Sanft: Nicht möglich. Knollen, die befallen sind, entfernen.
Härter: Nicht möglich.

MEHLTAU, ECHTER
(verschiedene Arten der Pilzordnung *Erysiphales*)

Betroffene Pflanzen: Akelei, Begonie, Chrysantheme, Goldrute, Nelke, Herbstaster, Hortensie, Rittersporn, Vergißmeinnicht und andere Gewächse.
Schadbild: Weißer, mehlig wirkender Pilzüberzug auf beiden Seiten der Blätter, auch auf Stengeln und Blüten. Im Verlauf der Erkrankung nehmen die Flecken zuweilen eine dunklere Färbung an.
Gefährlichste Zeit: Gesamte Vegetationsperiode.

Abwehr
Vorbeugend: Leicht luftigen Standort wählen. Verhaltene Stickstoffdüngung. In Mehltaulagen gefährdete Gewächse mit Ackerschachtelhalmtee stärken.
Sanft: Knoblauchtee oder lecithinhaltige Präparate spritzen. Befallene Pflanzenteile entfernen.
Härter: Meist nicht erforderlich. In Notfällen Netzschwefelpräparate anwenden.

ÖLFLECKENKRANKHEIT, BRAND
(versch. Bakterienarten)

Betroffene Pflanzen: Chrysantheme, Iris, Pelargonie, Rittersporn.
Schadbild: Je nach Pflanzenart und Erreger helle oder dunkle, ölig wirkende Blattflecken, die bei Feuchtigkeit Schleim absondern. Gehen später auch auf Blüten und Stengel über. Befallene Blüten faulen.
Gefährlichste Zeit: Sommer, vor allem in feuchten Jahren.

Abwehr
Vorbeugend: Gesundes Pflanzgut wählen. Schnittarbeiten mit sauberem Messer ausführen. Pflanzen, die krank wirken, zuletzt beschneiden. Kalium- und calciumbetonte Düngung härten das Pflanzengewebe. Beim Wässern Blätter und Blüten nicht benetzen.
Sanft: Nicht möglich. Erkrankte Pflanzen entfernen.
Härter: Selbst auf chemischem Weg nur wenig erfolgversprechend.

PETUNIENWELKE
(*Phytophthora cryptogaea*)

Betroffene Pflanzen: Trompetenzunge, Petunie und Zinnie.
Schadbild: Pflanzen welken oft bereits kurz vor der Blüte. Stengelgrund und obere Teile der Wurzel schwarzbraun verfärbt und faul.
Gefährlichste Zeit: Gesamte Vegetationsperiode.

Abwehr
Vorbeugend: Stecklinge nur in steriles Substrat setzen. Standort der Pflanzen jährlich wechseln. Verhaltene Stickstoffdüngung.
Sanft: Nicht möglich.
Härter: Nur mit Fungiziden möglich, im Hausgarten aber nicht erforderlich.

ROST
(verschiedene Arten der Pilzgattung *Puccinia*)

Betroffene Pflanzen: Löwenmäulchen durch Löwenmaulrost *(P. antirrhini)*, Stockrosen/Malven durch Malvenrost *(P. malvearum)*, Zonal-Pelargonien durch Pelargonienrost *(P. pelargonii-zonalis)* sowie andere Rabattenpflanzen.
Schadbild: An Blättern und Stielen bilden sich gelbe, orangefarbene oder braune pustelförmige Sporenlager, die auf den Blättern der Pflanzen gut zu erkennen sind. Oft wirken die Pusteln wie kleine Warzen.
Gefährlichste Zeit: Gesamte Vegetationsperiode.

Abwehr
Vorbeugend: Ackerschachtelhalmtee oder Farnbrühe spritzen. Wenig anfällige oder resistente Sorten wählen. Pflanzenreste von den Beeten entfernen.
Sanft: Befallene Pflanzenteile baldmöglichst entfernen.
Härter: Selten erforderlich, dann nur mit Fungiziden möglich.

TRIEBGALLEN
(*Corynebacterium fascians*)

Betroffene Pflanzen: Chrysantheme, Begonie, Dahlie, Gladiole, Nelke, Pelargonie und andere Blütenpflanzen.
Schadbild: Diese von Bakterien hervorgerufene Krankheit zeichnet sich durch absterbende, häufig abgeflachte Triebe mit verdickten, verkrüppelten Blättern aus.
Gefährlichste Zeit: Während der Vermehrung und in der gesamten Vegetationsperiode.

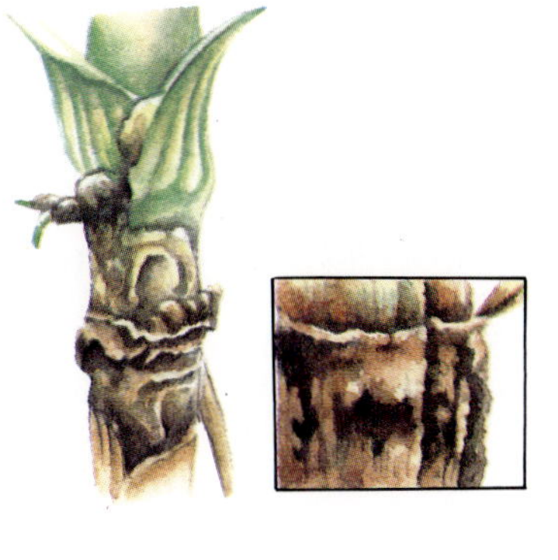

Abwehr
Vorbeugend: Gesundes Saat- und Pflanzgut wählen.
Sanft: Nicht möglich. Erkrankte Pflanzen entfernen, Standort nicht erneut mit empfindlichen Arten bepflanzen.
Härter: Nicht möglich.

TROCKENFÄULE, KNOLLENTROCKENFÄULE
(Sclerotinia gladioli)

Betroffene Pflanzen: Freesie, Gladiole, Krokus, Sterngladiole sowie weitere Gewächse.

Schadbild: Zunächst hellen sich die äußeren Blätter auf und sterben dann ab. Blattscheiden in Bodennähe mit kleinen schwarzen Dauerformen der Pilze (Sklerotien) befallen. Knollen schwarz gefleckt, bei starkem Befall auch verfärbte Gefäße (Schnittprobe!). Trockene Fäule (Name!).
Gefährlichste Zeit: Gesamte Vegetationsperiode. Knollen werden im Winterlager befallen.

Abwehr
Vorbeugend: Standortwechsel. Auf gesundes Pflanzgut achten, und nur einwandfreies Material einlagern. Ein aktives Bodenleben durch Kompostwirtschaft senkt das Erregerpotential im Boden.
Sanft: Nicht möglich. Erkranktes Pflanzenmaterial entfernen.
Härter: Im Garten kaum nötig. Nur mit chemischen Mitteln möglich.

WURZELFÄULE, FUSSKRANKHEITEN
(verschiedene Pilzarten der Gattungen *Fusarium*, *Phytophthora*, *Pytium*, *Rhizoctonia* und weitere)

Betroffene Pflanzen: Löwenmäulchen, Narzisse, Nelke, Veilchen und andere Gewächse.
Schadbild: Befallene Pflanzen kümmern, welken und sterben schließlich ab. Stengelgrund und Wurzelhals braunschwarz verfärbt und morsch. Es kommen trockene und nasse Fäulen vor.
Gefährlichste Zeit: Gesamte Vegetationsperiode.

Abwehr
Vorbeugend: Boden locker und trocken halten. Verhaltene Stickstoffdüngung. Ein durch Kompostwirtschaft aktiviertes Bodenleben hemmt viele Schadpilze in ihrer Entwicklung. Auf resistente Züchtungen zurückgreifen.
Sanft: Nicht möglich. Befallene Pflanzen müssen umgehend von den Beeten entfernt und dann vernichtet werden.
Härter: Auch chemisch nicht immer erfolgreich und im Garten nicht erforderlich.

ZWIEBELGRUNDFÄULE, BASALFÄULE, ZWIEBELFÄULE
(*Fusarium oxysporum* f. spec. *narcissi*)

Betroffene Pflanzen: Krokus, Lilie, Narzisse und andere.
Schadbild: Kümmernde Pflanzen, gelbe Blattspitzen, die Blütenknospen bleiben stecken. An der Rhizom- bzw. Zwiebelbasis beginnende graue bis braune Fäulnis mit rötlichem Pilzgewebe, die zum Absterben führt. Eine längsgeschnittene Zwiebel zeigt von der Basis ausgehende braune Bänder. Wenn sich Pflanzen infiziert haben, kann sich der Pilz im Sommer auch auf Blätter und Blüten ausbreiten.
Gefährlichste Zeit: Gesamte Vegetationsperiode und Lagerzeit.

Abwehr
Vorbeugend: Auf gesundes Pflanzgut achten, und nur einwandfreies Lagermaterial kühl und trocken überwintern. Durch Kompost aktiviertes Bodenleben mindert das Erregerpotential im Boden.
Sanft: Bekämpfung auf sanfte Art ist nicht möglich. Befallene Pflanzen sowie Zwiebeln und Rhizome entfernen und dann vernichten.
Härter: Auch mit chemischen Mitteln schwierig, im Garten aber selten notwendig.

SCHÄDLINGE

BLATTLÄUSE
(verschiedene Arten)

Betroffene Pflanzen: Sehr viele verschiedene Gewächse.
Schadbild: Zarte, ungeflügelte, zuweilen auch geflügelte, grüne, gelbgrüne, rötliche oder schwarze Insekten, die Kolonien an Blattunterseiten und jungen Trieben bilden. Durch Saugtätigkeit verkrüppelte Blätter und Wachstumshemmung. Auf dem von den Läusen ausgeschiedenen klebrigen Honigtau siedeln sich harmlose Rußtaupilze an. Ameisen „melken" Honigtau bei den Läusen und schützen diese gegen blattlausräuberische Nützlinge. Oft kann ein Blattlausbefall ohne jegliche Gegenmaßnahmen toleriert werden, da die Pflanzen zwar geschwächt, in der Regel aber nicht zum Absterben gebracht werden.
Gefährlichste Zeit: Frühjahr und Sommer.

Abwehr
Vorbeugend: Nützlinge wie Marienkäfer, Florfliegen, Raubwanzen, Spinnen und Vögel fördern. Verhaltene Stickstoffdüngung. Auf richtige Pflanzabstände achten. Luftigen Standort wählen. Boden regelmäßig mulchen.
Sanft: Schädlinge von einzelnen befallenen Pflanzen mit scharfem Wasserstrahl aus der Handspritze wegspritzen. Größerem Befall mit einer Jauche aus Ackerschachtelhalm oder Rhabarberblättern begegnen. Auch seifenhaltige Präparate werden von den meisten Pflanzen gut vertragen.
Härter: Rainfarntee oder ein nützlingsschonendes Insektizid anwenden, doch nur, wenn es sich um einen „Notfall" handelt.

BLATTWANZEN
(verschiedene Arten der Gattungen *Eurydema, Eurygaster* und *Lygus*)

Betroffene Pflanzen: Aster, Chrysantheme, Dahlie, Hortensie, Mohn, Salbei, Sommeraster, Sonnenblume, Zinnie und weitere Gewächse.
Schadbild: Ebenso wie Blattläuse tragen auch die Blattwanzen einen Rüssel, mit dem sie an Blättern saugen. Knospen, Blüten, Blätter und Triebspitzen durch den aggressiven Speichel oft verkrüppelt und deformiert. Es handelt sich um lebhafte grünliche bis braune Insekten mittlerer Größe mit gut sichtbarem „Schnabel", der beim Laufen unter den Bauch gezogen wird. Tiere sonnen sich gern auf den Pflanzen. Ernsthafte Schäden sind selten. Verwechslungsgefahr mit räuberischen, nützlichen Wanzen möglich.
Gefährlichste Zeit: Spätes Frühjahr bis Sommerende.

Abwehr
Vorbeugend: Nicht erforderlich.
Sanft: An warmen Tagen Schädlinge absammeln.
Härter: Nicht erforderlich, da keine großen Schäden entstehen.

NARZISSENFLIEGE, GROSSE UND KLEINE
(*Lampetia equestris* sowie *Eumerus strigatus*)

Betroffene Pflanzen: Hyazinthe, Narzisse, Amaryllis.
Schadbild: Befallene Pflanzen kümmern. Die Blütenbildung ist gehemmt. Zwiebeln von etwa 1,5 cm langen (Große Narzissenfliege) bzw. mehreren, nur rund 8 mm langen Fliegenmaden (Kleine Narzissenfliege) zerfressen. Zwiebeln, die geschädigt sind, lassen sich an der Spitze eindrücken. Die Maden überwintern in den Zwiebeln. Die Vollinsekten der etwa 1 cm großen Großen Narzissenfliege ähneln in der Körperbehaarung der Hummel.
Gefährlichste Zeit: Während der Eiablage im Sommer.

Abwehr
Vorbeugend: Nützlinge fördern. Auf gesundes Pflanzgut achten (Eindrückprobe!). Befallene Zwiebeln entfernen.
Sanft: Zwiebeln im Spätsommer einer zweistündigen Tauchbehandlung in 44 °C warmem Wasser unterziehen. Die Temperatur sollte genau eingehalten werden. Wärmetherapie schützt auch vor der Zwiebelschalenmilbe *(Stenotarsenomus laticeps)*.
Härter: Nicht erforderlich.

OHRWÜRMER
(Forficula auricularia)

Betroffene Pflanzen: Chrysantheme, Dahlie, Rittersporn, Veilchen, Zinnie und weitere Gewächse.
Schadbild: Unregelmäßiger Lochfraß in Blättern und Blüten. Die unverwechselbaren Insekten verstecken sich gern in Dahlienblüten. Größere Schäden sind nicht zu erwarten. Als Allesfresser sind Ohrwürmer fleißige Vertilger von Blattläusen und Pilzen, deswegen sollten sie nicht bekämpft werden.
Gefährlichste Zeit: Sommer bis Herbstmitte.

Abwehr
Vorbeugend: Nicht erforderlich.
Sanft: Ohrwürmer, die überhandnehmen, in einem in der Nähe der befallenen Zierpflanzen aufgehängten Ohrwurmnest fangen und „aussiedeln".
Härter: Nicht erforderlich.

SCHNECKEN
(verschiedene Nacktschneckenarten)

Betroffene Pflanzen: Fast alle Gewächse, bevorzugt die mit weichen Pflanzenteilen.
Schadbild: Unregelmäßiger Loch- und Totalfraß an allen Pflanzenteilen. Typische glänzende Schleimspuren. Tagsüber halten sich Nacktschnecken in dunklen, feuchten Verstecken in der Nähe ihrer Futterpflanzen auf, während die deutlich weniger gefräßigen Gehäuseschnecken auch tagsüber im Freien bleiben.
Gefährlichste Zeit: Gesamte Vegetationsperiode, vor allem in feuchtwarmen Jahren.

Abwehr
Vorbeugend: In Jahren mit großem Schneckenvorkommen nicht mit feuchtem Material mulchen. Beete öfters hacken. Nützlinge wie Laufkäfer, Igel und Erdkröten gezielt fördern.
Sanft: Besonders gefährdete Pflanzen mit einem Schneckenzaun abgrenzen, innerhalb dieser Beete Bierschneckenfallen aufstellen.
Härter: Nicht erforderlich.

STENGEL- ODER STOCKÄLCHEN
(verschiedene Arten der Nematodengattung *Ditylenchus*)

Betroffene Pflanzen: Schwertlilie, Blaustern, Hyazinthe, Narzisse, Tulpe, Schneeglöckchen und andere Zwiebelgewächse. Darüber hinaus Phlox, Hortensie, Nelke und weitere Stauden.
Schadbild: Blätter verformen sich und verkümmern. Auf Narzissenblättern kleine gelbliche oder grüne Beulen, bei Tulpen Längsrisse in den Blättern und verkrümmte Blütenstiele. Zwiebeln im Innern verfärbt, oft faul. Die Bekämpfung gestaltet sich schwierig. Zwiebelgewächse und Phlox sind besonders gefährdet, der Nematodenbefall des Phlox ist auch als „Stockkrankheit" bekannt. Blätter des Phlox verkümmern und verdorren schließlich.
Gefährlichste Zeit: Gesamte Vegetationsperiode.

Abwehr
Vorbeugend: Auf gesundes Pflanzgut achten. Bei Phlox sind weniger anfällige Sorten erhältlich. Befallenes Pflanzenmaterial entfernen.
Sanft: Nicht möglich.
Härter: Nur mit sehr giftigen Präparaten möglich, die im Garten nicht angewendet werden sollten.

WEISSE FLIEGE, GEWÄCHSHAUSMOTTENSCHILDLAUS
(*Trialeurodes vaporariorum*, vereinzelt tritt in wärmeren Lagen auch die Baumwollmottenschildlaus *[Bemisia tabaci]* auf.)

Betroffene Pflanzen: Vor allem an Gewächshauspflanzen, aber auch an Zierpflanzen im Freiland sowie bei Balkonpflanzen. An Kreuzblütlern und Wolfsmilchgewächsen tritt die Kohlmottenschildlaus *(Aleurodes proletella)* auf.
Schadbild: Kleine, etwa 2 mm lange geflügelte, mit Wachsstaub bepuderte Insekten sitzen in Kolonien auf der Blattunterseite. Bei Berührung der Pflanze fliegen die Tiere im Schwarm auf. Blätter vergilben, Wachstumshemmung bei stärkerem Befall. Vollinsekten und Larven, die nur im ersten Larvenstadium beweglich sind, saugen Pflanzensaft und scheiden Honigtau ab, auf dem sich oft schwarze Rußtaupilze ansiedeln. Eigelege halbkreisförmig. An Freilandzierpflanzen halten sich die durch die Weiße Fliege verursachten Schäden in Grenzen.
Gefährlichste Zeit: Gesamte Vegetationsperiode.

Abwehr
Vorbeugend: Spinnen fördern.
Sanft: Bei starkem Befall mehrmals seifenhaltige Präparate oder Rainfarntee spritzen. Eine direkte biologische Kontrolle mit Schlupfwespen ist nur im Gewächshaus möglich.
Härter: Nicht erforderlich.

WICKLERRAUPEN
(verschiedene Arten der Schmetterlingsfamilie *Tortricidae*)

Betroffene Pflanzen: Chrysantheme, Phlox, Sonnenbraut und weitere Gewächse.
Schadbild: Blattfraß durch Raupen, die diese mittels Spinnfäden tütenförmig zusammenwickeln (Name!). Spritzungen sind daher allenfalls gegen sehr junge Larvenstadien erfolgreich. Oft sichtbare Gespinste. Die erwachsenen Falter sind unauffällig braun oder graubraun gefärbt.
Gefährlichste Zeit: Ende des Frühjahrs bis Sommermitte.

Abwehr
Vorbeugend: Nützlinge wie Meisen, Ohrwürmer, Laufkäfer, Raupenfliegen, Fledermäuse, Schlupfwespen und Spinnen fördern.
Sanft: Raupen frühzeitig absammeln. Raupennester zerstören oder mitsamt den angefressenen Trieben entfernen. Mit Rainfarn- oder Wermuttee spritzen.
Härter: Seifenhaltige Präparate nur in Notfällen – in den sogenannten Wicklerjahren – gegen junge Stadien einsetzen. Die Raupen, bevor sie Gespinste anlegen, mit Steinmehl bestäuben.

ZWIEBELSCHALENMILBE, NARZISSENMILBE
(Stenotarsonemus laticeps)

Betroffene Pflanzen: Amaryllis und Narzisse.
Schadbild: Braune Streifen an den Kanten der Blütenstiele und an den Blatträndern weisen wie krummer Wuchs auf einen Befall hin. Oft kleine, rotbraune Flecken auf Blättern und Stengeln. Zwiebeln oberflächlich braun verfärbt, im Längsschnitt von der Spitze zur Basis führende braune Streifen. Winzige, nur mit der Lupe zu erkennende Milben zwischen den Zwiebelschuppen. Das Schadbild ist auch unter der Bezeichnung „Milbenbrenner" bekannt.
Gefährlichste Zeit: Winter bis Mitte des Frühjahrs.

Abwehr
Vorbeugend: Auf kühle und trockene Lagerung der Zwiebeln und Knollen achten.
Sanft: Zwiebeln vor dem Setzen etwa 2 Stunden in warmes Wasser tauchen. Dabei eine Temperatur zwischen 44 °C und 46 °C genau einhalten (Thermometer!). Die Behandlung wirkt auch gegen Narzissenfliegen.
Härter: Nur mit sehr problematischen Insektiziden möglich und wenig erfolgversprechend. Im Garten unnötig.

Pflanzenschutz bei Rosen

Die Auslese gesunder und robuster Sorten wird in der Rosenzüchtung immer bedeutsamer. Dabei muß auf üppige Blütenpracht und betörenden Duft nicht verzichtet werden.

Ein durchschnittlicher Rosenzüchterkatalog enthält zwischen 300 und 400 verschiedene Sorten. Die von vielen Gartenfreunden respektvoll „Königin der Blumen“ genannte Rose wird damit jedem nur denkbaren Geschmack gerecht.

Rosen gedeihen auf allen humosen Gartenböden, nur Staunässe vertragen sie nicht. Sie sind dankbar für eine verhaltene Düngung mit Rindermist, und die nicht frostfesten Rosengruppen sollten vor Wintereinbruch gut 20 cm hoch mit Erde angehäufelt werden. Hochstämmchen und Kletterrosen kann man mit Fichtenreisig abdecken. Frieren die oberirdischen Triebe dennoch ab, ist dies keine Katastrophe. Schneiden Sie die abgestorbenen Teile im zeitigen Frühjahr zurück, im Sommer erleben Sie dann eine besonders üppige Blütenpracht.

Zu den wichtigen Rosenkrankheiten zählen Mehltau, Sternrußtau und Rosenrost. Gegen die beiden ersten sind viele Sorten mehr oder minder resistent, während der Befall mit Rosenrost tolerabel ist. Wenn Sie eine Neupflanzung vornehmen, lohnt es sich, in Katalogen auf eine Anmerkung über die Krankheitsanfälligkeit zu achten; seriöse Züchter geben diese an. Oft ist die Bezeichnung „robust“ oder „vital“ ein Hinweis auf eine unanfällige, gesunde Sorte. Auch die Erwähnung „ADR“ ist eine weitgehende Garantie für Krankheitsresistenz, denn hinter diesen drei Buchstaben verbirgt sich eine „Anerkannte Deutsche Rose“. Vor der Anerkennung steht eine Prüfung in elf Rosenprüfgärten, die sich über mehrere Jahre erstreckt. Dabei werden deutsche sowie ausländische Rosenneuheiten von unabhängigen Experten unter Praxisbedingungen ohne Pestizideinsatz auf Zierwert und Robustheit geprüft. Nur solche Rosen, die in allen Prüfgärten eine Mindestanzahl von Punkten erreichen, dürfen danach ADR-Rosen genannt werden.

Kränkeln Ihre Lieblinge aber im Garten vor sich hin, sollten Sie den Standort und die Bodenverhältnisse prüfen. Neben der bereits erwähnten Staunässe mögen Rosen auch keinen zu dichten Stand oder „stehende“ Luft. Ihre Blätter und Blüten sollten nach jedem Regen so schnell wie möglich abtrocknen können. Dadurch wird das Infektionsrisiko merklich gemindert. Rosen sind nicht sehr konkurrenzstark, deshalb sollten sie niemals neben wuchernden, nährstoffräubernden Gehölzen stehen, die ihnen Licht, Luft und Wasser streitig machen.

Die tierischen Schädlinge an Rosen sind in keinem Fall derart gefährlich, daß Sie mit der Giftspritze anrücken müssen. Einzelne Blüten oder Blätter, die von Schädlingen benagt werden, fallen bei Strauch- oder Kletterrosen nicht ins Gewicht. Die eleganten Einzelblüten der oft an herausragender Stelle plazierten Edelrosen können Sie selbst mit recht einfachen Mitteln gegen die lästigen Blattläuse schützen. Entweder fegen Sie die Sauger einfach mit einem weichen Pinsel ab, oder Sie „schießen“ die Läuse mit einem scharfen Wasserstrahl von Knospen und Stengeln.

◄ *Sternrußtau ist eine gefährliche Rosenkrankheit, die häufig zum völligen Verlust der Blätter führt. Veredelte Rosen wie die Teerosen sind besonders anfällig dafür.*

KRANKHEITEN

KREBS, STAMMKREBS, RINDENFLECKKRANKHEIT
(Coniothyrium fuckelii)

Schadbild: Rinde der Vorjahrestriebe mit hellbraunen bis braunrötlichen, korkartigen Flecken, die braun oder violett gerandet sind. Später wölben sich diese Stellen und reißen ein. Schwarze, punktförmige Sporenlager auf der Rinde. Oberhalb der Befallsstelle verkümmern die Triebe. Es bestehen deutliche Unterschiede in der Anfälligkeit der Sorten.
Gefährlichste Zeit: Gesamte Vegetationsperiode. Besonders gefährdet sind Sorten der *Rosa-multiflora*-Gruppe.

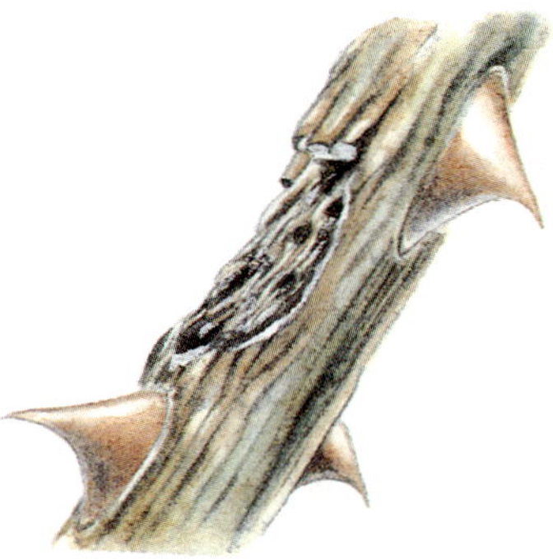

Abwehr
Vorbeugend: Auf gesundes Pflanzgut achten. Beim Hacken und allen anderen Arbeiten Verletzungen der Rinde vermeiden. Erst mit dem Frost Wintereindeckung anbringen, im Frühjahr zeitig entfernen. Statt Laub oder Erde Nadelholzreisig verwenden. Alle Schnittmaßnahmen bei trockenem Wetter vornehmen, auf scharfe, saubere Werkzeuge achten. Befallene Triebe bis tief ins gesunde Holz zurückschneiden.
Sanft: Kranke Pflanzen entfernen.
Härter: Nur mit Fungiziden möglich, im Garten in der Regel kaum erforderlich.

MEHLTAU, ECHTER
(Sphaerotheca pannosa)

Schadbild: Auf beiden Seiten der Blätter weißer, mehliger Belag, der sich abwaschen läßt. Blätter meist nach oben gefaltet, rötlich angelaufen. Sie verkrüppeln im Verlauf der Krankheit. Auch Stengel, Blütenknospen und Fruchtkelche können von dem weißen, später vergrauenden Pilzbelag bedeckt sein. Schattiger Standort und stehende Luft begünstigen den sortenabhängigen Befall.
Gefährlichste Zeit: Gesamte Vegetationszeit.

Abwehr
Vorbeugend: Sorten bevorzugen, die resistent gegen Mehltau sind. Sonnigen, luftigen Standort wählen. Verhaltene Stickstoffdüngung. Anwendung von Ackerschachtelhalmtee zur Stärkung der Blätter.
Sanft: Befallene Triebspitzen entfernen. Bei starkem Befall mit lecithinhaltigen Präparaten spritzen.
Härter: Im Garten kaum erforderlich, da Lecithin gut wirksam ist.

ROSENROST
(Phragmidium mucronatum)

Schadbild: Bereits kurz nach dem Austrieb bilden sich an jungen Trieben und altem Holz hellorangefarbene, schwielenförmige Sporenlager. Auf den Blattoberseiten entstehen im Sommer kleine gelbliche oder rote Flecken, an der Blattunterseite liegen stecknadelkopfgroße Pusteln, die sich von Gelblichbraun nach Schwarz verfärben. Nur bei starker Pilzerkrankung ist mit vorzeitigem Blattfall zu rechnen.
Gefährlichste Zeit: Sommer.

Abwehr
Vorbeugend: Rostunanfällige Sorten wählen. Verhaltene Stickstoffdüngung. Ackerschachtelhalmtee wirkt blattstärkend. Mit Knoblauch unterpflanzen.
Sanft: Befallene Blätter entfernen.
Härter: Selten erforderlich. Wirksam sind nur Fungizide.

STERNRUSSTAU
(Diplacarpon rosae)

Schadbild: Meist zeigen sich zuerst an der Blattoberseite rundliche braune bis braunschwarze Flecken, die rasch wachsen. An den Rändern laufen sie oft sternförmig aus (Name). In feuchtwarmen Jahren kann ausgeprägter Befall zu vorzeitigem Blattfall im Spätsommer führen, der die Pflanzen schwächt.
Gefährlichste Zeit: Gesamte Vegetationsperiode.

Abwehr
Vorbeugend: Lockere Pflanzung an sonnigen, luftigen Standorten auf lehmigen, humosen Böden. Widerstandsfähige Sorten wählen. Unterpflanzung mit Knoblauch. Blattstärkende Mittel anwenden, beispielsweise Ackerschachtelhalmtee. Herbstlaub vollständig entfernen. In Befallsjahren Pflanzen kräftig zurückschneiden. Mit Knoblauchtee spritzen.
Sanft: Befallenes Laub entfernen.
Härter: Selten erforderlich. Nur mit Fungiziden möglich.

SCHÄDLINGE

BLATTLÄUSE
(verschiedene Arten)

Schadbild:
Zarte, ungeflügelte, manchmal auch geflügelte, grüne, gelbgrüne, rötliche oder schwarze Insekten in Kolonien an Blattunterseiten und Trieben. Verkrüppelte Blätter und Wachstumshemmung. Auf dem von den Läusen ausgeschiedenen klebrigen Honigtau siedeln sich harmlose Rußtaupilze an. Ameisen „melken“ Honigtau bei den Läusen und schützen diese gegen blattlausräuberische Nützlinge.
Gefährlichste Zeit: Frühjahr bis Sommermitte.

Abwehr
Vorbeugend: Förderung von blattlausfressenden Nützlingen. Verhaltene Stickstoffdüngung. Mit Lavendel unterpflanzen.
Sanft: Einzelne Blattlauskolonien von befallenen Pflanzen mit scharfem Wasserstrahl aus der Handspritze entfernen. Stärkerem Befall mit Jauche aus Ackerschachtelhalm oder Rhabarberblättern begegnen. Auch seifenhaltige Präparate sind gut wirksam.
Härter: Rainfarntee oder ein nützlingsschonendes Insektizid anwenden, wenn alle anderen Maßnahmen versagt haben. Alle Spritzmittel (auch reines Wasser) sollten nicht in geöffnete Blüten gelangen und schnell abtrocknen können, um der Entstehung von Pilzkrankheiten vorzubeugen.

BLATTWANZEN
(verschiedene Arten der Gattungen *Eurydema, Eurygaster* und *Lygus*)

Schadbild: Ungleichmäßiger Lochfraß an jungen Blättern. Knospen, Blüten, Blätter und Triebspitzen sind durch den aggressiven Speichel oft verkrüppelt und deformiert. Lebhafte grünliche bis braune Insekten mittlerer Größe mit gut sichtbarem „Schnabel“, der beim Laufen unter den Bauch gezogen wird. Tiere sonnen sich gern auf den Pflanzen. Ernsthafte Schäden sind selten. Es besteht Verwechslungsgefahr mit nützlichen Wanzen.
Gefährlichste Zeit: Spätes Frühjahr bis Sommerende.

Abwehr
Vorbeugend: Nicht erforderlich.
Sanft: An warmen Tagen Schädlinge absammeln.
Härter: Nicht erforderlich.

GESPINSTMOTTEN
(verschiedene Arten der Schmetterlingsfamilie *Yponomeutidae*)

Schadbild: Gesellig lebende Raupen in gräulichweißen, zeltartigen Gespinsten, die Blätter und junge Triebe befressen.
Gefährlichste Zeit: Frühjahrsmitte bis Hochsommer.

Abwehr
Vorbeugend: Nicht erforderlich.
Sanft: Die Gespinste zusammen mit den Raupen entfernen oder die Raupen in ein untergelegtes Tuch abschütteln. Wenn das „Zelt“ noch nicht sehr dicht gesponnen ist, können auch seifenhaltige Mittel gespritzt werden.
Härter: Nicht erforderlich.

RAUPEN
(verschiedene Arten)

Schadbild: Unregelmäßiger Loch- und Randfraß an Blättern. Im Gegensatz zu Blattwanzenschäden treten keine Deformationen oder Vergilbungen auf. Unterschiedlich große und verschieden gestaltete Raupen mehr oder minder versteckt an oder unter Blättern.
Gefährlichste Zeit: Frühling.

Abwehr
Vorbeugend: Nützlinge fördern, besondere Maßnahmen sind nicht erforderlich.
Sanft: Raupen absammeln oder in ein daruntergelegtes Tuch abschütteln und entfernen.
Härter: Selten erforderlich. Gegen viele Arten sind Spritzungen mit einem *Bacillus-thuringiensis*-Präparat wirksam.

ROSENBLATTROLLWESPE, BLATTROLLROSENWESPE
(Blennocampa pusilla)

Schadbild: Fiederblätter ab Mitte Mai längs der Mittelrippe nach unten eingerollt und herabhängend. In dieser Röhre lebt eine ungefähr 9 mm lange, raupenähnliche Larve. Schließlich vergilben die Teilblätter.
Gefährlichste Zeit: Spätes Frühjahr bis Sommermitte.

Abwehr
Vorbeugend: Nützlinge wie Vögel und Schlupfwespen fördern, darüber hinaus sind besondere Maßnahmen nicht erforderlich.
Sanft: Blattröhren mit den Larven regelmäßig entfernen. Mit Rainfarntee spritzen.
Härter: Nicht erforderlich.

ROSENBLATTWESPE, SCHWARZE
(*Caliroa aethiops* und weitere Arten)

Schadbild: Die Wespe erreicht eine Größe von etwa 4,5 mm. Ihre 6 bis 10 mm langen Larven mit grünlicher Färbung erinnern an Nacktschnecken. Sie überwintern in Kokons eingesponnen in der oberen Bodenschicht. Die Larven befressen Blätter fensterartig (obere oder untere Blatthaut bleibt erhalten) oder bis auf die Adern. Ein Befall tritt nur in manchen Jahren auf und führt nicht auf jeden Fall zu größeren Schäden. Vereinzelt massenweises Auftreten.
Gefährlichste Zeit: Von Frühsommer bis Frühherbst.

Abwehr
Vorbeugend: Nützlinge, vor allem Schlupfwespen und Vögel, fördern.
Sanft: Raupen absammeln.
Härter: Nur in „Blattwespenjahren“ Rainfarn- oder Wermutbrühe spritzen. Wirksam, aber noch härter, weil auch Nützlinge abgetötet werden, ist Naturpyrethrum.

ROSENKÄFER, GEMEINER
(Cetonia aurata)

Schadbild: Meist einzeln auftretende, 14–20 mm große Käfer mit kräftigen Beinen und geknieten Fühlern, die Blüten und Blätter befressen. Der Gemeine Rosenkäfer kommt in vielen Farbvariationen von Grün über Blaugrün und Blau bis Violett und hin zu Bronzefarben vor. Immer sind die Farben auffällig metallisch glänzend. Er ist mittlerweile sehr selten und steht unter Naturschutz! Sein Auftreten an den Pflanzen ist daher in jedem Fall ein besonderes Ereignis, zudem richtet er nur geringen Schaden an.
Zeit des Auftretens: Von April bis Oktober.

Abwehr
Vorbeugend: Nicht erforderlich.
Sanft: Schaden in der Regel gering. Nur in Ausnahmefällen können überhandnehmende Käfer vorsichtig abgesammelt und auf andere Blüten, z. B. Holunderblüten oder die Blüten von Doldengewächsen, gesetzt werden.
Härter: Wenig sinnvoll und zudem verboten!

ROSENWICKLER
(*Croesia bergmanniana* sowie weitere Arten der Schmetterlingsfamilie *Tortricidae*)

Schadbild: Hellgrüne Raupen befressen Knospen oder Blätter. Später ziehen die Raupen Fiederblätter der Länge nach mit Spinnfäden zusammen und spinnen sich in diesen „Tüten“ meist zu mehreren ein. Der Befall tritt nur in manchen Jahren auf, dann ist jedoch massenweises Vorkommen möglich. Wicklerraupen gehen bei Störungen rückwärts und seilen sich mittels Spinnfäden zu Boden.
Gefährlichste Zeit: Von Frühling bis Sommeranfang.

Abwehr
Vorbeugend: Nützlinge, insbesondere Spinnen, Schlupfwespen und Vögel, fördern.
Sanft: Raupen absammeln oder die „Blattüten“ entfernen. Starkem Befall kann mit *Bacillus-thuringiensis*-Präparaten begegnet werden, solange die jungen Raupen noch offen fressen.
Härter: In „Wicklerjahren“ möglichst frühzeitig, wenn die jungen Räupchen noch offen fressen, mit seifenhaltigen Präparaten, Wermut- oder Rainfarntee spritzen.

ROSENZIKADE
(Typhlocyba rosae)

Schadbild: Meist an der Blattunterseite sitzende, etwa 3 mm große Insekten, die den Blattläusen ähneln. In Ruhestellung legen die erwachsenen Zikaden ihre Flügel dachförmig zusammen. Zunächst an den Blattadern, später auch über die Blattfläche verteilt, treten durch das Saugen und den aggressiven Speichel gelblichweiße Sprenkel auf. Knospen werden ebenfalls befallen. Im schlimmsten Fall vertrocknen Blätter und verkrüppeln Knospen.
Gefährlichste Zeit: Von Mai bis September.

Abwehr
Vorbeugend: Nützlinge fördern. Für luftigen Standort sorgen. Verhaltene Stickstoffdüngung.
Sanft: Pflanzenschutzpräparate, die seifenhaltig sind, spritzen.
Härter: Nicht erforderlich.

SPINNMILBE, GEMEINE
(Tetranychus urticae)

Schadbild: Gelbliche, winzige Flekken oder Sprenkel auf der Blattoberseite. Bei starkem Befall, der auch durch Spinnfäden und eingesponnene, verkrüppelte Blätter sichtbar wird, sterben diese ab. Meist sitzen an der Blattunterseite gelbliche Tierchen, die kaum 1 mm groß sind. Unter der Lupe sind junge Larven mit drei Beinpaaren sichtbar und ältere Larven und Vollinsekten mit vier Beinpaaren, letztere erkennt man an einem schwarzen Punkt, den sie auf beiden Körperseiten tragen. Im Herbst treten rötliche Formen auf. In trockenen, heißen Sommern kommen die Milben häufiger vor.
Gefährlichste Zeit: Gesamte Vegetationsperiode.

Abwehr
Vorbeugend: Raubmilben fördern. Ackerschachtelhalm- oder Knoblauchtee spritzen.
Sanft: Seifenhaltige Präparate anwenden; Paraffinölbrühe spritzen.
Härter: Im Garten in der Regel nicht erforderlich.

Pflanzenschutz bei Ziergehölzen

Sträucher und Bäume im Ziergarten sind recht robuste Pflanzen, die kaum besonderer Behandlung bedürfen. Der richtige Schnitt zur richtigen Zeit beugt Vergreisung und Pilzbefall vor.

Pflanzen mit verholzenden Trieben haben tierischen Schädlingen und krankheitserregenden Mikroorganismen eine schwer zu überwindende Barriere entgegenzusetzen. Raupen- oder Käferfraß bleibt auf frische Pflanzenteile, also Blätter und junge Triebe, beschränkt. Viele Ziergehölze schmecken den Schädlingen auch ganz einfach nicht und werden deswegen von ihnen gemieden. Aber selbst wenn sie völlig kahlgefressen werden, was allerdings im Garten so gut wie nie vorkommt, macht dies den Sträuchern und Bäumen nur wenig aus. Sie reagieren weitgehend unbeeindruckt mit Neuaustrieb. Schnecken scheiden als Schädlinge aus, weil sie nicht so hoch klettern, und Blattläuse, die meist im Frühjahr massenweise an neuen Trieben saugen, sind lediglich ein optisches Problem. Sie verschwinden meist nach wenigen Wochen wieder, ohne den Gehölzen größeren Schaden zugefügt zu haben. Sie locken aber viele Nützlinge an, die dann auf anderen Pflanzen nach schmackhaften Läusen suchen. Deshalb sollten Sie Blattläuse auf Ziergehölzen tolerieren, auch wenn es Ihnen anfangs schwerfällt.

Die an den Blättern mancher Laubgehölze auftretenden Deformationen (Gallen) werden von verschiedenen Insekten hervorgerufen und sind harmlos.

So verführt die große Robustheit der Ziergehölze manchen Gärtner dazu, die Schnittmaßnahmen bei Laubgehölzen, die je nach Art und Sorte unterschiedlich häufig durchzuführen sind, nicht in Angriff zu nehmen. Doch dient abgestorbenes Holz manchen Arten unter den holzzerstörenden Pilzen als Eingangspforte. Deshalb beugt regelmäßiges Auslichten einem Pilzbefall vor, zudem sind die Gewächse dann blühfreudiger und wachsen dichter. Auch bereits von Pilzen befallene Astpartien lassen sich durch einen kräftigen Rückschnitt heilen.

Am besten beugen Sie jedoch Schädlingen und Krankheiten vor, wenn Sie standortangepaßte Arten und Sorten wählen. Jeder gute Gartenkatalog unterrichtet zumindest über die Lichtansprüche der Pflanzen. Dagegen werden die erforderlichen Klima- und Bodenverhältnisse nicht immer genannt. Wer sichergehen will, die richtigen Gehölze auszuwählen, kann Nachbarn und Bekannte fragen oder Auskünfte über geeignete Pflanzen bei den Kleingartenvereinen einholen.

◀ Der Schaden, den Blattläuse bei Ziergehölzen anrichten, ist in der Regel weitaus geringer, als es der massenhafte Befall vermuten läßt. In erster Linie sind sie für den Gärtner ein rein optisches Problem. Manchmal siedeln sich jedoch Pilze auf den Ausscheidungen der Blattläuse, dem Honigtau, an.

KRANKHEITEN

AUFGEPLATZTE RINDE

Betroffene Pflanzen: Alle Gehölze mit stärkeren Stämmen.
Schadbild: Rinde reißt längs auf, Risse erweitern sich. Sofern Pilzbefall, mechanische Verletzungen und tierische Fraßschäden auszuschließen sind und der Schaden im Winter auf der nach Süden liegenden Stammseite auftritt, handelt es sich um „Sonnenbrand". Er wird verursacht durch große Temperaturunterschiede zwischen Schatten- und Sonnenseite. Die dadurch entstehenden mechanischen Spannungen können zum Platzen der Rinde führen.
Gefährlichste Zeit: Winter bis Frühjahrsbeginn.

Abwehr
Vorbeugend: Stamm mit einem geeigneten Anstrich weißen, um die Sonnenstrahlen zu reflektieren.
Weitere Maßnahmen: Mit einem scharfen Messer die verletzte Rinde entfernen und die Wunde mit geeignetem Verschlußmittel, beispielsweise Baumwachs, versiegeln.

BLEIGLANZ, MILCHGLANZ
(Stereum purpureum)

Betroffene Pflanzen: Zierkirsche und -pflaume, Zierapfel.
Schadbild: Vor allem an jungen oder sehr vernachlässigten Gehölzen zeigen sich Blätter mit mattem, bleiartig metallischem, stumpfem Glanz. Ein von dem Pilz befallener Trieb färbt sich an einer Schnittstelle, nachdem sie befeuchtet wurde, braun oder purpurn. Im fortgeschrittenen Stadium bilden sich auch braune Verfärbungen im Holz (Schnittprobe an Ästen machen). Wenn sich diese Färbungen nicht bilden, können auch Eisen- oder Manganmangel die Ursache sein.
Gefährlichste Zeit: Gesamte Vegetationsperiode.

Abwehr
Vorbeugend: Auf gesundes Pflanzgut achten.
Sanft: Befallene Äste im Sommer bis tief in das gesunde Holz herausschneiden und vernichten. Schnittwunden mit Baumwachs oder ähnlichem verschließen.
Härter: Wenn die Erkrankung bereits fortgeschritten ist, muß das Gehölz entfernt werden.

CHLOROSE
(Eisenmangel)

Betroffene Pflanzen: Alle Gehölze, die sauren Boden benötigen, aber an kalkreichen Standorten stehen.
Schadbild: Zuerst beginnen sich die jüngsten Blätter aufzuhellen und zu vergilben. Bewirkt wird dies durch den durch Eisenmangel hervorgerufenen Abbau des Blattgrüns (Chlorophyll). Blattadern bleiben noch längere Zeit grün. Bei anhaltendem Mangel vertrocknen die Blätter vom Rand her. Oft tritt Chlorose bei Gewächsen auf, die in unmittelbarer Nähe zu Häusern gepflanzt sind. Häufig ist die Ursache hierfür der kalkhaltige Bauschutt im Boden oder Kalkauswaschungen von gemauerten und verputzten Oberflächen. Manganmangel äußert sich ähnlich, nur bleiben hier auch die den Blattadern benachbarten Blattflächen grün. Den Pflanzen, die von einer der beiden Mangelerscheinungen betroffen sind, ist es nicht möglich, mit ihren Wurzeln Eisen oder Mangan aus dem Boden aufzunehmen. Der Mangel tritt also in der Pflanze, nicht im Boden auf. Eine Zufuhr der Metalle über eine Bodendüngung ist daher sinnlos. Extreme Trockenheit, eine unzureichende Stickstoffversorgung oder Staunässe führen zu ähnlichen Schadbildern. Durch eine Analyse des Bodens und der Blätter erhalten Sie Klarheit.
Gefährlichste Zeit: Gesamte Vegetationsperiode, besonders zu deren Beginn.

Abwehr
Vorbeugend: Säureliebende Pflanzen nicht in kalkreiche Böden oder in die Nähe von neu erbauten Gebäuden pflanzen. Kalkung aussetzen. Zudem beugt Kompostwirtschaft Chlorose vor.
Sofortmaßnahmen: Spezielle eisensowie manganhaltige Blattdünger spritzen.
Weitere Maßnahmen: Sauer wirkende Dünger verwenden.

FEUERBRAND
(Erwinia amylovora)

Betroffene Pflanzen: Gehölze aus der Familie der Rosengewächse, wie Apfel und Birne und deren Zierformen, Eberesche, Felsenbirne, Feuerdorn, Rot- und Weißdorn, Scheinquitte, *Stranvaesia*, Zwergmispel.
Schadbild: Blüten und Blütenstiele färben sich im Frühjahr, bei spätblühenden Gehölzen im Sommer zunächst braun, dann schwarz, fallen jedoch nicht ab. Junge Triebe krümmen sich hakenförmig. Im Sommer bis zum Herbst färben sich befallene Bereiche der Rinde rötlich bis braun. Später reißt die Rinde auf, und gelblich gefärbte Bakterienschleimtropfen treten aus. Feuerbrand ist die gefährlichste bakterielle Krankheit von Obst- und Ziergehölzen. Bisher ist sie nicht bekämpfbar. Jeder Befall muß umgehend dem zuständigen Pflanzenschutzamt gemeldet werden.
Gefährlichste Zeit: Frühjahr oder Blütezeit.

Abwehr
Vorbeugend: Mittlerweile existieren resistente Apfelsorten, zudem sind in den Bauschulen resistente Ziergehölze erhältlich.
Sanft: Nicht möglich. Wenn Pflanzenteile erkranken und die Symptome auf Feuerbrand hindeuten, diese entfernen und sofort beim Pflanzenschutzamt auf Feuerbrand untersuchen lassen.
Härter: Befallene Gehölze, insbesondere in der Nähe von Obstanbaugebieten, müssen gerodet und vernichtet werden.

MEHLTAU, ECHTER
(verschiedene Arten der Pilzfamilie *Erysphеae*)

Betroffene Pflanzen: Verschiedene Ziergehölze.
Schadbild: Weißer, „mehliger“, abwaschbarer Pilzüberzug auf beiden Seiten der Blätter, auch auf ganzen Trieben. Gehölze werden in weit geringerem Ausmaß als krautige Pflanzen geschädigt.
Gefährlichste Zeit: Gesamte Vegetationsperiode.

Abwehr
Vorbeugend: Gehölze nicht zu dicht pflanzen. Luftige Standorte wählen. Verhaltene Stickstoffdüngung. In Mehltaulagen bei Neupflanzungen zur Stärkung des jungen Pflanzengewebes Ackerschachtelhalmtee anwenden.
Sanft: Befallene Pflanzenteile entfernen. Knoblauchtee oder lecithinhaltige Präparate spritzen.
Härter: Nicht erforderlich.

PFLAUMENROST
(Tranzschelia pruni-spinosae)

Betroffene Pflanzen: Zierformen der Pflaume.
Schadbild: Auf den Blattoberseiten entstehen kleine gelbe Flecken, denen auf den Unterseiten zunächst braune, später schwarze Rostpusteln gegenüberstehen. Stark befallene Blätter färben sich braun und fallen ab. Die Anfälligkeit der Zierpflaumenarten ist sortenabhängig. Gravierende Schäden sind durch die Pilzerkrankung nicht zu erwarten. Anemonenarten sind Zwischenwirte des Pflaumenrostes.
Gefährlichste Zeit: Sommer.

Abwehr
Vorbeugend: Junge Gehölze durch Spritzungen mit blattstärkendem Ackerschachtelhalmtee schützen.
Sanft: Befallene Blätter entfernen.
Härter: Nicht erforderlich.

ROST
(verschiedene Arten)

Betroffene Pflanzen: Buchsbaum, Berberitze, Johanniskraut, Mahonie und weitere Holzgewächse.
Schadbild: Auf den Blattunterseiten gelbe, orangefarbene, braune oder bräunlichschwarze „rostige“ Pusteln, die als Sporenlager bezeichnet werden. Oberseits werden meist nur blasse, gelbliche Verfärbungen sichtbar. Gravierende Schäden sind bei Gehölzen kaum zu erwarten.
Gefährlichste Zeit: Gesamte Vegetationsperiode.

Abwehr
Vorbeugend: Spritzungen mit blattstärkenden Mitteln (Ackerschachtelhalmtee). Herbstlaub entfernen.
Sanft: Befallene Blätter baldmöglichst entfernen.
Härter: Nicht erforderlich.

ROTPUSTELKRANKHEIT
(Nectria cinnabarina)

Betroffene Pflanzen: Ahorn, Zierjohannisbeere und viele andere.
Schadbild: Rote Pusteln an abgestorbenen verholzten Trieben. Bei geschwächten Pflanzen kann der Pilz auch auf lebende Teile übergreifen und zum Absterben führen.
Gefährlichste Zeit: Gesamte Vegetationsperiode.

Abwehr
Vorbeugend: Harmonische Düngung. Pflanzenstärkungsmittel anwenden. Auf ausreichende Kaliumversorgung achten. Regelmäßiger Schnitt.
Sanft: Befallene Triebe bis ins gesunde Holz zurückschneiden. Wunden fachgerecht verschließen.
Härter: Nicht erforderlich.

SCHORF
(verschiedene Pilzarten)

Betroffene Pflanzen: Zierformen von Apfel und Birne werden von den gleichen *Venturia*-Arten befallen wie die Obstbäume. Auf Feuerdorn lebt der Schorfpilz *Spilocaea pyracanthae.*
Schadbild: Blätter mit olivbraunen, später schwärzlichen Flecken, die ineinander verfließen. Bei starker Infektion Blattfall. Rinde der Zweige reißt stellenweise auf, so daß auch andere Krankheitserreger eindringen können. Früchte zeigen korkartige Stellen, die oft aufplatzen.
Gefährlichste Zeit: Sommer.

Abwehr
Vorbeugend: Baumkronen auslichten, damit sie nach Regenfällen schnell abtrocknen. Nicht an windstille Standorte pflanzen. Anbau schorfunanfälliger Sorten.
Sanft: Große Baumscheiben anlegen und mulchen; Regenwürmer ziehen die befallenen Herbstblätter in den Boden ein und fressen diese, dadurch unterbrechen sie den Infektionskreislauf auf natürliche Weise. Bereits im Frühjahr vorbeugend Schachtelhalmtee spritzen.
Härter: Nicht erforderlich. Keinesfalls Kupferpräparate anwenden, da sie auch die Regenwürmer treffen.

TEERFLECKENKRANKHEIT
(Rhytisma acerinum)

Betroffene Pflanzen: Ahorn.
Schadbild: Mit Beginn des Sommers zeigen sich gelbliche Blattflecken, die später eine auffallende schwarze, teerartige Färbung mit gelbem Rand annehmen. Vorzeitiger Blattfall. Der Pilz siedelt sich vorzugsweise auf Bäumen an, die durch Staunässe oder Abgase gestreßt sind.
Gefährlichste Zeit: Sommer.

Abwehr
Vorbeugend: Für angemessenen Standort sorgen; weitere Maßnahmen sind nicht erforderlich.
Sanft: Befallenes Laub entfernen.
Härter: Nicht erforderlich.

SCHÄDLINGE

BLATTLÄUSE
(verschiedene Arten)

Betroffene Pflanzen: Die weichen Triebe vieler Sträucher.
Schadbild: Zarte ungeflügelte, zuweilen auch geflügelte, grüne, gelbgrüne, rötliche oder schwarze Insekten, die in Kolonien an den Blattunterseiten und an jungen Trieben sitzen. Durch Saugtätigkeit verkrüppelte Blätter. Das Wachstum ist gehemmt. Auf dem von den Läusen ausgeschiedenen klebrigen Honigtau siedeln sich harmlose Rußtaupilze an. Ameisen „melken" Honigtau bei den Läusen und schützen diese dann vor blattlausräuberischen Nützlingen.
Gefährlichste Zeit: Frühjahr und Sommer.

Abwehr
Vorbeugend: Nützlinge, die Blattläuse fressen, fördern. Verhaltene Stickstoffdüngung.
Sanft: Blattläuse auf einzelnen befallenen Gewächsen mit scharfem Wasserstrahl aus der Handspritze entfernen. Größerem Befall mit einer Jauche aus Ackerschachtelhalm oder Rhabarberblättern begegnen. Auch seifenhaltige Präparate werden von den meisten Pflanzen vertragen und tun ihre Wirkung.
Härter: Rainfarntee oder ein nützlingsschonendes Insektizid anwenden, jedoch nur, wenn alle anderen Mittel versagt haben.

BLATTWANZEN
(verschiedene Arten der Gattungen *Eurydema, Eurygaster* und *Lygus*)

Betroffene Pflanzen: Sommerflieder, Forsythie, Hortensie und andere Gehölze.
Schadbild: Ungleichmäßiger Lochfraß an jungen Blättern. Knospen, Blüten, Blätter sowie Triebspitzen durch den aggressiven Speichel oft verkrüppelt und deformiert. Grünliche bis braune Insekten mittlerer Größe mit gut sichtbarem „Schnabel", der beim Laufen unter den Bauch gezogen wird. Die lebhaften Tiere sonnen sich gern auf den Pflanzen. Ernsthafte Schäden sind selten. Es besteht Verwechslungsgefahr mit räuberischen, nützlichen Wanzen.
Gefährlichste Zeit: Spätes Frühjahr bis Sommerende.

Abwehr
Vorbeugend: Nicht erforderlich.
Sanft: An warmen Tagen Schädlinge absammeln.
Härter: Nicht erforderlich.

DICKMAULRÜSSLER, GEFURCHTER
(Otiorrhynchus sulcatus)

Betroffene Pflanzen: Eibe, Rhododendron, Waldrebe und andere Gehölze.
Schadbild: Beinlose, bis zu 8 mm lange, weiße Larven befressen Wurzeln. Bei starkem Befall welken die Blätter. Nachts verlassen auch die Vollinsekten, kräftige, schwarze Rüsselkäfer, ihre unterirdischen Verstecke und nagen an Blättern. Der Dickmaulrüßler lebt auch in Pflanztrögen und im Substrat von Dachgärten.
Gefährlichste Zeit: Gesamte Vegetationsperiode.

Abwehr
Vorbeugend: Nicht erforderlich.
Sanft: Biologische Kontrolle mit Nematoden der Gattungen *Heterorhabditis* und *Steinernema* versuchsweise auch im Freiland.
Härter: Nicht erforderlich.

FROSTSPANNER, KLEINER UND GROSSER
(Operophthera brumata, Erannis defoliaria)

Betroffene Pflanzen: Viele Laubgehölze, die sich jedoch durch einen

unterschiedlichen Grad der Anfälligkeit auszeichnen.
Schadbild: Graue Schmetterlingslarven (Raupen), die sich später grün färben. Sie befressen bereits mit beginnendem Austrieb zuerst Blätter, dann auch Früchte. Fortbewegung nach Spannerart („Katzenbuckel“). Blätter und Blüten oft zusammengesponnen. Die Weibchen der erwachsenen Schmetterlinge sind flugunfähig. Nach den ersten Nachtfrösten im Herbst (Name!) schlüpfen die Schmetterlinge aus den im Boden ruhenden Puppen und suchen Baumkronen zur Begattung auf. Schäden an Ziergehölzen sind meist so gering, daß eine Abwehr nicht nötig ist. In der Nähe stehende Obstbäume, vor allem Süßkirschen, sollten jedoch mit Leimgürteln geschützt werden.
Gefährlichste Zeit: April bis Juni.

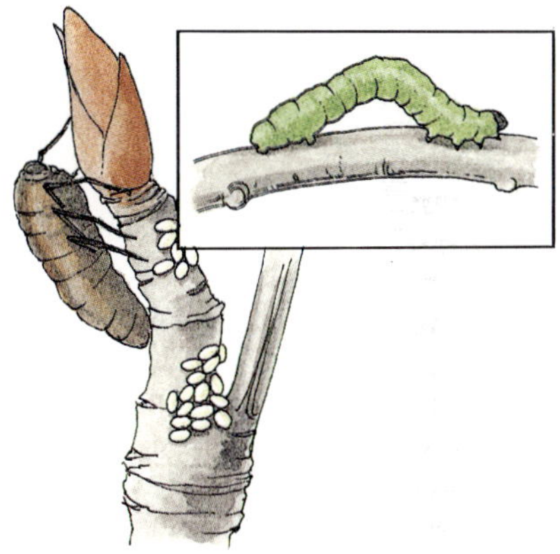

Abwehr
Vorbeugend: Rinde pflegen. Nützlinge fördern.
Sanft: Flugunfähige Weibchen mit Leimgürteln fangen, die von Anfang Oktober bis Mitte März dicht um den Stamm und die Haltepfähle gelegt werden.
Härter: Meist nicht erforderlich, in Notfällen kurz vor der Blüte mit *Bacillus-thuringiensis*-Präparaten behandeln.

GALLMILBEN
(verschiedene Arten der Milbenfamilie *Eriophyidae*)

Betroffene Pflanzen: Hauptsächlich Ahorn und Linde.
Schadbild: Blätter zeigen zunächst lichtgrüne Stellen, die sich später ausbeulen und rot färben. Triebspitzen bei stärkerem Befall manchmal deformiert. Mit der Lupe erkennen Sie gestreckte, maximal 0,5 mm große Tierchen, die keine großen Schäden anrichten.
Gefährlichste Zeit: Von Frühjahr bis Sommer.

Abwehr
Vorbeugend: Nicht erforderlich.
Sanft: Nicht erforderlich. Eventuell stark befallene Blätter entfernen, dies belastet die Pflanze in der Regel jedoch sehr.
Härter: Nicht erforderlich.

GALLWESPEN
(verschiedene Arten)

Betroffene Pflanzen: Eiche, Weide.
Schadbild: Auf unterschiedliche Weise geformte und gefärbte Ausstülpungen des Blattgewebes auf der Blattober- oder -unterseite, die als „Gallen“ bezeichnet werden. In diesen leben die Larven der einzelnen Blattwespenarten. Die kleinen, unscheinbaren Insekten treiben durch die Erzeugung der Gallen Brutpflege. Die oft sehr bizarre Gallenform ist dabei so charakteristisch, daß Fachleute daran sogar die Gallwespenart bestimmen können. Die Pflanzen werden niemals ernsthaft geschädigt, so daß keinerlei Maßnahmen ergriffen werden müssen.
Gefährlichste Zeit: Gesamte Vegetationsperiode.

Abwehr
Vorbeugend: Nicht erforderlich
Sanft: Nicht erforderlich.
Härter: Nicht erforderlich.

MINIERFLIEGE
(*Phytomyza ilicis* und weitere Arten)

Betroffene Pflanzen: Stechpalme, Flieder, Geißblatt und einige weitere Gehölze.
Schadbild: In der Regel geschlängelter Gangfraß in Blättern, bei dem die beiden Blatthäute stehen bleiben. Oft erkennt man in einem Teil des „Tunnels“ eine längliche Larve. Selbst stärkerer Minierfliegenbefall schädigt die Pflanzen nicht nennenswert.
Gefährlichste Zeit: Spätfrühling bis Sommer.

Abwehr
Vorbeugend: Nicht erforderlich.
Sanft: Befallene Blätter entfernen.
Härter: Nicht erforderlich.

SCHAUMZIKADE
(*Philaenus spumarius* sowie weitere Arten der Zikadenfamilie *Cercopidae*)

Betroffene Pflanzen: Vor allem Lavendel, Zierjohannisbeere, Forsythie, Johanniskraut.
Schadbild: An Stengeln und Blättern speichelartige Schaumhäufchen, der sogenannte Kuckucksspeichel, die eine rosafarbene oder grüne Zikadenlarve enthalten, die im Gegensatz zu den erwachsenen Tieren nur Flügelstummel besitzen. Nur selten verdrehen sich junge Triebe. Daher kann von einem Schaden kaum gesprochen werden.
Gefährlichste Zeit: Sommer.

Abwehr
Vorbeugend: Nicht erforderlich.
Sanft: Kuckucksspeichel mit Wasserstrahl abspülen.
Härter: Nicht erforderlich.

SCHILDLÄUSE
(verschiedene Arten der Unterordnung *Coccina*)

Betroffene Pflanzen: Lorbeer, Kamelie, Säckelblume, Zwergmispel, Oleander und weitere Freilandziergehölze bzw. Kübelpflanzen.
Schadbild: Auf den Blattunterseiten, entlang den Blattadern und an Trieben etwa 2 mm lange, schild- oder muschelförmige Organismen, die nur eingeschränkt beweglich bzw. gänzlich unbeweglich sind. Oft entsteht um die Schildläuse herum ein gefärbter Hof, der durch ein beim Saugen abgesondertes Sekret entsteht. Blätter verkrüppelt oder sterben in Teilen ab. Bei massenweisem Auftreten Blattfall.
Gefährlichste Zeit: Gesamte Vegetationsperiode. Schildläuse werden oft mit zugekauften Zierpflanzen eingeschleppt.

Abwehr
Vorbeugend: Nützlinge (Schlupfwespen und Marienkäfer) fördern.
Sanft: Bei geringem Befall Schildläuse vorsichtig einzeln abheben oder abkratzen. Vollständig befallene Pflanzen mit Paraffinölpräparaten bepinseln oder spritzen.
Härter: Nicht erforderlich.

SPINNMILBE, GEMEINE
(*Tetranychus urticae* und andere Arten der Milbenfamilie *Tetranychidae*)

Betroffene Pflanzen: Zwergmispel, seltener auf anderen Gehölzen.
Schadbild: Gelbliche, winzige Flekken oder Sprenkel auf der Blattoberseite. Bei starkem Befall, der sich durch Spinnfäden und eingesponnene, verkrüppelte Blätter bemerkbar macht, sterben diese ab. Meist sitzen auf der Blattunterseite unter 1 mm große, gelbliche Tierchen. Unter der Lupe erkennen Sie junge Larven mit drei Beinpaaren, ältere Larven und Imagines mit vier Beinpaaren, letztere haben auf beiden Körperseiten einen schwarzen Punkt. Im Herbst treten rötliche Formen auf. In trockenen, heißen Sommern treten die Milben häufiger auf.
Gefährlichste Zeit: Gesamte Vegetationsperiode.

Abwehr
Vorbeugend: Raubmilben fördern. Ackerschachtelhalm- oder Knoblauchtee spritzen.
Sanft: Nur bei starkem Befall seifenhaltige Präparate anwenden.
Härter: Nicht erforderlich.

WICKLERRAUPEN
(verschiedene Arten der Schmetterlingsfamilie *Tortricidae*)

Betroffene Pflanzen: Eine Vielzahl von Gehölzen.
Schadbild: Meist hellgrüne Raupen befressen Knospen oder Blätter. Sie ziehen dann die Fiederblätter der Länge nach mit Spinnfäden zusammen und spinnen sich in diesen „Tüten" meist zu mehreren ein. Ein Befall tritt nur in einzelnen Jahren auf. Wicklerraupen seilen sich bei Störungen mittels Spinnfäden zu Boden ab.
Gefährlichste Zeit: Von Frühjahr bis Sommeranfang.

Abwehr
Vorbeugend: Nützlinge, insbesondere Spinnen, Schlupfwespen und Vögel, fördern.
Sanft: Raupen absammeln oder die Blattüten entfernen. Stärkerem Befall kann mit *Bacillus-thuringiensis*-Präparaten begegnet werden, solange die jungen Räupchen noch offen fressen.
Härter: In Wicklerjahren möglichst frühzeitig, wenn die jungen Raupen noch offen fressen, mit seifenhaltigen Präparaten, Rainfarn- oder Wermuttee spritzen.

WOLLÄUSE, FICHTENLÄUSE
(Familie *Adelgidae*)

Betroffene Pflanzen: Nadelgehölze wie Fichte, Kiefer, Lärche und weitere Koniferen.
Schadbild: Am Grund der Nadeln sitzen dunkle Läuse, die mit weißen Wachsausscheidungen bedeckt sind, in kleinen Kolonien. Bei starkem Befall können die Nadeln vergilben, vertrocknen und dann abfallen. Alle Wolläuse erzeugen an Fichtenzweigen unterschiedlich geformte, zum Teil ananasförmige Gallen. Hauptwirt ist immer eine Fichte. Die anderen Koniferen sind Zwischenwirte.
Gefährlichste Zeit: Gesamte Vegetationsperiode. Die weißen Wachsausscheidungen sind im Frühjahr zu beobachten.

Abwehr
Vorbeugend: Nützlinge fördern, vor allem Marienkäfer, Schlupfwespen, Wanzen, Schwebfliegen und Florfliegen. Koniferen sollten generell nur an Standorten gepflanzt werden, wo sie auch natürlich vorkommen könnten. Für Koniferen gibt es spezielle Pflanzenstärkungsmittel.
Sanft: Nicht möglich.
Härter: Bei starkem Befall kann im Notfall vor dem Austriebsbeginn mit Paraffinölpräparaten gespritzt werden. Doch gefährdet dies auch überwinternde Nützlinge.

GÄRTNERN UNTER GLAS UND FOLIE

Die begrenzte Vegetationszeit in Mitteleuropa läßt sich durch geschützten Pflanzenanbau unter Glas und Folie verlängern. Frühes und spätes Gemüse lassen sich im eigenen Gewächshaus wie im Freiland nach den Methoden des naturgemäßen Gärtnerns erzeugen.

Allerdings können der begrenzte Raum und die besonderen Wachstumsbedingungen zu manchen Problemen, insbesondere zu einer schnellen Vermehrung bestimmter Schädlinge und Krankheitserreger, führen, so daß besondere Umsicht geboten ist. Angemessene Düngung, ausreichende Lichtverhältnisse und gute Lüftung zählen zu den wichtigsten vorbeugenden Maßnahmen.

Die Besonderheiten des Gärtnerns unter Glas und Folie können Sie sich bei der Schädlingsbekämpfung zunutze machen, denn ein weitestgehend geschlossenes Gewächshaus bietet über die reine Nützlingsförderung hinaus die Möglichkeit, bestimmte Nutzorganismen gezielt einzusetzen und auf diese Weise viele Schädlinge in den Griff zu bekommen.

Doch nicht jeder hat so viel Platz im Garten, daß er ein Gewächshaus aufstellen kann. Platzsparender sind Folientunnel, über den Pflanzenbestand ausgebreitete Flachfolien, oder Frühbeete, die in den unterschiedlichen Ausführungen angeboten werden und zudem leicht selbst gefertigt werden können. Unter den Gemüsefliegennetzen und Vliesen herrschen im Vergleich zum Freiland kaum veränderte klimatische Verhältnisse. Ihr Vorteil liegt im wesentlichen in der Barrierewirkung gegen zufliegende Insekten, Vögel und, wenn die Folienränder sorgfältig eingegraben sind, auch gegen Schnecken.

Da auch unter Glas und Folie Blumen und Gemüse nicht gegen Schädlinge und Krankheiten gefeit sind, geben wir Ihnen Tips, wie Sie Krankheiten vorbeugen und Schädlinge umweltgerecht kontrollieren können.

Unbeeinflußt von der Witterung wachsen unter Glas kräftige, selbstgezogene Tomaten und Sämlinge heran.

Gewächshausstandorte

Gewächshäuser stehen am besten an einem windgeschützten Ort, der den Pflanzen möglichst das ganze Jahr über ein Maximum an Sonnenlicht gewährt.

Von der Auswahl des Standorts hängt es ab, ob ein Gewächshaus den erhofften Erfolg bringt. Bei beschränktem Platzangebot lassen sich durch einige Veränderungen, etwa das Versetzen eines Beetes, die notwendigen Voraussetzungen dafür schaffen.

Lichtverhältnisse

Wählen Sie einen offenen, sonnigen Platz, damit das Gewächshaus die größtmögliche Menge an Licht und Wärme erhält; ideal wäre ein ganztägig vollsonniger Standort.

Das Gewächshaus sollte in ausreichender Entfernung zu Gebäuden oder Pflanzungen errichtet werden, damit es nicht beschattet wird. Dabei ist zu berücksichtigen, daß der Schatten im Winter, wenn die Sonne tiefer steht, weiter reicht als im Sommer und daß eine Mauer oder ein Baum an der Nordseite des Gewächshauses einen kürzeren Schatten wirft als an der östlichen, westlichen oder südlichen Seite.

Selbst wenn ein benachbarter Baum dem Gewächshaus kein Licht wegnimmt, kann er dennoch zum Problem werden, da beispielsweise seine Wurzeln das Fundament beschädigen können. Kleine Bäume von bis zu 3,5 m Höhe stellen in der Regel kein Risiko dar und leisten als Windschutz gute Dienste.

Die Ausrichtung

Von der Ausrichtung des Gewächshauses – d. h., in welche Richtung die Giebel zeigen – hängt es ab, wieviel Licht und Wärme das Gewächshaus während der verschiedenen Jahreszeiten erhält und welche Pflanzenarten demnach kultiviert werden können.

Der First freistehender Gewächshäuser verläuft meist in Ost-West-Richtung. Die Gewächshäuser erhalten auf diese Weise im Winter ausreichend Licht zur Kultur von Winter- und Frühgemüse, einjährigen Pflanzen, frühblühenden Zwiebelpflanzen sowie Steingartengewächsen. Jedoch besteht während der Sommermonate die Gefahr, daß die Temperaturen mittags zu sehr ansteigen.

Wenn der First eines freistehenden Gewächshauses in Nord-Süd-Richtung verläuft, eignet es sich am besten für Nutzpflanzen, die im Sommer und Herbst geerntet wer-

▼ *Selbst in einem kleinen Garten läßt sich ein Gewächshaus so plazieren, daß Licht und Windschatten optimal ausgenutzt werden. Das abgebildete Modell ist so aufgestellt, daß es während der heißesten Tageszeit im Schatten steht und die Pflanzen somit vor Verbrennungen geschützt sind.*

den. In der heißen Jahreszeit heizt es sich morgens rasch auf und hält die Wärme bis in die Nacht hinein.

Falls nur wenig Raum zur Verfügung steht, kann das Gewächshaus auch an eine Hauswand angebaut werden. Das geringere Lichtangebot wird dadurch wettgemacht, daß die Hausmauer Wärme speichert und diese auch noch nach Einbruch der Dunkelheit abgibt.

Ein Gewächshaus an einer Südwand mit Ost-West-Ausrichtung erwärmt sich im Sommer maximal und erhält das gesamte Jahr über die größtmögliche Menge an Licht. Jedoch wird es vielen Pflanzen zu heiß, allerdings gedeihen darin Gemüse und Obst aus südlichen Ländern wie Melonen oder Auberginen ausgezeichnet.

Ein Paradies für schattenliebende Blattpflanzen und Farne ist ein in Ost-West-Richtung an einer Nordwand errichtetes Gewächshaus, da es den größten Teil des Tages im Schatten liegt.

Ein in Nord-Süd-Richtung an eine Westwand gebautes Gewächshaus erhält morgens Schatten, bleibt aber bis in die Nacht hinein warm und ist daher vor allem zwischen Herbst und Frühling von großem Nutzen. Allerdings machen sich im Winter die am Morgen herrschende Kälte und Dunkelheit unangenehm bemerkbar.

Windschutz

Wenn ein Gewächshaus freistehend errichtet wird, muß man darauf achten, daß es speziell den Nord- und Ostwinden nicht zu sehr ausgesetzt ist. Denn ein kalter Wind läßt die Temperatur rasch absinken, und bereits eine leichte Brise kann eine merkliche Abkühlung der Raumtemperatur nach sich ziehen.

Als Windschutz eignen sich hervorragend Hecken oder eine Reihe von Sträuchern; eine Mauer aus Natursteinen oder ein Holzzaun bietet sich ebenfalls an. Jedoch darf der Windschutz keinen Schatten auf das Gewächshaus werfen.

Standort

Da Gewächshauspflanzen täglich versorgt werden müssen, sollte das Gewächshaus in nicht allzu großer Entfernung vom Wohnhaus errichtet werden. Legen Sie zudem auch einen befestigten Weg an, auf dem sich mit einem Schubkarren auch schwere Lasten problemlos transportieren lassen.

Errichten Sie Ihr Gewächshaus stets in der Nähe einer Hauptwasserleitung, oder installieren Sie ein Steigrohr. Ein Schlauch, der an die Zapfstelle angeschlossen wird, erleichtert das Bewässern der Pflanzen. Zu hartes Leitungswasser kann mit einem speziellen Filtersystem entkalkt werden. Eine Alternative hierzu ist Regenwasser, das in einer Tonne aufgefangen wird.

Ein Stromanschluß bietet die Möglichkeit, das Gewächshaus zu beheizen und einen Ventilator sowie eine Lichtquelle zu installieren. Da beheizte Gewächshäuser viel Strom verschlingen, sind Kosten und Nutzen sorgfältig abzuwägen.

Ein Gewächshaus am Hang?

In einem Garten auf abschüssigem Grund erhält das Gewächshaus einen waagrechten Unterbau. Wenn Sie Gewächshauspflanzen in Töpfen ziehen, ergeben sich durch die Hanglage keine Probleme. Haben Sie jedoch vor, ein Grundbeet anzulegen, können Schwierigkeiten mit dem Wasserabfluß auftreten. Erst wenn dafür gesorgt ist, daß die Bodenfeuchtigkeit nach unten abfließt, kann mit dem Bau des Gewächshauses begonnen werden.

DER BESTE STANDORT FÜR EIN GEWÄCHSHAUS

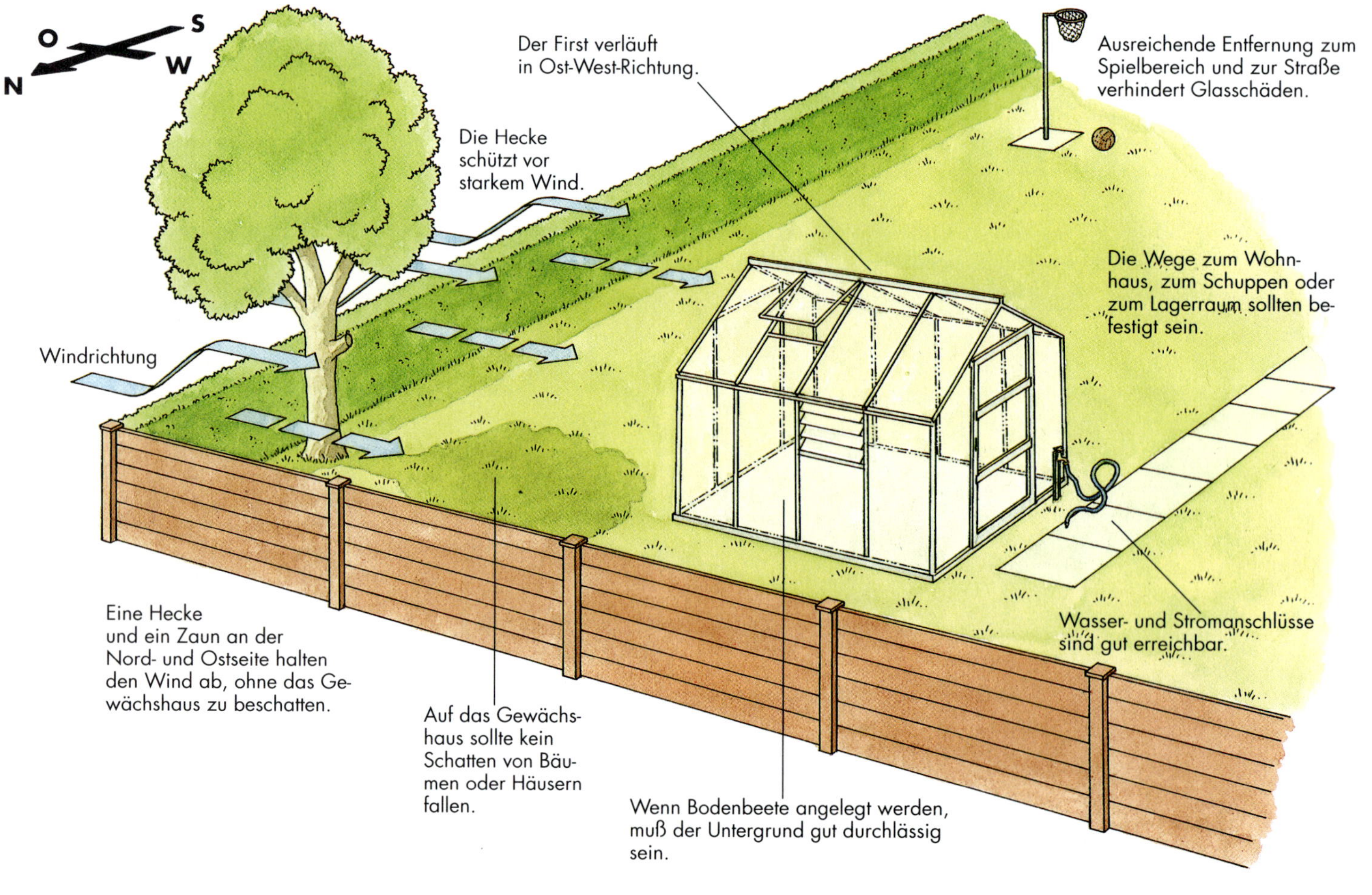

Der Gewächshauskalender

Ein gut geplantes Gewächshaus bietet das ganze Jahr über eine verschwenderische Blütenpracht. Zudem sind die Vermehrungsbedingungen optimal, und sogar exotische Arten lassen sich problemlos kultivieren.

Ein Gewächshaus ist ein Paradies für jeden Pflanzenliebhaber. Es bietet dem Hobbygärtner ein wetterunabhängiges Betätigungsfeld und erlaubt die Kultivierung von Arten, die im Freien nicht gedeihen würden. Auch bei der Vermehrung der verschiedensten Pflanzen ist es von unschätzbarem Wert.

Das ganze Jahr über können im Gewächshaus Spinnmilben oder schädliche Insekten auftreten. Falls Sie es einmal mit der faszinierenden, aber nicht ganz simplen biologischen Kontrolle versuchen wollen, also Raubmilben oder Parasiten einsetzen möchten, ist es ratsam, sich vorab und in aller Ruhe zu informieren. Am besten, Sie gehen alle Pflanzenarten durch, die Sie im Lauf des Gewächshausjahres dort kultivieren werden. Sicherlich sind Gewächse dabei, die von Spinnmilben, Blattläusen oder der Weißen Fliege befallen werden können. Erkundigen Sie sich nun nach den Bezugsquellen der biologischen Gegenspieler und deren Lebensbedingungen. Die entsprechenden Luftfeuchtigkeits- und Temperaturwerte müssen zumindest annähernd auch in Ihrem Gewächshaus herrschen, wenn die biologische Kontrolle erfolgreich sein soll. Die Tierchen selber gibt es beispielsweise im Versandhandel über Anforderungskarten, die im Gartencenter erhältlich sind oder auch mit etwas Glück in einer biologisch arbeitenden Gärtnerei in Ihrer Nähe.

Die Zierpflanzen- bzw. Gemüsebauberater der Landwirtschaftskammern geben Ihnen zudem bestimmt manchen Rat und teilen Ihnen auch einschlägige Adressen von Betrieben mit, in denen Nützlinge eingesetzt werden. Dort sollten Sie um einen Besichtigungstermin bitten, um wertvolle Tips zum Einsatz der „biologischen Waffen" aus erster Hand zu erhalten. Vielleicht bekommen Sie als kleines Präsent sogar einige Raubmilben oder anderes Nutzgetier mit auf den Weg.

Der folgenden Übersicht sind wertvolle Ratschläge und Hinweise zur Planung des Gewächshausjahres zu entnehmen, wobei jedoch regionale klimatische Unterschiede zu berücksichtigen sind.

Wintermitte

Um ein Gewächshaus optimal zu nutzen, sollte man sich im voraus genau überlegen, welche Zier- und Nutzpflanzen man im Garten ziehen möchte. Um sich solche vorausschauenden Gedanken zu machen, ist die Wintermitte, während der im Garten selbst kaum Arbeiten anfallen, die ideale Zeit.

Während der Wintermitte entfernt man von blühenden Pflanzen, wie beispielsweise Primeln und Alpenveilchen, regelmäßig welke Blüten und Blätter.

Beim Gießen ist darauf zu achten, daß die Blüten nicht benetzt werden und auf den Wurzelscheiben kein Wasser steht, das Fäulnis verursachen könnte. Empfindliche sowie junge Pflanzen mäßig gießen, damit die Wurzeln nicht geschädigt werden.

Die im Herbst gesetzten Stecklinge von Zonalpelargonien werden auf Krankheiten hin untersucht. Blätter mit Mehltaubefall und erkrankte Stecklinge entfernen. Gegossen wird erst, wenn die Topferde fast ausgetrocknet ist. Falls ein Vermehrungsbeet vorhanden ist und eine konstante Temperatur von etwa 17 °C gewährleistet werden kann, eignen sich Gloxinien und die Drehfrucht zur Aussaat. Ansonsten warten Sie mit der Aussaat noch 1 Monat. Wicken werden bei etwa 4 °C ausgesät.

▶ *Ein Kleingewächshaus mit Aluminiumrahmen ist relativ leicht zu bauen und bietet ganzjährig Platz für zahlreiche empfindliche und halbwinterharte Zier- und Nutzpflanzen. Zudem gewährt es den notwendigen Schutz und die Wärme, die bei der Vermehrung aus Samen und Stecklingen unabdingbar sind.*

BLÜTEZEITEN VON GEWÄCHSHAUSPFLANZEN

Wintermitte
Becherprimel *(Primula obconica)*
Cinerarie *(Senecio cruentus)*
Narzisse *(Narcissus tazetta)*
Topfazalee (*Rhododendron-Simsii*-Hybriden)
Weihnachtsstern *(Euphorbia pulcherrima)*

Spätwinter
Alpenveilchen *(Cyclamen persicum)*
Becherprimel *(Primula obconica)*
Cinerarie *(Senecio cruentus)*
Hyazinthe *(Hyazinthus orientalis)*
Narzisse (*Narcissus*-Sorten)
Ritterstern, „Amaryllis" (*Hippeastrum*-Hybriden)
Topfazalee (*Rhododendron-Simsii*-Hybriden)

Frühjahrsanfang
Akazie, „Mimose" (*Acacia*-Arten)
Cinerarie *(Senecio cruentus)*
Freesie (*Freesia*-Hybriden)
Klivie *(Clivia miniata)*
Primel *(Primula × kewensis, P. malacoides, P. obconica)*
Ritterstern, „Amaryllis" (*Hippeastrum*-Hybriden)

Frühjahrsmitte
Akazie, „Mimose" (*Acacia*-Arten)
Cinerarie *(Senecio cruentus)*
Pantoffelblume *(Calceolaria × herbeohybrida)*
Primel *(Primula kewensis, P. malacoides)*
Ritterstern, „Amaryllis" (*Hippeastrum*-Hybriden)

Spätfrühjahr
Becherprimel *(Primula obconica)*
Cinerarie *(Senecio cruentus)*
Pantoffelblume *(Calceolaria × herbeohybrida)*
Regal- und Zonalpelargonien (*Pelargonium*-Sorten)
Spaltblume *(Schizanthus hybrida)*

Frühsommer
Begonie (*Begonia*-Arten und -Sorten)
Edel- und Zonalpelargonien (*Pelargonium*-Sorten)
Pantoffelblume *(Calceolaria × herbeohybrida)*
Schiefteller (*Achimenes*-Sorten)
Streptocarpus-Hybriden
Tibouchina holosericea

Hochsommer
Begonie (*Begonia*-Arten und -Sorten)
Bougainvillea *(Bougainvillea)*
Drehfrucht (*Streptocarpus*-Hybriden)
Federbusch (*Celosia-cristata* 'Plumosa')
Fleißiges Lieschen *(Impatiens walleriana)*
Fuchsie (*Fuchsia*-Hybriden)
Glockenblume *(Campanula isophylla)*
Heliotrop (*Heliotropium*-Hybriden)
Lilie (*Lilium*-Arten und -Sorten)
Pantoffelblume *(Calceolaria × herbeohybrida)*
Schiefteller (*Achimenes*-Sorten)
Schwarzäugige Susanne *(Thunbergia alata)*
Tibouchina urvilleana
Zonal- und Efeupelargonien (*Pelargonium*-Sorten)

Spätsommer
Begonie (*Begonia*-Arten und -Sorten)
Columnea-Arten
Federbusch (*Celosia-cristata* 'Plumosa')
Fuchsie (*Fuchsia*-Hybriden; *F. triphylla*)
Glockenblume *(Campanula isophylla)*
Heliotrop (*Heliotropium*-Hybriden)
Passionsblume *(Passiflora caerulea)*
Schiefteller (*Achimenes*-Sorten)
Schönmalve (*Abutilon*-Arten)
Drehfrucht (*Streptocarpus*-Hybriden)
Tibouchina urvilleana
Zonal- und Efeupelargonien (*Pelargonium*-Sorten)

Herbstanfang
Begonie (*Begonia*-Arten und -Sorten)
Bleiwurz *(Plumbago auriculata)*
Columnea-Arten
Fuchsie (*Fuchsia*-Hybriden; *F. triphylla*)
Glockenblume *(Campanula isophylla)*
Heliotrop (*Heliotropium*-Hybriden)
Katzenschwanz *(Acalypha hispida)*
Schönmalve (*Abutilon*-Arten)
Tibouchina urvilleana
Zonalpelargonien (*Pelargonium*-Sorten)

Herbstmitte
Bleiwurz *(Plumbago auriculata)*
Fuchsie (*Fuchsia*-Hybriden; *F. triphylla*)
Glockenblume *(Campanula isophylla)*
Schönmalve (*Abutilon*-Arten)
Tibouchina urvilleana
Zonalpelargonien (*Pelargonium*-Sorten)

Spätherbst
Alpenveilchen *(Cyclamen persicum)*
Chrysantheme (*Dendranthema-Grandiflorum*-Hybriden)
Cinerarie *(Senecio cruentus)*
Paprika, Spanischer Pfeffer *(Capsicum annuum)*
Schönmalve (*Abutilon*-Arten)

Winteranfang
Alpenveilchen (*Cyclamen-persicum*-Sorten)
Azalee (*Rhododendron-Simsii*-Hybriden)
Chrysantheme (*Dendranthema-Grandiflorum*-Hybriden)
Cinerarie *(Senecio cruentus)*
Primel *(Primula kewensis, P. obconica)*
Weihnachtsstern *(Euphorbia pulcherrima)*

Spätwinter

In Winterruhe befindliche Fuchsien, Heliotrop und Hortensien auf der Gewächshausstellage möglichst an einen Platz stellen, an dem konstant 10 °C herrschen. An sonnigen Tagen werden sie mit Wasser besprüht; mit einsetzendem Wachstum wird die Flüssigkeitszufuhr gesteigert.

Säen Sie Buntnesseln, Knollenbegonien, Federbusch und Begonien mit Faserwurzeln in Schalen, die Sie in ein auf 16–18 °C erwärmtes Vermehrungsbeet stellen. Dann die Sämlinge, wenn sie sich bequem fassen lassen, pikieren und unter den normalen Gewächshausbedingungen weiter kultivieren. Um Tomaten gegen Frühjahrsmitte im Kalthaus zu ziehen, werden sie bereits im Spätwinter bei 16 °C in einen Anzuchtkasten ausgesät.

Im Gewächshaus gezogene Kletterpflanzen wie Bleiwurz und Passionsblume jetzt zurückschneiden: die Triebe des letzten Sommers bis auf ein oder zwei Knospen über der Basis einkürzen. Die Kletterpflanzen äußerst sparsam gießen und bei milder Witterung gut belüften.

Farne werden im Spätwinter durch die Teilung von alten Pflanzen vermehrt. Verwenden Sie kräftige Teilstücke vom Rand, die Sie wie Farne für Zimmerkultur eintopfen. Innere, kümmerliche Teilstücke entfernen und wegwerfen.

Frühjahrsanfang

Im Spätwinter ausgesäte Tomatenpflanzen benötigen jetzt mehr Platz, um sich kräftig zu entwickeln. Um Tomaten im Spätfrühjahr auszupflanzen, sät man sie jetzt ins Vermehrungsbeet.

Im Gewächshaus wird nun das Beet, in das die Tomaten zur Frühjahrsmitte ausgepflanzt werden sollen, vorbereitet. Dafür sollte man reichlich gut verrotteten Stallmist oder Kompost untergraben und ungefähr 100 g Tomatendünger/m^2 oberflächlich einarbeiten.

▶ *Passionierte Pflanzenliebhaber sollten die Anschaffung eines Kleingewächshauses erwägen, denn es bietet die optimalen Wachstumsbedingungen für die meisten Blütenpflanzen: viel Licht und frische, aber feuchte Luft. In Hängekörben gezogene Efeupelargonien und Fuchsien belohnen die perfekte Pflege im Sommer mit üppiger Blütenfülle. Dazu wurden einige der für die Gartenbepflanzung aus Samen gezogenen einjährigen Pflanzen eingetopft, u. a. eine Schwarzäugige Susanne und Petunien.*

Viele robuste einjährige Pflanzen können Sie jetzt in Schalen mit Anzuchterde aussäen. Die Keimung erfolgt je nach Packungsangabe bei 10–18 °C. Glockenblumen bei ungefähr 13 °C aussäen. Sie lassen sich auch durch Stecklinge von überwinterten Pflanzen vermehren. Primeln können Sie nun in Schalen aussäen und auf den Gewächshausstellagen zum Keimen bringen. Nehmen Sie Stecklinge von Fuchsien und Buntnesseln, und lassen Sie sie bei 10–16 °C in sandigem Substrat anwurzeln.

Jetzt werden auch von Chrysanthemen und Zonalpelargonien Stecklinge geschnitten. Man wählt Triebe von frischer Farbe und mit gleichmäßig wachsenden Blättern.

Legen Sie die Zwiebeln von Ritterstern in mit Universalerde gefüllte Töpfe, die einen Durchmesser von ungefähr 15 cm haben, und lassen Sie diese bei einer Temperatur von 10–13 °C und mäßigen Wassergaben anziehen, bis die Blütenknospen erscheinen.

Pelargonien, Heliotrop, Fuchsien und in Töpfen überwinterte einjährige Pflanzen erhalten etwa alle 10 Tage einen organischen Flüssigdünger.

Frühjahrsmitte

Die letzten robusten einjährigen Pflanzen aussäen. Bei wechselhaftem Wetter, das für diese Jahreszeit typisch ist, werden die Sämlinge und neu eingetopften Pflanzen vorbeugend schattiert, damit sie, wenn die Sonne durchbricht, durch Verbrennungen keinen Schaden nehmen. Für ausreichenden Luftaustausch im Gewächshaus sorgen. Ins Gewächshaus eingewöhnte einjährige Pflanzen werden nun zum Abhärten in ein Frühbeet gestellt.

Im zeitigen Frühjahr umgetopfte Pflanzen werden reichlicher gegossen, eingewöhnte Pflanzen wie Pelargonien weiterhin mit Flüssigdünger versorgt. In Töpfen gezogene Hortensien sind jetzt in vollem Wachstum und verlangen daher eine Temperatur von 10 °C sowie reichlich Wasser.

Im Kalthaus vorgezogene Tomaten in das vorbereitete Beet setzen und stützen. Korallenstrauch und Tomaten für die spätere Freilandkultur bei 16 °C aussäen.

Melonen- und Gurkensamen einzeln ungefähr 2,5 cm tief in Töpfe mit 7,5 cm ∅ setzen und bei einer Temperatur von 16–18 °C keimen lassen.

Spätfrühjahr

Einjährige, die gegen Frühjahrsmitte in Kisten ausgesät wurden, zum Abhärten ins Frühbeet stellen. Falls die Blätter vergilben, einen Flüssigdünger verabreichen.

Cinerarien bei 10–13 °C aussäen; sie treiben ab Winterbeginn Blüten. Säen Sie, falls dies nicht bereits Anfang Frühjahr geschehen ist, Gurken und Melonen aus.

An warmen Tagen werden die in Blüte stehenden Pflanzen wie Pantoffelblumen, Pelargonien, Cinerarien, Primeln und Hortensien schattiert. Durch Besprühen der Stellagen und des Bodens mit Wasser die Luftfeuchtigkeit erhöhen, und für ausreichende Belüftung sorgen. Reichlich gießen und wuchsfreudigen Pflanzen wöchentlich organischen Flüssigdünger geben.

Wenn die Fuchsien 10–13 cm hoch sind, zur Anregung von buschigem Wuchs die Triebspitzen ausbrechen. Später nach Bedarf Seitentriebe entfernen, um einen gleichmäßigen Wuchs zu erzielen.

Bei Gurken werden die Seitentriebe der Hauptsprosse bis auf zwei Blätter nach der ersten oder zweiten Frucht eingekürzt. Nachfolgend erscheinende Sekundärtriebe ausbrechen, sobald sie nach der ersten Frucht zwei Blätter gebildet haben. Alle männlichen Blüten und die Ranken entfernen.

Die Sprosse von Tomaten um die Stützschnüre winden oder an Stäben aufbinden, Geiztriebe regelmäßig entfernen. Sobald die ersten Früchte anschwellen, wird im Abstand von 7–10 Tagen gedüngt. Im Kalthaus die Tomaten ins Beet pflanzen.

Gegen Frühjahrsmitte ausgesäte Melonen im Spätfrühjahr ins Frühbeet setzen, und zwar jeweils eine unter jedes Fenster.

Frühsommer

Abgeblühte Pflanzen, etwa Azaleen, erhalten nun bis Sommerende einen Platz im Freien. Junge Alpenveilchen sowie Sämlinge von Pan-

toffelblumen, Cinerarien, Primeln und Korallenstrauch werden ins Frühbeet gestellt.

Auf ausreichende Wassergaben achten: Pflanzen in Tontöpfen müssen bei Hitze eventuell zwei- bis dreimal täglich gegossen werden. Häufiges Besprühen der Stellagen und des Bodens mit Wasser sorgt für ausreichende Luftfeuchtigkeit und beugt somit dem Befall mit Spinnmilben vor.

Winterharte Stauden werden in Schalen mit Anzuchterde bei Gewächshaustemperaturen ausgesät. Cinerarien ebenfalls aussäen, falls dies nicht bereits gegen Ende des Frühjahrs geschehen ist, ebenso *Primula malacoides.* Im Winter ausgesäte Drehfruchtsetzlinge in mit Universalerde gefüllte Töpfe mit einem Durchmesser von 13–15 cm pflanzen. Weitere Samen bei 16 bis 18 °C aussäen, um Pflanzen für die Blüte Anfang des kommenden Jahres heranzuziehen.

Pelargonien, Fuchsien und andere im Frühsommer blühende Pflanzen werden regelmäßig von welken Blüten befreit und etwa alle 10 Tage mit einem organischen Flüssigdünger versorgt.

Wenn die jungen *Eliator*-Primeln für die Freilandkultur in Anzuchtreihen ausgepflanzt werden, setzt man zugleich einige Exemplare in Töpfe mit 7,5 cm ∅. Sie verschönern im folgenden Winter mit ihrem Blütenschmuck das Gewächshaus.

Von Usambaraveilchen und *Begonia-rex*-Hybriden Blattstecklinge nehmen und im Vermehrungsbeet bei 16–18 °C zur Bewurzelung bringen. Falls die Stengel der Tomatenpflanzen zu dünn werden, einen stickstoffreicheren Flüssigdünger verabreichen. Die ersten Gurken ernten, wenn sie etwa 30 cm lang sind.

Gegen Ende des Frühsommers kann die Heizung im Gewächshaus abgestellt werden. Bei sehr warmem Wetter die oberen Lüftungsklappen auf der geschützten Seite über Nacht leicht geöffnet halten.

Hochsommer

Bei warmem Wetter Beete, Gänge und Stellagen mindestens einmal täglich abspritzen. Dabei die Blüten nicht benetzen, da sie dadurch fleckig werden können. Sofern die Pflanzen nicht auf Bewässerungsmatten stehen, müssen die meisten

▲ Bei optimaler Einteilung kann ein Gewächshaus zahlreiche verschiedene Pflanzen aufnehmen. Den größten Raum nehmen in diesem Gewächshaus Gemüsepflanzen – vor allem Tomaten – ein. Auf Stellagen sind Zierpflanzen wie Begonien, Buntnesseln, Fuchsien und Pelargonien untergebracht. Der Platz unter dem Tisch wird zum Trocknen und Lagern von Zwiebeln und zum Überwintern von Stauden genutzt. Ein kleiner Bereich am Kopf des Gewächshauses, der durch eine verglaste Tür abgetrennt werden kann, beherbergt im Winter empfindliche Pflanzen und wird dann selbstverständlich beheizt.

täglich und in Hitzeperioden auch zwei- bis dreimal pro Tag gegossen werden.

Die Tomaten sind jetzt in der Regel erntereif, und es können beinahe täglich einige Früchte gepflückt werden. Weiterhin düngen, die Sprosse um die Schnüre winden oder an die Stäbe binden und regelmäßig Geiztriebe entfernen.

Die Gurkenernte fortsetzen, und männliche Blüten direkt bei Erscheinen entfernen. Falls auf dem Beet weiße Wurzeln sichtbar werden, eine 5 cm hohe Kopfdüngung

GEWÄCHSHAUSHYGIENE RUND UM DAS JAHR

1 Die Verglasung oder Folienhaut stets sauberhalten. Besonders im Herbst, wenn die Lichtintensität nachläßt, ist hierauf zu achten. Algen und Schmutz mit Seifenlauge oder einem Glasreiniger für Gewächshäuser abwaschen.

2 Schmutz ist ein Nährboden für pilzliche und andere Krankheitserreger. Daher das Mauerwerk, die Holzverkleidungen, Stellagen, Türen und Streben des Gewächshauses mit einer Bürste und Seifenlauge reinigen.

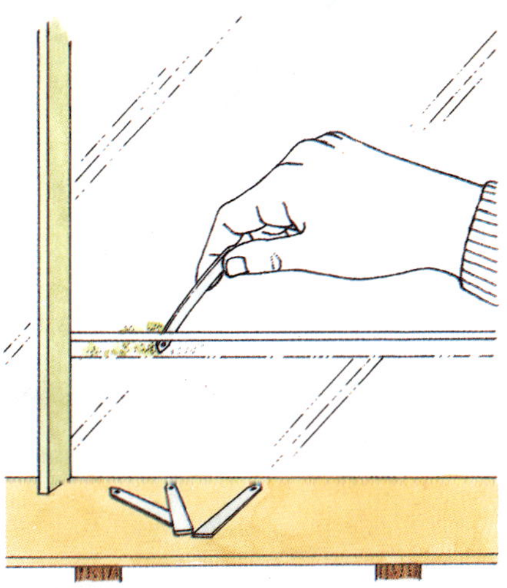

3 In den Ritzen zwischen überlappenden Glasscheiben sammeln sich Algen an und lagert sich Schmutz ab, wodurch der Lichteinfall verringert wird. Die Trübung läßt sich am besten mit einem Kunststoffschaber entfernen, der keine Kratzer hinterläßt.

4 Aus Töpfen und Schalen die alte Erde entfernen, und die Behälter, bevor sie eingelagert oder wiederverwendet werden, mit einer milden Seifenlauge gründlich säubern. Wenn dies unterbleibt, hilft auch die beste keimfreie Erde nichts.

mit gut verrottetem Stallmist oder Kompost vornehmen.

Damit die nun blühenden Topfpflanzen möglichst lange halten, werden sie bei Sonne schattiert und, besonders am frühen Morgen, gut belüftet. Außer bei ungewöhnlich kaltem oder windigem Wetter bleiben die oberen Lüftungsklappen auf der geschützten Seite in der Nacht leicht geöffnet.

Bei Edelpelargonien von nichtblühenden Trieben ungefähr 10 cm lange Stecklinge schneiden. Dabei ist zu beachten, daß Mutterpflanzen, die im Frühsommer etwa um die Hälfte zurückgeschnitten wurden und jetzt kräftig neu austreiben, die besten Stecklinge liefern.

Spätsommer

Falls nötig, die Schattierung erneuern und bei heißem Wetter Stellagen und Gewächshausweg mit Wasser absprühen. Die Pflanzen nach Bedarf düngen und auf Schädlinge und Krankheiten untersuchen.

Der Spätsommer ist die geeignete Zeit, um Reparaturen durchzuführen. Gewächshäuser mit Holzrahmen müssen gestrichen werden, bevor die herbstliche Feuchtigkeit ins Holz dringen kann. Undichte Stellen an den Glasrändern sind abzudichten. Überprüfen Sie auch das Heizsystem.

Inzwischen sind die Rittersterne eingezogen und werden in ihren Töpfen bis zum kommenden Frühjahr unter die Gewächshausstellagen gestellt.

Von Zonalpelargonien werden 7,5 cm lange Stecklinge von festen, mittelgroßen, nichtblühenden Trieben abgenommen. Gegen Spätsommerende 7,5 cm lange Stecklinge von kräftigen, jungen Fuchsientrieben nehmen, wenn Sie im nächsten Sommer neue Hochstämmchen ziehen möchten. Alpenveilchen, die jetzt bei 16 °C ausgesät werden, gelangen im übernächsten Winter zur Blüte. Gegen Spätsommer bei Tomaten die Vegetationsspitzen ausbrechen, um die Entwicklung der oberen Fruchtdolden voranzutreiben. Einige Wochen später das Düngen einstellen und das Gießen einschränken, um ein Aufreißen der Früchte zu verhindern. In kühleren Nächten die Lüftungsklappen früh am Abend schließen.

Herbstanfang

Im Frühherbst ausgesäte und im Kalthaus in Töpfen gezogene einjährige Pflanzen wie Kornblumen, *Nemesia*, Spaltblumen, Godetien, Löwenmaul und Ringelblumen erfreuen im Frühjahr und Frühsommer mit ihrer farbenfrohen Blüte. Säen Sie diese bei Temperaturen von 13–16 °C in Schalen mit Anzuchterde aus.

Schneiden Sie weiterhin Stecklinge von Edel- und Zonalpelargonien sowie Fuchsien. Weitere Gewächshauspflanzen, die im Frühherbst aus Stecklingen vermehrt werden, sind Buntnessel, Fleißiges Lieschen, Heliotrop, buschige Pantoffelblumen, die Glockenblumenart *Campanula isophylla* und Bleiwurz. In der Regel bringt man sie in Kisten oder Töpfen auf den Stellagen zur Bewurzelung, schneller und zuverlässiger wurzeln sie jedoch im Vermehrungsbeet.

Im späten Frühherbst entfernt man die dauerhafte Schattierung. Nur bei sonnigem Wetter werden Sämlinge und Stecklinge noch gezielt schattiert.

Bevor die nächtlichen Temperaturen zu sehr sinken, sollte man Cinerarien, Primeln, Begonien, Alpenveilchen, Korallenstrauch, Edelpelargonien, die draußen in Kästen

untergebracht waren, im Gewächshaus unterstellen.

Herbstmitte
Zarte Pflanzen, die im Freien in Frühbeeten wachsen, ins Gewächshaus holen; sonst besteht die Gefahr, daß sie nachts durch Frost Schaden nehmen.

Wenn im Herbst die Tage kürzer und die Nächte spürbar kühler werden, insgesamt weniger sprühen und gießen und dies auf die Vormittagsstunden verlegen.

Kletternde Zierpflanzen wie Bleiwurz, Passionsblume und *Tibouchina urvilleana* auslichten, damit sie im kommenden Winter mehr Licht und Luft erhalten.

Die Verglasung innen und außen gründlich von Schmutz und Algen säubern, und als Wärmeisolierung für den Winter eine transparente Plastikfolie bis zu 30 cm unterhalb des Giebels anbringen. Damit sich die Lüftungsklappen weiterhin einzeln öffnen lassen, werden diese einzeln isoliert. Das Heizsystem abends einschalten, um seine Funktionsfähigkeit wie auch die der Thermostate zu überprüfen.

Spätherbst
Sorgen Sie an sonnigen Tagen für eine gute Belüftung des Gewächshauses. Jedoch sollten Sie kalten Zug vermeiden, und schließen Sie die Klappen relativ früh am Nachmittag, um die Tageswärme zu speichern. Bei feuchtem und nebeligem Wetter die Gewächshaustür und -fenster geschlossen halten.

Noch ausstehende Umtopfaktionen früh abschließen. Im Frühherbst ausgesäte einjährige Pflanzen werden in mit Universalerde gefüllte 7,5-cm-Töpfe gesetzt

Stecklinge von Fuchsien, Heliotrop und Glockenblumen sind inzwischen bewurzelt und werden ebenfalls in 7,5-cm-Töpfe mit Universalerde gesetzt. Fuchsien, Begonien, Heliotrop und Hortensien, die im Sommer und Frühherbst geblüht haben, abtrocknen lassen, und die Töpfe im Kalthaus unter die Stellagen oder in einen frostfreien Schuppen stellen.

Beim Korallenstrauch Jungtriebe, die den Blick auf die Beeren verwehren, einkürzen. Wenn die ersten Cinerarien Blüten ansetzen, erhalten die Pflanzen mehr Platz, damit sie sich ungehindert entwickeln und möglichst viel Licht bekommen. Regelmäßig auf Blattläuse hin kontrollieren, und gegebenenfalls dagegen vorgehen.

Winteranfang
Im Frühwinter wachsen die Pflanzen aufgrund des geringen Lichteinfalls sehr langsam oder ruhen völlig. Erhöhte Temperaturen würden in dieser Phase zur Bildung weicher, schwacher und überlanger Triebe führen und sind daher zu vermeiden.

▲ In Töpfen angezogene gelbe Narzissen kündigen zusammen mit bunten Cinerarien und gelben Primula kewensis *im Gewächshaus bereits die Blütenpracht des kommenden Frühlings an, während im Freien noch eine ganze Weile die tristen Farben der kalten Wintermonate vorherrschen.*

In den nächsten Wochen setzt bei einigen Pflanzen die Blüte ein. Stellen Sie Cinerarien, Alpenveilchen und etwas spät entwickelte Primeln an den wärmsten Platz. Zu weit entwickelte Pflanzen erhalten einen etwas kälteren Standort.

Die Lüftungsklappen werden an sonnigen Tagen bis zum frühen Nachmittag leicht geöffnet. Mit Ausnahme der bereits blühenden Pflanzen werden die meisten anderen relativ trocken gehalten, jedoch nicht so trocken, daß sich die Erde am Topfrand einzieht.

Falls Boden und Wege zur Erhöhung der Luftfeuchtigkeit gespritzt werden müssen, erfolgt dies früh am Tag. Die Pflanzen jedoch noch nicht besprühen.

Ein- und Umtopfen

Damit sich Ihre Topfpflanzen gesund und kräftig entwickeln, sollten sie besonders sorgfältig eingepflanzt und in regelmäßigen Abständen umgetopft werden.

Die Kultivierung von Topfpflanzen mag auf den ersten Blick leichter erscheinen, als sie in Wirklichkeit ist. Und bereits zahlreiche Hobbygärtner haben schon so manch herbe Enttäuschung erlebt.

Der Erfolg bei der Kultivierung von Topfpflanzen stellt sich nur dann ein, wenn einige wichtige Regeln beachtet werden: So müssen zwar die Ansprüche, die von den einzelnen Pflanzen an Jahreszeit, Standort und Pflege gestellt werden, genauestens berücksichtigt werden, doch sind letztendlich vor allem auch die Art und Größe der Pflanzgefäße sowie das richtige Pflanzsubstrat für den Erfolg verantwortlich.

Drei Pflanzvorgänge werden unterschieden:

– Eintopfen: Ein Sämling, ein bewurzelter Ableger oder ein Steckling wird einzeln in einen Topf gesetzt.
– Umtopfen: Eine Pflanze wird in einen größeren Behälter verpflanzt.
– Umsetzen: Eine ausgewachsene Pflanze erhält neues Substrat, jedoch ändert sich die Behältergröße nicht.

Auswahl des Pflanzbehälters

Anstelle von Tontöpfen sind heute Plastikgefäße allgemein üblich, vor allem Zimmerpflanzen werden in Plastiktöpfen gehandelt. Sie besitzen gegenüber Ton- und Keramikgefäßen jedoch nicht nur Vor-, sondern auch Nachteile.

Pflanzentöpfe aus Plastik sind in der Regel preiswert, lassen sich leicht reinigen und sind ziemlich unempfindlich. Sie werden in zahlreichen Größen und Formen angeboten und sind in den unterschiedlichsten Farben erhältlich, angefangen von Erdfarben, Schwarz und Weiß bis hin zu Modefarben wie Bordeaux oder Altrosa.

Im Unterschied zu Tongefäßen sind Plastiktöpfe wasserundurchlässig, wodurch sich leicht Staunässe bildet. Von Vorteil sind sie aber dann, wenn man Pflanzen in feuchten Torf oder auf eine Kiesschicht stellen möchte, um die Erde gleichmäßig feucht zu halten. In diesem Fall würden poröse Töpfe das Wasser aufsaugen.

Plastikgefäße besitzen eine glatte Oberfläche, an der die Wurzeln nicht anhaften können, wodurch das Umtopfen bzw. das Umsetzen der Pflanzen erleichtert wird. Selbst wenn der Wurzelballen den gesamten Innenraum des Gefäßes ausfüllt, läßt er sich trotzdem aus dem leicht verformbaren Plastiktopf ohne Mühe herauslösen.

Tontöpfe lassen das Wasser nach allen Seiten hin verdunsten, was zur Folge hat, daß die Erde rascher austrocknet. Aus diesem Grund eignen sie sich besonders für Pflanzen, die Trockenheit lieben, wie beispielsweise Kakteen. Für feuchtigkeitsliebende Gewächse wie Farne sollten sie nicht verwendet werden. Im Zweifelsfall ist aber ein Tongefäß einem Plastiktopf immer vorzuziehen, denn es verhindert Staunässe. In Gegenden mit hartem Wasser lagert sich an der Außenseite der

▶ *Als Eintopfen bezeichnet man die Kulturmaßnahme, bei der Sämlinge, bewurzelte Ableger oder Jungpflanzen einzeln ausgepflanzt werden. Hier werden Sämlinge von Alpenveilchen in Plastiktöpfe gesetzt.*

EINTOPFEN

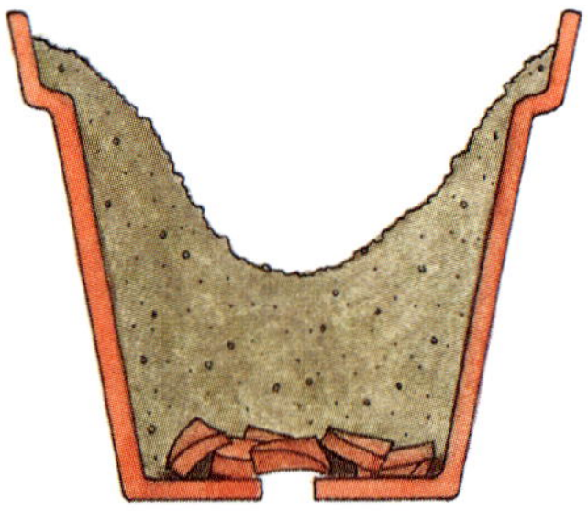

1 Vergewissern Sie sich, daß der Pflanztopf völlig sauber ist – Erde und Kalkablagerungen, die Krankheitserreger enthalten könnten, mit Seifenwasser entfernen. Einige Tonscherben auf dem Topfboden verhindern, daß Erde durch die Abflußöffnung verlorengeht. Füllen Sie anschließend etwas Erde ein.

2 Klopfen Sie von unten mit den Händen leicht gegen den Topfboden, so daß sich die Erde setzen kann. Drücken Sie die Erde wegen der Gefahr von Staunässe nicht zu fest an! Halten Sie die Pflanze in Höhe des Topfrandes fest, und füllen Sie das Pflanzsubstrat um die locker ausgebreiteten Wurzeln herum ein.

3 Damit sich die Erde etwas setzt, erneut leicht gegen den Topfboden klopfen. Lediglich sehr lockeres Substrat darf vorsichtig mit den Fingern angedrückt werden. Die Pflanzerde muß 1–2 cm unter den Rand des Topfes reichen. Abschließend gießen Sie die Pflanze ausreichend, aber nicht zu stark an.

Tontöpfe Kalk ab, was zu unschönen weißen Rändern führt.

Tontöpfe sind schwerer als Plastikgefäße. Deswegen bleiben sie auch dann im Gleichgewicht, wenn sie mit einem ausladenden Gewächs bepflanzt werden. Keramikgefäße sind im Handel in allen möglichen Preisklassen und Ausführungen erhältlich, vom günstigen Gebrauchsgegenstand bis zu handwerklich wunderschön ausgearbeiteten Schmuckstücken.

Topfgrößen und -formen

Die Größe eines Standardpflanztopfes wird nach dem Randdurchmesser bestimmt, der in der Regel in etwa der Höhe des Topfes entspricht. Pflanzschalen mit großem Durchmesser werden für flachwurzelnde Gewächse und für Arten mit niedrigem Wuchs verwendet.

Die handelsüblichen Töpfe werden ab einem Durchmesser von etwa 5 cm angeboten und sind auch in Kübelgrößen erhältlich. Für Zimmerpflanzen genügt in der Regel ein Topfdurchmesser von 10–18 cm. Große Gewächse, Kleingehölze und Kletterpflanzen benötigen entsprechend geräumigere Pflanzcontainer. Beim Kauf sollte auf eine ausreichend große Abflußöffnung geachtet werden. Bei Pflanztöpfen mit geschlossenem Boden besteht die Gefahr, daß sich Staunässe bildet, deswegen darf nur sehr sparsam gegossen werden.

Es werden überwiegend runde Pflanztöpfe angeboten, jedoch sind auch Plastikgefäße in anderen, beispielsweise viereckigen Formen erhältlich. Zu allen Töpfen gibt es die passenden Untersetzer, wobei für große Pflanzkübel und -töpfe besonders stabile Plastikuntersetzer angeboten werden, die mit Rollen ausgestattet sind.

Eintopfen

Vor dem Gebrauch werden alle Pflanzgefäße mit warmem Seifenwasser sorgfältig gereinigt und anschließend gründlich in heißem Wasser geschwenkt. Hierdurch werden eventuell vorhandene Keime und Pilzsporen abgetötet, was vor allem bei Tontöpfen wichtig ist; bei glattwandigen Kunststofftöpfen setzen sich kaum Krankheitserreger fest. Entfernen Sie auch die Kalkkrusten, die vor allem bei Tontöpfen sehr dick sein können. Damit Tontöpfe den Pflanzen nach dem Eintopfen nicht zuviel Feuchtigkeit entziehen, werden sie vorher vorsorglich einige Stunden gewässert, damit sich der Ton vollsaugen kann.

Plastiktöpfe besitzen meist mehrere kleine Öffnungen im Boden,

KULTURERDE FÜR JEDEN ZWECK

Kulturerde auf Lehm-Ton-Basis ist schwer und eignet sich gut für ausladende Pflanzen. Sie speichert Wasser und Nährstoffe für lange Zeit. Im Handel sind Mischungen erhältlich, die unterschiedlichen Ansprüchen gerecht werden.

Kulturerde für Zwiebelgewächse enthält Torf und neben anderen Zusatzstoffen häufig Holzkohle. Sie ist besonders wasserdurchlässig.

Kulturerde für Bromelien ist durchlässig und kalkfrei.

Kakteenerde besteht aus wasserdurchlässiger Lehm- oder Torferde, die mit Holzkohlengranulat oder Perlite vermischt ist.

Kulturerde für Farne enthält Torf mit Sand oder Perlite und etwas Holzkohle.

Kulturerde für Orchideen setzt sich aus Torf, Sumpfmoos und Wurzelfasern des Königsfarns oder Baumrinde zusammen. Sie ist extrem durchlässig.

Perlite ist ein poröses, unverrottbares Aluminiumsilikat in Granulatform. Es hält Wasser fest und sorgt für gute Dränage.

Vermiculit besteht aus einer farblosen, porösen, magnesiumhaltigen Glimmerart. Wie Perlite wird es in verschiedenen Körnungen angeboten. Es speichert Wasser und Luft.

Torfsubstrat ohne Mineralerde-Beimischung enthält Torf oder ein Torf-Sand-Gemisch. Es läßt sich gut verarbeiten, hält aber weder Wasser noch Nährstoffe fest. Trocken gewordener Torf nimmt nur schwer wieder Wasser auf. Für die Kultur von Topfpflanzen, speziell von Farnen, sind Torferdesorten mit Torfmoos am besten geeignet. Zum Schutz der Torfmoore, die durch den Abbau von Torf irreparabel geschädigt werden, wäre es indessen erstrebenswert, auf die Verwendung von Torf als Pflanzensubstrat nach Möglichkeit völlig zu verzichten. Teilweise haben Produkte aus Baumrinde seine Funktion bereits übernommen.

UMTOPFEN

1 Nehmen Sie die Pflanze vorsichtig aus dem Topf. Eine Hand hält dabei die Pflanze und den Erdballen fest, mit der anderen wird der Topf abgezogen. Festsitzende Töpfe lösen sich ab, wenn man sie umgekehrt auf die Tischkante stößt.

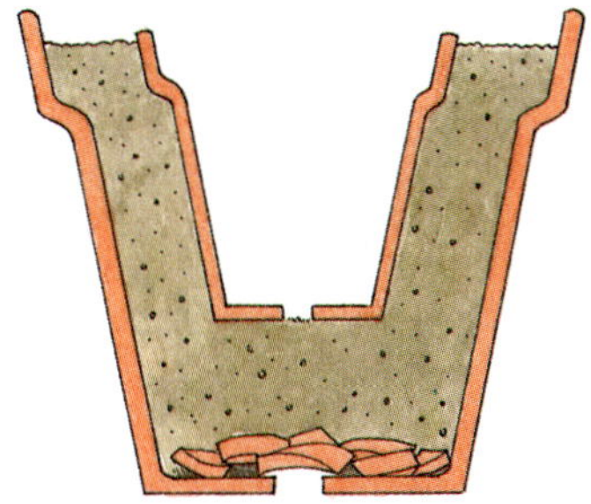

2 Füllen Sie in den neuen, nur wenige Nummern größeren Topf etwas Blumenerde ein, und drücken Sie den bisherigen Topf vorsichtig in die Erde. Sie erhalten somit eine Vertiefung, die der Form und Größe des Wurzelballens entspricht.

3 Nehmen Sie den alten Topf heraus. Wenn die Erde genügend feucht ist, rutscht sie nicht nach, und Sie können die Pflanze in die Mulde setzen. Klopfen Sie von unten mit den Händen leicht gegen den Topfboden, und füllen Sie Erde auf. Dann gut angießen.

WENN DER TOPF ZU KLEIN WIRD

Wenn der Pflanze der Topf zu klein wird, wachsen ihre Wurzeln durch die Abflußöffnung (oben links). Um die Pflanze herauszulösen, müssen Sie die Wurzeln kappen oder den Topf zerbrechen. Wurzeln, die sich um den Erdballen winden, deuten ebenfalls auf beengte Verhältnisse hin (oben rechts); sie müssen vor dem Umtopfen freigezupft werden (unten).

durch die überschüssiges Wasser ablaufen kann, ohne dabei Erde auszuschwemmen. Tontöpfe sind mit einem einzigen größeren Loch versehen, durch das Erde herausfallen kann. Deshalb deckt man die Öffnung mit einigen Blumentopfscherben oder sauberen Kieseln ab. Wenn der Topf ausschließlich vom Untersetzer her bewässert wird, sind keine Tonscherben notwendig.

Zum Eintopfen füllt man zunächst feuchte Blumenerde in das Pflanzgefäß und drückt sie vorsichtig an. Nun hält man die Pflanze so in den Topf, daß ihre Wurzeln auf dem Substrat liegen. Dann wird sie in die richtige Lage gebracht und mit Erde umstreut. Anschließend füllt man den Topf bis etwa 2,5 cm unterhalb des Randes mit Substrat auf, das vorsichtig festgeklopft wird.

Lehmige Blumenerde darf nicht angedrückt werden, da dies Staunässe oder eine Beschädigung der Wurzeln zur Folge haben kann.

Umtopfen

Topfpflanzen müssen umgetopft werden, sobald ihr Wurzelwerk das ganze Pflanzgefäß ausfüllt und die Erde ausgelaugt ist. Wenn dieser Fall eintritt, wachsen die Pflanzen kaum noch und stehen trotz häufigen Gießens ständig trocken. Falls sich dann auch noch ihre Wurzeln durch das Abflußloch nach außen drängen, ist dies ein untrügliches Zeichen für Platzmangel.

Jungpflanzen und Pflanzen, die zu stattlicherer Höhe heranwachsen sollen, benötigen Jahr für Jahr ein größeres Gefäß. Bevorzugt topft man diese Pflanzen im Frühjahr oder im Frühsommer in feuchtes Erdreich um.

Um die Pflanze aus dem alten Behälter zu lösen, legt man eine Hand über den Topfrand und sichert dabei den Stengel oder Pflanzkörper zwischen den gespreizten Fingern. Dann dreht man den Topf um und klopft mit der freien Hand kräftig auf den Topfboden oder stößt den Topfrand gegen die Tischkante. Wenn die Erde zu fest im Topf haftet, lockert man sie ringsum mit einem Messer.

Der neue Pflanztopf muß etwas größer sein als der vorhergehende. Kleine und mittelgroße Pflanzen werden in 2 cm größere Töpfe gesetzt, große Pflanzen in bis zu 8 cm größere Töpfe. Je nach Ausmaß des Wurzelballens bedeckt man den Boden des Topfes 2,5–5 cm hoch mit Erde.

Der Wurzelballen wird so eingesetzt, daß der Abstand zwischen ihm und dem oberen Topfrand etwa 3–4 cm beträgt. Man hält die Pflanze in der Topfmitte fest und füllt den

Raum zwischen Wurzelballen und Topfrand mit Erdreich auf. Die Erde, die man durch vorsichtiges Klopfen gegen den Topfboden verfestigt, sollte bis etwa 1–2 cm unter den Topfrand reichen. Abschließend die Pflanze gut wässern.

Beim Umtopfen von Pflanzen mit zarten oder kriechenden Trieben besteht die Gefahr, daß Blätter oder Sprosse durch das Einfüllen der frischen Erde verletzt werden. Wie dies verhindert werden kann, zeigen die nebenstehenden Abbildungen.

Umsetzen

Pflanzen, die ihre optimale Größe erreicht haben, benötigen in Abständen von einem oder mehreren Jahren frisches Substrat, jedoch keinen größeren Behälter.

Man löst die Pflanze, die umgesetzt werden soll, aus ihrem Topf heraus und entfernt sorgfältig loses Erdreich und abgestorbene Wurzeln. Anschließend erneuert man die Kulturerde im Topf und setzt die Pflanze wieder ein.

Einen stark verfilzten Wurzelballen kann man mit einem scharfen Messer ringsum zurückschneiden. Allerdings wird die Pflanze durch diese Maßnahme vorübergehend geschwächt.

Teilweise Erneuerung der Erde

Eine einfachere Methode, Topfpflanzen mit frischem Substrat zu versorgen, besteht darin, daß man nur den oberen Teil der Erde austauscht. Mit einer alten Gabel oder einem Löffel kratzt man einen Teil der Erde vorsichtig, ohne die Wurzeln dabei zu verletzen, heraus und ersetzt sie durch frisches Erdreich, das anschließend vorsichtig festgedrückt und befeuchtet wird.

Pflanzenstäbe aus Moos

Pflanzenstäbe aus Moos bestehen aus einem Plastikkern, der mit Sumpfmoos ummantelt ist. Man verwendet sie als Kletterhilfe für Luftwurzler wie das Fensterblatt *(Monstera)*. Die Luftwurzeln dürfen auf keinen Fall abgeschnitten werden, da es sich um lebenswichtige Organe handelt.

Wenn man eine Pflanze mit Kletterhilfe setzen will, dann rückt man den Wurzelballen aus der Topfmitte und stellt den Pflanzenstab hinter der Pflanze in den Topf, bevor man Erde einfüllt. Er muß senkrecht stehen und einen festen Halt haben. Die Triebe der Pflanze werden zunächst an der Stütze festgebunden.

UMSETZEN

1 Verkleinern Sie den Wurzelballen, indem Sie lockere Erde abschütteln und alte Wurzeln kappen. Verfilzte Ballen werden außen beschnitten.

2 Füllen Sie etwas frische Erde in den Topf, setzen Sie die Pflanze ein, und decken Sie den Wurzelballen mit Erde ab. Abschließend gut angießen.

AUFFÜLLEN

1 Entfernen Sie den oberen Teil der Erde, die die Pflanze umgibt. Als Werkzeug ist beispielsweise eine alte Gabel geeignet. Triebe und Wurzeln dürfen nicht verletzt werden.

2 Bürsten Sie den Innenrand des Topfes ab, und füllen Sie bis zur ursprünglichen Höhe frische Erde ein. Drücken Sie die Erde vorsichtig fest, und feuchten Sie diese gut an.

Im Laufe der Zeit wachsen etliche Luftwurzeln in das Moos hinein und verankern die Pflanze.

Was hilft gegen Austrocknung?

Mit Kies oder Blähton, der gleichmäßig über die Erde im Topf gestreut wird, kann man eine hübsche Wirkung erzielen und gleichzeitig die Verdunstung herabsetzen. Hiervon profitieren besonders Kakteen und Pflanzen mit behaarten Blättern, die bei Kontakt mit feuchtem Erdreich Schaden nehmen können.

Kies und Blähton sind in verschiedenen Körnungen erhältlich, Zierkies oder Splitt gibt es zudem auch in unterschiedlichen Farben.

Rindenmulch eignet sich gut zur Abdeckung der Erde von Pflanzencontainern, die im Freien stehen, denn er schützt vor Austrocknung, sieht attraktiv aus und dämmt den Wildkräuterwuchs ein.

KEINE ANGST VOR KAKTEEN

Viele Kakteen sind mit scharfen Stacheln bewehrt; einige Arten sind sogar gefährlich, da ihre Berührung Hautinfektionen hervorruft. Abhilfe schafft ein Streifen aus zusammengefaltetem Papier oder aus Karton. Wenn Sie ihn wie einen Kragen um den Kaktus legen, sind Sie bei der Arbeit vor den Stacheln sicher.

Pflanzenschutz bei Gewächshauspflanzen

Ein eigenes Gewächshaus ist der Traum vieler Gartenfreunde. Seinen vielen Vorteilen stehen jedoch mancherlei Probleme entgegen. Aber auch unter Glas oder Folie können Sie diese sanft in den Griff bekommen.

Schon ein bescheidenes Gewächshaus bietet die Möglichkeit, besonders wärmebedürftige Pflanzen zu kultivieren oder die Vegetationszeit im Freiland zu verlängern. Die unter Glas wachsenden Pflanzen sind allerdings im besonderen Maß von der Fürsorge des Gärtners abhängig. Wo im Freiland der Regen für die Bewässerung sorgt, muß hier sorgfältig dosiert gegossen werden. Die natürliche Witterung, mit der sich Pflanzen im Freiland normalerweise arrangieren, muß beim Gärtnern unter Glas durch Beschatten und Belüften ersetzt werden. Und nicht zuletzt weichen die Pflanzenschutzmaßnahmen erheblich von denjenigen im Freiland ab.

Pilzliche Krankheitserreger finden unter Glas und Folie hervorragende Wachstumsbedingungen vor, da sie die hohe Luftfeuchtigkeit in Gewächshäusern lieben. Außerdem stehen die Pflanzen dort viel dichter; und vom Befall eines einzigen Exemplars bis zur Erkrankung des gesamten Bestandes vergehen oft nur wenige Tage. Daher sind vorbeugende Pflanzenschutzmaßnahmen gerade unter Glas besonders wichtig. Ausreichendes Lüften, richtiges Gießen und harmonische Düngung sind wesentliche Elemente der Risikominimierung. Hierdurch können Sie den Schadpilzen das Leben erschweren und gleichzeitig kräftige Pflanzen heranziehen, die durch festes Pflanzengewebe gegen zahlreiche, auf geschwächte Pflanzen spezialisierte Pilze gut geschützt sind. Zu diesen Schwächeparasiten gehören beispielsweise die Pilze der Gattung *Botrytis*, die verschiedene Fäulen hervorrufen. Die Anwendung von Pflanzenstärkungsmitteln ergänzt diese Maßnahmen.

Pflanzenschädliche Insekten finden unter den subtropischen Bedingungen des Glashauses ebenfalls optimale Lebensbedingungen vor. Dies gilt glücklicherweise auch für die vielen nützlichen Arten der Räuber und Parasiten. Während Sie sich im Freiland damit begnügen müssen, diese Nützlinge durch entsprechende Gartengestaltung anzulocken, ist die geschlossene Welt unter Glas und Folie der passende Ort für den gezielten Einsatz dieser Tierchen.

Seit einigen Jahren sind auch für den Hobbygärtner Florfliegen, Marienkäfer, Schlupfwespen oder parasitische Fadenwürmer im Handel. Wenn es Ihnen gelingt, optimale Wachstums- und Vermehrungsbedingungen für die jeweils eingesetzten Nützlinge zu schaffen, sind Spritzaktionen – auch solche mit sanften Mitteln – überflüssig und sogar verboten, denn damit können Sie den nützlichen Insekten erheblichen Schaden zufügen.

Pflanzenschutz im Gewächshaus bedeutet aber auch, daß großer Wert auf Hygienemaßnahmen gelegt wird. Entfernen Sie kränklich aussehende oder befallene Pflanzen so früh wie möglich, damit Ansteckung vermieden wird. Und achten Sie darauf, daß neu angeschaffte Pflanzen gesund sind, bevor sie in das Gewächshaus gestellt werden.

◀ *Im Gewächshaus aufgehängte, mit einem Klebstoff überzogene Gelbtafeln üben einen starken optischen Reiz auf manche Insekten aus. Mit ihrer Hilfe können Sie feststellen, ob Schädlinge oder Nützlinge in Ihrem Glashaus vorkommen und gegebenenfalls Maßnahmen zu ihrer Verminderung bzw. Vermehrung einleiten.*

KRANKHEITEN

GRAUSCHIMMEL

(*Botrytis cinerea* und andere *Botrytis*-Arten)

Betroffene Pflanzen: Hauptsächlich Chrysantheme, Salat, Erdbeere, Tomate.
Schadbild: Grauer Pilzrasen auf Blättern und anderen Pflanzenteilen, die später vertrocknen oder faulen.
Gefährlichste Zeit: Gesamte Vegetationsperiode.

Abwehr
Vorbeugend: Verhaltene Stickstoffdüngung, für ausreichende Lüftung sorgen. Auf lockeren, gepflegten Boden achten. Stauende Nässe verhindern. Gefährdete Pflanzen mit Algenpräparaten oder Schachtelhalmbrühe besprühen. Kränkliche Pflanzenteile umgehend entfernen und vernichten; nicht zu dicht pflanzen oder stellen.
Sanft: Mit Knoblauchtee spritzen.
Härter: Nicht erforderlich.

GRÜN- ODER GELBKRAGEN

Betroffene Pflanze: Tomate.
Schadbild: Um den Stielansatz – je nach Reifezustand – dunkelgrüne oder gelbgrüne Zone mit verhärtetem Fruchtfleisch („Kragen"). Sortenabhängige Anfälligkeit.
Gefährlichste Zeit: Während der Fruchtausbildung.

Abwehr
Vorbeugend: Ausgeglichene Düngung. Über den obersten Fruchtständen Geiztriebe und „Gipfel" nicht zu früh entfernen. Durch Schattierung zu starke Sonneneinstrahlung mildern. Weniger anfällig sind Sorten des Hellfruchttyps.
Sanft: Entfällt.
Härter: Entfällt.

SAMTFLECKENKRANKHEIT, BRAUNFLECKENKRANKHEIT

(Cladosporidium fulvum)

Betroffene Pflanze: Tomate.
Schadbild: Auf der Blattoberseite unscharf begrenzte, gelbliche Flecken, in deren Bereich blattunterseits erst ein grünlicher, später samtartig brauner Pilzbelag auftritt. Erkrankte Blätter vertrocknen. Hohe Luftfeuchtigkeit fördert die Ausbreitung des Pilzes.
Gefährlichste Zeit: Sommer.

Abwehr
Vorbeugend: Für ausreichende Belüftung sorgen, um hohe Luftfeuchtigkeit zu vermeiden. Bei 18 °C maximal 75 %, bei 22 °C höchstens 65 %. Resistente Sorten bevorzugen.
Sanft: Befallene Blätter entfernen.
Härter: Nur mit Fungiziden möglich, jedoch führt die Anwendung oft zu gefleckten Früchten.

UMFALLKRANKHEIT

(verschiedene Pilze der Gattungen *Fusarium, Phoma, Pytium, Rhizoctonia* und andere)

Betroffene Pflanzen: Alle Sämlinge, vor allem die von schnellwüchsigen Arten mit weichem Stengelgewebe.
Schadbild: Sämlinge fallen um, Stengelbasis oft schwarz verfärbt oder eingeschnürt und verfault. Häufig sind nebeneinanderstehende Sämlinge befallen.
Gefährlichste Zeit: Kurz nachdem die ersten Blätter erscheinen.

Abwehr
Vorbeugend: Saubere, sterilisierte Pflanzgefäße und frisches, steriles Substrat verwenden. Samen vor der Aussaat in handwarmem Kamillentee beizen.
Sanft: Befallene Keimlinge entfernen, um die weitere Ausbreitung der Krankheit zu vermeiden.
Härter: Ausschließlich mit Fungiziden möglich.

VERBRENNUNGEN

Betroffene Pflanzen: Fast alle unter Glas gezogenen Pflanzen.
Schadbild: Die Blätter der Pflanzen zeigen hellbraune Flecken. In extremen Fällen trocknet das gesamte Gewächs aus.
Gefährlichste Zeit: Perioden starker Sonneneinstrahlung; mitunter tritt der Schaden schon im Frühjahr auf.

Abwehr
Vorbeugend: Gewächshaus durch Kalkanstrich oder mit Matten schattieren. Auf ausreichend befeuchtete Erde achten.
Sanft: Entfällt.
Härter: Entfällt.

SCHÄDLINGE

BLATTLÄUSE

(verschiedene Arten)

Betroffene Pflanzen: Die meisten Gewächse.
Schadbild: Kolonien kleiner, zarter Insekten unterschiedlicher Färbung

(gelbgrün, rosa, rötlich, schwarz), meist ungeflügelt. Treten bevorzugt an frischen Trieben oder Knospen auf. Bei starkem Befall kommt es zu Wachstumshemmung oder Blattverkrüppelungen. Blattunterseiten mit glänzendem, klebrigem Belag, auf dem sich oft harmlose Rußtaupilze ansiedeln.
Gefährlichste Zeit: Gesamte Vegetationsperiode.

Abwehr
Vorbeugend: Auf gute Kaliumversorgung achten, um das Pflanzengewebe härter zu machen. Gelbtafeln dienen der Befallsprognose.
Sanft: Abspritzen mit Wasser oder Seifenpräparaten. Robuste Pflanzen vertragen auch Paraffinölbrühe. Zur biologischen Bekämpfung eignen sich räuberische Gallmücken *(Aphidoletes aphidimyza)*, deren Larven Blattlausräuber sind. Für 10 m² reichen etwa 30 Puppen aus, die recht wärmebedürftig sind. Das Aussetzen sollte direkt nach dem erstmals erkannten Blattlausbefall erfolgen.
Härter: Nicht erforderlich.

BLATTMINIERFLIEGEN
(verschiedene Arten)

Betroffene Pflanzen: Hauptsächlich Chrysanthemen.
Schadbild: Arttypisch gewundene, unverwechselbare Larvenfraßgänge im Blattgewebe bei unverletzter Blattoberfläche. Pflanzen werden nicht ernsthaft geschädigt.
Gefährlichste Zeit: Gesamte Vegetationsperiode.

Abwehr
Vorbeugend: Nicht erforderlich.
Sanft: Befallene Blätter entfernen, oder die Larven im Fraßgang vorsichtig zerdrücken.
Härter: Nicht erforderlich.

DICKMAULRÜSSLER, GEFURCHTER
(Otiorrhynchus sulcatus)

Betroffene Pflanzen: Begonie, Alpenveilchen, Gloxinie und andere Gewächse. Allgemein: Topf- und Containerpflanzen, denn oft werden die Dickmaulrüßlerlarven in torfhaltigem Substrat mitgekauft.
Schadbild: Beinlose, weiße Larven, die bis zu 8 mm lang werden, befressen Wurzeln, Knollen und oberirdische Pflanzenteile. Bei starkem Befall welken die Blätter, Jungpflanzen können umfallen. Nachts verlassen auch die Vollinsekten – kräftige, schwarze, bis zu 10 mm lange Rüsselkäfer – ihre unterirdischen Verstecke, die nahe den von ihnen bevorzugten Pflanzen liegen, und nagen an Blättern.
Gefährlichste Zeit: Gesamte Vegetationsperiode.

Abwehr
Vorbeugend: Nicht erforderlich.
Sanft: Biologische Kontrolle mit parasitären Nematoden der Gattungen *Heterorhabditis* und *Steinernema* möglich. Käfer können nachts abgesammelt werden.
Härter: Nicht erforderlich.

RAUPEN
(verschiedene Arten)

Betroffene Pflanzen: Chrysanthemen, Nelken und andere Gewächse.
Schadbild: Blatt- und Blütenfraß. Dort mehr oder minder versteckt lebende Schmetterlingsraupen verschiedener Größe und Gestalt. Größere Schäden sind selten.
Gefährlichste Zeit: Gesamte Vegetationsperiode.

Abwehr
Vorbeugend: Nicht erforderlich.
Sanft: Raupen absammeln.
Härter: Sehr selten erforderlich. Offen fressende Raupen sind mit Naturpyrethrum gut bekämpfbar, eingesetzte Nützlinge werden aber ebenfalls abgetötet.

SCHILDLÄUSE
(verschiedene Arten der Unterordnung *Coccina*)

Betroffene Pflanzen: Vor allem Gewächse mit harten Blättern wie Kamelie, Lorbeer, *Stephanotis*, Farn-, Opuntien- und Zitrusarten.
Schadbild: Auf den Blattunterseiten, entlang den Blattadern und an Trieben etwa 2 mm lange, schild- oder muschelförmige Organismen, die nur eingeschränkt oder nicht beweglich sind. Mit dem Fingernagel oder einem Zahnstocher lassen sich die harten Deckel abheben.
Gefährlichste Zeit: Gesamte Vegetationsperiode. Werden oft mit zugekauften Pflanzen eingeschleppt.

Abwehr
Vorbeugend: Auf viel Sonne und ausreichende Feuchtigkeit achten.
Sanft: Bei geringem Befall Schildläuse vorsichtig einzeln abheben oder abkratzen. Blätter anschließend mit einem nassen Tuch abwaschen. Vollständig befallene Pflanzen mit Paraffinölpräparaten – unter Umständen mehrmals – pinseln oder spritzen.
Härter: Nicht erforderlich.

SPINNMILBE, GEMEINE
(Tetranychus urticae)

Betroffene Pflanzen: Fleißiges Lieschen, Fuchsie, Gurke, Tomate und andere Gewächse.
Schadbild: Gelbliche, winzige Flekken oder Sprenkel auf der Blattoberseite. Bei starkem Befall, der auch durch Spinnfäden und eingesponnene, verkrüppelte Blätter sichtbar wird, verfärben sich die Pflanzen gelb und sterben ab. Meist blattunterseits maximal 1 mm große, gelbliche Tierchen. Unter der Lupe sind junge Larven mit drei Beinpaaren zu erkennen, ältere Larven und Imagines besitzen vier Beinpaare, letztere haben auf beiden Körperseiten einen schwarzen Punkt. Im Herbst treten rötliche Formen auf.
Gefährlichste Zeit: Gesamte Vegetationsperiode.

Abwehr
Vorbeugend: Für ausreichend hohe Luftfeuchtigkeit sorgen.
Sanft: Robuste Pflanzen vertragen eine Spritzung mit Paraffinölbrühe. Nur anwenden, sofern keine Nützlinge eingesetzt werden. Biologische Kontrolle mit der Raubmilbe *Phytoseiulus persimilis*, die hohe Luftfeuchtigkeit verlangt, möglich.
Härter: Nicht erforderlich.

WEICHHAUTMILBEN, FADENFUSSMILBEN
(verschiedene Arten der Milbenfamilie *Tarsonemidae*)

Betroffene Pflanzen: Begonien, Alpenveilchen, Fuchsien, Farnarten, Gerbera und weitere Gewächse.
Schadbild: Sehr kleine, nur etwa 0,2 mm große Milben, die in ihrer Gestalt an die Gemeine Spinnmilbe erinnern, saugen meist an versteckten, feuchten Stellen der Pflanzen, beispielsweise in Knospen und zwischen Blatthaaren. Befallene Triebe sind im Wachstum gehemmt, starker Befall führt zu verdrehten, gekräuselten oder stellenweise verdickten Blättern. Knospen sterben ab; Blüten verfärbt und deformiert.
Gefährlichste Zeit: Gesamte Vegetationsperiode.

Abwehr
Vorbeugend: Für trockene Luft und lockeren Stand sorgen.
Sanft: Bei robusten, glattblättrigen Pflanzen versuchsweise mit Paraffinölpräparaten spritzen. Wenn die Spritzung erfolglos bleibt, befallene Pflanzen entfernen.
Härter: Nur mit nicht empfehlenswerten Spezialmitteln möglich.

WEISSE FLIEGE, GEWÄCHSHAUSMOTTENSCHILDLAUS
(*Trialeurodes vaporariorum*, vereinzelt tritt auch die Baumwollmottenschildlaus *[Bemisia tabaci]* auf.)

Betroffene Pflanzen: Pelargonie, Gurke, Bohne, Tomate und andere Gewächse.
Schadbild: Kleine, ca. 2 mm lange, geflügelte Insekten, die mit Wachsstaub bepudert sind, sitzen blattunterseits in Kolonien. Bei Berührung der Pflanze fliegen die Tiere im Schwarm auf. Blätter vergilben, bei stärkerem Befall tritt Wachstumshemmung auf. Imagines und Larvenstadien, von denen nur das erste beweglich ist, saugen Pflanzensaft und scheiden Honigtau ab, auf dem sich oft schwarze Rußtaupilze ansiedeln. Halbkreisförmige Eigelege.
Gefährlichste Zeit: Gesamte Vegetationsperiode.

Abwehr
Vorbeugend: Für ausreichende Belüftung sorgen, und dichten Stand vermeiden. Gelbtafeln dienen der Befallsprognose. Brennesseljauche oder Algenpräparate als Pflanzenstärkungsmittel einsetzen.
Sanft: Biologische Kontrolle ist mit der Schlupfwespe *Encarsia formosa* möglich, deren Larven das dritte Larvenstadium der Mottenschildlaus parasitieren. Für den erfolgreichen Einsatz sind Temperaturen von 22–27 °C notwendig. Oder mit einem Seifenpräparat spritzen.
Härter: Nicht erforderlich.

WURZELGALLENÄLCHEN
(verschiedene Nematoden-Arten, vor allem aus der Gattung *Meloidogyne*)

Betroffene Pflanzen: Chrysantheme, Tomate, Möhre, Gurke, Erbse und viele andere Gewächse.
Schadbild: Die erkrankten Pflanzen kümmern, Blätter verfärben sich oder welken, wenn der Wasserkreislauf gestört ist. Bei starkem Befall sterben die Pflanzen ab. Wurzeln mit Anschwellungen; oberhalb dieser gallenartigen Wucherungen bilden sich zahlreiche Nebenwürzelchen. Ertragsminderung, die von Jahr zu Jahr zunimmt (Bodenmüdigkeit). Wenn ungünstige Klimabedingungen auftreten, können sich die Larven in einen Ruhezustand begeben und auf diese Art sogar Jahre überdauern.
Gefährlichste Zeit: Gesamte Vegetationsperiode.

Abwehr
Vorbeugend: Gesundes Pflanzgut einkaufen, steriles Substrat verwenden. Saubere Arbeitsgeräte benutzen, da Verschleppung möglich.
Sanft: Nicht möglich. Befallene Pflanzen umgehend entfernen und vernichten. Unter Umständen sollte bei Gewächshausbeeten der Boden erneuert werden.
Härter: Für den privaten Bereich nicht empfehlenswert, da nur hochgiftige Mittel wirksam sind.

Frühbeete

Wärmespeichernde Frühbeete erfüllen unterschiedliche Aufgaben: Man kann in ihnen Frühgemüse ziehen, Freilandpflanzen abhärten, Stecklinge Wurzeln treiben lassen und frostgefährdete Ziergewächse überwintern.

Ein Frühbeet ist ein flacher und meist schmaler, rechteckiger Kasten mit einer Glasabdeckung, die geöffnet werden kann. Obwohl es einen viel kleineren Maßstab als ein Gewächshaus hat, wird es ebenso wie dieses zur Aufzucht oder Kultur von Pflanzen verwendet. Das abgeschrägte Glasdach läßt den Regen ablaufen und das Sonnenlicht ins Innere dringen. Die Seitenwände können verglast sein, aber auch aus undurchsichtigem Material bestehen.

Normalerweise sind Frühbeete unbeheizt, denn der Boden und die Luft in ihrem Innern erwärmen sich allein schon durch die einfallenden Sonnenstrahlen. In diesem Fall spricht man von einem sogenannten kalten Kasten.

Welche Arten von Frühbeeten gibt es?

Es gibt Typen von Frühbeeten mit jeweils spezifischen Vor- und Nachteilen: Frühbeete mit Holzrahmen als Beetumrandung, die mit Glasfenstern abgedeckt werden und feste Wände besitzen, speichern die Wärme am wirksamsten. Allerdings sind diese Modelle heute kaum mehr zu bekommen und müssen deshalb im Eigenbau hergestellt werden. Dafür eignet sich am be-

▼ Dieses zweifenstrige Frühbeet erhält durch das direkt anschließende Gewächshaus zusätzliche Wärme. Die Gewächse können am Grund des Frühbeetes oder auch in Töpfen gezogen werden.

PFLANZEN ABHÄRTEN

1 Sämlinge müssen schrittweise an die Freilandtemperaturen gewöhnt werden. Man stellt sie 2–4 Wochen vor dem Auspflanzen in ein Frühbeet.

2 In der 1. Woche die Fenster des Beetes tagsüber geöffnet halten und abends schließen. In der 2. Woche die Fenster auch nachts etwas öffnen.

3 Am Ende der 2. Woche die Fenster Tag und Nacht geöffnet lassen. Die Pflanzen ausreichend gießen und ca. 1 Woche später ins Freiland setzen.

sten ein druckimprägniertes Holz, das vor fäulniserregenden Pilzen und tierischen Holzschädlingen geschützt ist. Wahlweise können Sie auch wetterfestes Sperrholz verwenden.

Als Maß für das Frühbeet hat sich eine Größe von 75 × 150 cm bei 30–60 cm Höhe bestens bewährt. Doch kann dieses Maß natürlich, je nachdem, welchen Ansprüchen das Frühbeet genügen soll, abgewandelt werden. Sie sollten lediglich darauf achten, daß Vorder- und Rückseite nicht weiter als eine Armlänge voneinander entfernt sind, denn Sie müssen alle anfallenden Arbeiten im Frühbeet von außen her durchführen.

Die Glasabdeckung wird entweder mit Gleitrollen versehen oder mit Scharnieren an der hinteren oder den seitlichen Wänden des Kastens befestigt.

Ein selbstgebautes Frühbeet hat eine Lebensdauer von vielen Jahren. Allerdings muß der Holzrahmen stabil sein, damit er seine Zwecke dauerhaft erfüllen kann. Um den imprägnierten Holzrahmen vor übermäßiger Feuchtigkeit zu schützen, können Sie ihn auf ein Fundament aus Ziegeln oder Leichtbetonsteinen stellen.

Frühbeete mit Aluminiumrahmen sind pflegeleicht und besitzen nur ein sehr geringes Gewicht. Dies kann von großem Vorteil sein, denn sie können bei Bedarf ohne große Mühe im Garten umgestellt werden. Für handwerklich ungeübte Gartenbesitzer empfiehlt es sich, eine Konstruktion aus Fertigteilen zu erstehen.

Als Material für die Fenster steht Glas oder durchsichtiger Kunststoff zur Wahl. Während das Sonnenlicht Glas ungehindert durchdringt, filtert Kunststoff einen Teil davon aus, was allerdings kaum ins Gewicht fällt. Kunststoff zerbricht nicht ohne weiteres und ist daher für spielende Kinder weniger gefährlich als Glas. Andererseits bekommt es leicht Kratzer. Die Scheiben lassen sich dann kaum noch sauberhalten, weil sich auf der rauhen Oberfläche Algen ansiedeln, die den Kunststoff zudem trüben.

Bei Frühbeeten mit Aluminiumrahmen bestehen die Kastenwände meist gleichfalls aus durchsichtigem Material, was sich vorteilhaft auf lichthungrige Pflanzen wie etwa Melonen auswirkt. Dafür hält sich in einem Frühbeet mit Aluminiumrahmen die Wärme nicht so lange wie in einem mit Holzrahmen.

Frühbeete mit verzinkten Stahlrahmen entsprechen denen mit Aluminiumrahmen, sind aber weniger robust als die Aluminiumkonstruktionen, da relativ dünne Stahlstreben verwendet werden, um die Kosten niedrig zu halten.

Wahl des geeigneten Standortes

Ein Frühbeet, das vielerlei Zwecke erfüllen soll, erhält einen sonnigen und vor kalten Winden geschützten Platz. Wenn im Garten bereits ein Gewächshaus vorhanden ist, errichtet man das Beet direkt daneben, damit es von der Wärme profitieren kann, die durch die Gewächshausscheiben dringt.

Falls Sie das Frühbeet hauptsächlich zum Bewurzeln von Stecklingen nutzen wollen, wählen Sie möglichst einen leicht schattigen Standort. Doch lassen sich Stecklinge auch in einem sonnigen Beet erfolgreich heranziehen, wenn man sie während der heißesten Stunden des Tages vor der Sonne schützt – etwa durch Strohmatten, die man über das Beet breitet.

Ein rutschfester Weg rings um das Pflanzenquartier herum erleichtert den Zugang und sorgt für Sicherheit, wenn Sie sich über die Einfassung beugen.

Unbeheiztes Frühbeet

Bei einem Frühbeet – ganz gleich, ob es unbeheizt oder beheizt ist – haben Sie die Wahl zwischen zweierlei Pflanzmethoden: Zum einen können Sie die Gewächse in die Erde am Grund des Beetes setzen oder aber in Töpfen ziehen. Die erstgenannte Methode empfiehlt sich für Gewächse, die auf das Frühbeet als ständigen Lebensraum angewiesen sind, die zweite eignet sich vorzugsweise für Pflanzen, die dort nur vorübergehend untergebracht werden.

In einem unbeheizten Beet lassen sich alle Pflanzen aus Samen ziehen, die üblicherweise durch Aussaat im Freiland vermehrt werden. Dazu zählen viele einjährige und zweijährige Pflanzen, ebenso winterharte Stauden und sogar Sträucher und Bäume. Im Frühbeet kann die Aussaat um mehrere Wochen vorgezogen werden, so daß den Jungpflanzen eine längere Zeitspanne für ihre Entwicklung bleibt.

Die Samen werden in Töpfe ausgesät, die mit spezieller Anzuchterde gefüllt sind. Eine Unterlage aus Kies dient als Dränageschicht. Regelmäßiges Gießen verhindert, daß die Erde austrocknet.

Das Abhärten von Pflanzen, die im Gewächshaus aufgezogen wurden und später ins Freiland überwechseln sollen, zählt ebenfalls zu den Möglichkeiten, die ein unbeheiztes Frühbeet bietet. Junge Pflanzen können Schritt für Schritt an die kühleren Außentemperaturen gewöhnt werden. Dies kann man dadurch erreichen, daß man die Dauer der Belüftung, die maßgeblich für die Tag- und Nachttemperaturen im Beet verantwortlich ist, nach Bedarf von Tag zu Tag langsam steigert.

Die Aufzucht von Gemüse in einem unbeheizten Frühbeet ermöglicht eine vorgezogene Ernte. Manche Gemüsesorten fühlen sich in Frühbeeten ausgesprochen wohl. Man zieht sie aus Samen, die man im Gewächshaus oder auf einer Fensterbank keimen läßt. Im späten Frühjahr pflanzt man die Sämlinge dann im Frühbeet direkt in die Erde.

MISTBEET UMSETZEN

1 Bei einem Mistbeet wird der Boden durch die mikrobielle Zersetzung des Dungs erwärmt. Seine Größe entspricht der eines Frühbeetes. Heben Sie den Boden ca. 50 cm tief aus.

2 Dann wird auf eine dünne Laubschicht eine etwa 30 cm dicke, mit Stroh durchsetzte Lage mit Pferde- oder Kuhmist aufgebracht. Die einzelnen Lagen gut festtreten.

3 Darüber decken Sie wieder etwas Laub und dann 20 cm Oberboden. Das Mistbeet ist nun fertig. Vor dem Bepflanzen sollte es sich noch etwa 1 Woche erwärmen.

4 Je nach Außentemperatur bietet Ihnen die dreiteilige Glasabdeckung die Möglichkeit, für eine gute Belüftung zu sorgen bzw. die Pflanzen nach und nach abzuhärten.

▼ Frühbeete mit Aluminiumrahmen und Glaseinsätzen bieten wärmebedürftigen Pflanzen zwischen Spätfrühjahr und Frühherbst Schutz. Sie sind robust und pflegeleicht und lassen sich überdies ohne großen Kraftaufwand von einem Ort zum anderen versetzen.

Bereits einige Wochen vor der Pflanzzeit wird das Erdreich im Beet mit gut verrottetem Stallmist oder Kompost vermengt; man rechnet mit einem Bedarf von ungefähr 1 Eimer/m² Boden.

Solange die Pflanzen noch klein und empfindlich sind, lüftet man das Beet tagsüber nur nach Bedarf. Nachts hält man die Fenster geschlossen, bis die Pflanzen kräftig genug entwickelt sind. Im Frühsommer nimmt man die Fenster ab oder läßt sie Tag und Nacht weit offen stehen.

Stecklinge von Sträuchern treiben gut Wurzeln, wenn sie in einem ausreichend schattigen Frühbeet untergebracht werden. Weichholzige Stecklinge pflanzt man im Frühsommer, härtere von Sommermitte bis -ende. Sie entwickeln sich im Boden des Beetes ebenso gut wie in Töpfen, die mit Anzuchterde gefüllt sind.

In einem unbeheizten Frühbeet finden diejenigen Pflanzen, die unter einer gewissen Frostempfindlichkeit leiden, wie z. B. Freiland-Chrysanthemen, Schutz vor eisiger Winterkälte.

Schneiden Sie die betreffenden Pflanzen nach dem Verblühen zurück, graben Sie sie aus, und setzen Sie sie in mit Blumenerde gefüllte Holzkisten. Diese werden ins Frühbeet gestellt, das man mit Ausnahme von sehr kalten Tagen etwas belüftet, um möglichen Pilzinfektionen vorzubeugen.

Zwiebelpflanzen wie Hyazinthen, Narzissen und Tulpen kann man auch in einem unbeheizten Frühbeet treiben lassen. Die Zwiebeln werden in Töpfe gesetzt und 7,5 cm hoch mit einem geeigneten Substrat bedeckt. Nach ca. 8 Wochen nimmt man sie aus dem Beet heraus und stellt sie dann ins Haus, damit sie Blüten bilden können.

Beheiztes Frühbeet

Durch künstliche Wärme läßt sich die Nutzungsdauer eines Frühbeetes beträchtlich verlängern. Das Beet verwandelt sich in diesem Fall in ein Minitreibhaus.

Heizschlangen, die im Boden verlegt werden, beschleunigen das Wachstum von Frühgemüse. Mit einer Heizanlage an den Innenwänden über dem Bodenniveau kann man die eingesetzten Pflanzen sogar vor strengem Frost schützen.

Wenn Sie Frühgemüse, wie Karotten, Blattsalat, Frühlingszwiebeln und Radieschen, oder Zierpflanzen säen wollen, schalten Sie die Heizung 2 Tage zuvor ein. Frostharte Arten kann man Mitte bis Ende des Winters in das vorgewärmte Beet säen. Bei empfindlicheren Pflanzen sollte man bis zum Spätwinter oder Vorfrühling warten. Die Keimtemperatur beträgt etwa 18 °C. Wenn Nachtfrost droht, deckt man die Fenster ab, da die Bodenheizung allein nicht ausreicht.

Ebenso wie die Wurzelstöcke von Chrysanthemen kann man auch die relativ frostempfindlichen Wurzeln von Fuchsien und Begonien in einem beheizten Frühbeet überwintern lassen.

Besteht keine Frostgefahr mehr, können Sie die Fenster öffnen. Die Heizung kann dann ausgeschaltet werden. Kosten und Nutzen sollten beim Betreiben eines beheizten Frühbeetes jedoch sorgfältig abgewogen werden, da der Energiebedarf nicht unerheblich ist.

VERWENDUNG EINES UNBEHEIZTEN FRÜHBEETES

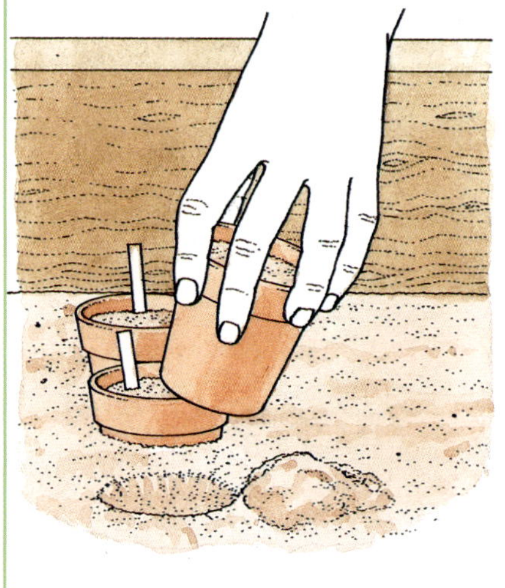

1 In Erde eingebettete Blumentöpfe trocknen weniger rasch aus und bleiben gleichmäßig temperiert, wodurch die Keimung der Samen gefördert wird. Füllen Sie das Frühbeet 10–15 cm hoch mit Sand. Ein aus Brettern gezimmertes Beet erhält zuvor eine Folienauskleidung. Versenken Sie dann die Blumentöpfe bis zum Rand im Sand.

2 Verholzte Stecklinge von Sträuchern läßt man entweder direkt im entsprechend vorbereiteten Boden des Frühbeetes Wurzeln treiben oder pflanzt sie in Töpfe mit Anzuchterde. Wenn Sie als Substrat normale Gartenerde verwenden, lassen Sie an der Basis der Stecklinge ein Stück älteres Holz stehen, um einer Infektion vorzubeugen.

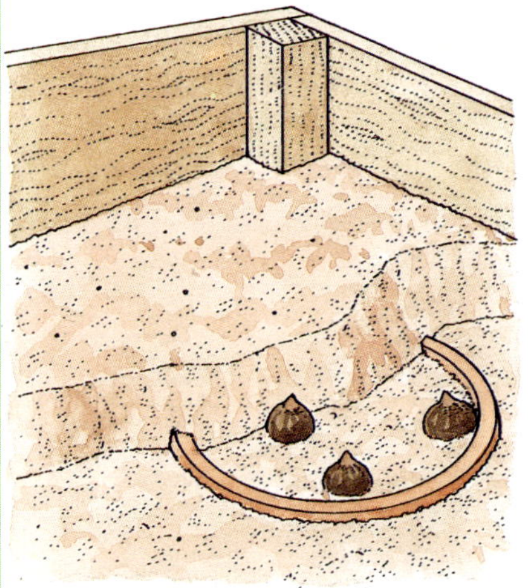

3 Blumenzwiebeln, die im Haus blühen sollen, können Sie zum Treiben im Frühbeet unterbringen. Pflanzen Sie die Zwiebeln in Schalen, und versenken Sie diese bis zum Rand im Substrat. 7,5 cm hoch mit gleichem Material abdecken. Nach 8 Wochen werden die Schalen ins Haus gebracht. Bald zeigen sich an den Zwiebeln Blütenknospen.

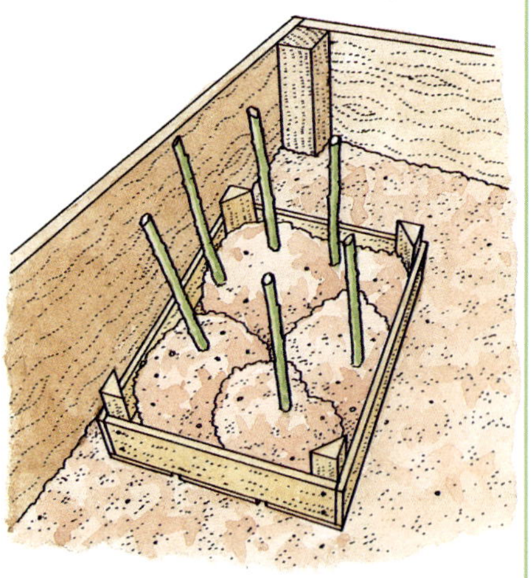

4 Die Wurzelstöcke frostempfindlicher Stauden sind im Winter im Frühbeet gut aufgehoben. Legen Sie diese nebeneinander in Kisten, und decken Sie sie mit einem geeigneten Substrat ab. Die eingeschlagenen Wurzelstöcke sparsam gießen und für Luftzufuhr sorgen. Die jungen Triebe können im Frühjahr als Stecklinge verwendet werden.

Kultur unter Glas und Folie

Glashauben und Folientunnel halten Frost und kalten Wind von den Pflanzen fern. Sie beschleunigen den Wuchs, verlängern die Wachstumsperiode und ermöglichen somit mehrere Ernten.

Findige Gärtner erkannten schon in frühen Zeiten, daß man Pflanzen durch Abdecken mit Glas „treiben", also früher zum Wachstum bringen kann als unter natürlichen Freilandbedingungen.

Doch es muß nicht immer das Gewächshaus sein, das auch einen gewissen Platzbedarf im Garten hat, es gibt auch andere wirksame Formen der Treiberei, die zudem zum Teil auch für einzelne Pflanzen geeignet sind. Im Handel sind z. B. überaus praktische, glockenförmige Hauben erhältlich, die in ihrem Aussehen an eine überdimensionale Käseglocke erinnern.

Aber der Schutz von Einzelpflanzen ist nicht die Regel, meist gilt die besondere Hege mehreren in Reihe wachsenden Pflanzen. Für diesen Zweck wurden früher sehr häufig Abdeckkonstruktionen aus Glas verwendet, diese werden heute zunehmend von den preiswerteren Kunststoffolien in Haubenform verdrängt.

Da die meisten Gemüsepflanzen in geraden Reihen kultiviert werden, stellt man meist mehrere Hauben oder Folientunnel nebeneinander, die an den Enden jeweils geschlossen werden, um das Eindringen von Zugluft zu verhindern. Im allgemeinen erlaubt diese Art der Treiberei ein 2 Wochen früheres Säen und Pflanzen als im Freiland.

Durch diese vorgezogene Aussaat und damit auch frühere Reife können Sie häufig auf ein und derselben Beetfläche zweimal im Jahr ernten.

Eine sinnvolle Fruchtfolge will geplant sein. Denkbar wäre beispielsweise die Anbaufolge: Aussaat von Kopfsalat im Herbst, der dann zur Frühjahrsmitte vor frühreifenden Buschtomaten geerntet werden kann. Anschließend setzt man auf der Fläche frühen Freilandkohl, während die Hauben an einer anderen Stelle aufgestellt werden, um den Kreislauf von neuem beginnen zu lassen.

Das ständige Umsetzen der Hauben ermöglicht eine effiziente Anbaufolge während der gesamten Erntesaison.

So kann man frühen Möhrensorten z. B. dadurch, daß man sie abdeckt, in der ersten Frühjahrshälfte einen guten Start ermöglichen. Diese Möhrensorten können dann im Freien reifen, während man die Haube gegen Spätfrühjahr über die neuen Tomatenpflanzen stellt, damit diese richtig anwachsen können. 3 oder 4 Wochen später wird die Haube von neuem umgestellt, um wärmeliebende Pflanzen, wie beispielsweise Auberginen, Melonen, Gurken oder Paprika, den ganzen Sommer über oder bis sie ausgewachsen sind, vor widriger Witterung zu schützen.

Glas oder Kunststoff?

Bei der Materialwahl stehen Glas und Kunststoff zur Verfügung. Glas hat den Vorteil dauerhafter guter Lichtdurchlässigkeit. Es kann immer wieder mit Bürste und einem geeigneten Reinigungsmittel gesäubert werden und sieht dann wieder wie neu aus. Dafür ist es schwer und benötigt aus diesem Grund besonders stabile Tragekonstruktionen. Zudem kann es auch kaum bearbeitet werden, d. h., Bohrer und Säge können nicht verwendet werden. Bricht eine Glasscheibe, so besteht Verletzungsgefahr durch Splitter. Im klassischen Kleingewächshaus für den Hobbygärtner hat Glas aber durchaus seine Berechtigung. Eine optimale Alternative wäre bruchfestes Sicherheitsglas, dieses ist jedoch sehr teuer.

Kunststoffe werden mittlerweile maßgeschneidert für den Gartenbereich angeboten. Die dünnen, flexiblen Folien werden vorwiegend als Flachfolie zum Bedecken niedriger Kulturen und im Hausgarten in Form der beliebten Folientunnel eingesetzt. Meist handelt es sich hier um weiche Typen des Kunststoffes Polyethylen, abgekürzt LD-PE. Sie sind universell einsetzbar.

◀ Diese geräumigen Folienhauben mit UV-Schutzbeschichtung sind groß genug für mehrere Pflanzreihen. Sie sollten bereits 2 Wochen vor der Aussaat oder Pflanzung aufgestellt werden, damit sich der Boden bis dahin ausreichend erwärmt.

Die seltener anzutreffende PVC-Folie hält nachts besser die Wärme über den abgedeckten Pflanzen fest, ist aber ansonsten nicht empfehlenswert. So verschmutzen PVC-Folien leichter und werden bei Kälte schneller brüchig. Außerdem ist dieser Kunststoff in Herstellung und Entsorgung keinesfalls unproblematisch. Bei guter Pflege halten auch einfache Folien ungefähr 2 Jahre lang.

Wenn Sie Ihr Gewächshaus winterfest machen wollen, bietet sich Luftpolsterfolie aus LD-PE an, mit der alle Seitenwände ausgestattet werden.

Spezialfolien mit besonders guter Eignung als Wärmefalle werden außerdem aus dem Polyester PET hergestellt. Leider reißen sie leicht weiter ein, wenn sie beschädigt sind. Es gibt auch Mehrschichtfolien aus verschiedenen Kunststoffen, die sich in ihren positiven Eigenschaften ergänzen. Im Hobbygartenbereich sind sie allerdings sehr selten anzutreffen.

Gewächshausscheiben, Hauben und Frühbeetabdeckungen werden heute ebenfalls aus Kunststoff hergestellt. Neben dem sehr haltbaren Acrylglas, das auch als Plexiglas bekannt ist, werden diese Artikel aus dem ebenfalls hochwertigen, recht kratzfesten Polycarbonat (PC), aus PVC, Polystyrol (PS), Polypropylen (PP) und hartem Polyethylen (HD-PE) angeboten. Alle genannten Materialien sind leichter als Glas, gut zu bearbeiten und gegen Hagelschauer oder vom Sturm abgerissene Äste relativ unempfindlich.

Verschiedene Haubenformen

Der Fachhandel bietet zwar eine ganze Reihe von Hauben und Folientunneln in verschiedensten Formen, Größen und aus den unterschiedlichsten Materialien an. Jedoch muß der tiefe Griff in den Geldbeutel nicht sein, da man derartige Konstruktionen auch ohne weiteres selbst anfertigen kann.

Die Größe der Tunnel ist abhängig von der Art der kultivierten Pflanzen. Wenn man beispielsweise nur frühen Kopfsalat ziehen will, reicht eine Haube von 30 cm Breite und 23 cm Höhe völlig aus. Große Melonen erfordern hingegen Folientunnel von mindestens 45 cm Breite und 30 cm Höhe.

Jedes Material hat seine Vor- und Nachteile, die man auf jeden Fall sorgfältig gegeneinander abwägen sollte: Glas ist zwar altbewährt, jedoch keineswegs preiswert. Mittlerweile führen viele Gartencenter kaum noch fertige Glasmodelle, und Versandhäuser bieten oft nur ein glasloses Untergestell an. Zu den Anschaffungskosten, die in der Regel recht hoch sind, kommen früher oder später die Kosten für den Glasersatz, denn Glasbruch ist vorprogrammiert.

An sehr exponierten und windreichen Standorten bieten Glashauben aufgrund ihres hohen Eigengewichts einen besseren Schutz als leichtere Materialien.

Man unterscheidet mehrere Formen von Glashauben. Die einfachsten bestehen aus zwei ungefähr 60 × 30 cm großen Scheiben, die an den Längskanten mit einer Eisenvorrichtung zu einem Spitzdach verbunden sind. Diese Form ist ideal zum Schutz von Sämlingen oder für einzelne Pflanzreihen wie beispielsweise Kopfsalat.

Komplizierter konstruiert, aber auch geräumiger sind Modelle aus drei oder vier Glaswänden. Die flachsten sind etwa 30 cm hoch,

HAUBEN, TUNNEL UND FOLIEN AUS GLAS UND KUNSTSTOFF

▲ Glockenhauben aus Glas waren früher weit verbreitet. Heute werden sie kaum noch angeboten. Doch sind sie für die Kultivierung einzelner Pflanzen in einem kleinen Garten gut geeignet.

▲ Spitzhauben bestehen aus zwei Glasscheiben, die mit Klammern zusammengehalten werden.

▲ Man muß sich nur zu helfen wissen: Eine improvisierte Haube ist dieser durchsichtige Plastikkanister mit herausgeschnittenem Boden. Die Belüftung erfolgt durch den offenen Drehverschluß.

▲ Mit Abdeckfolien lassen sich Sämlinge und ausgewachsene Pflanzen schützen; die Folienränder werden eingegraben. Da die Folie direkt auf den Pflanzen aufliegt, muß sie perforiert sein, damit eine Belüftung gewährleistet ist.

▲ Folientunnel decken lange Pflanzreihen ab. Die Folie wird über Stahldrahtbögen gespannt und um Holzpflöcke gebunden. Zur Belüftung kann man diese preiswerten Tunnel zurückrollen.

▲ Kurze Tunnelsegmente aus gewelltem PVC oder Polypropylen sind langlebig und leicht zu versetzen.

MITWACHSENDE FOLIEN

▲ *Unter geschlitzten Folien sind Jungpflanzen ähnlich gut geschützt wie unter herkömmlichen Folienabdeckungen. Das dort herrschende Treibhausklima fördert gesundes und üppiges Pflanzenwachstum. Zudem halten sie Schädlinge fern.*

▲ *Mit beginnendem Höhenwachstum dehnt sich die Folie, und die Schlitze öffnen sich nach und nach. Dabei werden die Pflanzen langsam an die Außentemperatur gewöhnt und dadurch abgehärtet. Die Folie wird erst zur Ernte wieder entfernt.*

60 cm lang und 30 cm breit. Eine Breite von ca. 60 cm gestattet z. B. das Abdecken einer Mittelreihe mit Kopfsalat und zwei äußeren Reihen mit Möhren oder roter Bete. Dabei wird der Salat zuerst geerntet, so daß dann Möhren und rote Bete genügend Platz zum Wachsen haben.

Eine Konstruktion aus vier Glaswänden ermöglicht eine Höhe von bis zu 50 cm. Mit einer solchen Haube kann man Buschtomaten oder Paprika so lange abdecken, bis sie im Sommer keinerlei Schutzabdeckung mehr benötigen.

Einige Folientunnel sind bis zu 1,8 m lang. Diese Länge ist bei Glaskonstruktionen wegen des zu großen Eigengewichtes nicht möglich.

Die Breite variiert von 30 cm bis zu 120 cm. Schmale Tunnel sind ideal für Sämlinge, während mit breiteren Konstruktionen zwei oder drei Pflanzreihen mit Gemüse bis zur Reife abgedeckt werden können. Die Höhe reicht von 20 cm für Sämlinge bis zu 60 cm für höhere Gewächse.

Hauben aus Hartkunststoff gibt es mit geraden oder abgerundeten Seitenwänden. Beide Modelle sind gleichermaßen praktisch, wobei erstere häufig mit Belüftungsklappen versehen sind, mit denen man die Kondensation verringern kann. Allerdings ist das Problem der Kondensation bei einem festen Kunststofftunnel nicht so gravierend wie bei einigen Folienmodellen.

Hauben oder Tunnel aus Kunststoff sind im Handel als kürzere Einheiten erhältlich, die man beliebig hintereinanderstellen kann, oder als einheitlichen Tunnel, bestehend aus einer langen Kunststoffolie, die über einem Drahtgestell ausgebreitet wird.

Die Folie gibt es in mehreren Stärken. Die dünnste Version ist auch die billigste, jedoch hält sie in der Regel nicht länger als 2 Jahre. Schwerere Folien sind teurer, müssen aber bei vorsichtigem Gebrauch auch erst nach etwa 3 oder 4 Jahren erneuert werden. UV-Schutzfolien werden ebenfalls angeboten. Sie haben eine viel längere Lebensdauer als unbeschichtete Folien der gleichen Stärke. Ein Nachteil bei Folien ist die relativ starke Kondensation, die schnell zur Ausbreitung von Pflanzenkrankheiten führen kann. Daher ist eine regelmäßige Belüftung zur Erhöhung der Luftzirkulation äußerst wichtig.

Da Kunststoffolie leicht und unzerbrechlich ist, kann sie ohne große Mühe von einem Beet zum nächsten umgesetzt werden. Das geringe Gewicht kann jedoch in windexponierten Gärten zum Problem werden. Wenn starker Wind vorausgesagt wird, sollte man kurze Folienhauben sowohl an den Seiten als auch Enden mit schweren Ziegelsteinen beschweren. Eine weitere Möglichkeit, die Folientunnel vor Wind zu schützen, besteht darin, an mehreren Stellen paarweise jeweils rechts und links des Tunnels Bambusstäbe schräg in die Erde zu stecken, so daß sie sich über dem Tunnel überkreuzen. Längere Tunnel sind durch die übliche Verankerung in der Regel schon ausreichend geschützt.

Sehr preiswert und zudem einfach in der Handhabung sind perforierte Schutzfolien, die keinerlei Untergestell benötigen, sondern lediglich über den Pflanzen ausgebreitet und zur Befestigung an den Beeträndern mit reichlich Erde bedeckt werden.

Kultivierung
Wenn möglich, den Boden etwa 1 Monat vor der Aussaat oder dem Pflanzen vorbereiten. Dafür wird pro Quadratmeter Boden ungefähr 1 Eimer gut verrotteter Stallmist oder Gartenkompost eingearbeitet. 2 Wochen vor Aussaat oder Pflanzung werden noch 50 g Universaldünger/m^2 Boden in die Oberfläche geharkt. Die Reihen mit einer Schnur markieren, mit der Haube abdecken, damit sich die Erde erwärmen kann, und die Enden der Haube verschließen.

Zur Aussaat wird diese wieder abgenommen, wobei die Schnurmarkierung dazu dient, daß die Pflanzen später genau in der Mitte stehen, wo sie den meisten und besten Platz haben.

Kleine Samen werden 6 mm tiefer als im Freiland gesät, da die Oberfläche während des Aufwärmens etwas eintrocknet. Bis zur Keimung sollten die Pflanzen nicht gewässert werden, denn zunächst reicht die Feuchtigkeit aus, die zwischen den Sämlingen aus dem Boden gefiltert wird. Wenn die Jungpflänzchen zu sprießen beginnen, sollte man sofort wässern.

Nach der Aussaat oder Pflanzung werden einige Schneckenfallen aufgestellt und die Haube wieder genau in die alte Position gebracht. Weitere Unterschiede zum Freilandanbau bestehen nicht. Obwohl der Boden bei Kulturen unter Glas oder Folie meist trocken aussieht, enthält er einige Zentimeter darunter genau dieselbe Feuchtigkeit wie die umliegende Erde, so daß das Wasser die Pflanzenwurzeln durch Kapillarkraft problemlos erreicht.

An sehr warmen Frühjahrstagen werden die Hauben nacheinander geöffnet oder die Folie zurückgeschlagen, damit die Luft zirkulieren kann; die Hauben 1 Stunde vor Sonnenuntergang schließen.

Wenn Spätfröste angesagt sind, sollten die Tunnel über frostempfindlichen Pflanzen, wie beispielsweise Tomaten, über Nacht mit drei oder vier Lagen Zeitungspapier abgedeckt werden.

Etwa 1 Woche vor dem Umsetzen der Haube werden die Pflanzen allmählich abgehärtet. Dafür läßt man die Hauben tagsüber stellenweise offen. Versäumen Sie jedoch nicht, diese abends rechtzeitig und sorgfältig wieder zu schließen.

EIN ANBAUPROGRAMM FÜR KULTUR UNTER GLAS ODER FOLIE

JAHRESZEIT | WOCHE

Frühe Aussaat · **Jungpflanzen schützen** · **Gemüsepflanzen setzen** · **Pflanzen überwintern**

Dieser Anbauplan empfiehlt sich für normale Wachstumsbedingungen bei relativ mildem Winterklima und sollte in sehr warmen oder kalten Lagen entsprechend angepaßt werden.

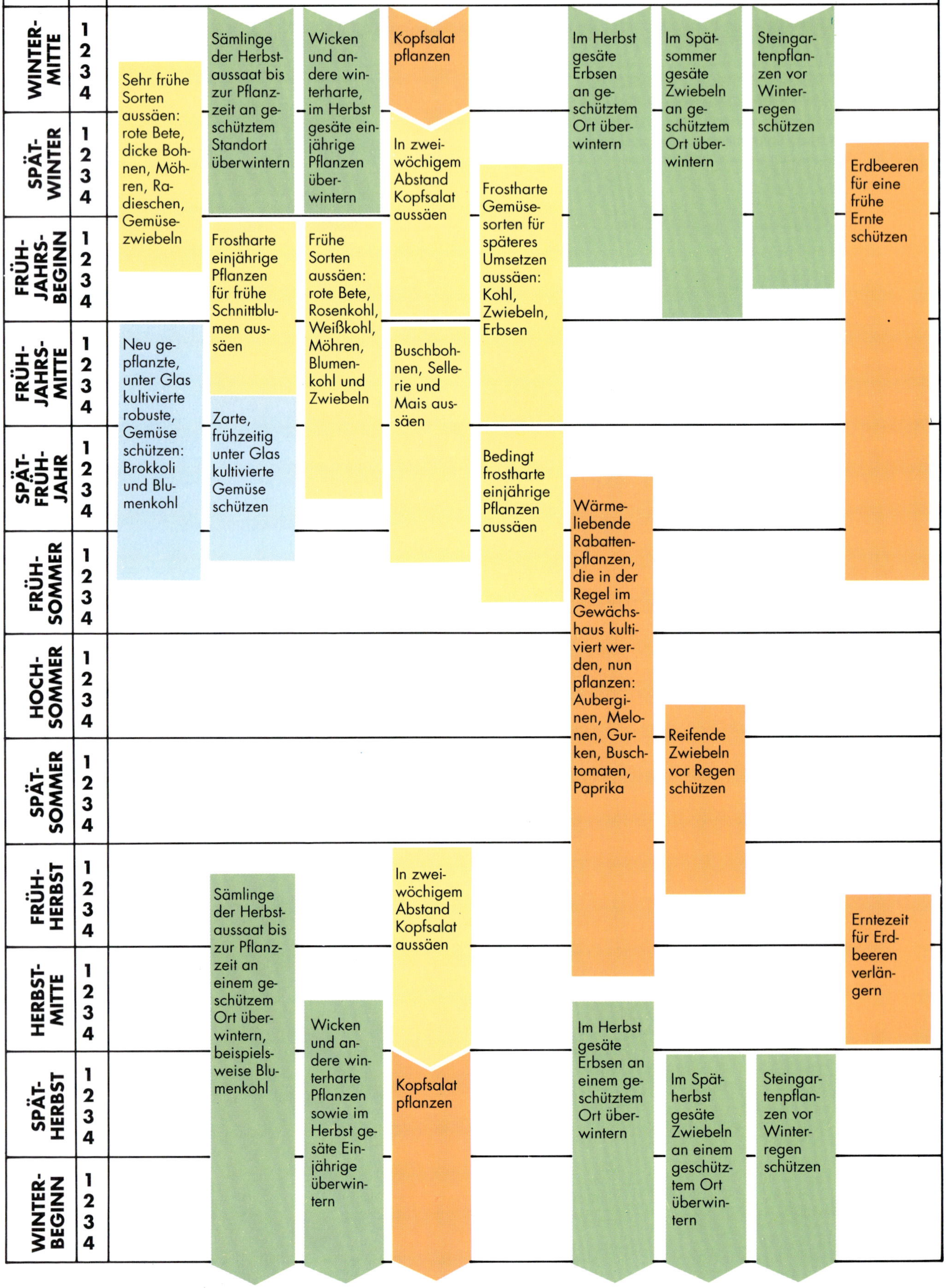

REGISTER

Kursive Seitenzahlen verweisen auf Abbildungen.

BILDNACHWEIS

Fotografen

Umschlagvorderseite: l. u.: N. Cattlin/Agrar Service; r. o.: Andreas Riedmiller/Silvestris; r. M.: Geduldig; r. u.: Andreas Riedmiller/Silvestris

Umschlagrückseite: A. Güse, Florastar

3: J. Dielenschneider/Agrar Service; 4: hapo/AgriMedia; 6: Dr. Eckart Pott/Okapia; 8: Reinhard/Zefa; 9: Justus De Cuveland/Silvestris; 10 o.: L. Postl/Helga Lade; 10 u.: Sammer; 11: Rosemary Mayer/Holt Studios; 14: Rauch Colordia/Silvestris; 15: Hans Reinhard/Okapia; 16: Berthold Singler/Okapia; 17: Schwörer/Geduldig; 22 l.: Thomas Fromm/Okapia; 22 M.: Manfred P. Kage/Okapia; 22 r.: Nigel Cattlin/Holt Studios; 24: Hans Reinhard/Okapia; 25: Sue Stickland; 26 o.: Harald Lange/Silvestris; 26 u.: Andreas Riedmiller/Silvestris; 33: Andreas Riedmiller/Silvestris; 36: BBA Darmstadt, Institut für biologischen Pflanzenschutz; 37: Andreas Riedmiller/Silvestris; 38 o.: Sammer; 38 u.: Andreas Riedmiller/Silvestris; 39: Duncan Smith/Holt Studios; 41: N. Cattlin/Agrar Service; 42: Grande/Zefa; 44 o.: H.R. Bramaz, Bavaria; 44 u.: Brockhaus/Zefa; 45 o.: A. Güse/Florastar; 45 u.: E. Henseler; 46 l. o.: Hans Pfletschinger/Angermayer; 46 r. o.: Naturbild Ag. Schacke; 46 u.: Nigel Cattlin, Holt Studios; 47: Andreas Riedmiller/Silvestris; 48: T. Angermayer; 50: Ernst Schacke/Naturbild/Okapia; 51 l. o.: E. Henseler; 51 r. o.: Slancek/Geduldig; 51 u.: Rudolf Höfels/Silvestris; 52: Hans Reinhard/Okapia; 53: Loster u. Weisensel; 54 o. Andreas Riedmiller/Silvestris; 54 M.: Manfred Mehner/Okapia; 54 l. u.: N. Cattlin/Agrar Service; 54 r. u.: Daniel Bühler/Silvestris; 55: Geduldig; 56 o.: Hans R. Heppner/Silvestris; 56 u.: Uwe Lochstampfer/Silvestris; 57: Ernst Schacke/Naturbild/Okapia; 58: A. Güse/Florastar; 59: Hans Reinhard/Okapia; 62: B. u. H. Kunz/Okapia; 63: Nature Photographers/Paul Sterry; 64 o.: Daniel Bühler/Silvestris; 64 u.: Justus De Cuveland/Silvestris; 65: Hans Pfletschinger/T. Angermayer; 67: Photos Horticultural; 68 o.: Photos Horticultural; 68 M.: Eric Crichton; 68 u.: A–Z Botanical Collection; 69 o.: hapo/AgriMedia; 69 M.: Jacqui Hurst; 69 u.: Eric Crichton; 70 o.: Jacqui Hurst; 70 M.: Eric Crichton; 70 u.: Photos Horticultural; 71 o.: Eric Crichton; 71 M.: Photos Horticultural; 71 u.: Harry Smith Collection; 72 o.: Eric Crichton; 72 M.: Jacqui Hurst; 72 u.: A–Z Botanical Collection; 73 o.: Eric Crichton; 73 M.: Nature Photographers/D. Hawkes; 73 u.: Natural Selection/Paul Morrison; 74 o.: Erich Geduldig/Naturbild/Okapia; 74 u.: Hans Reinhard/Okapia; 75: Hans Reinhard/Okapia; 76: Sammer; 78: Layer/Geduldig; 79: Eric Crichton; 80: Harry Smith Collection; 83: Garden Picture Library/David Russell; 84: Sammer; 85: Eric Crichton; 86: Harry Smith Collection; 88: N. Cattlin/Agrar Service; 89: Harry Smith Collection; 92: Ege/Anthony; 93: Biofotos/Heather Angel; 94: Ernst Elfner/T. Angermayer; 96: S. u. O. Mathews; 97: Hans Reinhard/Okapia; 100: Sammer; 101: Peter Himmelhuber; 102: Hans Reinhard/Okapia; 103 o.: Edgar Gugenhan; 103 u.: Naturbild Ag. Kiepke; 104: Photos Horticultural; 105: Harry Smith Collection; 113: Josef Ege/Okapia; 116: Sammer; 117 o.: Peter Himmelhuber; 117 u.: hapo/AgriMedia; 118: Florastar; 119: Elizabeth Whiting and Associates; 130: John Glover; 131: Brian Carter; 137: Bernard Alfieri; 141: Photos Horticultural; 148: Garden Picture Library/Bob Challinor; 149: Eric Crichton; 151: Garden Picture Library/Ron Sutherland; 153: Biofotos/Heather Angel; 154: Garden Picture Library/C. Woodyard; 156: Eric Crichton; 157: Photos Horticultural; 161: Naturbild Ag. Geduldig; 165: Photos Horticultural; 167: Hall's Homes and Gardens Ltd.; 169: Samuel Dobie and Son Ltd.

Illustratoren

Umschlagvorderseite: l. o. Ernst Halwaß

12: Ernst Halwaß; 19: Ernst Halwaß; 21: Ernst Halwaß; 27 o.: Christine Hart-Davies; 27 M.: Ernst Halwaß; 27 u.: Ernst Halwaß; 28: Ernst Halwaß; 30: Ernst Halwaß; 31: Ernst Halwaß; 32: Ernst Halwaß; 34: Reader's Digest; 40: Ernst Halwaß; 41: Ernst Halwaß; 50 o.: Reader's Digest; 50 M. r.: Ernst Halwaß; 66 l. o.: B. Katte/Reader's Digest; 66 l. u.: M. Espérance/Reader's Digest; 66 r. o.: W. Brammal/Reader's Digest; 66 r. u.: W. Brammal/Reader's Digest; 76: Ernst Halwaß; 80: Ann Winterbotham; 81: Elisabeth Dowle; 82: Elisabeth Dowle; 83: Ann Winterbotham; 86: Christine Hart-Davies; 87: Elisabeth Dowle ; 90: Elisabeth Dowle; 91: Elisabeth Dowle; 98: Ernst Halwaß; 106 l. o.: Stan North; 106 l. u.: Ernst Halwaß; 106 M.: Ann Winterbotham; 106 r. o.: Ann Winterbotham; 106 r. u.: Stan North; 107 l.: Ann Winterbotham; 107 M.: Ernst Halwaß; 107 r.: Stan North; 108 l. o.: Stan North; 108 l. u.: Ernst Halwaß; 108 M.: Ernst Halwaß; 108 r. o.: Ernst Halwaß; 108 r. u.: Stan North; 109 l. o.: Ernst Halwaß; 109 l. u.: Nigel Hawtin; 109 M.: Ernst Halwaß; 109 r. o.: Nigel Hawtin; 109 r. u.: Ann Winterbotham; 110 l.: Stan North; 110 M.: Ann Winterbotham; 110 r. o.: Ann Winterbotham; 110 r. u.: Ann Winterbotham; 111 l. o.: Ann Winterbotham; 111 l. u.: Ann Winterbotham; 111 M. o.: Ann Winterbotham; 111 M. u.: Ernst Halwaß; 111 r.: Ann Winterbotham; 112 l. o.: Stan North; 112 l. u.: Ann Winterbotham; 112 M.: Ann Winterbotham; 112 r. o.: Ann Winterbotham; 112 r. u.: Stan North; 114: Ernst Halwaß; 120 l.: Reader's Digest; 120 M.: Reader's Digest; 120 r. o.: Ernst Halwaß; 120 r. u.: Ann Winterbotham; 121 l.: Ann Winterbotham; 121 M. o.: Ernst Halwaß; 121 M. u.: Ann Winterbotham; 121 r.: Reader's Digest; 122 l.: Ann Winterbotham; 122 M.: Ernst Halwaß; 122 r.: Ann Winterbotham; 123 l.: Ernst Halwaß; 123 M. o.: Ernst Halwaß; 123 M. u.: Reader's Digest; 123 r.: Ernst Halwaß; 124 l. o.: Ann Winterbotham; 124 l. u.: Reader's Digest; 124 M.: Ernst Halwaß; 124 r.: Reader's Digest; 125 l.: Ernst Halwaß; 125 M. o.: Ernst Halwaß; 125 M. u.: Reader's Digest; 125 r.: Reader's Digest; 126 l.: Ernst Halwaß; 126 M. o.: Ann Winterbotham; 126 M. u.: Ernst Halwaß; 126 r.: Ann Winterbotham; 127 l.: Ernst Halwaß; 127 M.: Ann Winterbotham; 127 r. o.: Ann Winterbotham; 127 r. u.: Reader's Digest; 128 l.: Ernst Halwaß; 128 M. o.: Reader's Digest; 128 M. u.: Ernst Halwaß; 128 r.: Ann Winterbotham; 132: Reader's Digest; 133: Reader's Digest; 134: Reader's Digest; 135: Reader's Digest; 136: Reader's Digest; 138: Clare Wright; 139: Clare Wright; 140: Clare Wright; 142 l.: Christine Hart-Davies; 142 M.: Reader's Digest; 142 r.: Ann Winterbotham; 143 l.: Ann Winterbotham; 143 M. o.: Christine Hart-Davies; 143 M. u.: Ann Winterbotham; 143 r. o.: Ann Winterbotham; 143 r. u.: Christine Hart-Davies; 144 l.: Christine Hart-Davies; 144 M.: Ann Winterbotham; 144 r.: Ann Winterbotham; 145 l.: Christine Hart-Davies; 145 M.: Christine Hart-Davies; 145 r.: Ann Winterbotham; 146 l.: Ann Winterbotham; 146 M.: Ann Winterbotham; 146 r.: Christine Hart-Davies; 150: David Ashby; 155: David Ashby; 158: Christine Hart-Davies; 159: Christine Hart-Davies; 160: Christine Hart-Davies; 162: Stan North; 163: Stan North; 164 l. u.: M. Stan North; 164 r.: Reader's Digest; 166: David Ashby; 167: Ernst Halwaß; 168: David Ashby; 170: Stan North; 171: Ernst Halwaß.

Karten

18: Deutscher Wetterdienst/Günter Müller.